# COMENTÁRIOS À LEI DE PROCESSO ADMINISTRATIVO

Lei nº 9.784/1999

RAFAEL RAMOS
*Coordenador*

Maria Sylvia Zanella Di Pietro
*Prefácio*

# COMENTÁRIOS À LEI DE PROCESSO ADMINISTRATIVO

## Lei nº 9.784/1999

Belo Horizonte
FÓRUM
CONHECIMENTO
2026

FÓRUM
CONHECIMENTO

Luís Cláudio Rodrigues Ferreira
Presidente e Editor

Coordenação editorial: Leonardo Eustáquio Siqueira Araújo
Thaynara Faleiro Malta
Assistente editorial: Luísa Cardoso Freitas

Revisão: Luísa Rocha
Capa e projeto gráfico: Walter Santos
Diagramação: Derval Braga

Rua Paulo Ribeiro Bastos, 211 – Jardim Atlântico – CEP 31710-430
Belo Horizonte – Minas Gerais – Tel.: (31) 99412.0131
www.editoraforum.com.br – editoraforum@editoraforum.com.br

Técnica. Empenho. Zelo. Esses foram alguns dos cuidados aplicados na edição desta obra. No entanto, podem ocorrer erros de impressão, digitação ou mesmo restar alguma dúvida conceitual. Caso se constate algo assim, solicitamos a gentileza de nos comunicar através do *e-mail* editorial@editoraforum.com.br para que possamos esclarecer, no que couber. A sua contribuição é muito importante para mantermos a excelência editorial. A Editora Fórum agradece a sua contribuição.

Dados Internacionais de Catalogação na Publicação (CIP) de acordo com o ISBD

C732 Comentários à lei de processo administrativo: Lei nº 9.784/1999 / Rafael Ramos (coord.). Belo Horizonte: Fórum, 2026.

455p. 14,5x21,5cm
ISBN impresso 978-85-450-0967-2
ISBN digital 978-85-450-0964-1

1. Direito administrativo. 2. Administração Pública. 3. Processo administrativo. I. Ramos, Rafael. II. Título.

CDD 342
CDU 342

Ficha catalográfica elaborada por Lissandra Ruas Lima – CRB/6 – 2851

Informação bibliográfica deste livro, conforme a NBR 6023:2018 da Associação Brasileira de Normas Técnicas (ABNT):

RAMOS, Rafael (coord.). *Comentários à lei de processo administrativo*: Lei nº 9.784/1999. Belo Horizonte: Fórum, 2026. 455p. ISBN 978-85-450-0967-2.

SUMÁRIO

# PREFÁCIO

Fui convidada para escrever o prefácio da obra coletiva intitulada *Comentários à Lei de Processo Administrativo – Lei nº 9.784/1999*, coordenada pelo jurista Rafael Ramos, do Rio Grande do Sul, que conta com a participação de mestres, doutores e pós doutores altamente especializados em temas afetos ao direito administrativo.

A missão que me foi confiada é imensamente gratificante porque trata de uma das leis mais importantes produzidas na área do direito administrativo nos últimos anos, por tudo o que ela representa de definições, de sistematização, de orientação para todos quantos atuam dentro da Administração Pública ou que com ela se relacionam. Ela praticamente deu concretude a princípios constitucionais e a direitos fundamentais, especialmente os decorrentes do devido processo legal. Por isso a aceito a missão com alegria e muita honra.

A Lei nº 9.784, de 29.1.1999, regula o processo administrativo no âmbito da Administração Pública Federal. Ela resultou do Projeto de Lei nº 2.464/96, de iniciativa do Presidente da República, que a encaminhou ao Congresso Nacional em 22.10.1966. Esse projeto foi elaborado por Comissão de Juristas, da qual tive a honra de participar, presidida pelo saudoso Professor Caio Tácito, do Rio de Janeiro. Na Exposição de Motivos, firmada pelos ministros de Estado da Justiça e da Administração Federal e Reforma do Estado, consta uma parte inicial, a seguir transcrita, sobre a constituição da Comissão de Juristas incumbida de elaborar o anteprojeto:

"2. Os expoentes do Direito Administrativo Brasileiro há muito propugnam pela codificação desse ramo jurídico, lamentando, inclusive, que não se tenha realizado com o advento da Constituição de 1988.

3. O Projeto de Lei ora apresentado configura um marco na busca da codificação do Direito Administrativo, significando o primeiro passo para essa providência.

4. A necessidade de estabelecer regras jurídicas claras para o processo administrativo no âmbito da Administração Pública inspirou a criação de uma Comissão de Juristas, sob a coordenação do Professor Caio Tácito e composta inicialmente pelas Professoras Odete Medauar e Maria Sylvia Zanella Di Pietro e pelos Professores Inocêncio Mártires Coelho, Diogo de Figueiredo Moreira Neto, Almiro do Couto e Silva e José Carlos Barbosa Moreira, nomeados na Portaria nº 1.404, de 17 de outubro de 1995.

5. A Comissão foi ampliada conforme Portaria conjunta deste Ministério e do Ministério da Administração e Reforma do Estado de nº 47, de 31 de janeiro de 1996, com a inclusão de novos membros: os Professores Adilson Abreu Dallari, José Joaquim Calmon de Passos, Paulo Eduardo Garrido Modesto e Cármen Lúcia Antunes Rocha."

Como se verifica, os membros da Comissão foram escolhidos entre advogados públicos e privados, todos professores universitários, alguns da área de direito administrativo e outros da área de direito processual. Logo na primeira reunião, Caio Tácito deixou claro que a ideia não era elaborar uma lei detalhista, que definisse as fases do procedimento administrativo, mas sim uma lei com normas genéricas e princípios orientadores dos processos administrativos em geral. Essa orientação ficou expressa na justificativa apresentada pela Comissão, ao esclarecer que adotou, "como regra, o modelo de uma lei sóbria, que, atendendo à essencialidade na regulação dos pontos fundamentais do procedimento administrativo, não inviabilize a flexibilidade necessária à área criativa do poder discricionário, em medida compatível com a garantia de direitos e liberdades fundamentais".

O Projeto de Lei foi aprovado, *ipsis litteris*, nos termos propostos pela Comissão, dele resultando a Lei nº 9.794/1999. A única exceção foi o artigo 68, sobre sanções, acrescentado com o objetivo de estabelecer que as mesmas terão natureza pecuniária ou consistirão em obrigação de fazer ou de não fazer, assegurado sempre o direito de defesa.

Posteriormente, a Lei nº 14.210/2021 incluiu um capítulo XI-A abrangendo os artigos. 49-A a 49-G, que dispõem sobre Decisão Coordenada. Por sua vez, a Lei nº 11.417/2006, introduziu alguns dispositivos (art. 56, §3º, e os artigos 64-A e 64-B) para adequar as normas da Lei nº 9.784 ao artigo 103-A da Constituição, acrescentado pela Emenda Constitucional nº 45/2004. E a Lei nº 12.008/2009 incluiu o artigo 69-A, para garantir prioridade na tramitação, em qualquer órgão ou instância, aos procedimentos administrativos em que figure como parte: (i) pessoa com idade igual ou superior a 60 anos, (ii) pessoa portadora de deficiência física ou mental e (iii) pessoa portadora de tuberculose ativa e outras doenças especificadas no inciso IV do dispositivo.Desde sua promulgação, a Lei nº 9.784/1999 já completou 25 anos de vigência, como que a demonstrar a correta percepção de Caio Tácito, apoiada pela Comissão de Juristas, de que uma lei com caráter de generalidade teria mais condições de sobreviver às transformações que inevitavelmente ocorreriam no decurso do tempo.

Embora não significasse propriamente a codificação integral do direito administrativo, não há dúvida de que a lei deu importante passo nesse sentido, já que sistematizou a matéria, definiu direitos e deveres dos cidadãos, estabeleceu requisitos mínimos a serem observados em cada fase do processo, abrangendo a instauração, instrução, decisão e recursos; deu o rol dos princípios do processo administrativos de observância obrigatória, definiu alguns critérios que praticamente equivalem ao próprio conceito de cada princípio, fixou prazos, antes inexistentes, para a atuação da Administração Pública e dos administrados; tratou dos impedimentos e da suspeição, da motivação, da extinção do processo, da anulação, da revogação e da convalidação, dos recursos e da revisão. Na realidade, a lei incorporou, transformando em regras jurídicas, muitos conceitos de longa data elaborados pela doutrina e aplicados pela jurisprudência. Ela deu cumprimento ao princípio do devido processo legal, tal como previsto no artigo 5º, inciso LV, da Constituição Federal. Ela veio garantir a concretude de direitos fundamentais, como o direito de acesso ao processo, o direito à decisão, o direito à motivação, o direito à ampla defesa e contraditório, com os recursos a ela inerentes.

Em texto por mim publicado em obra sobre Processo Administrativo, organizada por Irene Patrícia Nohara e Marco Antonio Praxedes de Moraes Filho e publicada pela Editora Atlas em 2011, defendi que, embora a Lei nº 9.784/99 tenha estabelecido normas dirigidas à Administração Pública Federal (conforme consta da Ementa e do art. 1º), na realidade ela estabeleceu normas sobre os processos administrativos em geral. "O objetivo da Lei não foi apenas estabelecer normas sobre processo; se fosse o caso, a Lei poderia ser considerada de âmbito federal apenas. Ocorre que ela não se limitou a isso. Ela foi além. O seu principal objetivo foi o de dar aplicação a princípios constitucionais pertinentes aos direitos do cidadão perante a Administração Pública. Ora, quando se fala em princípios constitucionais e em direitos do cidadão, entra-se na esfera de temas de interesse nacional e, portanto, de competência da União".

Lembrei, naquela oportunidade, que tal aspecto foi realçado na Exposição de Motivos que acompanhou o anteprojeto, quando a Comissão de Juristas deixou expresso que "firmou como parâmetros básicos da proposição os ditames da atual Constituição que asseguram a aplicação nos processos administrativos, dos princípios do contraditório e da ampla defesa, bem como reconhecem a todos o direito de receber informações dos órgãos públicos em matéria de interesse particular ou coletivo e garantem o direito de petição e a obtenção de certidões em repartição pública (art. 5º, nºs XXXIII, XXXIV e LV)".

É o entendimento que ainda me parece o correto. As normas da Lei nº 9.784 que têm caráter principiológico são de âmbito nacional. Isso não impede que estados e municípios também legislem sobre a matéria de processo administrativo, com vistas à aplicação dos mesmos princípios constitucionais. Da mesma forma que a Lei é subsidiária em relação a outras leis federais que estabeleçam normas sobre processos administrativos específicos (conforme determina seu art. 69), ela também é subsidiária com relação às leis estaduais e municipais validamente promulgadas, dispondo sobre processos administrativos de suas esferas de atuação. Esse é o entendimento também já consagrado pela jurisprudência do Superior Tribunal de Justiça.

A Lei é de aplicação obrigatória aos processos administrativos dos três Poderes do Estado. Quando o artigo 1º fala em Administração Pública Federal, nesta expressão se incluem os órgãos administrativos dos três Poderes. A função administrativa, embora incumba predominantemente ao Poder Executivo, também é exercida subsidiariamente pelos Poderes Legislativo e Judiciário. Abrange também os processos administrativos que tramitam no âmbito das entidades da Administração Indireta, nos Tribunais de Contas e no Ministério Público, em caráter subsidiário das leis que estabeleçam normas sobre processos específicos desses órgãos e instituições públicas.

A obra que agora vem a público analisa cada um dos dispositivos da Lei nº 9.784/1999, com ampla fundamentação doutrinária e jurisprudencial, à qual os autores emprestam uma parcela de seu conhecimento e de sua experiência, haurida no exercício do magistério e de diferentes carreiras jurídicas que aplicam o direito administrativo no dia a dia de suas atribuições.

**Maria Sylvia Zanella Di Pietro**

# APRESENTAÇÃO

O texto constitucional de 1988 consagrou de forma expressa que "aos litigantes, em processo judicial ou administrativo, e aos acusados em geral são assegurados o contraditório e ampla defesa, com os meios e recursos a ela inerentes" (art. 5º, LV, CF). Nada obstante tal consagração, apenas em 1999 veio a lume a Lei nº 9.784 (Lei de Processo Administrativo Federal), fruto do trabalho de comissão de juristas composta por alguns dos mais destacados administrativistas brasileiros: Caio Tácito (presidente da comissão), Odete Medauar, Inocêncio Mártires Coelho, Diogo de Figueiredo Moreira Neto, Almiro do Couto e Silva, Maria Sylvia Zanella Di Pietro, Adilson Abreu Dallari, José Joaquim Calmon de Passos, Carmem Lúcia Antunes Rocha e Paulo Modesto.

Na exposição de motivos, o professor Caio Tácito registrou que a comissão adotou, como regra, "o modelo de uma lei sóbria que, atendendo à essencialidade na regulação dos pontos fundamentais do procedimento administrativo, não inviabilize a flexibilidade necessária à área criativa do poder discricionário em medida compatível com a garantia de direitos e liberdades fundamentais". O projeto, acima de tudo, significou a positivação, em norma infraconstitucional, de direitos fundamentais processuais, tais como o direito de petição, o devido processo legal, o contraditório e a ampla defesa.

Passados mais de vinte anos de vigência da Lei nº 9.784, esta acabou por assumir, muito em função da omissão de legisladores estaduais e municipais e, principalmente, da jurisprudência do Superior Tribunal de Justiça, caráter nacional. Aliás, tramita atualmente no Congresso Nacional o Projeto de Lei nº 2.481/2022 que tem como uma das suas principais propostas "nacionalizar" a Lei de Processo Administrativo.

Como ressalta Carlos Ari Sundfeld, uma lei geral de processo administrativo acaba por regular toda a atividade decisória da

Administração Pública. Mais do que isso, o processo administrativo apresenta-se como indispensável instrumento de "direito-garantia individual e da participação democrática do cidadão frente à Administração Pública". Ou seja, seu conhecimento é indispensável para todos que lidam com o Poder Público.

O livro que o leitor tem em mãos é um comentário artigo por artigo de todos os dispositivos da Lei nº 9.784/1999, realizado por um seleto grupo de administrativistas das mais diversas partes do país. A análise feita nos comentários, acima de tudo, busca dialogar com outros importantes diplomas legislativos (por exemplo, o CPC/15), assim como acompanhar o giro pragmático do direito administrativo brasileiro previsto, em especial na Nova LINDB (Lei nº 13.655/2018).

Boa leitura!

# NOS BASTIDORES DA CONSTRUÇÃO DA LEI DE PROCESSO ADMINISTRATIVO DA UNIÃO (LEI nº 9.784/99)

**PAULO MODESTO**

## Introdução

Este não é um artigo jurídico usual. É o registro de um documento histórico, e que assim deve ser lido, testemunha de inquietações de um momento específico da Administração Pública e do direito administrativo no Brasil. Documento que ficou *perdido entre papéis por vinte e nove anos*. Ele condensa as motivações e as resistências da burocracia federal ao anteprojeto que deu origem à Lei nº 9.784/1999,Lei de Processo Administrativo da União Federal. Sintetiza igualmente vários aspectos do projeto de lei apresentado pela Comissão coordenada por Caio Tácito e algumas das principais mazelas da burocracia brasileira, resistentes à sucessão dos governos e das leis. Tive participação direta neste documento porque fui o seu autor exclusivo. O texto foi por mim dirigido ao Ministro de Estado da Administração Federal e Reforma do Estado do Brasil, Luiz Carlos Bresser Pereira, pois, na ocasião, em 24 de setembro de 1996, exercia as funções de Assessor Especial para a Reforma do Estado no Brasil.

Trata-se de parecer que redigi para defender o anteprojeto apresentado pela Comissão presidida pelo professor Caio Tácito, encarregada, desde 17 de outubro de 1995 (Portaria nº 1.404, do Ministério da Justiça), de elaborar o que seria o *primeiro projeto de lei de normas gerais do procedimento administrativo do Brasil*. Antes de iniciar os seus trabalhos, a Comissão técnica foi reconstituída, conforme Portaria conjunta do Ministério da Justiça e do Ministério da Administração Federal e Reforma do Estado (Portaria nº 47, de 31 de janeiro de 1996), quando passou a contar com os seus *dez* integrantes definitivos: Caio Tácito (Presidente), Odete Medauar (Relatora), Paulo Modesto (Secretário Geral), Maria Sylvia Zanella di Pietro, Inocêncio Mártires Coelho, Diogo de Figueiredo Moreira Neto, Almiro do Couto e Silva, Adilson Abreu Dallari, José Joaquim Calmon de Passos e Carmem Lúcia Antunes Rocha. Integrava, portanto, naquela ocasião, tanto o Governo quanto a Comissão Técnica, com a ousadia própria dos meus trinta anos.

A versão final do trabalho da Comissão foi apresentada em 3 de setembro de 1996, simultaneamente aos Ministérios da Justiça e da Administração Federal e Reforma do Estado. O projeto da Comissão, tecnicamente um anteprojeto para o Governo, no formato definitivo apresentava-se destinado a "Regular o processo administrativo no âmbito da Administração Pública Federal".

Recebida a exposição de motivos e o projeto da Comissão, alguns setores do Ministério da Administração Federal e Reforma do Estado passaram a sustentar que ele era incompatível com o *Plano Diretor da Reforma do Estado no Brasil*. Asseveravam a necessidade do seu arquivamento ou sua ampla modificação, sob o equivocado e superficial argumento de que o Plano Diretor, aprovado em 21 de setembro de 1995, um ano antes, pugnava por uma "administração de resultados" e não por uma "administração centrada em processos". Espantado e preocupado com as reações ao trabalho da Comissão, redigi às pressas um parecer sob a forma de nota técnica, com título direto e explícito: "Normas gerais de processo administrativo e Plano Diretor da Reforma do Estado". É este o documento — nunca publicado — que sai das páginas amareladas e arquivadas do processo documental de aprovação da Lei nº 9.784/99 para ser reproduzido neste texto sem alterações.

Antes disso, cabe recordar que o Plano Diretor da Reforma do Estado foi um importante documento oficial, elaborado pelo Ministério da Administração Federal e da Reforma do Estado do Brasil, chancelado e divulgado pelo então Presidente da República, Fernando Henrique Cardozo, com objetivo de especificar as diretrizes básicas do Governo para projetos de modernização e transformação da gestão pública do Brasil. Embora aprovado sem veiculação em norma obrigatória, era considerado impositivo no âmbito do Ministério da Administração Federal na interpretação de todas as iniciativas governamentais. Foi a inspiração direta da Emenda Constitucional nº 19, de 1998, que alterou a disciplina da Administração Pública no Brasil.

O Plano Diretor interpretava a crise do estado, simultaneamente, como uma (a) *crise fiscal*, (b) *crise do modo de intervenção do Estado no econômico e no social* e (c) *crise da forma burocrática de administrar o Estado* ((PEREIRA, Luiz Carlos Bresser. A reforma do Estado dos anos 90: lógica e mecanismos de controle. *Lua Nova: Revista de Cultura e Política*, São Paulo, v. 45, p. 49-95, 1998). Sugeria mudanças na arquitetura institucional, nas formas de controle, no grau de intervenção direta do Estado no funcionamento dos mercados e na oferta de serviços sociais, o fortalecimento do papel regulador do Estado, a participação social na administração, a ampliações dos institutos de fomento e de parceria econômica e social com entidades sem fins lucrativos, bem como o aumento da capacidade dos órgãos de implementar e planejar política públicas integradas em termos federativos.

Estimulava a parametrização do fomento público, através de instrumentos mais detalhados e rigorosos do que os tradicionais instrumentos de subvenção social direta, e a avaliação de desempenho dos servidores públicos, destacando o papel de metas, indicadores de desempeno e medidas de avaliação de resultados distintas do tradicional controle mediante procedimentos. Pugnava também por mecanismos de concertação administrativa interna, como o contrato de gestão (atual contrato de desempenho), dentro da ideia de ampliar a autonomia de entidades públicas e até órgãos especiais em favor do incremento da eficiência administrativa. Outra diretriz foi a de estimular a competição de agentes provedores, tanto de serviços sociais quanto econômicos, mediante instrumentos de regulação e multiplicação das opções para os usuários. Era natural, assim, neste cenário, que a chegada de um anteprojeto de lei completo sobre processo administrativo suscitasse desconfiança entre gestores empenhados na busca de resultados públicos inovadores.

No entanto, a Comissão técnica havia sido constituída pelo Governo, desempenhara com rapidez a sua tarefa, sobretudo pela firme condução do professor Caio Tácito, um jurista consagrado e quase octogenário, de fala suave e temperamento conciliador. Contribuiu também para a rápida produção do texto da apresentação logo no início dos trabalhos de minuta geral pela Relatora, Profa. Odete Medauar, jurista que há muito defendia a urgência da disciplina do processo administrativo no Brasil.

A metodologia de trabalho adotada pela Comissão privilegiou o diálogo e a construção coletiva. Partindo de uma minuta inicial elaborada pela relatora, o texto foi sendo enriquecido com contribuições substanciais de todos os membros, em quatro reuniões sucessivas, ocorridas em três estados (Rio de Janeiro, Brasília e São Paulo), reuniões presenciais que ocupavam todo o dia.

O anteprojeto elaborado pela Comissão de Caio Tácito representava muito mais do que uma simples sistematização de normas ou da jurisprudência mais avançada da época sobre processo administrativo. Estabelecia efetivamente a *carta de identidade da Administração Pública,* disciplinando a motivação de atos, regulando a participação dos interessados, definindo prazos de decidir, regulando a anulação, os recursos básicos e seus prazos, a convalidação de atos irregulares, reconhecendo a flexibilidade e peculiaridade de procedimentos específicos, com pleno respeito à autonomia das unidades federativas do Estado brasileiro. Na prática, ao conferir racionalidade, democraticidade e legitimidade ao decidir da administração também estabelecida o *estatuto fundamental da cidadania administrativa* (Modesto, Paulo. A nova lei de processo administrativo. *Revista Pública e Gerencial,* Salvador, ano I, v. 2, p. 50, jun./jul., 1990). Desde o primeiro artigo, de forma coerente, o projeto da Comissão buscou conciliar as exigências inerentes à eficácia da atividade da Administração Pública e as garantias dos administrados.

Foi, assim, com essa convicção e entusiasmo que escrevi em 24 de setembro de 1996 o texto do próximo item, que data deste período e assim deve ser lido. Ele foi enviado ao Ministro de Estado da Administração e Reforma do Estado no mesmo dia como nota técnica opinativa. Depois de sua transcrição, detalho mais alguns aspectos dos bastidores da construção da Lei de Processo Administrativo da União (Lei nº 9.784/99).

## 1 Normas gerais de processo administrativo e plano diretor da reforma do Estado

A codificação de normas gerais de processo administrativo é fenômeno dos nossos dias, fortalecido especialmente ao longo das últimas três décadas em todo o mundo. Data deste período, por exemplo, a edição ou reforma das leis de processo administrativo da Argentina (1972), da Alemanha (1976), da Venezuela (1982), da Itália (1990), de Portugal (1991) e da Espanha (1992).

O incremento da codificação ou consolidação das normas gerais em um único diploma legal em todo o mundo somente explica-se por permitir a consecução de objetivos fundamentais para uma administração mais eficiente da coisa pública. A disciplina geral do processo administrativo permite: (a) regular em termos básicos o modo de agir da Administração Pública, evitando o casuísmo legal, assegurando à Administração meios para que sejam tomadas decisões legais, fundamentadas e oportunas; (b) assegurar a informação e participação adequada dos interessados no processo de decisão administrativa, reduzindo, na medida do possível, contendas desnecessárias nas vias judiciais; (c) evitar a burocratização e formalização excessiva da ação administrativa, especificando modos de atendimento à lei vinculados ao atendimento das finalidades legais e não a procedimentos casuísticos e formalísticos; (d) assegurar a transparência da ação administrativa aos cidadãos, permitindo um melhor controle e documentação da atividade administrativa, refreando diversas formas de corrupção, de apropriação privada da coisa pública e de utilização abusiva das prerrogativas de autoridade pelos detentores transitórios do poder.

No Brasil, a inexistência de normas gerais de processo administrativo no âmbito da Administração Federal tem permitido a continuação de vícios amplamente constatados quanto à gestão pública: (a) o agente público desconhece o que fazer ante pleitos de particulares e simplesmente se omite ou edita ato sem fundamentação ou manifestamente ilegal: nas duas hipóteses a Administração arca com os ônus próprios das demandas judiciais e perde credibilidade ante o aparelho da justiça; (b) o agente público desconhece formas consagradas na melhor doutrina para sanear atos que foram editados com irregularidades pouco relevantes para a validade da atuação da Administração, provocando a anulação desnecessária de atos administrativos, com prejuízo para a celeridade da ação administrativa; (c) a ação administrativa caminha sem prazos, ao sabor dos humores dos servidores públicos, que dilatam os procedimentos sem atenção ao cidadão e à coisa pública, sem que contra esse comportamento se possa claramente caracterizar a desídia ou a insuficiência de desempenho; (d) o cidadão não tem qualquer referencial sobre como pleitear ante a administração, nem confiança no sucesso de qualquer pleito, recorrendo imediatamente às vias judiciais, por vezes desnecessariamente, com grave prejuízo para si e para a administração.

Nesse sentido, a edição de uma lei moderna de processo administrativo: (a) reforça a capacidade de governo do Estado (*governança*);

(b) rompe com o casuísmo dos formulários inúteis e dos regulamentos analíticos das repartições acostumadas à administração pública burocrática, rígida e ineficiente, voltada para si própria e para o controle interno; (c) abre espaço para uma administração voltada para a cidadania, ao mesmo tempo que fundamentada em processos orientados para a consecução de finalidades concretas e não para o atendimento robotizado de rotinas ultrapassadas e sem fundamento legal; (d) permite o fortalecimento das vias administrativas de solução de conflitos, evitando a sobrecarga das vias judiciais e ampliando a credibilidade da ação administrativa ante a opinião pública e os próprios tribunais; (e) permite a otimização do agir administrativo e o aperfeiçoamento dos instrumentos de coordenação, formulação, implementação e avaliação de políticas públicas em concreto.

O anteprojeto de normas gerais de processo administrativo para a União apresentado pela Comissão de Elaboração constituída pela Portaria Interministerial nº 47, de 31 de janeiro de 1996, estabelece normas gerais que repelem procedimentos rígidos, formalísticos, autoreferidos, casuísticos, características que comprometeriam a celeridade e a efetividade dos próprios procedimentos. Admite a existência de procedimentos específicos, aplicando-se apenas na ausência daqueles. Nessa direção, apresenta plena compatibilidade com os propósitos e teses sintetizadas no Plano Diretor da Reforma do Estado.

A disciplina sugerida dispõe sobre a regulação básica do processo administrativo e assegura que Administração Pública seja mais permeável a uma maior participação dos agentes privados e das organizações da sociedade civil na obtenção de resultados (fins públicos). O cidadão é o principal agente provocador do processo proposto, embora seja aberta a possibilidade de iniciativa própria da administração (iniciativa *ex officio*). Nesse sentido, o processo proposto não é auto-referido, mas voltado a ser instrumento para a obtenção de utilidades e benefícios concretos para indivíduos. Serve à cidadania e não à burocracia, pois conserva a ideia de que o interesse público não é o interesse do Estado, mas o interesse da coletividade, especificado na lei através de seus representantes eleitos ("interesse público primário" na terminologia consagrada por Renato Alessi).

Na administração burocrática clássica, objeto principal da crítica apresentada pelo Plano Diretor da Reforma do Estado, o processo não é via de atendimento a demandas do cidadão, mas instrumento do governo, para controle de seus membros e dos cidadãos, numa visão auto-referida que privilegia os interesses do Estado ("interesse público secundário") e que, ao fim, atende apenas aos interesses da burocracia.

Neste universo os procedimentos são essencialmente formalísticos, apegados à casuísmos de forma e não a finalidades, privilegiando o "saber dos trâmites" ao atendimento de demandas concretas. Os prazos são rígidos, inflexíveis, quando existem, pois, como regra, há plena autonomia para a burocracia seguir o "seu ritmo". Nestes processos, como explana o Plano Diretor, há "ênfase em processos em detrimento de resultados".

Não é o que se lê do projeto proposto. **Primeiro**. Não há unificação dos procedimentos. A aplicação do processo proposta é apenas subsidiária, isto é, feita na omissão de qualquer processo específico (art. 68). **Segundo**. Os prazos de regra admitem dilação, adaptando-se às condições de prestação do serviço (art. 24, 42, 49 e 59). **Terceiro**. Os processos não são reservados aos burocratas, mas abertos ao cidadão, sob diversas formas: (a) iniciativa (art. 5º e segs.); (c) acompanhamento e participação não vinculante, inclusive mediante consulta pública (art. 31) ou audiência pública (art. 32); (d) controle *a posteriori* por via recursal (art. 58), de regra sem qualquer efeito suspensivo (art. 61). **Quarto**. O processo admite correção retroativa de atos viciados com irregularidades (art. 55). **Quinto**. O projeto prevê ampla flexibilidade em matéria de delegação administrativa (art. 12) e avocação temporária de atribuições (art. 15). **Sexto**. O projeto estabelece claramente uma diretriz desformalizadora ao estabelecer que "os atos do processo administrativo não dependem de forma determinada senão quando a lei expressamente a exigir" (art. 22). **Sétimo**. O projeto dispensa o reconhecimento de firma, ressalvada apenas a imposição legal específica e a hipótese em que houver dúvida de autenticidade, sendo que a autenticação de documentos poderá ser feita pelo próprio órgão administrativo, à semelhança do que ocorre hoje com os órgãos de administração do Poder Judiciário (art. 22, §2º e 3º). **Oitavo**. O projeto estimula a realização de "conferências de serviços", reuniões conjuntas com participação de titulares ou representantes de órgãos de diferentes estruturas hierárquicas, quando necessário à instrução de processo, quebrando a rigidez de estruturas excessivamente hierarquizadas (art. 35). **Nono**. É prevista expressamente a possibilidade da adoção pela Administração de medida ou providência acauteladora, sem a prévia manifestação do interessado, no curso do processo administrativo, dirimindo qualquer dúvida a respeito, o que será muito útil para preservar o estado de fato e os interesses patrimoniais do Estado durante o curso do processo. **Décimo**. O projeto permite ainda expressamente a padronização por meio mecânico dos fundamentos das decisões, colocando um ponto final nas exigências de quantos entendiam que o princípio da motivação exigia respostas necessariamente individualizadas, inclusive quanto à fundamentação jurídica e técnica, o que se traduziria em excesso de formalismo, coibido pela proposta (art. 50, §2º).

Além disso, o projeto proposto encontra vários pontos de conexão direta com as propostas do Projeto Cidadão, enunciados no Plano Diretor. O Projeto Cidadão afirma ter como "objetivo aperfeiçoar as relações entre os órgãos da Administração Pública e os cidadãos, no âmbito de suas atribuições institucionais atendendo à diretriz do Projeto de Reforma do Estado, de localização das ações nos anseios e necessidades do cidadão". Entre as áreas de preocupação do Projeto Cidadão mais ligadas ao anteprojeto de lei de processo administrativo, enfatizamos: (a) "implementação de sistema de recebimento de reclamações e sugestões do cidadão sobre a qualidade e a eficácia dos serviços públicos que demandam uma resposta pró-ativa da Administração Pública a respeito" e (b) "implementação de sistema de informação ao cidadão a respeito do funcionamento e acesso aos serviços públicos, e quaisquer outros esclarecimentos porventura solicitados". Parece evidente que a implementação desses dois sistemas, de recebimento de reclamações e de informação, somente são possíveis com a existência de regras básicas sobre o proceder da Administração, inclusive quanto a reclamações provenientes do exercício da cidadania.

Essas considerações demonstram que o processo, por si só, como sucessão ordenada e encadeada de atos dirigidos à obtenção de um resultado convergente e unitário, é uma entidade ou categoria sem caráter predefinido. Para usar a linguagem do Plano Diretor, pode ele ser burocrático e formalístico como pode ser gerencial e teleológico, tudo a depender de como é estruturado em suas linhas mestras e de como se comportarão os seus intérpretes e aplicadores. No caso em tela há avanços significativos, já assinalados.

Essas são as breves considerações, Sr. Ministro, cabíveis nesse momento para recomendar a adoção do anteprojeto proposto pela Comissão de Elaboração constituída pelo Ministério da Justiça e por este Ministério da Administração Federal e Reforma do Estado da qual, honrosamente, participei como membro e como Secretário-Geral.

Brasília, 24 de setembro de 1996

Paulo Eduardo Garrido Modesto
Assessor Especial

## 2 Os últimos passos

A nota técnica transcrita foi aprovada pelo Ministro de Estado da Administração Federal e Reforma do Estado, Luiz Carlos Bresser Pereira. Mas o Ministro fez mais do que isso: depois dela, enviou de imediato o projeto da Comissão Caio Tácito para a Casa Civil da Presidência da República com o pedido de urgência na apreciação e enviou a nota técnica elaborada como manifestação oficial do Ministério, dispensando a manifestação dos demais órgãos. Era o fim do mês de setembro de 1996. Incumbiu-me ainda de visitar o Ministério da Justiça, com o objetivo de informá-los da nota técnica e pressionar pela rápida aprovação daquele Ministério, com objetivo de dar sequência ao envio ao Congresso Nacional do projeto de lei formal do Governo. Tudo isso foi feito, em evidente *lobby institucional intragovernamental.*

E funcionou! Sem qualquer alteração nos dois Ministérios, e na Casa Civil da Presidência da República, finalmente em 22 de outubro de 1996, pelo Aviso nº 1297 – SUPAR/C. Civil, o Presidente da República enviou ao Congresso Nacional, através do Ministro de Estado Chefe da Casa Civil da Presidência da República, o Projeto de Lei destinado a "Regular o processo administrativo no âmbito da Administração Pública Federal". Esse fato é impressionante para quem conhece um pouco a realidade do Estado brasileiro: o texto da Comissão Caio Tácito conseguiu ultrapassar todos os filtros internos do Poder Executivo sem qualquer alteração no texto original.

Na Câmara dos Deputados, o projeto foi autuado como *Projeto de Lei nº 2.464/1996, e lido e publicado em 05 de novembro de 1996*. Mas enfrentou um problema logo na partida. Em 23.12.1996, a Mesa Diretora deferiu pedido da Comissão de Trabalho, de Administração e Serviço Público para apensar o *Projeto de Lei nº 2.464/1996* ao *Projeto de Lei nº 2.097/1996*, da autoria do Deputado Federal Regis de Oliveira. A decisão poderia atrasar o processo de aprovação do texto do Governo.

E efetivamente atrasou. Por quase um ano o projeto federal não recebeu movimentação na Câmara dos Deputados. Enquanto isso, rapidamente, no estado de Sergipe era aprovada a Lei Complementar nº 33, de 26.12.1996, com base em projeto elaborado pelos professores Carlos Ayres Britto e Sérgio Monte Alegre, que cuidava tanto do processo administrativo quanto da organização administrativa do Estado.

Em 27.08.1997,um momento importante na tramitação do *Projeto de Lei nº 2.464/1996:* na Comissão de Trabalho, de Administração e

Serviço Público realizou-se audiência pública, com a presença de Caio Tácito, Adilson Dallari e Carmen Lúcia Antunes Rocha, integrantes da Comissão. Nesta oportunidade os deputados foram apresentados de forma mais detalhada ao projeto e em vários momentos, especialmente na apresentação da professora Carmen Lúcia, foram detalhadas normas inconciliáveis do PL 2464/1996 com as do PL 2097/1996, mostrando que o projeto da Comissão Técnica e do Governo era mais flexível, menos detalhista, mais aberto a outros prazos específicos e sequenciamentos especiais de procedimentos especiais, o que reduziu resistências de diversos parlamentares.

Mais um ano transcorre sem qualquer deliberação. Diante da inércia, e novamente agitado o *lobby interno*, em 09.09.1998, o Presidente da República envia à Câmara dos Deputados mensagem, solicitando a *urgência constitucional* para o PL 2464/1996, nos termos do §1º do Art. 64 da Constituição Federal. Nos termos da Constituição brasileira, exercida a prerrogativa do *pedido de urgência*, se a Câmara dos Deputados e o Senado Federal não se manifestarem sobre a proposição sob a qual recaiu o pedido de urgência, cada qual sucessivamente, em até quarenta e cinco dias, devem ser sobrestadas todos as demais deliberações legislativas da respetiva Casa, com exceção das que tenham prazo constitucional determinado, até que se ultime a votação. Trata-se de prerrogativa de instaurar procedimento legislativo sumário, que pode conduzir até ao trancamento da pauta de votação de outras matérias.

A medida surtiu efeito. Em 27.10.1988, o PL 2464/1996 foi discutido em turno único na Câmara dos Deputados, aprovado com um único destaque, que suprimiu o §3º do Art. 59, sem qualquer outra modificação aditiva ou supressiva, tendo ocorrido ainda a rejeição do PL 2097/96. Remetida a matéria ao Senado Federal, a proposição foi autuada com PLC 41/1998, tendo sido rapidamente debatida e aprovada em 07.01.1999, sem alterações de qualquer natureza. Por fim, o projeto aprovado foi sancionado pelo Presidente da República, sem qualquer veto, em 29 de janeiro de 1999, com publicação do inteiro teor da Lei nº 9.784, no Diário Oficial da União de 01.02.1999. A lei entrou em vigor na data de sua publicação, sem qualquer *vacatio legis*.

Um mês antes, em 30 de dezembro de 1998, havia sido aprovada a Lei Paulista nº 10.177, importante lei estadual de processo administrativo, que se definia como lei estadual de procedimento administrativo, cujo projeto original foi elaborado por eminente comissão presidida pelo professor Carlos Ari Sundfeld. Curioso é que a lei paulista, embora aprovada em 30 de dezembro de 1998, previa sua entrada em vigor apenas 120 dias contados da data de sua publicação, o que veio a ocorrer, salvo equívoco de cálculo, apenas em 29 de abril de 1999.

A Lei nº 9.784/99 revolucionou a forma de relacionamento da Administração Pública com os administrados no âmbito da União. Redigida em linguagem simples, a Lei detalhou os princípios aplicáveis ao processo administrativo (Art. 2º), os direitos e deveres dos administrados (Art. 3º e 4º), proibiu a recusa sem motivação de documentos ou solicitações dos particulares (Art. 6º, § único), impôs o dever da Administração de decidir as pretensões dos administrados de forma expressa (Art. 48), adotou a gratuidade como regra do processo administrativo (Art. 2º, § único, XI), estabeleceu o prazo de cinco anos como marco fatal para o decaimento do direito da Administração de anular os atos administrativos de que decorram efeitos favoráveis para os destinatários (Art. 54), disciplinou a instrução, os prazos, a forma e lugar dos atos do processo ordinário, inclusive as hipóteses de suspensão e impedimento dos agentes públicos e as formas de recurso e revisão das decisões administrativas.

A Lei Federal nº 9.784/99 disciplinou o processo comum, ordinário, fixando as normas básicas da matéria, aplicáveis a todos os processos especiais existentes. Mas, havendo norma especial, a aplicação da Lei Geral ocorre de forma subsidiária, preenchendo as lacunas da disciplina específica e auxiliando na interpretação dos seus termos (Art. 69). Trata-se de lei de normas gerais, que pela concisão e precisão, conseguiu influir decisivamente para a multiplicação de normas de processo administrativo em todos os estados brasileiros e inúmeros municípios do país.

O prestígio da lei federal de processo (Lei nº 9.784/1999) é tal que o Superior Tribunal de Justiça admite a sua aplicação subsidiária aos estados e municípios quando inexistente norma legislativa própria das unidades subnacionais. (*Súmula 633*)

Essa operação hermenêutica é realizada sem o reconhecimento da competência da União para legislar sobre normas gerais de processo ou procedimento administrativo. Determina-se a aplicação da legislação federal exclusivamente em caráter integrativo, ante lacuna da legislação local, com invocação de princípios e direitos fundamentais dos cidadãos de obrigatória vigência nacional, a exemplo da segurança jurídica, proporcionalidade e razoabilidade, e com expressa ressalva da superveniente aprovação de legislação própria pelos estados e municípios. É dizer: adota-se sistemática inversa àquela prevista no artigo 24 da Constituição, dado que esta última apenas admite a competência plena do Estado-membro exclusivamente ante a inércia legislativa da União. (MODESTO, Paulo. Federalismo administrativo, processo e experimenação. *In*: MODESTO, Paulo. *Direito administrativo da experimentação*. Salvador: Fórum, 2024. p. 81 *et seq*.).

Como toda lei, produto de linguagem e das convenções de um momento, a Lei nº 9.784/99 não é um monumento para contemplação, mas um instrumento que pode e deve ser ajustado às novas demandas e as exigências da administração pública. E, neste sentido, reconheço mérito em diversas propostas contempladas no PLS 2.481/22, que segue em debate no Congresso Nacional. Mas penso que o exemplo da Lei nº 9.784/99, e o do seu processo legislativo, revelam as virtudes da *flexibilidade* e da *síntese* como um norte que deve ser observado pelos projetos de sua alteração, de modo a assegurar que mantenha o seu caráter geral, sem a *invasão das miudezas* que leis especiais podem dispor, nem a *pretensão totalizante* de abarcar de modo direto (e não subsidiário) os processos administrativos disciplinados em normas estaduais e municipais.

Preservar a autonomia plena dos estados e municípios para legislarem sobre processo administrativo, assegurada a invocação exclusivamente subsidiária da lei federal quando em causa específicos tópicos que encerram direitos fundamentais processuais ou concretização de princípios constitucionais de imediato acatamento ainda omissos na legislação local, é a melhor forma de preservar a vigência e a longevidade da lei federal de processo administrativo. Atrair para o seu campo temas processuais de varejo ou de repercussão local pode ser um passo arriscado para preservar o seu prestígio e a sua vigência.

O processo administrativo insere-se na competência constitucional dos estados-membros para legislar sobre direito administrativo (artigo 25, § 1º, CF/1988) e na competência dos municípios para disciplinar a própria organização e funcionamento administrativo (artigo 30, CF/1988). Em situações de omissão grave, que coloquem em risco a aplicação da própria Constituição, a aplicação subsidiária cumpre o papel de colmatação. Preservada a autonomia legislativa poderão as unidades subnacionais inovar na matéria administrativa, sem amarras *centralistas*, exercitando o papel também de "laboratórios de experimentação" em matéria processual administrativa, respeitados os princípios constitucionais obrigatórios. (MODESTO, *op. cit*., p. 88-89).

Por isso, no mesmo texto referido no parágrafo anterior, considerei um retrocesso a diretriz constante do PLS 2.481/22 de "nacionalizar" integralmente a Lei nº 9.784/1999, alterando a sua ementa e eficácia, com invocação do artigo 24, XI, da Constituição, em leitura ampliativa completamente diversa da realizada em toda a nossa história constitucional. Transformar toda a Lei nº 9.784/1999, inclusive com as eventuais e detalhadas inovações propostas, em "lei geral de procedimento em processo administrativo" com eficácia nacional, coloca os Estados-membros em posição subalterna e os municípios completamente fragilizados em matéria de especial relevo para a autoadministração dos entes locais. Há passos largos demais, que ao aparentemente avançar, retrocedem ou levam à frustração conquistas importantes para a cidadania, como a aplicação da lei geral de processo administrativo da União ante lacuna da legislação processual local. Valorizar o federalismo administrativo ainda é tarefa necessária, sem saudosismo algum de tempos vencidos. Federalizar e uniformizar as normas processuais em toda a Federação é suscitar paixões políticas, dúvidas legislativas e instalar a insegurança jurídica onde ela não deve residir.

Salvador, 6 de janeiro de 2025.

## CAPÍTULO I
## DAS DISPOSIÇÕES GERAIS

Art. 1º Esta Lei estabelece normas básicas sobre o processo administrativo no âmbito da Administração Federal direta e indireta, visando, em especial, à proteção dos direitos dos administrados e ao melhor cumprimento dos fins da Administração.

§1º Os preceitos desta Lei também se aplicam aos órgãos dos Poderes Legislativo e Judiciário da União, quando no desempenho de função administrativa.

§2º Para os fins desta Lei, consideram-se:

I – órgão – a unidade de atuação integrante da estrutura da Administração direta e da estrutura da Administração indireta;

II – entidade – a unidade de atuação dotada de personalidade jurídica;

III – autoridade – o servidor ou agente público dotado de poder de decisão.

**BERNARDO STROBEL GUIMARÃES**

**LUCAS SIPIONI FURTADO DE MEDEIROS**

# 1 *Caput* – âmbito de incidência e finalidades da Lei

Como é natural, a Lei nº 9.784/1999 inicia prevendo seu objeto, seu âmbito de incidência e seus objetivos. E embora pareçam disposições simples e sem muita relevância, elas dão origem a questões bastante complexas que dizem respeito a como aplicar a Lei e a quem.

Em poucas palavras, o *caput* do art. 1º trata de três grandes questões. Primeiro, ele se vale do conceito de "normas básicas sobre processo administrativo", indicando que a Lei trata delas. Segundo, indica que a Lei seria aplicável à Administração Federal. Terceiro, indica as finalidades da Lei, criando uma espécie de direcionamento interpretativo, que deve orientar a análise dos demais dispositivos.

Tendo em vista a densidade dos conceitos, cabe examinar o *caput* de maneira analítica, para que dele se extraia tudo aquilo que ele contém em termos de valor.

## 1.1 Normas básicas sobre processo administrativo: o que são e para que servem

A Lei de pronto indica que nela são instituídas normas básicas, impondo ao intérprete construir sentido para essa previsão; uma lição antiga diz que a lei não contém palavras inúteis.[1]

Mas, afinal, o que devemos entender por *normas básicas sobre processo administrativo*? E mais: existe algum sentido em a Lei dizer que trata de normas básicas ou se trata de um adjetivo ornamental?

Num primeiro lance de aproximação, tem-se que normas básicas são aquelas que dão a *estrutura mínima de um instituto*; no caso, são normas que visam a dar coesão ao processo administrativo, indicando sua estrutura elementar (como ele se instala, se instrui, se julga etc.).

Normas básicas, na acepção empregada pela Lei, são aquelas que cuidam de desenhar o *figurino mínimo da relação processual administrativa*. Sem entrar na discussão acerca da existência ou não de uma teoria geral do processo, fato é que, onde quer que ele exista, haverá o desenvolvimento de uma relação dialética entre duas pretensões que ao final substituirá a incerteza inicial por uma decisão vinculante aos participantes dessa relação.[2]

E isto implica a existência de uma ordem de elementos que necessariamente devem ser contemplados. Evidente que o processo é meio de efetivação do direito material.[3] E que, portanto, o processo penal é diferente do processo civil, que é diferente do processo constitucional etc. A multiplicidade, contudo, não exclui que haja um núcleo comum a todas essas manifestações.

Esse núcleo consiste nos *elementos logicamente necessários para que se estabeleça uma discussão ordenada com vista a eliminar situações de incerteza que decorram da aplicação do direito*. Todo processo contém, então, a estrutura dialética necessária para alcançar a uma conclusão

---

1 MAXIMILIANO, Carlos. *Hermenêutica e aplicação do direito*. 20. ed. Rio de Janeiro: Forense, 2011. Item n. 166, p. 127-128.

2 Num pequeno grande livro, José Souto Maior Borges examina a estrutura dialética do processo, partindo do pensamento clássico. Processo é diálogo que constrói consenso. E isso exige o respeito a certas regras (*Cf.* BORGES, José Souto Maior. *O contraditório no processo judicial*: uma visão dialética. 2. ed. São Paulo: Malheiros, 2013).

3 O processo não é um fim em si mesmo, mas a maneira de efetivar — do modo mais eficiente possível — o direito material. Embora isto seja quase um truísmo, ainda se vê o culto do processo *per se*, como um ritual sem fé. É o que já denunciou há muito Cândido Rangel Dinamarco (*Cf.* DINAMARCO, Cândido Rangel Dinamarco. *A instrumentalidade do processo*. 16. ed. São Paulo: Malheiros, 2022).

(daí a vedação ao *non liquet*) que se substitui à incerteza colocada pelas partes. Essa conclusão deve ser congruente com o objeto da discussão e uma vez alcançada se substitui ao dissenso originário.

Por outro lado, ao falar em normas básicas a Lei reconhece, ainda que implicitamente, a existência de normas processuais que não possuem essa característica (se há normas básicas também há as "não básicas"). E isto é especialmente importante pois *o processo administrativo está sujeito à incidência de regimes especiais, aplicáveis a certas relações administrativas*. Embora a dicção "normas básicas" não seja usual no nosso ordenamento, ela guarda aqui relação com a ideia de normas gerais, que se usa comumente em casos em que se predica uma relação entre geral/especial.

Sob esta perspectiva, a regra do *caput* deve ser lida em conjunto com o art. 69 da Lei, segundo o qual relações jurídico-processuais sujeitas à regulação particularizada devem ser regidas pelas normas especiais. Nesses casos, as disposições contidas nas normas básicas têm incidência subsidiária.

Em suma, as normas da Lei nº 9.784/1999 serão aplicadas quando não houver tratamento distinto previsto em lei especial. Aqui é importante pontuar que a relação geral/especial não é nem um pouco simples na prática, consistindo em um problema central da hermenêutica jurídica.[4]

De todo modo, *o compromisso da Lei é claro: estabelecer as regras gerais que garantam a eficácia aos direitos processuais dos administrados*. A partir dela, a inexistência de normas especiais que cubram toda e qualquer espécie de relação não pode servir de desculpa para não dar aos cidadãos um processo administrativo justo. Eventuais lacunas e omissões se resolvem não pela renúncia ao processo, mas pela aplicação direta das normas enunciadas na Lei nº 9.784/1999. Com sua edição, já não há mais espaço para não respeitar o direito ao devido processo no âmbito administrativo. A qualificação como norma básica busca precisamente chamar atenção para isto, assegurando um patamar mínimo de proteção dos cidadãos quando envolvidos em dissensos com a Administração.

Então, respondendo de forma direta as duas perguntas colocadas no início deste item: *normas básicas sobre processo administrativo* são aquelas que cuidam de desenhar o figurino mínimo da relação processual

---

[4] Para uma exposição do tema e suas dificuldades, consulte-se: ASCENÇÃO, José de Oliveira. *Introdução à ciência do direito*. 3. ed. Rio de Janeiro: Renovar, 2005. p. 510-521.

administrativa, indicando sua estrutura elementar (como ele se instala, se instrui, se julga etc.); e sim, o conceito de normas básicas é útil. Como visto, não se trata de um mero adereço, mas de algo importante para definir o alcance da Lei.

## 1.2 A questão da abrangência da norma: lei federal ou lei nacional?

A Lei declara de modo taxativo que sua incidência se restringe à Administração Pública Federal, o que implicaria a impossibilidade de ela ser aplicada às demais pessoas políticas. Isto, contudo, é questionável. Aliás, desde que a Lei foi editada já havia opiniões que sustentavam que, pelo menos em alguma medida, ela deveria ser aplicada a todos os entes federativos.[5]

O problema que se apresenta é definir, à luz da Constituição, a quem compete legislar sobre processo administrativo. E para responder a esta questão é necessário, primeiro, saber se tratar de processo administrativo diz respeito a legislar sobre processo (o que implica que a competência seja da União) ou sobre direito administrativo (o que implica competência comum a todos os entes).

A Lei vai no sentido de que compete à União tratar apenas da Administração Federal, cabendo aos demais entes federativos tratarem do tema por meio de leis específicas. Inclusive, as primeiras leis sobre processo administrativo foram produzidas em nível estadual.

A viga mestra deste raciocínio pode ser sintetizada da seguinte forma: quem pode expedir regras de direito administrativo pode também legislar sobre o processo correlato.[6] A competência para tratar

---

5 Para uma resenha das diversas posições doutrinárias acerca do tema e seus fundamentos, consultar: CUNHA, Bruno Santos. Aplicabilidade da lei federal de processo administrativo. São Paulo: Almedida, 2017. Em próprio me manifestei neste sentido no longínquo ano de 2004. Ver: GUIMARÃES, Bernardo Strobel. Âmbito de validade da lei de processo administrativo (Lei nº 9.784/99) – para além da Administração Federal. *Revista de Direito Administrativo e Constitucional*, v. 4, n. 16, 2004. Disponível em https://revistaaec.com/index.php/revistaaec/article/view/605. Acesso em: 1 nov. 2024.

6 Nesse sentido manifestou-se Carmen Lúcia Antunes Rocha: "[...] a organização federativa brasileira não permite que haja lei nacional sobre o tema. A autonomia administrativa, que caracteriza o princípio federativo dominante da forma de estado adotada no Brasil, tem a sua afirmação rigorosa na garantia de um espaço próprio de cada entidade federada (Estados-membros, Distrito Federal e municípios) para estruturar a sua organização e a sua forma de atuação, observados os princípios constitucionais. O processo administrativo, como instrumento de ação adotado pela Administração Pública, garantido em seus princípios fundamentais na Constituição Federal, tem o seu esboço infraconstitucional

do tema processo administrativo estaria imbricada na possibilidade de expedir regras administrativas ordinárias.

Como se nota, a questão diz respeito à proteção da autonomia dos entes federativos subnacionais, que não poderiam ser tolhidos pela União no seu direito de legislar sobre direito administrativo. A questão central dos que defendem a aplicação apenas à Administração Federal é defender a autonomia federativa.[7] Contudo, o tema da competência só pode ser resolvido a partir da análise da Constituição. E não nos parece que seja possível pretender que a competência para produzir normas sobre processo exclua processo administrativo.

A maior razão para tanto é que o processo administrativo é, na qualidade de garantia fundamental, equiparado ao processo judicial. Quando trata do devido processo legal (art. 5º, incs. LIV e LV), a Constituição não faz qualquer ressalva quanto à sua incidência apenas aos processos conduzidos pelo Judiciário. Pelo contrário, ela enfatiza que o devido processo deve ser garantido sempre, independentemente da "natureza" do processo.

A partir daí não parece haver espaço para pretender que a competência para expedir as normas que dão substância ao devido processo legal não seja a prevista no art. 22, inc. I, da Constituição. Soma-se a isso que a norma constitucional em questão fala em processo, num sentido *lato*, e não especificamente processo judicial. Assim, entre uma interpretação que se funda na atribuição de sentidos velados ao texto constitucional e uma que encontra expresso lastro na letra da Constituição, prevalece a segunda.

Os que pretendem que as regras constitucionais se aplicam apenas a processos e procedimentos em matéria judicial ignoram as disposições que tratam do devido processo tanto sobre a perspectiva judicial quanto administrativa. E isto não parece ser o mais adequado. Na exata medida em que a Constituição equipara processo administrativo e judicial para fins de proteção ao devido processo legal, é artificioso pensar que isto não reverbera na competência legislativa para se tratar do tema.

---

firmado pela legislação elaborada pelas diferentes pessoas políticas, cada qual seguindo as diretrizes que melhor se adaptem às suas condições." ROCHA, Cármen Lúcia Antunes. Princípios constitucionais do processo administrativo no direito brasileiro. *Revista de Informação Legislativa*, ano 34, n. 136, out./dez. 1997. Disponível em: https://www2.senado.leg.br/bdsf/item/id/287. Acesso em: 1 nov. 2024. p. 10.

7 CUNHA, Bruno Santos. Aplicação da lei federal de processo administrativo a entes subnacionais: uma codificação nacional às avessas? *Revista de Direito Administrativo e Constitucional*, v. 11, n. 45, 2011. Disponível em: https://revistaaec.com/index.php/revistaaec/article/view/216. Acesso em: 1 nov. 2024. p. 221 *et seq*.

É paradoxal reconhecer que há um núcleo de processualidade que decorre da Constituição e descolar isso da competência para legislar sobre processo. Dizer que são os entes subnacionais que estariam obrigados a observar o conteúdo mínimo da Constituição, replicando tais valores em suas normas, parece ignorar que é exatamente porque há um núcleo mínimo que uma lei geral sobre processo deve ter alcance nacional.

Esta é a razão de ser por meio da qual o constituinte atribui competência à União para legislar sobre processo. A existência de um núcleo de proteção que deve ser comum a todos conduz à necessidade de tratamento nacionalmente uniforme. E mais, não há por que recusar que isso seja diferente apenas para o direito administrativo. Afinal, todas as demais competências de direito material outorgadas aos entes federativos obrigam a utilização das regras processuais produzidas pela União em caráter nacional. A ideia de que a competência nacional para legislar sobre processo administrativo ofenderia a autonomia federativa é inconsistente.

Há um verdadeiro *non sequitur* na alegação de que a competência para produzir as regras de direito administrativo material traria em si implícita a atribuição para legislar sobre processo. A previsão de competência para legislar sobre direito material não traz *per se* a atribuição para produzir regras processuais.

Aliás, mesmo autores que pretendem que a Lei se aplique apenas em nível federal acabam por advogar uma certa expansão principiológica para estados e municípios, alegando que nela se contaria um patamar que derivaria da própria Constituição.[8] Uma solução que seria muito mais simples reconhecendo-se que a competência para legislar sobre processo administrativo é privativa da União, pois processo administrativo e judicial são equiparados do ponto de vista da proteção constitucional.

A questão que parece causar perplexidade diz respeito a saber o que então competiria a cada dos entes em matéria de competência administrativa. Afinal, é inegável que há na função administrativa a necessidade de regular o modo pelo qual as competências abstratas da lei são convertidas em medidas concretas.

---

8 DI PIETRO, Maria Sylvia Zanella. A lei de processo administrativo: sua ideia motriz e âmbito de aplicação. *In*: MORAES FILHO, Marco Antonio Praxedes de; NOHARA, Irene Patrícia (org.). *Processo administrativo*: temas polêmicos da Lei nº 9.784/99. São Paulo: Atlas, 2011. p. 190-191. No mesmo sentido: FERRAZ, Sérgio; DALLARI, Adilson Abreu. *Processo administrativo*. São Paulo: Malheiros, 2002. p. 29.

Para responder a esta questão é importante entender que o devido processo legal está associado a situações em que há uma diferença de pretensões entre a Administração e um particular. O que a Constituição exige é que, em havendo diferença de pretensões — o que é enfatizado pela referência a "litigantes" e "acusados" contida no art. 5º, LV —, as garantias inerentes ao contraditório e a ampla defesa devem ser protegidas pelo Estado. Isto significa que nenhuma decisão administrativa pode produzir efeitos em caráter definitivo sem considerar o direito de o administrado manifestar-se sobre a questão. E, mais do que isto, o particular tem o direito de tentar influenciar a decisão que lhe atinge, criando assim o dever de a Administração levar seus argumentos em consideração.

Este é o núcleo mínimo que a Constituição reserva à figura do processo. Regras processuais, portanto, são aquelas que dão densidade ao direito ao devido processo legal, instrumentalizando o direito de o particular participar, bem como o dever de a Administração (e o Judiciário) decidir levando essa situação em conta.

Ao lado dessas regras, existem aquelas que orientam a produção de atos da Administração, fixando o *iter* lógico que conecta a competência abstrata (a potência de atuar) com o ato a ser produzido. Esse é o conteúdo próprio do procedimento, que consiste numa sucessão lógica de atos orientados a uma finalidade. Esta perspectiva é capaz de resolver o dilema entre a necessidade de reconhecer autonomia às diversas pessoas políticas para tratar de assuntos administrativos e o dever de tratamento uniforme do direito de o administrado ver respeitado o devido processo quando a Administração puser em causa seus interesses. O primeiro tema se resolve na competência comum para produzir regras de procedimento. E o segundo reconhecendo-se a competência privativa da União para legislar sobre processo.

Veja-se que quando falou em competência privativa o constituinte fez referência a processo (art. 22, inc. I); já quando falou em competência concorrente, falou em procedimento (art. 24, inc. XI). Tratam-se, pois, de conceitos distintos segundo a própria Constituição, sujeitos a regimes jurídicos igualmente distintos. Um (o processo) é de competência legislativa privativa da União; o outro (procedimento), é de competência legislativa concorrente entre os entes da federação.[9] Compreender essa

[9] Sobre a competência concorrente, vale lembrar que cabe à União editar normas gerais sobre a matéria e aos Municípios, Estados e Distrito Federal editar normas suplementares, alinhando a disposição geral às especificidades locais. Sobre o assunto, ver: ALMEIDA,

distinção[10] é essencial para os fins do presente artigo, pois é ela que, no fundo, define a questão da competência. A partir dela é que se pode harmonizar as regras de competência normativa aplicáveis ao caso.[11]

Nessa linha, a Lei nº 9.784/1999 é uma lei nacional, sendo indiferente que o legislador tenha pretendido restringir sua aplicação ao plano federal. No que concerne a regras processuais, isto é, aquelas que implementam o conteúdo do contraditório e da ampla defesa, a norma deve ser observada por estados, municípios e Distrito Federal, indistintamente.

Inclusive, há indícios normativos posteriores à edição da Lei que fortalecem o entendimento aqui exposto. Dentre eles merece menção expressa a previsão do Código de Processo Civil no sentido de que as suas disposições se aplicam supletivamente aos processos administrativos. Ora, se o CPC pode ser aplicado às relações administrativas ainda que de modo supletivo, é porque a matéria está sujeita a tratamento nacionalmente uniforme. Não faria o menor sentido que as regras do CPC incidisse caso não se encampasse a premissa exposta acima.

No mesmo sentido, merece registro que o projeto de lei que visa reformar a Lei nº 9.784/99 contém disposição no sentido de as regras ali previstas terem incidência nacional, o que também referenda a premissa exposta aqui. Conforme consta na sua exposição de motivos, na sua elaboração

> Adotou-se a premissa de que o texto constitucional estabelece, em seu artigo 24, XI, a competência da União para legislar concorrentemente sobre normas gerais de procedimentos em matéria processual, o que é fundamental para, no âmbito da nossa federação com mais de cinco mil

---

Fernanda Dias Menezes de. *Competências na Constituição de 1988*. 2. ed. São Paulo: Atlas, 2000.

[10] Processo e procedimento representam maneiras distintas de exercício das competências da Administração. O núcleo da distinção radica-se num elemento presente no processo, mas ausente no procedimento: a litigiosidade/conflituosidade entre sujeitos. Como observa Carolina Caiado Lima, embora existam diferentes critérios a partir dos quais se pode diferenciar processo e procedimento, "[...] é ponto comum entre grande parte das definições a existência do contraditório, do conflito, da multiplicidade de sujeitos e interesses envolvidos, no processo administrativo" (*Cf.* LIMA, Carolina Caiado. Por uma lei geral de processo administrativo. *In:* MEDAUAR, Odete; SCHIRATO, Vitor Rhein. *Atuais rumos do processo administrativo*. São Paulo: Revista dos Tribunais, 2010. p. 67.).

[11] GUIMARÃES, Bernardo Strobel. Âmbito de validade da lei de processo administrativo (Lei nº 9.784/99) – para além da Administração Federal. *Revista de Direito Administrativo e Constitucional*, v. 4, n. 16, 2004. Disponível em https://revistaaec.com/index.php/revistaaec/article/view/605. Acesso em: 1 nov. 2024. p. 201.

> entes, a uniformização de parâmetros garantidores mínimos dos direitos dos administrados nas suas relações processuais com a Administração Pública brasileira e os respectivos órgãos de controle.[12]

Em suma, por qualquer ótica que se olhe a existência de uma lei geral de processo administrativo implica que sua disciplina seja nacionalmente uniforme. E o fato de a Lei pretender restringir sua incidência apenas à União não altera isto, pois o que define a questão é a Constituição.

## 1.3 As finalidades da Lei e seu valor metodológico

A parte final do *caput* destaca as finalidades da Lei. À primeira vista, poderia se supor que se cuida de uma enunciação retórica sem maiores consequências práticas. Mas não; atribuir fins expressos à Lei tem consequências importantes. Isto porque as finalidades enunciam valores que devem ser levados em conta na análise das demais normas. Ao atribuir finalidade expressa à Lei, indica-se a que ela se destina, criando um elemento que facilita sua interpretação. Como diz Oliveira Ascenção: "enquanto não descobrir o para quê duma lei, não se detém ainda a chave de sua interpretação".[13]

Em termos práticos, havendo mais de uma interpretação possível, deve se preferir aquela que melhor se adeque aos objetivos traçados pelo legislador. principiológico, que servem como postulados interpretativos. Não é à toa que a Lei apresente já no seu art. 2º um rol de princípios cuja função é, em grande medida, condicionar a interpretação que é feita dos demais institutos previstos ao longo do seu texto.

Contudo, tal reconhecimento não resolve o problema. Aquele que examinar os objetivos da Lei notará que eles tendem ser *potencialmente conflituosos*. A Lei se destina tanto a proteger os direitos dos cidadãos, quanto auxiliar a Administração no cumprimento dos seus fins. Há evidente tensão entre os objetivos. O que, aliás não é propriamente surpreendente, já que é uma das razões de ser do direito administrativo buscar o equilíbrio entre a capacidade de agir da Administração *vis-à-vis* os direitos dos administrados.

---

12 Projeto de Lei nº 2.841/22, de autoria do Sem. Rodrigo Pacheco. Inteiro teor disponível em <https://www25.senado.leg.br/web/atividade/materias/-/materia/154735>. Acesso em: 3 nov. 2024.

13 ASCENÇÃO, *op. cit.* p. 395.

A Lei busca então achar o ponto de equilíbrio entre ambas as dimensões fundamentais do direito administrativo. Ela cria direitos para os particulares sem, contudo, deixar de reconhecer que a função administrativa se exerce de ofício, e que a Administração não é um poder neutro, mas uma força ativa, que visa a implementar materialidades públicas em prol da sociedade.

O que é fundamental aqui é entender que os direitos processuais dos cidadãos deverão ser protegidos e que qualquer apelo à celeridade da atuação administrativa não se superpõe ao respeito às garantias processuais dos administrados.

## 2 §1º Incidência decorrente do exercício da função administrativa, inclusive em caráter anômalo

Um dos desafios metodológicos do direito administrativo implica definir se suas normas são regras que envolvem certas pessoas jurídicas (que organicamente compõem a Administração) ou se, pelo contrário, trata-se de uma disciplina que se aplica à atividade administrativa, independente de quem a exerça. Daí distinguir-se uma perspectiva orgânica e funcional do direito administrativo. Inclusive, isto reforça seu caráter de norma geral, que deve ser aplicada sempre com vistas a não deixar sem tratamento jurídico situações em que uma autoridade pública atue sobre interesses de terceiros.

A Lei resolve o dilema de modo claro, adotando uma perspectiva funcional. Ela se aplica sempre que houver o desempenho de uma tarefa administrativa. Embora haja regimes próprios aplicáveis ao Legislativo e ao Judiciário no que se refere ao exercício de suas atividades fins, quando eles exercerem tarefas administrativas, a Lei será aplicável. Aqui, atividade administrativa implica o exercício de qualquer competência que não esteja diretamente submetida ao regime próprio desses Poderes. E as normas da Lei serão aplicadas sempre que houver o desenvolvimento de competências que possam atingir posições jurídicas dos particulares.

Assim, a Lei se dirige ao exercício da função administrativa e não à Administração subjetivamente considerada.

## 3 §2º Definições subjetivas utilizadas pela Lei

A Lei trata também de trazer algumas definições acerca de quem pode exercer função administrativa em concreto. Aqui, afastando-se das definições do DL 200/1967, a Lei fala em órgão, ente e autoridade como unidades de competência. Isso porque várias de suas disposições envolvem definir a quem incumbe certo dever no que toca ao regular o desenvolvimento das relações processuais.

Para examinar o conteúdo da Lei, melhor é examinar as definições apresentadas de "baixo para cima". Daí analisar-se a autoridade, o órgão e o ente, sucessivamente.

Como se sabe, a competência administrativa deve ser legalmente atribuída a uma determinada autoridade que têm a atribuição de manifestar a "vontade" da Administração. Não é por outro motivo que, nos termos da Lei, o poder de decisão é o que caracteriza quem é considerado *autoridade* para fins de incidência das suas normas. Autoridade é aquela pessoa investida na competência decisória. Autoridade diz respeito ao sujeito que, em concreto, desempenha o poder de decisão. A autoridade, contudo, atua em nome e por conta da pessoa jurídica, não sendo responsável pessoalmente pelos efeitos das decisões que toma, que persistem sendo decisões institucionais tomadas pela Administração. Do ponto de vista externo, a decisão da autoridade é manifestação da vontade da própria Administração. Externamente, quem atua é a pessoa jurídica, e não a autoridade (que responde administrativamente pelas suas decisões em caso de atuação ilegal).

Contudo, antes de a Autoridade ser concedida a uma autoridade que será dotada de poder de decisão, ela deve ser imputada a uma determinada estrutura do estado. Nesse contexto, ela pode ser atribuída a um órgão, que é uma unidade de atuação integrada a uma pessoa jurídica (ente). Órgãos são partições internas de competência, que integram determinado ente. Sua característica elementar é a imputação de um feixe de competências próprias, sem que isto implique a atribuição de personalidade jurídica autônoma. Como bem se percebe, o órgão detém parcela da competência que é de determinado ente. Órgãos são criados pelo fenômeno da desconcentração administrativa, sendo natural que competências concretas sejam objeto de especificações funcionais internas, que contribuem para maior eficiência na atuação administrativa.

Há, portanto, uma *relação de progressiva especificação* feita pela Lei no que se refere ao exercício da competência. Primeiro, há o ente, que é uma personalidade jurídica que recebe da Lei certas competências. Segundo, há o órgão, que é integrado a uma pessoa jurídica e se caracteriza por possuir competências específicas. Contudo, como o órgão não é dotado de personalidade jurídica ele não pode exercer diretamente as competências que possui. É aí que entra a autoridade, que é quem, de fato, exerce concretamente a função administrativa, aplicando a lei a situações específicas sobre sua responsabilidade.

A presença dessas definições na Lei tem por finalidade definir questões de competência, necessárias ao desenvolvimento das relações processuais. Note-se assim que em diversas passagens a Lei imputa obrigações a órgãos e entidades administrativas no que diz respeito à criação de deveres necessários ao bom andamento das relações processuais (neste sentido, os arts: 7º, 16, 26, II, 33, 35, 49-A, E, G e §1º). E em outras passagens, a Lei se refere ao indivíduo a quem se imputa determinado dever, se valendo do vocábulo autoridade (*v.g.* arts. 3º, I, 6º, I, 13, III, 17, 18, 19, 20, 22, 1º, 32, 47, 56, §1º e 3º, 61, parágrafo único).

## Referências


ALMEIDA, Fernanda Dias Menezes de. *Competências na Constituição de 1988*. 2. ed. São Paulo: Atlas, 2000.

ASCENÇÃO, José de Oliveira. *Introdução à ciência do direito*. 3. ed. Rio de Janeiro: Renovar, 2005.

BORGES, José Souto Maior. *O contraditório no processo judicial*: uma visão dialética. 2. ed. São Paulo: Malheiros, 2013.

CUNHA, Bruno Santos. *Aplicabilidade da lei federal de processo administrativo*. São Paulo: Almedida, 2017.

CUNHA, Bruno Santos. Aplicação da lei federal de processo administrativo a entes subnacionais: uma codificação nacional às avessas? *Revista de Direito Administrativo e Constitucional*, v. 11, n. 45, 2011. Disponível em: https://revistaaec.com/index.php/revistaaec/article/view/216. Acesso em: 1 nov. 2024.

DI PIETRO, Maria Sylvia Zanella. A lei de processo administrativo: sua ideia motriz e âmbito de aplicação. *In*: MORAES FILHO, Marco Antonio Praxedes de; NOHARA, Irene Patrícia (org.). *Processo administrativo*: temas polêmicos da Lei nº 9.784/99. São Paulo: Atlas, 2011.

DINAMARCO, Cândido Rangel Dinamarco. *A instrumentalidade do processo*. 16. ed. São Paulo: Malheiros, 2022.

FERRAZ, Sérgio; DALLARI, Adilson Abreu. *Processo administrativo*. São Paulo: Malheiros, 2002.

GUIMARÃES, Bernardo Strobel. Âmbito de validade da lei de processo administrativo (Lei nº 9.784/99) – para além da Administração Federal. *Revista de Direito Administrativo e Constitucional*, v. 4, n. 16, 2004. Disponível em https://revistaaec.com/index.php/revistaaec/article/view/605. Acesso em: 1 nov. 2024.

LIMA, Carolina Caiado. Por uma lei geral de processo administrativo. *In*: MEDAUAR, Odete; SCHIRATO, Vitor Rhein. *Atuais rumos do processo administrativo.* São Paulo: Revista dos Tribunais, 2010.

MAXIMILIANO, Carlos. *Hermenêutica e aplicação do direito.* 20. ed. Rio de Janeiro: Forense, 2011.

ROCHA, Cármen Lúcia Antunes. Princípios constitucionais do processo administrativo no direito brasileiro. *Revista de Informação Legislativa,* ano 34, n. 136, out./dez. 1997. Disponível em: https://www2.senado.leg.br/bdsf/item/id/287. Acesso em: 1 nov. 2024.

Art. 2º A Administração Pública obedecerá, dentre outros, aos princípios da legalidade, finalidade, motivação, razoabilidade, proporcionalidade, moralidade, ampla defesa, contraditório, segurança jurídica, interesse público e eficiência.

Parágrafo único. Nos processos administrativos serão observados, entre outros, os critérios de:

I – atuação conforme a lei e o Direito;

II – atendimento a fins de interesse geral, vedada a renúncia total ou parcial de poderes ou competências, salvo autorização em lei;

III – objetividade no atendimento do interesse público, vedada a promoção pessoal de agentes ou autoridades;

IV – atuação segundo padrões éticos de probidade, decoro e boa-fé;

V – divulgação oficial dos atos administrativos, ressalvadas as hipóteses de sigilo previstas na Constituição;

VI – adequação entre meios e fins, vedada a imposição de obrigações, restrições e sanções em medida superior àquelas estritamente necessárias ao atendimento do interesse público;

VII – indicação dos pressupostos de fato e de direito que determinarem a decisão;

VIII – observância das formalidades essenciais à garantia dos direitos dos administrados;

IX – adoção de formas simples, suficientes para propiciar adequado grau de certeza, segurança e respeito aos direitos dos administrados;

X – garantia dos direitos à comunicação, à apresentação de alegações finais, à produção de provas e à interposição de recursos, nos processos de que possam resultar sanções e nas situações de litígio;

XI – proibição de cobrança de despesas processuais, ressalvadas as previstas em lei;

XII – impulsão, de ofício, do processo administrativo, sem prejuízo da atuação dos interessados;

XIII – interpretação da norma administrativa da forma que melhor garanta o atendimento do fim público a que se dirige, vedada aplicação retroativa de nova interpretação.

## JOSÉ VICENTE SANTOS DE MENDONÇA

## 1 Introdução

É comum que leis a respeito de temas de direito administrativo incorporem, em geral em seus primeiros artigos, listas indicando os princípios regentes daquele assunto. Há prós e contras na técnica. A favor, pode-se dizer que os princípios concedem flexibilidade ao aplicador, além de servirem como marcadores semânticos da "teleologia" pretendida. Contra, o potencial incremento na insegurança jurídica e o empoderamento — por vezes desfuncional — das autoridades que os aplicam.

A lei nº 9.784/99 é fruto da época: no final dos anos 90, vivia-se o auge de um movimento por vezes denominado *neoconstitucionalismo*, marcado pela vindicação de conexão necessária entre direito e moralidade, pelo destaque à teoria da argumentação e pela completa ressignificação dos princípios jurídicos.[1] Sendo assim, ela não se furtou a enumerar onze princípios em seu *caput* e de abrir um parágrafo único com treze incisos cujo conteúdo é, por vezes, igualmente principiológico. Vale destacar que a menção a tais princípios é feita a título *exemplificativo*, como se infere a partir do uso da expressão "dentre outros". A opção legislativa também se justificou porque ela pretendia ser, em boa medida, *lei-quadro*, fornecendo balizas procedimentais, mas sem descer a minúcias.[2]

A estrutura do presente comentário é a seguinte: de início, vai-se definir princípios jurídicos. Depois, vai-se abrir breve tópico para discutir a respeito dos méritos e deméritos dos "princípios jurídicos" no direito administrativo dos dias de hoje. Ao final, vai-se proceder a exercício exegético das normas construídas a partir do art. 2º.

## 2 Definição de princípio jurídico

Definição clássica de princípio no direito administrativo brasileiro é a de Celso Antônio Bandeira de Mello: princípio jurídico é "mandamento nuclear de um sistema, verdadeiro alicerce dele, disposição fundamental que se irradia sobre diferentes normas compondo-lhe o

---

1 CARBONELL, Miguel (ed.). *Neoconstitucionalismo(s)*. Madrid: Editorial Trotta, 2003.

2 MENDONÇA, José Vicente Santos de; CALIL, Ana Luiza Fernandes. O discreto charme da Lei de Processo Administrativo Federal: sobriedade, generalidade, uniformidade federativa e imutabilidade nos vinte anos da lei n. 9.784/99. *In*: BITENCOURT NETO, Eurico; MARRARA, Thiago. (coord.). *Processo administrativo brasileiro*: estudos em homenagem aos 20 anos da Lei Federal de Processo Administrativo. Belo Horizonte: Fórum, 2020. p. 263-276.

espírito e servindo de critério para sua exata compreensão e inteligência, exatamente por definir a lógica e a racionalidade do sistema normativo, no que lhe confere a tônica e lhe dá sentido harmônico".[3]

A partir dos anos 90, tornou-se famosa, no Brasil, a definição de princípio jurídico construída a partir de sua contraposição à figura das *regras jurídicas*, ambas tomadas como espécie do gênero *norma jurídica*, sugerida por Ronald Dworkin em artigo de 1967 ("The model of rules").[4] Pretendendo realizar um ataque ao positivismo, Dworkin afirma que àquele modelo faltava uma compreensão dos princípios jurídicos. Regras incidiriam de modo tudo-ou-nada: presentes as circunstâncias de fato que são seu gatilho, elas incidiriam ou não — sem gradações. Atente-se à regra constitucional da licitação (art. 37, XXI, CRFB-88): ou a licitação é devida, ou se trata de contratação direta.[5] Já princípios jurídicos possuiriam o que ele chamou de uma dimensão de *peso*. Quando dois ou mais princípios entram em conflito, o intérprete haveria de identificar o peso específico dos princípios em choque para o caso. O prefeito é flagrado entrando no motel com funcionária de empreiteira: para aquele caso particular, prevalece o princípio da intimidade ou o da publicidade?[6]

Pode-se então afirmar que as regras possuem fatispécie relativamente fechadas ("se a Administração pretende contratar, deve licitar") e consequências relativamente determinadas ("se a contratação não foi precedida de licitação, será inválida"). Sua incidência se dá por intermédio de um esquema "preceito-sanção". O conflito entre regras jurídicas se resolve pelos critérios da hierarquia, da especialidade e da cronologia (nessa ordem).

Já os princípios jurídicos possuem fatispécie relativamente aberta ("deve-se respeitar a dignidade humana no exercício do poder

---

3 MELLO, Celso Antônio Bandeira de. *Curso de direito administrativo*. 17 ed. São Paulo: Malheiros, 2004. p.451.

4 DWORKIN, Ronald. *Uma questão de princípio*. Trad. Luís Carlos Borges. São Paulo: Martins Fontes, 2000.

5 Alguns autores chamam a imposição normativa do art. 37, XXI, da Constituição da República, de "princípio da licitação". Mas, no sentido do texto, trata-se de regra. Tais autores usam a palavra "princípio" provavelmente para significar "uma norma jurídica muito importante".

6 Outro cânone da matéria é a ideia de Robert Alexy de que princípios são mandamentos de otimização, a serem cumpridos na maior extensão possível face a obstáculos fáticos e jurídicos, enquanto regras são mandamentos de definição. *Cf.* ALEXY, Robert. *Teoría de los Derechos Fundamentales*. Trad. Ernesto Garzón Valdés. Madrid: Centro de Estudios Constitucionales, 2002.

de polícia") e consequências relativamente indeterminadas (qual princípio incidirá naquele caso? em qual intensidade?). Sua incidência se dá considerando o contexto fático e a possível incidência de outros princípios e regras em sentidos opostos ou diversos. O conflito entre princípios se resolve pela técnica da ponderação, por meio da qual se busca identificar o peso específico dos princípios em colisão para o caso concreto.

Atualmente tais conceitos sofrem verdadeira revolução analítica, e alguns já falam em ponderação de regras, incidência regiforme de princípios (uma vez que as ponderações hajam sido estabelecidas, seu resultado típico incidiria à maneira de uma regra), além de em fórmulas para controlar a discricionariedade junto à ponderação (como a fórmula do peso, do próprio Alexy, de 2003).[7]

Seja como for, para nossos propósitos, a apresentação que se fez já é suficiente. Uma possível definição de princípio jurídico seria: é a norma jurídica com fatispécie relativamente aberta, e que produz efeitos relativamente indeterminados, cujo conflito com outros princípios se resolve por meio da ponderação.

## 3 Utilidade dos princípios para o processo administrativo brasileiro. Princípio é preguiça?

Princípios jurídicos possuem várias funções. A primeira função é serem normas e, assim, comandar comportamentos; alguns são metanormas e determinam como normas devem ser aplicadas.[8] Mas também servem para compor o ambiente da interpretação sistemática e teleológica, preenchendo lacunas normativas ou corrigindo interpretações que produzam resultados inconstitucionais. Um sistema jurídico composto apenas por regras seria injusto por ser necessariamente incompleto e por levar a resultados absurdos. É importante fixar a premissa: princípios jurídicos, mais do que importantes, são *inescapáveis* num sistema jurídico racional.

---

[7] ALEXY, Robert. Constitutional Rights, Balancing, and Rationality. *Ratio Juris*. Oxford: Blackwell, v. 16, n. 2, p. 131-140, jun. 2003.

[8] Alguns chamam tais princípios de "postulados normativos aplicados" ou princípios instrumentais. Assim, por exemplo, o princípio da isonomia não determinaria diretamente um comportamento no mundo dos fatos, mas comandaria um comportamento ao aplicador: atue de modo isonômico em certas circunstâncias e sob determinados critérios. *Cf.* ÁVILA, Humberto. *Teoria dos princípios*: da definição à aplicação dos princípios jurídicos. São Paulo: Malheiros, 2003.

Dito isso, vale destacar que, em paralelo ao crescente destaque que os princípios ganharam no direito brasileiro — e no direito administrativo não foi diferente —, também surgiram *críticas* à sua utilização. Elas assumem diversas formas, mas pode-se afirmar, de modo simples, que se concentram na (i) *ausência de método* em sua aplicação, e (ii) no *empoderamento disfuncional* das autoridades controladoras em razão de seu uso.

Quanto à (i) ausência de método, alega-se que a interpretação e a aplicação dos princípios jurídicos seriam feitas ao sabor das preferências subjetivas do intérprete. No limite, inexistira uma *técnica* dos princípios, mas tão somente uma *retórica*.

Quanto ao (ii) empoderamento do controle, sugere-se que, por exemplo, juízes poderiam ignorar regras das quais discordassem em razão da incidência — sempre retórica — de princípios. A aplicação indiscriminada de princípios jurídicos, muitas vezes em detrimento de regras válidas e perfeitamente aplicáveis ao caso, desequilibraria o sistema de controle entre os poderes públicos.

Embora as críticas tenham sua parcela de razão, pouca coisa está definitivamente perdida nessa vida. É sempre possível desenvolver e aprimorar uma metodologia para a aplicação de princípios jurídicos. Seu uso disfuncional também pode e deve ser corrigido pelas próprias instâncias de controle, sem falar no controle social e na crítica acadêmica.[9] O que não se pode é contrapor a realidade inevitável do direito administrativo brasileiro — um direito coalhado de opções axiológicas, fruto de uma sociedade complexa — a um nirvana juspositivista que jamais existiu nem existirá.

Permita-se digressão relativa ao tema. No artigo "Princípio é preguiça?",[10] Carlos Ari Sundfeld critica a utilização indiscriminada de princípios no direito público. O uso de princípios indeterminados sem embasamento analítico levaria a uma deterioração da qualidade do debate e resultaria em decisões arbitrárias. Embora a palavra "preguiça" só apareça no (ótimo) título, a ideia é a de que os juízes, quando formulam ou substituem políticas públicas desenhadas pelo legislador ou pela administração, atuam como reguladores. E, se é assim, devem se desincumbir — de verdade — do ônus de justificar sua competência para atuar no caso e as escolhas que adotaram.

---

9 Sempre é possível, aliás, alterar a lei para excluir a menção a princípios. É o que se fez em relação ao art. 11 da Lei de Improbidade Administrativa.

10 SUNDFELD, Carlos Ari. Princípio é preguiça? *In*: MACEDO JR., Ronaldo Porto; BARBIERI, Catarina Helena Cortada (org.). *Direito e interpretação*: – racionalidades e instituições. São Paulo: Saraiva, 2012. p. 287-305.

Pois bem. O título do artigo de Carlos Ari faz pergunta, sugerindo que, em algumas situações, princípio pode ser preguiça: quando eles são citados elogiosamente em decisões, sem preocupações com normatividade, desenho institucional, consequências. Mas a verdade é que, bem vistas as coisas, princípios são muito mais *trabalho* do que preguiça.

Como *elemento do sistema jurídico*, princípios funcionam como nexo de acoplamento entre o direito e exigências extraídas da moralidade. É dizer: princípios "trabalham" mais do que regras. É que, além de seu papel como norma, ainda possuem a função de conectar o sistema jurídico a alguma pretensão de correção moral.

Como *norma aplicada*, o fato é que, na média, a aplicação de princípios é mais trabalhosa do que a subsunção simples associada às regras. Pensemos na ponderação: há que se identificar o peso abstrato, a intensidade da restrição e da satisfação de interesses, a confiabilidade das premissas empíricas. Nada disso é trivial.[11]

Amando ou odiando, ninguém escapa aos princípios no direito administrativo brasileiro.

## 4 Conteúdo específico do art. 2º

### 4.1 *Caput*

O art. 2º dirige-se a toda a Administração Pública, seja direta ou indireta. Dado seu conteúdo, ele é aplicável a todas as esferas federativas. Sua enumeração é exemplificativa, e não exaustiva. Nem todos os dispositivos normativos permitem a construção do que seriam, no rigor da concepção de Dworkin-Alexy, "princípios jurídicos" — por exemplo: não se poderia ter incidência gradual do princípio da finalidade, da moralidade ou do interesse público (*v.g.*, ato administrativo que atendesse apenas em parte à finalidade de interesse público; ato que fosse um pouco imoral). Nesses casos, eles se tornam princípios de fundamentação da atuação administrativa como um todo.

O primeiro princípio é o da **legalidade**. Na concepção inicial de legalidade, afirmava-se que o Executivo só poderia agir para aquilo que estivesse predeterminado pela lei. Nesta visão inicial de separação de

[11] MENDONÇA, José Vicente Santos de. Princípio é trabalho? *In*: JOTA [site], 25 jun. 2024. Disponível em: https://www.jota.info/opiniao-e-analise/colunas/publicistas/principio-e-trabalho. Acesso em: 3 set. 2025.
Tais exigências decorrem da fórmula do peso de Alexy, mencionada em nota de rodapé anterior.

poderes, administrar seria "aplicar a lei de ofício" (Seabra Fagundes),[12] e o Executivo "executaria" o que estivesse predisposto nela. Hoje, entende-se que a Administração Pública só pode agir com base na lei, mas esta não precisa pré-determinar todo o conteúdo da ação administrativa. Basta fixar parâmetros.[13]

Em seguida, menciona-se o princípio da **finalidade**. A Administração Pública deve buscar apenas a realização do interesse público, sem pretender beneficiar ou prejudicar ninguém.[14] É claro que muitos atos administrativos prejudicam ou beneficiam administrados (o dono do carro estacionado irregularmente; o beneficiário do alvará de funcionamento do bar). Veda-se que o propósito da ação administrativa sejam os objetivos pessoais do agente público (ex., lotar servidor público inimigo político do Governador numa região distante, em que não há demanda). O processo administrativo pode redundar numa sanção que viola a finalidade de interesse público e pode, ele próprio, configurar violação ao princípio (em casos de manifesta má fé em sua existência ou no seu desenrolar). Em situações extremas, o processo administrativo já pode ser o abuso.

Fala-se na **motivação**. Todos os atos devem ser motivados. O art. 50 da lei nº 9.784/99 apresenta rol exemplificativo, eis que o dever de motivação decorre do Estado de Direito. A não ser assim, leia-se o art. 50, I, que obriga a motivação dos atos administrativos que "neguem, limitem ou afetem interesses", que são todos ou quase todos.[15] Pensando em termos de processo administrativo, os atos dotados de relevância devem ser motivados (o que não significa que precisem ser *extensamente* motivados: motivar é motivar de modo suficiente, e não gastar tempo e energia com parolices).

O próximo princípio é o da **razoabilidade** e, em seguida, o da **proporcionalidade**. São princípios bastante famosos, já admitidos no Ordenamento Jurídico brasileiro antes de sua (primeira) consagração legislativa por aqui. Alguns discutem se razoabilidade e proporcionalidade, a par de suas origens distintas (o primeiro surge na Suprema Corte dos EUA, como devido processo legal em sentido material, e a

---

[12] FAGUNDES, Miguel Seabra. *O controle dos atos administrativos pelo poder judiciário*. 7. ed., Rio de Janeiro: Forense, 2005. p. 3.

[13] ARAGÃO, Alexandre Santos de. *Curso de direito administrativo*. 2. ed. Rio de Janeiro: Forense, 2013. p. 59 *et seq*.

[14] ARAGÃO, *op. cit*.

[15] FURTADO, Lucas Rocha. *Curso de direito administrativo*. 5. ed. Belo Horizonte: Fórum, 2016. p. 107.

segunda, no Tribunal Constitucional Federal da Alemanha), possuiriam conteúdos distintos.[16] Na prática, são tratados como sinônimos.

A doutrina e a jurisprudência indicam teste sucessivo e tríplice (caso se ultrapasse um, vai-se ao outro; Alexy chama-as de *máximas parciais* da máxima da proporcionalidade): adequação (relação de compatibilidade lógica entre meios e fins), necessidade (deve-se optar pela medida que, dentre as capazes de realizar a finalidade pública de modo semelhante, restrinja menos os direitos fundamentais); e proporcionalidade em sentido estrito (teste de custo-benefício).[17]

No processo administrativo, cogita-se de sua incidência na fixação de ônus probatórios e, sobretudo, na dosimetria de sanções.

A **moralidade** administrativa não é a moralidade-ética do senso comum. É a capacidade de bem gerir a coisa pública em espírito republicano. Confunde-se, em muitas de suas incidências, com a impessoalidade e a finalidade. O dever de **lealdade processual** pode ser entendido como derivação da moralidade aplicável ao processo.

**Ampla defesa** e **contraditório** são princípios diretamente processuais. Significam, em sentido clássico, ciência bilateral dos atos e manifestações e possibilidade de sua impugnação: conhecer e ter a possibilidade de se manifestar. Contemporaneamente a ampla defesa e o contraditório não se esgota, no entanto, no aspecto epistêmico e no impugnativo: eles são, também e principalmente, o *poder de influência sobre a decisão administrativa*. Tais princípios não são verdadeiramente respeitados quando a autoridade não leva a sério as razões apresentadas pelas partes no processo administrativo. Não basta fazer referência *en passant* ao argumento no relatório, senão que se deve engajá-lo na fundamentação.[18] Eles não se aplicam apenas a processos administrativos de interesse individual, mas, já há bom tempo, doutrina e jurisprudência

---

16 BARROS, Suzana Toledo. *O princípio da proporcionalidade e o controle de constitucionalidade das leis restritivas de direitos fundamentais*. Brasília: Brasília Jurídica, 1996.

17 ALEXY, Robert. *Teoría de los Derechos Fundamentales*, nota de rodapé 84, tradução minha: "A máxima da proporcionalidade costuma ser chamada de 'princípio da proporcionalidade'. Sem embargo, não se trata de um princípio no sentido aqui exposto. A adequação, necessidade e proporcionalidade em sentido estrito não são ponderadas frente a algo diferente. Não é como se se algumas vezes elas tenham precedência, e outras vezes, não. O que se pergunta, na verdade, é se essas máximas parciais foram satisfeitas ou não, e sua não satisfação tem como consequência a ilegalidade. Portanto, as três máximas parciais têm que ser catalogadas como regras".

18 Claro que há que se considerar a possibilidade de fundamentações que rejeitem de plano as razões apresentadas. Mas elas devem ser *consideradas*, isto é, analisadas e refutadas (ainda que por decorrência da refutação de outras razões).

vêm-nos entendendo aplicáveis a processos administrativos de interesse geral.[19]

**Segurança jurídica** é a existência de instituições e o respeito a acordos, normas e posições ao longo do tempo. Há diversos institutos que a manifestam, tais como o direito adquirido, o ato jurídico perfeito, a coisa julgada, as preclusões, a prescrição. A mera tolerância a ilegalidade, por parte da Administração Pública, não gera direito à sua continuidade.

**Interesse público** é um macroprincípio e fundamento do agir administrativo. Ele se manifesta como impessoalidade, moralidade e finalidade. Interesse público primário é o interesse público propriamente dito. O interesse público dito secundário é o interesse de caixa das pessoas estatais — é secundário só no nome, pois é bastante importante (sem ele não há interesse primário, já que direitos têm custos). O processo administrativo, mesmo quando cuida de interesses imediatamente privados — a autorização para se fechar a rua e comemorar festa junina —, também diz respeito a interesses públicos: o dos transeuntes da rua, o dos moradores da rua, o dos munícipes etc.

O **princípio da eficiência** implica a alocação racional, no tempo e no espaço, da infraestrutura material e imaterial da Administração Pública. Aplicado ao processo administrativo, implica processos custo-efetivos (não devem ser desnecessariamente caros à luz do resultado esperado) e tempo-efetivos (não devem ser desnecessariamente demorados à luz de sua complexidade).

## 4.2 Parágrafo único

O parágrafo único do art. 2º possui treze incisos. Mais uma vez, a lista não é exaustiva, e os comandos são perfeitamente aplicáveis a todos os entes federativos. A lei chama os comandos de "critérios". A maioria dos dispositivos permite a construção de normas com características de princípios; alguns poucos, como os incisos XI e XII, de regras jurídicas.

A **atuação conforme a lei e o Direito** talvez seja a referência mais interessante (inciso I). Alguns enxergam, nela, abertura à ideia de **juridicidade**: o direito administrativo não se vincula apenas às regras e princípios construídos a partir da lei em sentido formal, mas, também,

[19] SOUZA, Rodrigo Pagani de. As várias faces do princípio do contraditório no processo administrativo. *In*: MEDAUAR, Odete; SCHIRATO, Victor Rhein. (coord.) *Atuais rumos do processo administrativo*. São Paulo: Revista dos Tribunais, 2010.

a *valores* e à ideia de *sistema*.[20] Não se trata, aqui, de ignorar a lei, mas de oxigená-la a partir de interpretações menos autorreferentes. Mas, sim: atuar conforme "ao Direito" às vezes pode implicar atuar contra a lei, que deverá ser, então, declarada inconstitucional.[21] O art. 2º, parágrafo único, inciso I da lei do processo administrativo federal é a cláusula geral da juridicidade administrativa do direito brasileiro.

O inciso II menciona a noção de **atendimento a fins de interesse geral, vedando renúncias de competências**. De início, o inciso repete, com outras palavras, o conteúdo do princípio do interesse público. Também afirma que as competências administrativas são irrenunciáveis, isto é, indisponíveis, salvo determinação legal. Ora: já houve quem usasse a menção para entender ilegais acordos administrativos. Só que nunca foi isso o que o dispositivo vedava. Ele proíbe o deixar de agir por culpa ou dolo. Realizar um acordo administrativo é uma forma de atender a um fim de interesse geral. E, se não havia autorização legal para acordos, hoje há: é o art. 26 da LINDB. E, naturalmente, ela também se aplica a acordos processuais.

O inciso III é repetição, com redação mais específica, do princípio da **impessoalidade**. Ele parece espelhar o art. 37, §1º, da Constituição da República.[22]

O inciso IV também remete à ideia de princípio da **moralidade** ("padrões éticos de probidade"). Decoro é agir segundo a percepção razoável que se tenha do que seria um bom exercício da função. É importante tomar cuidado com interpretações maximalistas de exigências de decoro, que podem se tornar exigências de perfeccionismo moral na atuação pública: o direito existe para que a vida em sociedade seja possível, não para tornar as pessoas boas. Boa-fé, aqui, é boa-fé objetiva: lealdade, franqueza de propósitos, transparência (no limite do razoável — não se trata de um *dever de ingenuidade negocial* aplicável à Administração Pública).

---

[20] "Determina que o agente cumpra a norma legal, com observância do todo do ordenamento jurídico. Ao distinguir os dois termos, o artigo disciplina que para o processo administrativo a lei não é a única fonte, tampouco pode ser interpretada de forma restritiva." MOREIRA, Egon Bockmann. *Processo administrativo*: princípios constitucionais e a lei nº 9.784/99. 6. ed. Belo Horizonte: Fórum, 2022. p. 83.

[21] ALBUQUERQUE JÚNIOR, Raimundo Parente de. *Juridicidade contra legem no processo administrativo*: limites e possibilidades à luz dos postulados da razoabilidade e da proporcionalidade. Porto Alegre: Sérgio Fabris, 2010.

[22] Art. 37 (...) §1º A publicidade dos atos, programas, obras, serviços e campanhas dos órgãos públicos deverá ter caráter educativo, informativo ou de orientação social, dela não podendo constar nomes, símbolos ou imagens que caracterizem promoção pessoal de autoridades ou servidores públicos.

A exigência de **divulgação oficial dos atos administrativos** (inciso V) é concretização do princípio da publicidade. Hoje, com a internet, ela se faz por websites institucionais e diários oficiais online, mas também por recursos como páginas oficiais no Instagram e no Facebook e canais no WhatsApp. As hipóteses de sigilo constitucional tratam de (i) informações que possam comprometer a segurança da sociedade ou do Estado (ex. não se divulga a rota da patrulha policial), e (ii) que possam expor a intimidade e a vida privada das pessoas e das empresas (art. 5º, X – a empresa de seguro solicita autorização à SUSEP para lançar produto inovador: não é porque o pedido tramita num processo administrativo que se vai dar publicidade àquela informação).

O inciso VI começa falando em **adequação entre meios e fins**, remetendo ao primeiro teste da proporcionalidade (ver acima). Sua parte final é uma vedação ao excesso, seja em condicionamentos, obrigações, restrições ou sanções. Não se trata de dever jurídico de "pegar leve", mas de ser proporcional à gravidade, à intencionalidade e às consequências do ilícito. Assim, não é necessário que a primeira sanção seja, por hipótese, a de advertência, nem que uma reiteração da conduta reste exemplarmente punida — o importante é que haja proporcionalidade entre sanção e ilícito.

O inciso VII obriga a indicação dos pressupostos de fato e de direito que determinaram a decisão. Ou seja: trata-se da exigência da exposição dos motivos do ato, ou, dizendo de outro modo, do **dever de motivação do ato administrativo**. Só não deverá ser motivado o ato sem conteúdo substantivo ou que se mostra autoexplicativo (ex. ato administrativo que determina o envio do processo administrativo do setor de autuação para o setor de processamento).

O próximo inciso, o VIII, determina a **observância das formalidades essenciais à garantia dos direitos dos administrados**. Há, aqui, duplo comando: formalidades essenciais devem ser seguidas; formalidades não essenciais podem ser relevadas. Pode-se dizer que o dispositivo consagra a ideia de *instrumentalidade das formas no processo administrativo*. O que são formalidades essenciais? Não é fácil dizer, mas pode-se supor que tudo que tenha a ver com abertura de prazos e introdução de provas e argumentos seja essencial à garantia de direitos. O inciso VIII se associa ao *caput* (exigência de contraditório e de ampla defesa). O processo administrativo contemporâneo se abre aos novos ares vindos da dogmática de processo civil e permite a realização de acordos e negócios processuais — inclusive e especialmente para a simplificação procedimental — e a tomada de decisões coordenadas (ver art. 49-A e seguintes).[23]

Por falar em simplificação procedimental, o inciso IX menciona o dever da **adoção de formas processuais simples, suficientes a propiciar adequado grau de certeza, segurança e respeito aos direitos dos administrados**. O processo administrativo, em comparação ao processo civil, é menos atento a formalidades e a ritos (mas, curiosamente, funciona segundo o *impulso oficial* — ver abaixo —, e não por impulso das partes). A ideia de simplificação é uma constante nas reformas administrativas e nas narrativas heroicas da Administração: todas as reformas administrativas do século XX afirmaram que ela estava sendo buscada. Veja, por exemplo, o art. 14 do Decreto-Lei nº 200/67, ainda em vigor: "O trabalho administrativo será racionalizado mediante simplificação de processos e supressão de controles que se evidenciarem como puramente formais ou cujo custo seja evidentemente superior ao risco".

Mas como adotar formas processuais simples para além das afirmações normativas? Nos tempos atuais, pela *digitalização de estruturas, automatização de processos, estandardização de rotinas e uso de formulários simplificados*. Além disso, simplificação de formas processuais é descarte de retrabalho: como a União já possui muitos dados dos cidadãos por meio do portal Gov.br, por que exigir tedioso preenchimento de papelório ao invés de se remeter a bancos de dados já existentes? Haveria um *estado de coisas ilegal* nas repartições "amigas da burocra"? Convido a leitora à reflexão.[24]

O inciso X garante a **comunicação, a apresentação de alegações finais, a produção de provas e os recursos nos processos que possam resultar em sanções e nas situações de litígio**. Trata-se de reiteração da exigência de contraditório e de ampla defesa, e da enumeração de aspectos formais tidos, desde logo, como essenciais pela lei. Há um problema na redação do dispositivo: ele direciona tais garantias aos processos sancionatórios ou contenciosos, mas elas existem em todo processo administrativo (mesmo, por exemplo, nos meramente homologatórios ou naqueles em que ainda não surgiu litígio). Trata-se

[23] CABRAL, Antonio Soares do Passo; MENDONÇA, José Vicente Santos de (coord.). *Decisão administrativa coordenada*: reflexões sobre o art. 49-A e seguintes da lei nº 9.784/99. Salvador: Juspodivm, 2022.

[24] Um colega, ao ler uma versão preliminar desse texto, comentou comigo no WhatsApp: "Você está praticamente sugerindo o fim da declaração do IRPF, uma vez que a União já tem quase tudo hoje em dia." Puxa, seria um sonho. Mas, verdade seja dita, o sistema de preenchimento do Imposto de Renda está cada vez mais simples.

de exigência que decorre do sentido de *processualidade em sentido amplo* adotado pela Constituição da República de 1988.[25] É possível, então, realizar leitura conforme a Constituição do dispositivo: *em todos os processos administrativos* estão garantidas a comunicação, as alegações finais, as provas, os recursos. O inciso XI — que é uma regra, não um princípio — **proíbe a cobrança de despesas processuais**, salvo as previstas em lei. A regra geral, então, é, ao contrário da do processo civil, a da gratuidade no processo administrativo. Dentro dessa gratuidade não se incluem pagamentos de natureza tributária e serviços que implicam custos à Administração (vistorias, perícias etc.).[26]

O próximo critério é do **impulso oficial** (inciso XII). Ao contrário do processo civil, em que o impulso incumbe às partes, no processo administrativo, já que as competências são indisponíveis, é a própria Administração Pública quem o impulsiona. Isso não exclui a possibilidade de o processo se instaurar a requerimento do particular. A Administração Pública é o campo da disputa, a entidade processante e, frequentemente, parte interessada. Isso levanta dúvidas a respeito da imparcialidade na atuação, de modo que, sempre que possível, há *dever jurídico de se estruturar design institucional tendente à imparcialidade*, separando, por exemplo, instância processante de instância decisória.

Por fim, o inciso XIII é norma exegética que impõe **interpretação da norma administrativa da forma que melhor garanta o fim público a que se dirige, proibindo aplicação retroativa de nova interpretação**. O que vem a ser "interpretação que melhor garanta o fim público a que se dirige"? O conceito é indeterminado — no fundo, é mais uma reiteração da ideia de finalidade ou de interesse público —, mas, à luz da redação atual da LINDB, pode-se supor que seja a interpretação que produza as melhores consequências práticas. A proibição de aplicação retroativa de nova interpretação encontra eco em alguns dispositivos da LINDB (art. 23, art. 24). Não há vedação a que interpretações *favoráveis* ao administrado retroajam, e há argumentos em favor de isso seja obrigatório ao menos na seara do direito administrativo sancionador.

---

25 MEDAUAR, Odete. *A processualidade no direito administrativo*. 2. ed. São Paulo: Revista dos Tribunais, 2008. p. 15 *et seq*.

26 CARVALHO FILHO, José dos Santos. *Processo administrativo federal*: comentários à lei nº. 9.784/99. Rio de Janeiro: Lumen Juris, 2009. p. 79.

# Referências

ALBUQUERQUE JÚNIOR, Raimundo Parente de. *Juridicidade* contra legem *no processo administrativo*: limites e possibilidades à luz dos postulados da razoabilidade e da proporcionalidade. Porto Alegre: Sérgio Fabris, 2010.

ALEXY, Robert. *Teoría de los Derechos Fundamentales*. Trad. Ernesto Garzón Valdés. Madrid: Centro de Estudios Constitucionales, 2002.

ALEXY, Robert. Constitutional Rights, Balancing, and Rationality. *Ratio Juris*. Oxford: Blackwell, v. 16, n. 2, p. 131-140, jun. 2003.

ARAGÃO, Alexandre Santos de. *Curso de direito administrativo*. 2. ed. Rio de Janeiro: Forense, 2013.

ÁVILA, Humberto. *Teoria dos princípios*: da definição à aplicação dos princípios jurídicos. São Paulo: Malheiros, 2003.

BARROS, Suzana Toledo. *O princípio da proporcionalidade e o controle de constitucionalidade das leis restritivas de direitos fundamentais*. Brasília: Brasília Jurídica, 1996.

BORGES, José Souto Maior. *Ciência feliz*. 2. ed. São Paulo: Max Limonad, 2000.

CARBONELL, Miguel (ed.). *Neoconstitucionalismo(s)*. Madrid: Editorial Trotta, 2003.

CARVALHO FILHO, José dos Santos. *Processo administrativo federal*: comentários à lei nº. 9.784/99. Rio de Janeiro: Lumen Juris, 2009.

DWORKIN, Ronald. *Uma questão de princípio*. Trad. Luís Carlos Borges. São Paulo: Martins Fontes, 2000.

FAGUNDES, Miguel Seabra. *O controle dos atos administrativos pelo poder judiciário.*, 7. ed., Rio de Janeiro: Forense, 2005.

FURTADO, Lucas Rocha. *Curso de direito administrativo*. 5. ed. Belo Horizonte: Fórum, 2016.

MEDAUAR, Odete. *A processualidade no direito administrativo*. 2. ed. São Paulo: Revista dos Tribunais, 2008.

MELLO, Celso Antônio Bandeira de. *Curso de direito administrativo*. 17 ed. São Paulo: Malheiros, 2004.

MENDONÇA, José Vicente Santos de. Princípio é trabalho? *In*: JOTA [site], 25 jun. 2024. Disponível em: https://www.jota.info/opiniao-e-analise/colunas/publicistas/principio-e-trabalho. Acesso em: 03/09/ set. 2025.

MENDONÇA, José Vicente Santos de; CALIL, Ana Luiza Fernandes. O discreto charme da Lei de Processo Administrativo Federal: sobriedade, generalidade, uniformidade federativa e imutabilidade nos vinte anos da lei n. 9.784/99. *In*: BITENCOURT NETO, Eurico; MARRARA, Thiago. (coord.). *Processo administrativo brasileiro*: estudos em homenagem aos 20 anos da Lei Federal de Processo Administrativo. Belo Horizonte: Fórum, 2020. p. 263-276.

MOREIRA NETO, Diogo de Figueiredo. *Direito regulatório*: a alternativa participativa e flexível para a administração pública de relações setoriais complexas no estado democrático. Rio de Janeiro: Renovar, 2003.

MOREIRA, Egon Bockmann. *Processo administrativo*: princípios constitucionais e a Lei nº 9.784/1999. São Paulo: Malheiros, 2000.

MOREIRA, Egon Bockmann. *Processo administrativo*: princípios constitucionais e a lei nº 9.784/99. 6. ed. Belo Horizonte: Fórum, 2022.

SOUZA, Rodrigo Pagani de. As várias faces do princípio do contraditório no processo administrativo. *In*: MEDAUAR, Odete; SCHIRATO, Victor Rhein. (coord.) *Atuais rumos do processo administrativo*. São Paulo: Revista dos Tribunais, 2010.

SUNDFELD, Carlos Ari. Princípio é preguiça? *In*: MACEDO JR., Ronaldo Porto; BARBIERI, Catarina Helena Cortada (org.). *Direito e interpretação*: racionalidades e instituições. São Paulo: Saraiva, 2012. p. 287-305.

## CAPÍTULO II
## DOS DIREITOS DOS ADMINISTRADOS

Art. 3º O administrado tem os seguintes direitos perante a Administração, sem prejuízo de outros que lhe sejam assegurados:

I – ser tratado com respeito pelas autoridades e servidores, que deverão facilitar o exercício de seus direitos e o cumprimento de suas obrigações;

II – ter ciência da tramitação dos processos administrativos em que tenha a condição de interessado, ter vista dos autos, obter cópias de documentos neles contidos e conhecer as decisões proferidas;

III – formular alegações e apresentar documentos antes da decisão, os quais serão objeto de consideração pelo órgão competente;

IV – fazer-se assistir, facultativamente, por advogado, salvo quando obrigatória a representação, por força de lei.

**THIAGO PRIESS VALIATI**

**SCARLETT WALEWSKA DOS SANTOS**

O art. 3º da Lei de Processo Administrativo Federal enumera um rol de direitos fundamentais dos administrados perante a Administração Pública, os quais visam garantir a estes um tratamento justo e transparente, fortalecendo a confiança entre os cidadãos e o Estado.

Apesar de breve, o dispositivo legal é de suma importância no âmbito do direito administrativo brasileiro, pois elenca de forma clara e objetiva diversos direitos cuja observância é obrigatória dentro de um processo administrativo considerado justo e adequado — tais como o tratamento digno diante de autoridades e servidores (inc. I), o acesso à informação (inc. II), o direito de manifestação, contraditório e influência sobre as decisões (inc. III) e o direito de representação adequada, nos termos da lei (inc. IV).

Esses direitos, por sua vez, decorrem da própria lógica constitucional brasileira que vincula a Administração Pública, em suas relações com os administrados, à afetação da liberdade, ao contraditório e ao devido processo legal (nos termos do art. 5º, LIV da Constituição Federal).[1]

Como não poderia ser diferente, o rol de direitos do dispositivo sob análise é meramente exemplificativo (e não taxativo), de modo que outros direitos não explicitamente mencionados na lei podem (e devem) ser protegidos e reconhecidos pela Administração a partir de uma interpretação sistemática do referido dispositivo.[2]

*I – ser tratado com respeito pelas autoridades e servidores que deverão facilitar o exercício de seus direitos e o cumprimento de suas obrigações*

Tradicionalmente, a Administração Pública era caracterizada por um modelo burocrático, em que os cidadãos tinham pouca ou nenhuma influência sobre os processos administrativos. Este modelo enfatizava a rigidez, a hierarquia e a impessoalidade, muitas vezes resultando em um distanciamento significativo entre o Estado e os administrados.

É cediço que este distanciamento absoluto entre a Administração e os cidadãos não mais se justifica dentro da lógica atual de Estado em que predomina a atuação consensual e a ideia de consensualidade administrativa. Essa aproximação entre ambos, orientada pelos preceitos do Estado Democrático de Direito,[3] busca reduzir arbitrariedades, afastar o autoritarismo e reiterar a necessidade de observância ao princípio da isonomia — aqui entendido não apenas como aquele que estabelece o tratamento igualitário e não discriminatório entre os cidadãos, mas que também equilibra a relação processual administrativa e estabelece o dever geral de colaboração entre as partes.

---

1 NOBRE JÚNIOR, Edilson Pereira; CAVALCANTI, Francisco; FERREIRA FILHO, Marcílio da Silva; NÓBREGA, Theresa Christine de Albuquerque. *Comentários à lei do processo administrativo federal*. São Paulo: Saraiva, 2016. Disponível em: https://integrada.minhabiblioteca.com.br/#/books/9788547202897/. Acesso em: 5 jul. 2024.

2 "Interpretação sistemática significa considerar as normas jurídicas em seu contexto, analisando sua relação com outras normas e princípios constitucionais, de modo a assegurar a coerência e a integridade do sistema jurídico como um todo."

3 Nesse sentido: O nefasto modelo de democracia estritamente representativa revela-se incompatível com os preceitos do Estado Democrático de Direito, e inapto a atender, com eficiência, às demandas sociais em um contexto pluralista. Agora, mesclam-se elementos da democracia direta à função administrativa, com a finalidade de buscar legitimar, através da coautoria dos administrados, a concretização do interesse público e dos fins coletivos do Estado. Supera-se, assim, o modelo liberal, onde havia um nítido antagonismo entre sociedade política e sociedade civil: ao contrário, há, atualmente, uma reaproximação entre ambos; em outro sentido, uma intersecção harmônica em uma relação mútua de interdependência. No Estado "pós social", predomina a utilização de meios jurídicos-privados que permeiam o centro das ações da Administração Pública. (OLIVEIRA, Rafael Carvalho Rezende. Democratização da Administração Pública e o princípio da participação administrativa. *Revista da Escola de Magistratura do Estado do Rio de Janeiro*, Rio de Janeiro, n. 356, p. 158-176, jun. 2020).

Este movimento para a garantia de mais transparência, respeito e oportunidade de exercício de direitos e deveres pelos cidadãos fica evidente por intermédio dos diversos mecanismos e ferramentas hoje disponíveis no âmbito da Administração Pública — a exemplo da participação em audiências públicas, a formulação de reclamações e sugestões, a busca de informações através dos portais da transparência, entre outros.

Nessa lógica, tal dispositivo se mostra fundamental para garantir que a Administração Pública atue de forma transparente e responsável, aproximando os administrados e facilitando a estes o exercício de seus direitos no âmbito dos processos administrativos.

*II – ter ciência da tramitação dos processos administrativos em que tenha a condição de interessado, ter vista dos autos, obter cópias de documentos neles contidos e conhecer as decisões proferidas*

A Lei do Processo Administrativo consagra, ainda, o direito do particular de ser cientificado dos processos que tramitem em seu nome ou nos quais ostente a condição de interessado. Tal prerrogativa é reflexo direto do princípio da publicidade (art. 5º, XIV da CF/88), essencial para assegurar um processo administrativo transparente e democrático.

A jurisprudência do Supremo Tribunal Federal têm, há tempos, reforçado a inviolabilidade do chamado "direito de vistas",[4] desde que sopesado à luz da inexistência de prejuízo à segurança da sociedade e do Estado: "o direito de pedir e obter certidões em repartições públicas, para defesa e garantia de direito próprio, é garantia constitucional assegurada a todos, desde que as informações obtidas não possam causar qualquer prejuízo à segurança da sociedade e do Estado, cabendo tão-somente ao indivíduo ser responsabilizado pelo uso indevido que fizer de tais informações".[5]

---

4 "À parte deve ser facultado o exame de toda a documentação constante dos autos, ou seja, na expressão dos autores hispânicos, de todos os 'antecedentes' da questão a ser resolvida. É que, entre nós, se designa como o 'direito de vista', e que há de ser vista completa, sem cerceios. Estranhamento, existe, entre nós, uma tradição de se considerar secretos os pareceres. Entende-se, absurdamente, que devem permanecer ocultos quando favoráveis à pretensão do administrado. Nisso se revela uma compreensão distorcida das finalidades da Administração e se ofende o princípio da lealdade e boa-fé, o qual, sobre ser princípio geral de Direito, apresenta particular relevo na esfera das relações administrativas" (MELLO, Celso Antônio Bandeira de. *Curso de direito administrativo.* 25. ed. São Paulo: Malheiros, 2008. p. 494-493) .

5 RMS 23.071/MT, Rel. Ministro Felix Fischer, Quinta Turma, julgado em 10.04.2007, DJ 04.06.2007. p. 382

Na mesma medida em que os direitos previstos no inc. II da Lei nº 9.784/1999 são consequência de garantias constitucionais expressas, por outro lado, sua influência é clara em relação a outros dispositivos legais que compartilham da mesma lógica. Nesse sentido, cita-se, sobretudo, a Lei de Acesso à Informação (Lei nº 12.527/2011), que estabelece procedimentos claros quanto à solicitação de acesso e obtenção de respostas em prazos determinados — inclusive com a imposição de sanções em casos de descumprimento por parte do Estado.

*III – formular alegações e apresentar documentos antes da decisão, os quais serão objeto de consideração pelo órgão competente*

É estabelecido também o direito de formular alegações e apresentar documentos antes da prolação da decisão administrativa, garantindo ao cidadão a influência efetiva sobre decisões em que este é interessado.

Como bem pontua Bernardo Strobel Guimarães e Caio Augusto Nazário de Souza, isso nada mais é do que a exigência de que "a função administrativa seja exercida a partir da lógica do devido processo legal"[6] (art. 5º, LIV da CF/88), que impõe que a relação jurídica se estabeleça em consonância aos princípios do contraditório, da ampla defesa e do dever de fundamentação da decisão.

Assim, à semelhança do que ocorre na esfera judicial, a observância a estes preceitos não se trata de mera recomendação ao julgador, mas de verdadeiro requisito de validade do ato administrativo.[7] Em outras palavras, para que uma decisão administrativa seja proferida de maneira válida, é imprescindível que todos os interessados possam participar do processo administrativo previamente e tenham, efetivamente, capacidade real de contribuir com o seu julgamento.

Isso inclui, logicamente, conhecer da existência do processo, ser regularmente intimado para a apresentação de razões (sejam fáticas ou de direto) e ter a oportunidade de fornecer elementos probatórios a seu respeito, antes que o julgador forme sua convicção. Em contrapartida, a autoridade deve decidir a controvérsia considerando os argumentos

---

6 GUIMARÃES, Bernardo Strobel; SOUZA, Caio Augusto Nazario de. Os efeitos vinculantes do processo administrativo para a jurisdição: levando o processo administrativo a sério. *Revista de Estudos Jurídicos do Superior Tribunal de Justiça*, v. 1, n. 1, p. 104-108, 2020. Disponível em: https://revistas.stj.jus.br. Acesso em: 4 jul. 2024.

7 "A violação ao contraditório e à ampla defesa no processo administrativo acarreta a nulidade do ato administrativo, pois são princípios constitucionais que asseguram a participação efetiva do administrado na formação da decisão, garantindo-lhe a possibilidade de influenciar seu conteúdo." (DI PIETRO, Maria Sylvia Zanella. *Direito Administrativo*. 27. ed. São Paulo: Atlas, 2013. p. 347).

apresentados, fundamentando adequadamente a aceitação ou rejeição desses argumentos.

*IV – fazer-se assistir, facultativamente, por advogado, salvo quando obrigatória a representação, por força de lei*

O último inciso do art. 3º da Lei de Processo Administrativo reforça a importância da assistência jurídica na defesa dos direitos dos administrados, permitindo com que os cidadãos contem com o devido apoio técnico e especializado[8] — o que lhes é facultativo.

Nesse sentido, como bem esclarece Celso Antônio Bandeira de Mello, "a ausência de advogado não invalida o processo administrativo, mas pode prejudicar a defesa do administrado, especialmente quando este não tem conhecimento técnico suficiente para enfrentar a Administração".[9]

A premissa é decorrente dos princípios já mencionados anteriormente, notadamente quanto ao direito do cidadão de influenciar efetivamente a decisão no âmbito dos processos administrativos — o que acaba se concretizando de forma mais efetiva e adequada por intermédio da representação por advogado, que detém o necessário conhecimento técnico para atuar nos processos administrativos.

A despeito disso, para aqueles que eventualmente optam por não buscar (ou mesmo não podem) um representante legal, não há negativa para o exercício do contraditório pelo próprio administrado, de modo que, se assim o particular fizer, não há nulidade do processo administrativo.

O Supremo Tribunal Federal consolidou este entendimento por meio da Súmula Vinculante nº 5, ao afirmar que a ausência de defesa técnica por advogado em processos administrativos disciplinares não viola a Constituição Federal. Assim, ao cidadão é possibilitado atuar em nome próprio em processos administrativos, embora a assistência profissional seja recomendada ante o necessário conhecimento técnico que os advogados possuem.

---

8 "A representaçao por advogado constitui uma garantia para o administrado, pois assegura-lhe a defesa técnica de seus interesses, especialmente quando se trata de questões complexas ou que envolvam matéria jurídica especializada" CARVALHO FILHO, José dos Santos. *Manual de direito administrativo*. 40. ed. São Paulo: Atlas, 2024. p. 89.

9 MELLO, Celso Antônio Bandeira de. *Curso de direito administrativo*. 43. ed. São Paulo: Malheiros, 2024. p. 1023.

## Referências

BRASIL. Supremo Tribunal Federal. Recurso ordinário em mandado de segurança nº 23.071/MT, Relator Ministro Felix Fischer, Quinta Turma, julgado em 10 de abril de 2007, Diário de Justiça, p. 382, 4 jun. 2007.

CARVALHO FILHO, José dos Santos. *Manual de Direito Administrativo*. 40. ed. São Paulo: Atlas, 2024.

DI PIETRO, Maria Sylvia Zanella. *Direito Administrativo*. 27. ed. São Paulo: Atlas, 2013.

GUIMARÃES, Bernardo Strobel; SOUZA, Caio Augusto Nazario de. Os efeitos vinculantes do processo administrativo para a jurisdição: levando o processo administrativo a sério. *Revista de Estudos Jurídicos do Superior Tribunal de Justiça*, v. 1, n. 1, p. 104-108, 2020. Disponível em: https://revistas.stj.jus.br. Acesso em: 4 jul. 2024.

MELLO, Celso Antônio Bandeira de. *Curso de direito administrativo*. 25. ed. São Paulo: Malheiros, 2008.

MELLO, Celso Antônio Bandeira de. *Curso de direito administrativo*. 43. ed. São Paulo: Malheiros, 2024.

NOBRE JÚNIOR, Edilson Pereira; CAVALCANTI, Francisco; FERREIRA FILHO, Marcílio da Silva; NÓBREGA, Theresa Christine de Albuquerque. *Comentários à lei do processo administrativo federal*. São Paulo: Saraiva, 2016. Disponível em: https://integrada.minhabiblioteca.com.br/#/books/9788547202897/. Acesso em: 5 jul. 2024.

OLIVEIRA, Rafael Carvalho Rezende. Democratização da Administração Pública e o princípio da participação administrativa. *Revista da Escola de Magistratura do Estado do Rio de Janeiro*, Rio de Janeiro, n. 356, p.158- 176, jun. 2020.

## CAPÍTULO III
## DOS DEVERES DO ADMINISTRADO

Art. 4º São deveres do administrado perante a Administração, sem prejuízo de outros previstos em ato normativo:

I – expor os fatos conforme a verdade;

II – proceder com lealdade, urbanidade e boa-fé;

III – não agir de modo temerário;

IV – prestar as informações que lhe forem solicitadas e colaborar para o esclarecimento dos fatos.

**PHILLIP GIL FRANÇA**

Primeiramente, a expressão normativa exarada pela Lei nº 9.784/99 deixa claro que o rol de deveres do administrado pela Administração, indicado nos incisos do seu art. 4º, não se apresentam como um rol taxativo.

Esse registro inicial é importante, pois estabelece que o administrado possui tantos deveres quanto necessários para que sua interação com a Administração — seja por meio de seus agentes, ou por meio de mecanismos de inteligência artificial — além de ser a mais produtiva possível para os interlocutores que estão interagir, apresente-se de modo diáfano com os valores que conformam a permanente busca comum de realização dos objetivos fundamentais da República estabelecidos no art. 3º da CF/88.

Assim, seja como administrado, cidadão, jurisdicionado, eleitor, ou outra forma pela qual ocorra interação entre pessoas e Administração(ões), os deveres indicados — de modo não taxativo — no art. 4º da Lei nº 9.784/99 precisam ser considerados como elementos que se complementam entre si, bem como entre os demais necessários para que se cumpra o vetor maior constitucional, qual seja: promoção do desenvolvimento intersubjetivos dos partícipes do Estado.

Desse modo, é certo que o dever de agir conforme valores da boa-fé impõe ao administrado não só atuar de modo a não buscar benefícios ilegítimos perante a Administração Pública, mas, também, de demonstrar — objetivamente — que sua pretensão apresentada à Administração não é feita de modo incoerente, contraditório ou com o desiderato de criar resultados contrários ao sistema constitucional vigente, ao ponto de transformar o processo administrativo em instrumento irregular para alcançar tutelas administrativas divorciadas de legalidade.

Isso porque, na condição de dispositivo de realização de vantagens contrárias ao princípio da impessoalidade, os respectivos feixes de atos administrativos decorrentes do desatendimento dos deveres do administrado de lealdade diante a Administração apresentarão vício de legalidade de origem que, via de regra, inviabilizarão eventual possibilidade de convalidação (ou aproveitamento) do ato administrativo corrompido.

Na mesma esteira, é possível observar o ilegal fenômeno de atuação do administrado perante a Administração Pública quando descumpre regras processuais para se beneficiar, eventualmente, da própria torpeza com o desiderato de alcançar direitos que não representam o que estaria a conferir ao administrado, subjetivamente, o direito que está a buscar por meio do processo administrativo.

Isto é, o uso premeditadamente ilegal do processo administrativo para chancelar direitos ilegítimos deve ser rechaçado pela Administração — e respectivos órgãos internos e externos de controle — para preservar a integridade jurídica do processo.

Ademais, ao verificar tal comportamento desleal do administrado perante a Administração, evidentemente, surge um dever estrito desta de buscar a responsabilização do administrado por assim proceder ilegalmente.

A ausência de lealdade do administrado — que deve agir dentro da legalidade e respeitar as regras procedimentais e estruturais do processo administrativo — constitui um desvio desastroso. Isso porque, tal ação ou omissão irregular, afasta a pretensão legítima de alcançar o que o próprio administrado busca perante a Administração, conduzindo o sistema a um caminho em que se inviabiliza até mesmo o controle da própria Administração, inclusive quanto a eventual análise de mérito da questão submetida ao poder público processante.

Destarte, não pode a Administração admitir que pretensões administrativas possam ser buscadas sem que o administrado compreenda, atue e se comprometa a manter seu comportamental processual em consonância com as regras procedimentais e fundantes do processo administrativo, inclusive, sob o respectivo viés constitucional pertinentemente aplicável.

Algumas dimensões (ou perspectivas), então, precisam ser consideradas, sem que — obviamente — afaste-se o dever da Administração de acolher o administrado conforme os rígidos princípios que a vincula à constante busca, promoção e realização do interesse público concretizável por meio de todo atendimento ao cidadão.

Dessa forma, o administrado deve ter por conta que, quando interagir com a Administração, o atendimento ao agir ético, respeitando os deveres intrínsecos e extrínsecos de respeito — nos limites legais formais e materiais — do sistema normativo administrativo posto à sua disposição e conforme compartilhamento de informações verossímeis e aderentes à realidade que dispõe.

Exige-se do administrado, então, um agir que reflita concretamente a lealdade que o próprio administrado espera da Administração ao responder sua pretensão posta à análise do poder público correspondente.

Desse modo, o que se tem como *questão relevante a ser considerada é a busca de uma produtiva e sadia* integração entre os deveres dos administrados e o da Administração.

Conforme já sublinhado, o artigo 4º da Lei nº 9.784/99 consagra alguns deveres elementares que estruturam a forma como o administrado deve agir perante a Administração.

Tais deveres foram concebidos para estabelecer caminhos minimamente seguros para que o administrado atue de modo responsável — e responsabilizável — nas mais diversas etapas de um processo administrativo, pontualmente para que a Administração tenha os meios necessários para tomar decisões informadas, justas e fundamentadas.

Isto é, trata-se de um comando normativo vinculado. Desse modo, tem-se que o administrado possui pouco espaço de manobra acerca de como deve agir quando se apresenta em perspectiva de interlocução junto à Administração.

Logo, o conteúdo da norma ora em análise, além de servir como indicativos sobre a interação legalmente adequada — e esperada — dos administrados frente à Administração, representa um indicativo de como a atuação da Administração Pública deve ser estabelecida dentro dos limites da legalidade e dos valores constitucionais.

Isso porque, mais do que uma mera enunciação de diretrizes de conduta dos administrados, o conteúdo normativo acima destacado determina fronteiras sobre a forma como os direitos subjetivos buscados pelo administrado perante a Administração devem ser operacionalizadas para que, justamente, o administrado seja adequadamente acolhido, ouvido e seu reclame analisado mediante o maior distanciamento possível de eventuais ruídos de comunicação que afastam a realização do direito material por meio de eventuais imprecisões procedimentais.

Observa-se, outrossim, que a disposição normativa sob análise, ao impor obrigações como o compromisso de expressão da veracidade dos fatos, a lealdade, a urbanidade, a boa-fé e a colaboração, edifica um complexo de diretrizes cogentes voltadas, inclusive, ao estabelecimento de um equilíbrio das relações entre os administrados e o poder público.

Nesse cenário, então, os referidos deveres legais destinados aos administrados representam um importante alicerce para a realização de uma adequada prestação de tutela estatal por meio do processo administrativo.

Assim, faz-se possível visualizar a construção de atos, procedimentos e processos justos, impessoais, eficientes, eficazes e efetivos para que, destarte, consagre-se a realização do interesse público concretamente estabelecido por meio de uma integrada e sinergicca relação interativa entre administrado e Administração.

É possível ilustrar as questões aqui destacadas, por exemplo, por meio do dever de prestar informações verdadeiras ao se buscar um benefício previdenciário, através de procedimento administrativo próprio para tanto.

Caso o administrativo, ao formalizar tal pedido, omita períodos de trabalho que seriam relevantes para a concessão de sua aposentadoria, ele não apenas macula a legalidade do próprio benefício que está perquirir, mas também viola o dever de expor os fatos conforme a verdade. Nesse contexto hipotético, a indicada omissão deliberada pode levar ao indeferimento do pedido, bem como à responsabilização administrativa e judicial do administrado requerente.

Por derradeiro, importa destacar que os deveres do administrado perante a Administração de expor os fatos conforme a verdade; proceder com lealdade, urbanidade e boa-fé; não agir de modo temerário; prestar as informações que lhe forem solicitadas e colaborar para o esclarecimento dos fatos são, também, elementos que viabilizam o controle da Administração — justamente para, inclusive, proteger o próprio administrado para o qual tais obrigações legais são direcionadas.

Os indicativos estabelecidos no referido art. 4º da Lei nº 9.784/99, então, representam pontos de análise objetiva de como as eventuais reações administrativas frente ao agir do administrado estão em conformidade com os princípios da Administração Pública — destacadamente o da proporcionalidade, como instrumento jurídico que possui uma maior e melhor amplitude de verificação de legalidade material da atuação administrativa estatal, inclusive no controle do seu mérito, quando o caso concreto especificamente assim demandar.

Logo, em conclusão, importa o registro que na lógica do sistema normativo constitucional estabelecido a partir da Constituição de 1988, aparentemente, não faz sentido imaginar que o administrado possui o poder de requerer um direito perante a Administração sem que, para tanto, atue de modo disforme a deveres de lealdade, boa-fé e transparência que, caso desrespeitados, representarão a chancela de ilegitimidade do direito pleiteado, mesmo antes de ser analisado. Fato este que, por si, se eventualmente verificado em concreto, representará a falência da dialógica Administração Pública que é concatenada por um esperado processo administrativo constitucionalmente estabelecido e legalmente operacionalizado por meio da referida Lei nº 9.784/99.

## CAPÍTULO IV
## DO INÍCIO DO PROCESSO

Art. 5º O processo administrativo pode iniciar-se de ofício ou a pedido de interessado.

**VLADIMIR DA ROCHA FRANÇA**

O processo administrativo pode ser entendido como (i) uma relação jurídica ou como (ii) uma espécie de procedimento.[1]

Em ambos os casos, cuida-se de expressão da função administrativa, entendida aqui como a atividade do Estado, ou de quem esteja no exercício de poderes estatais, exercida numa posição de autoridade, subordinada à lei, sujeita ao controle jurisdicional, que se destina à concretização de interesses públicos ou à harmonização dos direitos fundamentais.[2]

Enquanto relação jurídica, o processo administrativo se consubstancia um vínculo entre o Estado-administração e o administrado, ou entre entes ou órgãos do Estado-administração, cujo objeto é a expedição de ato jurídico administrativo.[3]

---

1 Nesse sentido, consultar: FERRAZ, Sérgio; DALLARI, Adilson Abreu. *Processo administrativo*. São Paulo: Malheiros Editores, 2001. p. 17-36; MOREIRA, Egon Bockmann. *Processo administrativo*: princípios constitucionais e a Lei nº 9.784/99 (com especial atenção à LINDB). São Paulo: Malheiros Editores, 2022. p. 19-70.

2 Sobre a matéria, consultar: FRANÇA, Vladimir da Rocha. *Crise da legalidade e jurisdição constitucional*: o princípio da legalidade administrativa e a vinculação do Estado-Administração aos direitos fundamentais. Curitiba: Juruá, 2023.

3 O ato jurídico consiste no fato jurídico cujo suporte fático tem em seu núcleo uma exteriorização consciente de vontade ordenada à produção de efeitos jurídicos lícitos no sistema do Direito Positivo. Será ato jurídico administrativo quando ele for expedido pelo Estado-administração (ou por quem esteja no exercício de competência estatal) para a concretização de interesse público ou a harmonização de direitos fundamentais, subordinado à lei e sujeito a controle do Poder Judiciário.
Sobre a concepção de fato jurídico aqui adotada, consultar: MELLO, Marcos Bernardes de. *Teoria do fato jurídico*: plano da existência. 22. ed. São Paulo: Editora Saraiva, 2019; MIRANDA, Francisco Cavalcanti Pontes de. *Tratado de direito privado*: Parte geral.

Nessa acepção, a relação jurídica processual administrativa é instrumental em face da relação jurídica administrativa que enlaça a concretização de interesse público ou a harmonização dos direitos fundamentais que exija a intervenção do Estado-administração.

Ao contrário do processo judicial, que tende a ser contencioso, o processo administrativo pode ou não envolver a heterocomposição de interesses contrapostos ou a intervenção de terceiro não interessado em prol da segurança jurídica. E, mesmo nesses contextos, o processo administrativo não dá ensejo à ato jurídico insuscetível de controle jurisdicional e, portanto, não tem força de coisa julgada.[4]

Assim, a relação jurídica processual administrativa pode existir entre o Estado-administração e o administrado. Contudo, a autoridade administrativa deverá agir com imparcialidade e objetividade,[5] uma vez que os poderes do Estado-administração não existem para a satisfação dos interesses individuais daquele agente, mas para a melhor proteção do interesse público ou para a prevenção ou resolução de conflitos entre os administrados.[6] E são justamente os princípio da impessoalidade e

---

Introdução. Pessoas físicas e jurídicas. Atualização de Vilson Rodrigues Alves. Campinas: Bookseller, 1999; FRANÇA, *op. cit.*

4 Vide o art. 5º, XXXV, da Constituição da República (BRASIL. [Constituição (1988)]. Constituição da República Federativa do Brasil de 1988. Brasília, DF: Presidência da República, [2024]. Disponível em: https://www.planalto.gov.br/ccivil_03/Constituicao/Constituicao.htm. Acesso em: 31 jan. 2024.).
Sobre a matéria, consultar: MELLO, Celso Antônio Bandeira de. *Curso de direito administrativo*. 34. ed. São Paulo: Malheiros Editores, 2019; FAGUNDES, Miguel Seabra. *O controle dos atos administrativos pelo Poder Judiciário*. 7. ed. Atualização de Gustavo Binenbojm. Rio de Janeiro: Forense, 2005; JUSTEN FILHO, Marçal. *Curso de direito administrativo*. 14. ed. Rio de Janeiro: Forense, 2023.

5 Vide o art. 37, *caput*, da Constituição da República.
Vide o art. 2º, *caput*, parágrafo único, II a IV, da Lei Federal nº 9.784/1999. (BRASIL. *Lei nº 9.784, de 29 de janeiro de 1999*. Regula o processo administrativo no âmbito da Administração Pública Federal. Brasília, DF: Presidência da República, 1999. Disponível em: https://www.planalto.gov.br/ccivil_03/LEIS/L9784.htm. Acesso em: 31 jan. 2024.).
Sobre a matéria, consultar: CAVALCANTI, Francisco. Das disposições gerais. *In*: NOBRE JÚNIOR, Edilson Pereira; CAVALCANTI, Francisco; FERREIRA FILHO, Marcílio da Silva; NÓBREGA, Theresa Christine de Albuquerque. *Comentários à Lei do Processo Administrativo Federal*. São Paulo: Editora Saraiva, 2016. p. 23-56.; FERRAZ; DALLARI, *op. cit.*; MEDAUAR, Odete. *A processualidade no direito administrativo*. Belo Horizonte: Editora Fórum, 2021; MOREIRA, *op. cit.*; NÓBREGA, Theresa Christine de Albuquerque. Dos interessados. *In*: NOBRE JÚNIOR, Edilson Pereira; CAVALCANTI, Francisco; FERREIRA FILHO, Marcílio da Silva; NÓBREGA, Theresa Christine de Albuquerque. *Comentários à Lei do Processo Administrativo Federal*. São Paulo: Editora Saraiva, 2016. p. 71-77.; NOHARA, Irene Patrícia; MARRARA, Thiago. *Processo administrativo*: Lei nº 9.784/99 comentada. São Paulo: Editora Atlas, 2009.

6 Sobre a matéria, consultar: FERRAZ; DALLARI, *op. cit.*; FRANÇA, *op. cit.*; HARGER, Marcelo. *Princípios constitucionais do processo administrativo*. Rio de Janeiro: Editora Forense, 2001; MEDAUAR, *op. cit.*; MOREIRA, *op. cit.*

da moralidade administrativas que justificam a possibilidade jurídica de o Estado-administração ser, simultaneamente, interessado e juiz, no processo administrativo.[7]

Já visto como procedimento, o processo administrativo consiste na sucessão encadeada e itinerária de atos jurídicos, ordenada à expedição de ato jurídico administrativo.[8] Não deixa de ser o modo de exteriorização da relação jurídica processual administrativa.

Seja como relação jurídica, seja como procedimento, o processo administrativo é considerado indispensável para a atividade do Estado-administração, tendo em vista a garantia fundamental do devido processo legal.[9] Também se justifica a obrigatoriedade do processo administrativo, em ambas as acepções, diante do direito de petição.[10]

Nesse diapasão, salvo previsão legal expressa ou situação de urgência, não se deve admitir validamente ato jurídico administrativo sem prévio processo administrativo.

Como prescreve o dispositivo legal em exame, o processo administrativo pode ser deflagrado de ofício, ou por iniciativa do interessado.

O Estado-administração, por intermédio do órgão competente, tem o poder de instaurar o processo de ofício quando a matéria envolva interesse público que demande proatividade administrativa.[11] É o que ocorre nos processos administrativos cujo objeto é a expedição de ato jurídico administrativo pertinente à administração contenciosa,[12] por exemplo.

---

7 Nesse sentido, consultar: FERRAZ; DALLARI. *op. cit.*; MOREIRA, *op. cit.*; NÓBREGA, *op. cit.*

8 Tem sido a acepção que tem predominado na doutrina administrativista brasileira. Nesse sentido, consultar: MELLO, *Curso de direito administrativo*; MELLO, Oswaldo Aranha Bandeira de. *Princípios gerais de direito administrativo*. 2. ed. Rio de Janeiro: Forense, 1979. v. 1; NOHARA; MARRARA, *op. cit.*; MEDAUAR, *op. cit.*; SUNDFELD, Carlos Ari. Processo e procedimento administrativo no Brasil. *In*: SUNDFELD, Carlos Ari; MUÑOZ, Guillermo Andrés (coord.). *As leis do processo administrativo*: Lei Federal 9.784/99 e Lei Paulista 10.177/98. São Paulo: Malheiros, 2000. p. 17-36.

9 Vide o art. 5º, LIV, da Constituição da República.

10 Vide o art. 5º, XXXIV, "a", da Constituição da República.

11 Nesse sentido, consultar: FERRAZ; DALLARI, *op. cit.*; MOREIRA, *op. cit.*; NOBRE JÚNIOR, Edilson Pereira. Do início do processo. *In*: NOBRE JÚNIOR, Edilson Pereira; CAVALCANTI, Francisco; FERREIRA FILHO, Marcílio da Silva; NÓBREGA, Theresa Christine de Albuquerque. *Comentários à Lei do Processo Administrativo Federal*. São Paulo: Editora Saraiva, 2016. p. 66-70; NOHARA; MARRARA, *op. cit.*

12 Como já se disse em outra oportunidade:
"A administração contenciosa permite ao Estado-administração: (i) a fiscalização e invalidação dos atos jurídicos administrativos; (ii) o processo e julgamento de fatos jurídicos ilícitos administrativos; e, (iii) a prevenção ou resolução de litígios entre o Estado-administração e o administrado, ou entre sujeitos de direito que exercem a função administrativa.
O controle da atividade administrativa realizado pelo Poder Legislativo, diretamente ou com o auxílio do Tribunal de Contas, também integra a administração contenciosa"

Para a instauração de ofício, exige-se ato jurídico administrativo fundamentado, no qual estejam exteriorizados a autoridade competente, os fatos e normas jurídicas que justificam a abertura do processo, e a finalidade da decisão que deve concluí-lo.[13]

Por outro lado, o direito de petição assegura ao administrado o direito subjetivo à tutela administrativa, quando esta se faz útil e necessária para satisfação de direito ou interesse desse sujeito de direito. Anote-se que o agente público, quando atua na defesa de direito ou interesse individual seu em face do órgão ou entidade que ele integra, deve ser visto como administrado para fins de direito.[14]

A tutela administrativa deve ser tempestiva, efetiva e justa, de modo que o administrado possa desenvolver suas atividades dentro da juridicidade.

A tutela administrativa, tal como a tutela jurisdicional, compreende a aplicação do ordenamento jurídico ao caso concreto. Todavia, aquela é realizada pelo Estado-administração; já esta, pelo Estado-jurisdição no exercício da função jurisdicional.

Em rigor, o direito de petição está para o processo administrativo tal como o direito de ação está para o processo judicial. Ressalte-se que, à luz da garantia fundamental do art. 5º, XXXV,[15] da Constituição da República, o direito de ação não tem relação de dependência com o direito de petição.[16]

O direito de petição é prestante para a obter: (i) a prestação de bens e serviços disponibilizados pelo Estado;[17] (ii) liberação de atividade

---

(FRANÇA, *op. cit.*, p. 128).

13 Sobre a matéria, consultar: FERRAZ; DALLARI, *op. cit.*; MOREIRA, *op. cit.*

14 Vide os arts. 104 a 115 da Lei Federal nº 8.112/1990 (BRASIL. *Lei nº 8.112, de 11 de setembro de 1990.* Dispõe sobre o regime jurídico dos servidores públicos civis da União, das autarquias e das fundações públicas federais. Brasília, DF: Presidência da República,1991. Disponível em: https://www.planalto.gov.br/ccivil_03/LEIS/L8112cons.htm. Acesso em: 6 fev. 2024).

15 Esse enunciado constitucional tem a seguinte redação:
"Art. 5º Todos são iguais perante a lei, sem distinção de qualquer natureza, garantindo-se aos brasileiros e aos estrangeiros residentes no País a inviolabilidade do direito à vida, à liberdade, à igualdade, à segurança e à propriedade, nos termos seguintes: (...)
XXXV – a lei não excluirá da apreciação do Poder Judiciário lesão ou ameaça a direito".

16 Costuma-se identificar como exceção, a Justiça Desportiva, prevista no art. 217, §§ 1º e 2º, da Constituição da República, regulada pela Lei Federal nº 9.615/1998 (BRASIL. *Lei nº 9.615, de 24 de março de 1998.* Institui normas gerais sobre desporto e dá outras providências. Brasília, DF: Presidência da República, 1998. Disponível em: https://www.planalto.gov.br/ccivil_03/leis/l9615consol.htm Acesso em: 5 fev. 2024).
Entretanto, excede os limites do presente trabalho examinar se a Justiça Administrativa compreende, de fato, administração contenciosa.

17 Vide o art. 37, § 3º, da Constituição da República.

privada sujeita à administração ordenadora;[18] (iii) a defesa de direito subjetivo ou de interesse individual, diante de lesão ou ameaça oriunda do próprio Estado-administração; (iv) a solicitação de providências em defesa do interesse público.[19]

Por conseguinte, o direito de petição abrange também a representação, reclamação ou denúncia do administrado.[20] Aparentemente, a representação ou denúncia se refere a prática de ato ilícito ou da impugnação de ato jurídico, enquanto a reclamação diz respeito à insurgência do administrado contra lesão ou ameaça à direito individual.[21]

Tanto no processo administrativo instaurado de ofício, como naquele deflagrado por iniciativa do administrado, o Estado-administração deve zelar para que ele seja concluído dentro da juridicidade.[22] Quando a matéria envolver direito ou interesse individual,

---

Vide a Lei Federal nº 13.460/2017 (BRASIL. *Lei nº 13.460, de 26 de junho de 2017*. Dispõe sobre participação, proteção e defesa dos direitos do usuário dos serviços públicos da administração pública. Brasília, DF: Presidência da República, 2017. Disponível em: https://www.planalto.gov.br/ccivil_03/_ato2015-2018/2017/lei/l13460.htm. Acesso em: 5 fev. 2024).

[18] Vide o art. 78 do Código Tributário Nacional (BRASIL. *Lei nº 5.172, de 25 de outubro de 1966*. Dispõe sobre o Sistema Tributário Nacional e institui normas gerais de direito tributário aplicáveis à União, Estados e Municípios. Brasília, DF: Presidência da República, 1966. Disponível em: https://www.planalto.gov.br/ccivil_03/LEIS/L5172Compilado.htm. Acesso em: 6 fev. 2024).
Vide a Lei de Liberdade Econômica (BRASIL. *Lei nº 13.874, de 20 de setembro de 2019*. Institui a Declaração de Direitos de Liberdade Econômica; estabelece garantias de livre mercado; altera as Leis nºs 10.406, de 10 de janeiro de 2002 (Código Civil), 6.404, de 15 de dezembro de 1976, 11.598, de 3 de dezembro de 2007, 12.682, de 9 de julho de 2012, 6.015, de 31 de dezembro de 1973, 10.522, de 19 de julho de 2002, 8.934, de 18 de novembro 1994, o Decreto-Lei nº 9.760, de 5 de setembro de 1946 e a Consolidação das Leis do Trabalho, aprovada pelo Decreto-Lei nº 5.452, de 1º de maio de 1943; revoga a Lei Delegada nº 4, de 26 de setembro de 1962, a Lei nº 11.887, de 24 de dezembro de 2008, e dispositivos do Decreto-Lei nº 73, de 21 de novembro de 1966; e dá outras providências. Brasília, DF: Presidência da República, 2019. Disponível em: https://www.planalto.gov.br/ccivil_03/_Ato2019-2022/2019/Lei/L13874.htm. Acesso em: 6 fev. 2024).

[19] Sobre a matéria, consultar: FERRAZ; DALLARI, *op. cit.*; MOREIRA, *op. cit.*

[20] Vide o art. 37, § 3º, I e III, o art. 54, § 2º, IV, o art. 74, §§ 1º e 2º, o art. 103-B, § 4º, III, § 5º, I, e § 7º, o art. 130-A, § 2º, III, § 3º, I, e § 5º, todos da Constituição da República.
Vide o art. 116, XII, e parágrafo único, da Lei Federal nº 8.112/1990.
Vide os arts. 9º a 12 da Lei Federal nº 13.460/2017.
Vide o art. 123 e o art. 170, § 4º, ambos da Lei Federal nº 14.133/2021 (BRASIL. *Lei nº 14.133, de 1º de abril de 2021*. Lei de Licitações e Contratos Administrativos. Brasília, DF: Presidência da República, 2021. Disponível em: https://www.planalto.gov.br/ccivil_03/_Ato2019-2022/2021/Lei/L14133.htm Acesso em: 6 fev. 2024.)

[21] Vide o art. 6º do Decreto Federal nº 20.910/1932 (BRASIL. *Decreto nº 20.910, de 6 de janeiro de 1932*. Regula a prescrição quinquenal. Brasília, DF: Presidência da República, 1932. Disponível em: https://www.planalto.gov.br/ccivil_03/decreto/Antigos/D20910.htm. Acesso em: 6 fev. 2024).

[22] Vide o art. 3º, XII, da Lei Federal nº 9.784/1999.

sem natureza contenciosa, a atuação de ofício do Estado-administração no curso do processo administrativo não deve substituir a do administrado na fase instrutória.

Art. 6º O requerimento inicial do interessado, salvo casos em que for admitida solicitação oral, deve ser formulado por escrito e conter os seguintes dados:
I – órgão ou autoridade administrativa a que se dirige;
II – identificação do interessado ou de quem o represente;
III – domicílio do requerente ou local para recebimento de comunicações;
IV – formulação do pedido, com exposição dos fatos e de seus fundamentos;
V – data e assinatura do requerente ou de seu representante.
Parágrafo único. É vedada à Administração a recusa imotivada de recebimento de documentos, devendo o servidor orientar o interessado quanto ao suprimento de eventuais falhas.

**VLADIMIR DA ROCHA FRANÇA**

O requerimento inicial consiste no ato jurídico processual mediante o qual o administrado exerce o seu direito de petição.[1] No dispositivo legal em análise, estabelece-se o modo como seu objeto deve ser formalizado, tornando-se possível o exame da pretensão administrativa do requerente.

De imediato, verifica-se que a forma escrita deve ser a regra, pelo que se depreende da leitura de seu *caput*. Com o avanço das tecnologias de informação e da comunicação, a forma escrita pode ser impressa ou digital, de acordo com a opção regulamentar do órgão ou entidade,[2] se a lei não dispuser de modo expresso.[3]

Em todo e qualquer caso, o Estado-administração deve assegurar certeza ao administrado, no sentido de que seu requerimento foi devidamente recebido. Por questões de legalidade e eficiência administrativas, o Estado-administração deve disponibilizar em Carta de Serviços ao

---

1 Vide o art. 5º, XXXIV, "a", da Constituição da República.
Sobre a matéria, consultar: FERRAZ; DALLARI, *op. cit.*; MOREIRA, *op. cit.*; NOBRE JÚNIOR, *op. cit.*; NOHARA; MARRARA, *op. cit.*

2 Vide o art. 1º, §§2º, I e II, da Lei Federal nº 9.784/1999.

3 Vide o art. 22 da Lei Federal nº 9.784/1999.

Usuário, todas as informações que permitam efetivamente o exercício do direito de petição.[4]

O requerente tem o ônus processual de apresentar expressa e inequivocamente os dados previstos nos incisos do dispositivo legal em apreciação.

Em primeiro lugar, deve-se indicar o órgão ou autoridade a quem se dirige o requerimento.[5] Para identificá-lo, o requerente deve dispor da Carta de Serviços ao Usuário. Caso ela não exista, recomenda-se que se dirija o requerimento à autoridade máxima da entidade que deve expedir o ato jurídico administrativo requerido.

O requerente também deve apresentar seu nome completo e todos os dados pertinentes à sua personalidade que sejam relevantes para apreciação de seu pedido e à prevenção de equívocos quanto à identidade do interessado. Caso o requerente seja agente público, a sua identificação pode se limitar ao nome completo e o número de sua matrícula funcional, caso seus dados já estejam à disposição do Estado-administração e a matéria envolva a defesa de prerrogativas ou de direitos sociais.[6]

O domicílio do requerente deve ser indicado consoante o modelo jurídico constante do Código Civil,[7] mas a lei permite a indicação de local para recebimento de comunicações processuais.[8]

Sem sombra de dúvida, o pedido é um aspecto mais importante do requerimento inicial. Este consiste na solicitação da tutela administrativa adequada e necessária para o atendimento da pretensão do administrado. Ela pode ser declaratória ou constitutiva, conforme o direito ou interesse que se pretende satisfazer mediante a atividade administrativa.

Não há sentido em se admitir tutela condenatória, mandamental ou executiva em favor do administrado no processo administrativo deflagrado por iniciativa sua. Afinal, envolvem o exercício de poderes que são exclusivos do Estado-administração.

Na hipótese de representação ou denúncia, a pretensão do administrado se limita à abertura do processo administrativo contencioso.

---

4 Vide o art. 7º da Lei Federal nº 13.460/2017.

5 Vide o art. 1º, §2º, I e III, da Lei Federal nº 9.784/1999.

6 Vide os arts. 37 a 42, e o art. 142, §3º, todos da Constituição da República.

7 Vide os arts. 70 a 78 do Código Civil (BRASIL. Lei nº 10.406, de 10 de janeiro de 2001. Institui o Código Civil. Brasília, DF: Presidência da República, 2002. Disponível em: https://www.planalto.gov.br/ccivil_03/leis/2002/l10406compilada.htm. Acesso em: 5 fev. 2024).

8 Vide os arts. 26 a 28 da Lei Federal nº 9.784/1999.

Em se tratando de Direito Administrativo Sancionador, o direito de punir é do Estado-administração, por mais que o administrado possa ter interesse legítimo na condenação de outro administrado.[9]

Quando se fala da impugnação de ato jurídico, quem tem o poder de invalidá-lo administrativamente é o próprio Estado-administração.[10] E, acresça-se, o administrado tem à disposição a ação ordinária e os remédios processuais constitucionais para obter a invalidação judicial de ato jurídico administrativo, conforme o caso concreto.[11]

O pedido deve ser fundamentado, com a exposição explícita, clara e congruente das suas razões de fato e de direito. Esse requisito é essencial, uma vez que ele é indispensável para que a autoridade possa apreciar de forma justa e eficiente a utilidade e a necessidade da tutela administrativa no caso concreto.[12]

Todavia, é mais do que razoável que a fundamentação possa se limitar à mera indicação do fato ou fundamento jurídico que dá base ao pedido, diante da baixa complexidade do caso concreto. No caso de denúncia para ouvidoria, veda-se a exigência de que o requerente exponha as razões subjetivas de seu pedido.[13]

Por fim, o requerimento inicial deve ser assinado e datado pelo requerente ou pelo seu representante. Este não precisa ser advogado, mas ele deverá comprovar a legitimidade de sua atuação mediante

---

9 Sobre a matéria, consultar: OSÓRIO, Fábio Medina. *Direito Administrativo Sancionador*. 8. ed. São Paulo: Editora Revista dos Tribunais, 2022.

10 Vide a Súmula nº 346 do Supremo Tribunal Federal (BRASIL. SUPREMO TRIBUNAL FEDERAL. *Súmula nº 346*. Aprovação: 13/12/1963. Enunciado: A administração pública pode declarar a nulidade dos seus próprios atos. Brasília, DF: Supremo Tribunal Federal, 1963. Disponível em: https://jurisprudencia.stf.jus.br/pages/search/seq-sumula346/false Acesso em: 6 fev. 2024).
Vide a Súmula nº 473 do Supremo Tribunal Federal (BRASIL. SUPREMO TRIBUNAL FEDERAL. *Súmula nº 473*. Aprovação: 03/12/1969. Enunciado: A administração pode anular seus próprios atos, quando eivados de vícios que os tornam ilegais, porque dêles não se originam direitos; ou revogá-los, por motivo de conveniência ou oportunidade, respeitados os direitos adquiridos, e ressalvada, em todos os casos, a apreciação judicial. Brasília, DF: Supremo Tribunal Federal, 1969. Disponível em: https://jurisprudencia.stf.jus.br/pages/search/seq-sumula473/false. Acesso em: 6 fev. 2024).
Vide o art. 114 da Lei Federal nº 8.112/1990.
Vide os arts. 53 e 54 da Lei Federal nº 9.784/1999.

11 Vide o art. 5º, XXXV, LXVIII a LXXIII, da Constituição da República.

12 Como bem leciona Edilson Pereira Nobre Júnior:
"É preciso que se formule de forma inteligível, o pedido de utilidade que é solicitada à Administração, o qual deverá vir acompanhado da narração dos fatos constitutivos do direito pleiteado, bem assim dos correspondentes fundamentos jurídicos. Tal fundamentação não se requer que seja longa, mas sim objetiva e capaz de fornecer à autoridade condições para bem apreciar a súplica" (NOBRE JUNIOR, *op. cit.*, p. 69).

13 Vide o art. 10, §2º, da Lei Federal nº 13.460/2017

a juntada de instrumento adequado. De todo modo, mostra-se mais pertinente a data do protocolo do requerimento inicial, do que aquela constante do texto que o compõe.

A lei em comento veda expressamente a recusa imotivada de recebimento de documentos, cabendo ao agente público responsável por receber o requerimento inicial orientar o requerente quanto ao suprimento de eventuais falhas. Nesse diapasão, o referido agente deverá tomar por base a Carta de Serviços ao Usuário ao receber a petição e os documentos que a instruem; existindo ou não esse ato jurídico, no despacho que receber o requerimento inicial, deve-se apontar que os documentos que foram rejeitados e a razão pela qual eles o foram.

Convém destacar que os documentos que instruem o requerimento inicial deverão observar a formalização exigida pela legislação em vigor para que possam ser aceitos como prestantes para a deflagração do processo administrativo e sua instrução. Tais exigências devem ser aquelas adequadas e necessárias para a segurança jurídica no processo administrativo.[14]

Caso algum dos requisitos constantes desse dispositivo seja omitido ou defeituosamente realizado pelo requerente ao peticionar, a autoridade competente deverá intimá-lo para suprir a falha no prazo de cinco dias, sob pena do arquivamento do processo administrativo.[15]

---

14 Vide o art. 2º, VIII e IX, e o art. 22, §§2º e 3º, ambos da Lei Federal nº 9.784/1999.
Vide o art. 5º, IV, IX, X, XIII e XIV, da Lei Federal nº 13.460/2017.
Vide a Lei Federal nº 13.726/2018 (BRASIL. *Lei nº 13.726, de 8 de outubro de 2018.* Racionaliza atos e procedimentos administrativos dos Poderes da União, dos Estados, do Distrito Federal e dos Municípios e institui o Selo de Desburocratização e Simplificação. Brasília, DF: Presidência da República, 2018. Disponível em: https://www.planalto.gov.br/ccivil_03/_ato2015-2018/2018/lei/l13726.htm. Acesso em: 6 fev. 2024).

15 Vide o art. 24, *caput*, e o art. 26, e o art. 52, todos da Lei Federal nº 9.784/1999.

Art. 7º Os órgãos e entidades administrativas deverão elaborar modelos ou formulários padronizados para assuntos que importem pretensões equivalentes.

## VLADIMIR DA ROCHA FRANÇA

A lei abre aqui espaço para que haja a uniformização do recebimento do requerimento inicial por meio de modelos ou formulários padronizados, conforme a natureza da pretensão a ser deduzida em face do Estado-administração.

Na montagem e disponibilização desses modelos ou formulários padronizados, deve haver a cautela de criar opções que assegurem o direito à acessibilidade das pessoas com deficiência.[1]

Essa medida deve ser feita mediante o exercício do poder regulamentar,[2] sem prejuízo do dever de o Estado-administração facilitar o exercício dos direitos dos administrados.[3] Não deixa de ser também providência que prestigia o princípio da eficiência administrativa.[4]

Esses modelos ou formulários padronizados devem constar da Carta de Serviços ao Usuário.[5]

---

1 Vide o art. 3º, I, III, IV, V e VI, o art. 53, os arts. 63 a 75, todos da Lei Federal nº 9.784/1999.

2 Vide o art. 84, IV, e art. 87, parágrafo único, I, ambos da Constituição da República.

3 Vide o art. 37, *caput*, da Constituição da República.

4 Vide o art. 3º, I, da Lei Federal nº 9.784/1999.
Vide o art. 6º, VI, da Lei Federal nº 13.460/2017.

5 Vide o art. 7º da Lei Federal nº 13.460/2017.

Art. 8º Quando os pedidos de uma pluralidade de interessados tiverem conteúdo e fundamentos idênticos, poderão ser formulados em um único requerimento, salvo preceito legal em contrário.

## VLADIMIR DA ROCHA FRANÇA

Esse dispositivo legal permite aos administrados que estejam em situações jurídicas similares possam exercer em conjunto o direito de petição.[1] Essa faculdade não existirá caso a lei imponha que cada pretensão seja deduzida em separado junto ao Estado-administração.

Para ser juridicamente possível o exercício em grupo do direito de petição, faz-se necessário que haja identidade de pedidos e de fundamentos de fato e de direito no caso concreto. Entretanto, se o volume de interessados que optaram pelo requerimento inicial conjunto comprometer a eficiência do processo administrativo, a autoridade competente tem o poder de limitar o número de interessados, e determinar a separação dos procedimentos.[2]

---

1 Vide o art. 5º, XXXIV, "a", da Constituição da República.

2 Vide o art. 15 e o art. 113, §1º, do Código de Processo Civil.

# CAPÍTULO V
# DOS INTERESSADOS

Art. 9º São legitimados como interessados no processo administrativo:

I – pessoas físicas ou jurídicas que o iniciem como titulares de direitos ou interesses individuais ou no exercício do direito de representação;

II – aqueles que, sem terem iniciado o processo, têm direitos ou interesses que possam ser afetados pela decisão a ser adotada;

III – as organizações e associações representativas, no tocante a direitos e interesses coletivos;

IV – as pessoas ou as associações legalmente constituídas quanto a direitos ou interesses difusos.

## VLADIMIR DA ROCHA FRANÇA

No processo administrativo, o interessado é aquele cuja esfera de direitos será diretamente atingida pelo ato jurídico administrativo a ser expedido no caso concreto.[1]

Pelo que se constata da leitura do dispositivo legal em análise, todas as situações envolvem o administrado, seja ele pessoa natural,[2] seja ele pessoa jurídica.[3] Recorde-se que o agente público também pode perfeitamente se encontrar na posição de administrado, quando pode ter a sua esfera jurídica imediatamente prejudicada pelo resultado do processo administrativo.

---

1 Vide o art. 6º e o art. 15, ambos do Código de Processo Civil.
Sobre a matéria, consultar: NÓBREGA, Theresa Christine de Albuquerque. Dos interessados. *In*: NOBRE JÚNIOR, Edilson Pereira; CAVALCANTI, Francisco; FERREIRA FILHO, Marcílio da Silva; NÓBREGA, Theresa Christine de Albuquerque. *Comentários à Lei do Processo Administrativo Federal*. São Paulo: Editora Saraiva, 2016. p. 71-77.

2 Vide o art. 1º, III, e o art. 5º, *caput*, §§1º e 2º, da Constituição da República.
Vide os arts. 1º e 2º do Código Civil.

3 Vide o art. 5º, XVII a XXI, e o art. 170, parágrafo único, todos da Constituição da República.
Vide os arts. 44 a 67 do Código Civil.

Convém lembrar que a pessoa jurídica de Direito Público[4] e a pessoa jurídica de Direito Privado do Estado-administração[5] podem se encontrar perfeitamente na posição de administrado, quando atuam sem se encontrarem no exercício de seus poderes administrativos.

O interessado no processo administrativo pode ser perfeitamente órgão ou entidade pública, quando se cuida de atos jurídicos relativos à organização administrativa ou ao desenvolvimento de atividades que não atingem diretamente a esfera jurídica dos administrados. Mas esse não é o caso do rol do dispositivo legal em apreço.

Há aqui cinco classes de interessados, sendo que as duas primeiras classes estão agrupadas no inciso I do referido dispositivo legal.

A primeira classe compreende aquele que exerce o direito de petição na defesa de direitos ou interesses individuais.[6] Nessa hipótese, o administrado busca a tutela administrativa declaratória ou constitutiva adequada, tempestiva e justa para a satisfação de sua pretensão em face do Estado-administração.

A segunda classe abrange o exercício do direito de o administrado solicitar do Estado-administração a tomada de providências em defesa de interesse público. Notadamente, quando há indícios ou provas da existência de ato ilícito sujeito ao poder sancionador do Estado-administração. Alerte-se que o interesse do administrado em tal hipótese se restringe à deflagração do processo administrativo contencioso, uma vez que o direito de punir é aqui reservado ao Estado-administração.

A terceira classe é composta pelos administrados que podem ter direito ou interesse individual imediatamente prejudicado com a decisão do processo administrativo, nas situações em que este é deflagrado de ofício. É o que acontece nos processos administrativos contenciosos que envolvem a invalidação de atos administrativos ampliativos ou a aplicação de sanções administrativas.

A quarta classe diz respeito à atuação de "organizações e associações representativas" na defesa de direitos ou interesses coletivos; e a quinta classe, à ação de "pessoas" ou "associações legalmente constituídas" na proteção de direitos ou interesses difusos.[7]

---

4 Vide o art. 1º, *caput*, o art. 18, e o art. 37, *caput*, XIX, todos da Constituição da República. Vide os arts. 40 a 43 do Código Civil.

5 Vide o art. 37, *caput*, XIX e XX, e o art. 173, ambos da Constituição da República. Vide o art. 44, II e III, do Código Civil.

6 Vide o art. 5º, XXXIV, "a", da Constituição da República. Vide o art. 104 da Lei Federal nº 8.112/1990.

7 Há entendimento no sentido de que se estaria nesses casos diante de substituição processual. Nesse sentido, consultar: FERRAZ, Sérgio; DALLARI, Adilson Abreu. *Processo administra-*

Os interesses públicos podem ser classificados em duas categorias: (i) interesses públicos difusos; e, (ii) interesses públicos coletivos.[8]

O interesse público difuso é aquele que o administrado tem enquanto parte da Sociedade, num dado espaço e tempo sociais. Compreende bem jurídico que serve de base socioeconômica para o pacífico desenvolvimento de sua personalidade, e que somente pode ser garantido pelo Estado e com recursos de toda a Sociedade.

Já o interesse público coletivo constitui o que administrado tem enquanto integrante de grupo social juridicamente identificado como hipossuficiente. Parte da premissa de que a vulnerabilidade socioeconômica ou biopsicossocial do administrado exige ações estatais específicas que compensem suas dificuldades no desenvolvimento de sua personalidade.

O interesse individual homogêneo se consubstancia naquele interesse que o administrado que é idêntico ao do outro administrado no que diz respeito ao fato jurídico que lhe gerou. Embora não seja interesse público, admite a defesa por meio de processo judicial coletivo.

Como se sabe, os administrados têm o direito fundamental civil[9] de instituírem associações para fins não econômicos.[10] Dentre esses fins, é juridicamente possível que elas atuem, quando expressamente autorizadas, na representação judicial e extrajudicial de seus associados.[11] Mas neste caso, a associação representativa estaria legitimada para agir no processo administrativo nos termos do inciso I do dispositivo legal em apreciação, ou seja, na defesa de direito ou interesse individual de dado associado.

O ordenamento jurídico vigente admite a possibilidade jurídica para a instituição de associações representativas de direitos e interesses difusos ou coletivos para fins de ação civil pública, em matéria de consumo, meio ambiente, patrimônio cultural brasileiro, ordem econômica, ordem urbanística e combate à discriminação sociocultural.[12]

---

*tivo*. São Paulo: Malheiros Editores, 2001. p. 17-36.

8 Vide o art. 81 do Código de Defesa do Consumidor.
Sobre a matéria, consultar: FRANÇA, Vladimir da Rocha. *Crise da legalidade e jurisdição constitucional*: o princípio da legalidade administrativa e a vinculação do Estado-Administração aos direitos fundamentais. Curitiba: Juruá, 2023.

9 Usa-se aqui "civil" ao invés de "individual", para se designar os direitos fundamentais constantes do art. 5º da Constituição da República.

10 Vide o art. 5º, XVII e XVIII, da Constituição da República.

11 Vide o art. 5º, XXI, da Constituição da República.

12 Vide o art. 1º, o art. 5º, V, §§2º a 4º, o art. 8º, §2º, o art. 15, o art. 17 e o art. 18, todos da Lei Federal nº 7.347/1985 (BRASIL. *Lei nº 7.347, de 24 de julho de 1985*. Disciplina a ação civil pública de responsabilidade por danos causados ao meio-ambiente, ao consumidor, a

A associação representativa deve, para ter legitimidade processual para propor ação civil pública: (i) estar constituída há mais de um ano nos termos da lei civil; e (ii) incluir, entre suas finalidades institucionais, "a proteção ao patrimônio público e social, ao meio ambiente, ao consumidor, à ordem econômica, à livre concorrência, aos direitos de grupos raciais, étnicos ou religiosos ou ao patrimônio artístico, estético, histórico, turístico e paisagístico".[13]

Contudo, o requisito (i) pode ser afastado pelo juiz, "quando haja manifesto interesse social evidenciado pela dimensão ou característica do dano, ou pela relevância do bem jurídico a ser protegido".[14]

Por analogia,[15] esse modelo jurídico de legitimação processual ativa para a ação civil pública pode ser adotado para regular a legitimidade da associação para requerer a abertura de processo administrativo na defesa de direito e interesses difusos ou coletivos, nos termos dos incisos IV ou III do dispositivo legal que se está a comentar.

A referência a "pessoa" no inciso IV do referido dispositivo legal parece indicar a pessoa natural, quando preenche os requisitos para a proposição de ação popular. Não pode designar fundação, sociedade ou associação que não tenha sido constituída em prol de interesses difusos ou coletivos, haja vista o ordenamento jurídico lhes recusar legitimidade processual ativa para a proposição de ação civil pública.

Quanto à "organização" prevista no inciso III do dispositivo legal em apreço, crê-se que ela se refira a um sindicato ou partido político, entes que têm legitimação processual para o mandado de segurança coletivo.[16]

---

bens e direitos de valor artístico, estético, histórico, turístico e paisagístico (VETADO) e dá outras providências. Brasília, DF: Presidência da República, 1985. Disponível em: https://www.planalto.gov.br/ccivil_03/Leis/L7347orig.htm Acesso em: 6 fev. 2024).
Vide o art. 4º, II, "b", o art. 5º, V, o art. 82, IV, e o art. 87, todos do Código de Defesa do Consumidor (BRASIL. *Lei nº 8.078, de 11 de novembro de 1990.* Dispõe sobre a proteção do consumidor e dá outras providências. Brasília, DF: Presidência da República, 1990. Disponível em: https://www.planalto.gov.br/ccivil_03/Leis/L8078compilado.htm. Acesso em: 6 fev. 2024).

13 Vide o art. 5º, V, da Lei Federal nº 7.347/1985.

14 Vide o art. 5º, §2º, da Lei Federal nº 7.347/1985.
Vide o art. 82, §1º, do Código de Defesa do Consumidor.

15 Vide o art. 4º da Lei de Introdução às Normas do Direito Brasileiro.

16 Vide o art. 5º, LXX, e o art. 8º, III, da Constituição da República.
Vide o art. 21 da Lei Federal nº 12.016/2009 (BRASIL. *Lei nº 12.016, de 7 de agosto de 2009.* Disciplina o mandado de segurança individual e coletivo e dá outras providências. Brasília, DF: Presidência da República, 2009. Disponível em: https://www.planalto.gov.br/ccivil_03/_ato2007-2010/2009/lei/l12016.htm Acesso em: 7 fev. 2024).

Embora não haja referência a interesses individuais homogêneos, o disposto no inciso III desse dispositivo legal deve acolhê-los, quando o sindicato, o partido político ou a associação tiver legitimidade para defendê-los judicial e extrajudicialmente, nos termos de seus atos constitutivos e da legislação em vigor.

No que concerne às entidades não personificadas, deve se ponderar o seguinte.

No processo judicial civil, prescreve-se que "a sociedade e a associação irregulares e outros entes organizados sem personalidade jurídica" devem ser representados em juízo, ativa e passivamente, "pela pessoa a quem couber a administração de seus bens".[17]

Registre-se, ainda no processo judicial civil, "a sociedade ou associação sem personalidade jurídica não poderá opor a irregularidade de sua constituição quando demandada.".[18]

Além do mais, a sociedade não personificada ou entidade constituída de fato pode responder judicial e administrativamente por atos ilícitos contra a administração pública nacional ou estrangeira, nos termos do art. 1º[19] da Lei Federal nº 12.846/2013.[20]

Não se vê maior dificuldade para se afastar a legitimidade de entidade não personificada ser interessada no processo administrativo, no que concerne a direitos e interesses difusos ou coletivos.

Igualmente, não se pode afastar a possibilidade jurídica de a entidade não personificada figurar como interessada quando o processo administrativo tiver sido instaurado de ofício. Especialmente quando se está diante da apuração de ato ilícito administrativo.

A dificuldade reside na admissibilidade do requerimento inicial formulado por entidade não personificada.

---

[17] Vide o art. 75, IX, do Código de Processo Civil.

[18] Vide o art. 75, §2º, do Código de Processo Civil.

[19] Esse enunciado legal tem a seguinte redação:
"Art. 1º Esta Lei dispõe sobre a responsabilização objetiva administrativa e civil de pessoas jurídicas pela prática de atos contra a administração pública, nacional ou estrangeira.
Parágrafo único. Aplica-se o disposto nesta Lei às sociedades empresárias e às sociedades simples, *personificadas ou não, independentemente da forma de organização* ou modelo societário *adotado*, bem como a quaisquer fundações, associações de entidades ou pessoas, ou sociedades estrangeiras, que tenham sede, filial ou representação no território brasileiro, *constituídas de fato* ou de direito, ainda que temporariamente" (grifos nossos).

[20] BRASIL. *Lei nº 12.846, de 1º de agosto de 2013.* Dispõe sobre a responsabilização administrativa e civil de pessoas jurídicas pela prática de atos contra a administração pública, nacional ou estrangeira, e dá outras providências. Brasília, DF: Presidência da República, 2013. Disponível em: https://www.planalto.gov.br/ccivil_03/_ato2011-2014/2013/lei/l12846.htm Acesso em: 7 fev. 2024.

Com efeito, o ordenamento jurídico reconhece a existência de sujeitos de direito não personificados. Mas, ao contrário do que ocorre com as pessoas naturais ou jurídicas, o sujeito de direito não personificado somente: (i) será polo ativo de relação jurídica material quando a lei expressamente previr, sem prejuízo da responsabilidade civil pelas obrigações que contrair; e, (ii) tem legitimidade para propor ação quando a lei assim autoriza.

Não se perca de vista que, no atual contexto socioeconômico, destaca-se a expansão dos chamados "movimentos sociais", fomentada pelo veloz e constante desenvolvimento das tecnologias de informação e da comunicação. Em rigor, são agrupamentos que procuram conscientemente a evitar a personificação, por razões lícitas ou ilícitas, conforme o caso.

De todo modo, o Código de Processo Civil aparentemente autoriza que entidades não personificadas proponham ações judiciais, sem que, contudo, elas possam empregar sua irregularidade em seu favor ao demandar ou ser demandada.[21]

Tendo em vista os princípios da moralidade e da impessoalidade, o órgão ou entidade pública deve disciplinar o exercício do direito de petição por ente não personificado por meio de regulamento, quando a lei não autorizar expressamente. Nesse ato jurídico normativo, deve-se exigir requisitos que viabilizem para o Estado-administração: (i) comprovar da existência de fato da entidade não personificada; e (ii) indicar aqueles que deverão ser responsabilizados civil, penal e administrativamente pelos atos da referida entidade, na eventualidade da constatação de ato ilícito no curso do processo administrativo.

Assim, salvo dispositivo legal ou regulamentar em contrário, a entidade não personificada não tem legitimidade processual para requerer a abertura de processo administrativo.

---

[21] Vide o art. 8º, o art. 75, IX, e §2º, ambos do Código de Processo Civil.

Art. 10. São capazes, para fins de processo administrativo, os maiores de dezoito anos, ressalvada previsão especial em ato normativo próprio.

**VLADIMIR DA ROCHA FRANÇA**

Em rigor, o dispositivo legal em análise estabelece um requisito que deve ser observado para que a pessoa natural possa exercer legítima e diretamente os direitos e deveres processuais em sede de processo administrativo.

Não se trata de uma questão de capacidade civil, mas sim da legitimidade para a prática de atos jurídicos; neste caso, de atos jurídicos processuais como interessado.

Como se sabe, a capacidade civil compreende a aptidão da pessoa natural para ser sujeito de direitos e deveres no ordenamento jurídico, subdividindo-se em (i) capacidade de direito (ou de gozo) e (ii) capacidade de fato (ou de exercício).[1]

É perfeitamente possível que pessoa absoluta[2] ou relativamente incapaz[3] figure como interessada no processo administrativo. A incapacidade civil existe para proteger a dignidade da pessoa humana, e não para privá-la da tutela de seus direitos.[4]

Nesse diapasão, o regulamento pode estabelecer legitimidade processual para maiores de dezesseis anos requerem a abertura de processo administrativo ou serem interessados em processo administrativo instaurado de ofício. Se o interessado for menor de dezesseis anos, não há como admiti-lo sem a representação legal, uma vez que se trata de absolutamente incapaz.[5]

---

1 Sobre a matéria, consultar: DINIZ, Maria Helena. *Curso de direito civil brasileiro*: teoria geral do direito civil. 37. ed. São Paulo: Saraiva Jur, 2020. v. 1; LÔBO, Paulo. *Direito Civil*: parte geral. 8. ed. São Paulo: Saraiva Jur, 2019, v. 1.

2 Vide o art. 3º da Lei Federal nº 9.784/1999.

3 Vide os arts. 4º e 5º da Lei Federal nº 9.784/1999.

4 Sobre a matéria, consultar: DINIZ, *op. cit.*; LÔBO, *op. cit.*

5 Nesse sentido, consultar: NÓBREGA, *op. cit.*

Tendo em vista a proteção constitucional da criança e do adolescente,[6] assim como a garantia institucional da família,[7] o Estado-administração deve zelar para que os pais[8] ou tutores[9] possam exercer desembaraçadamente as suas prerrogativas legais em sede de processo administrativo, no que for do melhor interesse de seus filhos ou tutelados.

[6] Vide o art. 227 da Constituição da República.
Vide o art. 3º do Estatuto da Criança e do Adolescente (BRASIL. *Lei nº 8.069, de 13 de julho de 1990*. Dispõe sobre o Estatuto da Criança e do Adolescente e dá outras providências. Brasília, DF: Presidência da República, 1990. Disponível em: https://www.planalto.gov.br/ccivil_03/leis/l8069.htm. Acesso em: 7 fev. 2024).

[7] Vide o art. 226 da Constituição da República.

[8] Vide os arts. 1.630 a 1.634 do Código Civil.

[9] Vide os arts. 36 a 38 do Estatuto da Criança e do Adolescente.

# CAPÍTULO VI
# DA COMPETÊNCIA

Art. 11. A competência é irrenunciável e se exerce pelos órgãos administrativos a que foi atribuída como própria, salvo os casos de delegação e avocação legalmente admitidos.

**ITIBERÊ DE OLIVEIRA CASTELLANO RODRIGUES**

## 1 Dogmática jurídico-geral da competência administrativa

O Capítulo 6 da Lei nº 9.784/99 regra não somente o processo administrativo, mas também a prática em geral dos atos e procedimentos administrativos federais, na esfera dos três Poderes. Trata-se, aliás, de um dos conjuntos de dispositivos legais mais importantes do direito administrativo federal, pois regra de modo sistemático os fundamentos básicos e indispensáveis sobre a competência atribuída às pessoas jurídicas, seus órgãos e agentes da Administração Pública Federal.

Também por isso, é conveniente que os presentes comentários sejam precedidos de uma breve exposição da dogmática jurídica geral da competência administrativa, inclusive com a descrição e análise de outros dispositivos normativos federais que estão em conexão sistemática com a Lei nº 9.784/99 no tocante à competência administrativa, para com isso se poder compreender melhor e mais adequadamente os próprios preceitos legais que logo adiante serão objeto de comentários.

### 1.1 Definição e atribuição de competência administrativa

Em termos de doutrina, "competência, em sentido jurídico-organizacional, significa a atribuição de tarefas a uma organização e aos seus órgãos atuantes"[1]

[1] ACHTERBERG, Norbert. *Allgemeines Verwaltungsrecht*. Heidelberg: C.F. Müller, 1986. p. 233.

Nesse sentido, "a repartição de competências é uma questão do direito administrativo organizacional"[2], e só secundariamente uma questão do direito administrativo processual: "Os termos 'atribuição', 'competência', 'alçada', 'poder' são conceitos-chave menos do direito do procedimento administrativo e muito mais do direito da organização administrativa".[3]

Também a Lei nº 9.784/99 regra o tema da competência inicialmente sob a perspectiva do direito administrativo organizacional, sem prejuízo de um regramento também na perspectiva específica do processo administrativo.[4]

Sob a perspectiva do direito administrativo organizacional, a competência administrativa é a porção de função ou de atividade materialmente administrativa atribuída por meio de norma jurídica a órgão ou agente das pessoas jurídicas da Administração Pública Federal,[5] constituindo também o seu limite extremo de ação ou atuação naquela função ou atividade. A própria Lei nº 9.784/99 fornece *en passant* exemplos disso, tais como a competência da Administração Pública Federal para a delegação de competência (arts. 12 a 14), para a motivação dos atos administrativos (art. 50), para a autotutela administrativa e para a revogação de seus próprios atos administrativos (art. 53), ou ainda para a convalidação dos atos administrativos (art. 55).

---

2 RUFFERT, Matthias. Verwaltungshandeln und Verwaltungsrechtsverhältnis, *In*: ERICHSEN, Hans-Uwe; EHLERS, Dirk (Hrsg.). *Allgemeines Verwaltungsrecht*. 14. ed., Berlin/ New York: Walter de Gruyter, 2010. p. 709.

3 ULE, Carl Hermann; LAUBINGER, Hans-Werner. *Verwaltungsverfahrensrecht*. 4. ed. Köln, Berlin, Bonn, München: Heymanns, 1995. p. 77.

4 Sobre o direito da organização público-administrativa (e dentro dele o tema da competência), *cf. v.g.* SADDY, André. Repartições de atribuições ou competências de órgãos públicos. *In*: SADDY, André; MOURA, Emerson Affonso da Costa; PORTO, Paola de Andrade (org.). *Organização e princípios da Administração Pública*: estudos em homenagem a José dos Santos Carvalho Filho. Rio de Janeiro: Institutas, 2020; OLIVEIRA, Rafael Carvalho Rezende. *Organização administrativa*. 4. ed., Rio de Janeiro: Forense; São Paulo: Método, 2018; BITENCOURT NETO, Eurico. Transformações do direito da organização administrativa e a Constituição de 1988. *In*: DI PIETRO, Maria Sylvia Zanella; MOTTA, Fabrício (coord.). *O Direito Administrativo nos 30 anos da Constituição*. Belo Horizonte: Fórum, 2018. p. 71-96.; MODESTO, Paulo (coord.). *Nova organização administrativa brasileira*. 2. ed. Belo Horizonte: Fórum, 2010.

5 A Lei nº 9.784/99 está concebida como lei para a Administração Pública Federal direta e indireta (art. 1º, *caput*), é dizer para uma estrutura organizacional complexa inserida dentro do Poder Executivo Federal descrita pelo termo com letra maiúscula: "Administração". Quando seus preceitos se aplicam aos dois outros Poderes da União, não se trata mais da Administração Pública Federal, e sim apenas de exercício de função (materialmente) administrativa pelo Legislativo e pelo Judiciário (art. 1º, §1º). Nessa mesma orientação, os presentes comentários também estão feitos em primeira linha para a Administração Pública Federal.

Na perspectiva específica do processo administrativo, a Lei nº 9.784/99 regula a competência como uma porção de função ou de atividade administrativa de caráter processual (daí se podendo falar em "direito administrativo processual", em oposição ao direito administrativo material), atribuída por meio de norma jurídica a uma autoridade da Administração Pública Federal, para proferir uma decisão no âmbito desse processo administrativo (*cf.* art. 1º, §2º, III), a qual visa, "em especial, à proteção dos direitos dos administrados e ao melhor cumprimento dos fins da Administração" (art. 1º, *caput*).[6]

A Lei nº 9.784/99 não afirma todavia o exercício de uma função jurisdicional pela Administração Pública Federal no âmbito desse processo administrativo. É que a própria lei considera expressamente como "desempenho de função administrativa" o que ocorre nos processos administrativos em trâmite nos Poderes Legislativo e Judiciário (art. 1º, §1º). Consequentemente, isso também exige que (pela via da interpretação sistemática) toda decisão tomada em processo administrativo em trâmite na Administração Pública Federal direta e indireta (*i.e.*, no âmbito da estrutura organizacional complexa inserida dentro do Poder Executivo Federal e descrita pelo termo com letra maiúscula: "Administração") seja considerada igualmente como "desempenho de função administrativa", e não como desempenho de função jurisdicional.[7]

Assim, a competência processual que está posta na Lei nº 9.784/99 é uma competência para exercício de uma função administrativo-decisória que é (apenas) símile à função jurisdicional, por exemplo, uma "quase-jurisdição". Ela é competência para uma autoridade administrativa decidir em processos de caráter litigioso, que, após uma série de atos e prazos procedimentais, objetivam a prolação de uma decisão materialmente administrativa, final e imodificável sobre o caso decidindo na esfera administrativa ("coisa julgada administrativa").

[6] O processo administrativo (e com ele o ramo do "direito administrativo processual") está reconhecido e legitimado já no plano constitucional, inclusive como instituto garantido no âmbito dos direitos fundamentais individuais, *cf. v.g.* arts. 5º, LV; 5º, LXXVIII; 41, §1º, II; 130-A, §2º, III e IV; 156-A, §5º, VII; 247, parágrafo único; e 101, §2º, I, ADCT.

[7] De modo análogo, e muito embora o art. 71, II, CF 1988, fale em "julgar as contas", e o art. 73, §4º, CF 1988, fale em "atribuições da judicatura", o Supremo Tribunal Federal (STF) já negou que as decisões dos Tribunais de Contas nos julgamentos de contas tipifiquem exercício de função jurisdicional: "A atividade do Tribunal de Contas é exercida no campo administrativo." (MS 31344). Nesse contexto, sedimenta-se tanto na legislação vigente quanto na jurisprudência superior o princípio do "monopólio da jurisdição" em favor do Poder Judiciário.

Nestes comentários o termo "competência" está concebido de início em um senso muito amplo, a fim de poder abarcar não somente os casos onde já a CF 1988 utiliza o substantivo "competência" e o verbo "compete" para repartir ou atribuir atividades e tarefas em geral de caráter administrativo às entidades federativas (*i.e.*, às pessoas políticas) ou aos seus Poderes (e aqui no caso específico à União, enquanto Administração Pública Federal) mas também quando utiliza (*passim*) outros termos similares ou análogos, tais como "atribuição" ou "atribuições", "cabe ao", "dever de", "poder de", "garantia de", "promover", "incentivar", "depende de autorização", "função de planejamento", "incumbe", "fica facultado" ou "é facultado", "criar" e fazer a "criação de" etc., e que igualmente indicam ou indiciam uma atribuição específica de competência ao Poder Público para algo ou sobre algo jurídico-administrativo.

No caso específico da gramática ou literalidade da Lei nº 9.784/99 tem-se no mínimo que intentar extremar, no seu conteúdo ou essência, certos termos ou conceitos que à primeira vista (e do mesmo modo como já ocorre no texto constitucional) estão diretamente ligados ao próprio conceito de "competência", a saber: "função administrativa" (art. 1º, §1º), "poderes ou competências" (art. 2º, parágrafo único, II) e "atribuição" (art. 14, §1º), o que aqui será feito somente em linhas brutas e infelizmente sem maiores resultados práticos em relação a uma exata separação técnico-jurídica entre tais termos ou expressões.

"Função administrativa" é termo usado somente uma vez na lei e sem uma indicação mais clara e firme sobre o seu conteúdo. A rigor, esse conteúdo está pressuposto, e não tem aqui como ser desenvolvido nos seus complexos detalhes. As funções do Estado são "cada uma das grandes divisões da atividade do Estado na consecução de seus objetivos jurídicos" (Dicionário Aurélio), no caso concreto, na consecução dos "objetivos fundamentais" (art. 3º, CF 1988) do Estado brasileiro. Na tradicional concepção fundada a partir de Otto Mayer, ela pode aqui ser assumida, para efeitos práticos, como toda função estatal que não constitui legislação, governo ou jurisdição ("critério negativo"). Ela é a segunda função típica e institucional do Poder Executivo (tal como se infere da interpretação sistemática entre o art. 1º, *caput*, e o seu §1º, Lei nº 9.784/99), vindo logo depois do governo (que possui status constitucional e, juntamente com a legislação, prefixa os rumos políticos do Estado e as políticas públicas a serem adotadas e depois concretizadas).

A competência administrativa aparece então (e como já se expôs como definição no início deste comentário, *cf.* item 1.1) como uma atribuição específica para agir no âmbito dessa função administrativa genérica, sendo tanto de caráter material quanto de caráter processual. A competência é assim uma porção autorizada do agir administrativo no âmbito da função público-administrativa.

Nada obstante, o termo "função" também pode ser assimilado, ao menos em certos casos pontuais e específicos, a um sinônimo de "competência" ou "atribuição" (por exemplo, "no exercício de suas funções" ou "em razão da função exercida"), mas de todo modo esse não é o sentido dado no caso do art. 1º, §1º, Lei nº 9.784/99.

"Poderes" são potestades públicas instrumentais às competências administrativas da Administração Pública, a fim de impor o exercício destas, tal como se pode inferir em "poder de decisão" (art. 1º, §2º, III), "poderes transferidos" no âmbito da delegação de uma competência (art. 14, §1º). Esse também pode ser considerado o sentido no caso do "poder sancionador" (art. 49-A, §6º, II), que foi acrescentado à lei federal por meio da Lei nº 14.210/21.

É bem verdade que também não se pode excluir de plano uma interpretação que tenha "poder" e "competência" como termos sinônimos (por exemplo, "excesso de poder" ou "desvio de poder"). Mas essa sinonímia não parece estar posta nos três dispositivos da Lei nº 9.784/99 acima citados.

Já em relação ao termo "atribuição" (e variantes), acredita-se que ele está posto como sinônimo de competência, como se pode inferir, por exemplo, dos arts. 11 e 15 da Lei nº 9.784/99 (competência atribuída a alguém). À primeira vista, portanto, não é certo que haja uma distinção técnico-jurídica clara e absoluta entre "atribuição" e "competência"; também não é certo se entre esses dois termos existe, por exemplo, alguma relação entre gênero e espécie.

Também na própria CF 1988 o termo "atribuição" aparentemente vem usado como sinônimo de "competência". Por exemplo, o art. 49, XI, afirma que é do Congresso Nacional "zelar pela preservação de sua competência legislativa em face da atribuição normativa dos outros Poderes", usando os termos lado a lado e na mesma frase e com um mesmo sentido. Isso ocorre ainda no caso do art. 103-B, §5º, CF 1988: "competindo-lhe, além das atribuições que lhe forem conferidas". Noutro exemplo, a Seção II do Poder Executivo tem como título "Das atribuições do Presidente da República", ao passo que o *caput* do art. 84 fala em "compete" ao Presidente da República, enquanto o seu parágrafo único diz que o Presidente da República "poderá delegar as atribuições mencionadas nos incisos VI, XII e XXV, primeira parte".

Ou seja, o legislador ordinário federal não se afastou, nesse caso, de uma sinonímia já perceptível na própria Constituição.

Já o art. 36 da Lei nº 9.784/99 fala em "dever atribuído ao órgão competente", *i.e.*, aqui já não se trata de competência atribuída como dever, mas sim de uma obrigação instrumental atribuída no âmbito de uma competência processual (e no senso oposto a "poder instrumental" atribuído no âmbito de uma competência).

A competência administrativa está sempre conectada a estruturas organizacionais estáticas da Administração Pública,[8] *i.e.*, a uma pessoa jurídica da Administração Pública, a um órgão interno dessa pessoa, ou então a um cargo, emprego ou função no âmbito interno da mesma.[9] Aliás, em perspectiva dogmático-jurídica as competências administrativas simplesmente pré-determinam ou no mínimo pré-condicionam essas estruturas organizacionais estáticas da Administração Pública: a fim de que possam executar e se desincumbir de todas as competências que a CF 1988 especificamente lhes outorgou, as entidades federativas (pessoas políticas) devem se organizar e estruturar, como Administração Pública Direta e Indireta, da maneira mais eficiente possível.

Os critérios doutrinários clássicos para a atribuição de competência são: (i) objetivo ou material (*ratione materiae*), levando em conta o quê ou qual atividade ou função administrativa *in concreto* será atribuída (competência em razão da matéria administrativa); (ii) subjetivo ou orgânico (*ratione personae*), levando em conta para quem na estrutura da Administração será atribuída (competência em razão do sujeito ou da pessoa: entidade, órgão, agente ou autoridade administrativa); (iii) territorial (*ratione loci*), levando em conta o território ou local aonde será exercida a atividade ou função administrativa (competência em razão do lugar ou território); (iv) tempo (*ratione temporis*), levando em conta um período de limitação temporal para exercício da competência (competência em razão do tempo).

---

8 Conforme se infere claramente da definição de "cargo público" no art. 3º, *caput*, Lei nº 8.112/90: "Cargo público é o conjunto de atribuições e responsabilidades previstas na estrutura organizacional que devem ser cometidas a um servidor".

9 Nos presentes comentários (e apenas por economia de palavras ou termos) usa-se genericamente do termo "sujeito" para designar aquele que recebeu ou a quem foi atribuída competência, que exerce essa competência, que delega ou avoca competência etc. Esse "sujeito" faz então as vezes daquelas estruturas organizacionais estáticas (uma pessoa jurídica, um órgão, uma agente da Administração), mas não deve jamais ser confundido com a pessoa física que ocupa um cargo, emprego, função, ou integra órgão da pessoa jurídica, e nem com a pessoa física dotada de poderes de autoridade pública para decidir.

Especificamente em relação aos sujeitos da Administração Pública, a competência administrativa pode ser: (i) unipessoal, quando somente um sujeito é competente para a prática de um ato ou decisão administrativa; (ii) composta, quando dois ou mais sujeitos devem atuar sobre um mesmo objeto que compõe um ato ou decisão administrativa (*cf. v.g.* STF, in RMS 28220); (iii) complexa, quando dois ou mais sujeitos devem atuar sobre dois diferentes objetos que conjuntamente compõem um ato ou decisão administrativa; (iv) coordenada, quando três ou mais setores, órgãos ou entidades devem atuar sobre um mesmo objeto que compõe uma decisão administrativa (*cf. v.g.* art. 49-A a 49-G, Lei nº 9.784/99); (v) concorrente, quando dois ou mais órgãos administrativos são competentes para a prática de um ato ou decisão administrativa (*cf. v.g.* STF, in ADI 4638 e MS 28620); (vi) supletiva, quando um terceiro atua ou decide substituindo o sujeito originariamente competente, quando assim permitido ou autorizado (analogia com art. 2º, II, LC nº 140/11); (vii) subsidiária, quando um terceiro auxilia o sujeito originariamente competente no exercício da sua competência, a pedido ou solicitação desse sujeito (analogia com art. 2º, III, LC nº 140/11).

São conflitos de competência: (i) o conflito "positivo", quando dois ou mais sujeitos (ou instâncias) da Administração Pública têm-se como competentes para um mesmo ato ou processo administrativos; e (ii) o conflito "negativo", quando dois ou mais sujeitos (ou instâncias) da Administração Pública têm-se como incompetentes para a prática de um mesmo ato ou de um processo administrativos. Na esfera administrativa, tais conflitos são resolvidos pelos órgãos de hierarquia superior aos sujeitos envolvidos no conflito.

## 1.2 Garantias do administrado em relação à competência administrativa

Na perspectiva dos administrados, a competência administrativa é a garantia de que a Administração Pública Federal atua estritamente conforme a lei e o Direito (art. 2º, parágrafo único, I, Lei nº 9.784/99), ou seja, atua como um Estado de Direito (art. 1º, *caput*, CF 1988), o mais primal e basilar princípio de organização e funcionamento do Estado brasileiro.

E também é a garantia de que, no quadro geral da Administração Pública Federal existe um sujeito que é identificável individualmente e que é juridicamente responsável pelo exercício de uma dada função ou atividade administrativa em relação aos administrados, e que por isso responde individual e concretamente perante o administrado quando isso lhe tocar na sua esfera de interesse, abrindo-se a partir daí a possibilidade da instauração do processo administrativo para aferição dessa responsabilidade em relação à "proteção de seus direitos" (art. 1º, *caput*, Lei nº 9.784/99), sem prejuízo dos controles internos de controle e responsabilização administrativos. A competência é assim o "meio de garantia para o indivíduo que tem na sua discriminação o amparo contra os excessos de qualquer agente do Estado".[10]

Depois, se o Estado de Direito é o Estado que se caracteriza por impor limites jurídico-normativos à ação do Poder Público, então a competência administrativa jamais poderia ser concebida ou definida como um "poder", "prerrogativa" ou "faculdade" para atuar (na linha doutrinária difundida tradicionalmente a partir de Hely Lopes Meirelles), mas sim e neutralmente como o "limite máximo" de ação ou atuação de um sujeito administrativo dentro do quadro geral de atividades desse Poder Público para o "atendimento a fins de interesse geral" (art. 2º, parágrafo único, II, Lei nº 9.784/99).

A competência administrativa fixa assim o limite de atribuição, o limite de atuação administrativa em relação a um dado tema ou matéria. A rigor, se existe faculdade para agir, ou se existe dever de agir, isso deriva da norma de competência, via vinculação ou discricionariedade, jamais se podendo afirmar *a priori* que a competência em si seja um "poder-dever" (faculdade de agir), ou um "dever-poder" (dever de agir).

## 2 "A competência é irrenunciável e se exerce pelos órgãos administrativos a que foi atribuída como própria"

A ordem lógico-normativa de leitura desse trecho do art. 11 deve ser: (i) atribuição de uma competência como própria; (ii) exercício da competência própria pelos órgãos administrativos, (iii) irrenunciabilidade da competência exercida como própria.

[10] FAGUNDES, Miguel Seabra. *O controle dos atos administrativos pelo Poder Judiciário*. São Paulo: Saraiva, 1984. p. 52.

## 2.1 Da atribuição da competência administrativa – Competência própria e imprópria

Uma competência é atribuída como "própria" quando foi atribuída por uma norma jurídica em caráter originário a um dado sujeito, tornando-o com isso titular dessa competência.

A atribuição de titularidade para uma dada competência opera concomitantemente a exclusão dos demais sujeitos da Administração Pública Federal para essa mesma competência, impedindo assim que um outro sujeito afirme ser o seu titular originário ("princípio da vedação de dupla competência").

Por exemplo, quando o art. 21, X, CF 1988, afirma que compete à União "manter o serviço postal e o correio aéreo nacional", ficam excluídos dessa mesma competência administrativa os Estados e os Municípios.

A competência própria opõe-se à competência "imprópria", que é aquela que não foi originariamente atribuída a um sujeito pela norma jurídica, e da qual então ele não é o seu titular. A competência imprópria surge quando uma norma jurídica indica hipóteses de um substituto exercente da competência em lugar do sujeito titular, por exemplo, em casos de impedimento deste (exercício de competência por substituição legal ou "em regime de substituição"); ou então quando a norma jurídica permite que o sujeito titular transfira a sua competência originária para terceiro, por meio de ato específico para tanto, como no caso da delegação de competência (*cf. infra*).

Deve-se examinar agora como se dá normativamente a atribuição de competências administrativas originárias, a fim de se poder circunscrever quais são as competências administrativas que se pode qualificar como próprias, em todas as estruturas organizacionais da Administração Pública, mormente a Federal.

### 2.1.1 Repartição de competências administrativas – Administração Direta e Administração Indireta

A partir do genérico conceito de "função administrativa" (visto acima), a CF 1988 reparte (ou atribui) originariamente uma gama de múltiplas (em quantidade) e complexas (em qualidade) competências ou atividades materialmente administrativas às entidades federativas (União, estados, DF e municípios).

Em grosseira e por isso incompleta descrição (a intenção aqui é meramente ilustrativa), em primeira linha temos dispositivos constitucionais que fazem, em favor das entidades federativas, a repartição da propriedade de uma série de bens públicos em espécie, daí derivando a competência para sua administração, mediante uso, gozo e eventual disposição (*v.g.* arts. 20 e 26), e a repartição de uma série de atividades administrativas em espécie (*v.g.* arts. 21, 23 e 30, IV a IX).

Em segunda linha existem os casos esparsos e dispersos pelo texto constitucional, quando um dispositivo atribui uma dada competência ou atividade administrativa específica para uma dada entidade federativa (*v.g.* art. 25, §2º), aqui interessando mais de perto as competências e atividades específicas atribuídas em favor da União (*v.g.* art. 43, art. 176, art. 177, art. 184).

Para assumirem essas competências e/ou realizarem essas atividades administrativas, as entidades federativas se organizam em estruturas ou regimes de "administração direta e indireta", com base sobretudo no princípio geral da "eficiência" (art. 37, *caput*, CF 1988), *i.e.*, cada entidade federativa deve estruturar sua organização administrativa de modo eficiente a fim de se desincumbir de cada competência ou atividade administrativa que lhe foi atribuída pela CF 1988, sobretudo porque ela só regra de modo mais detalhado as grandes vigas-mestras da organização político-administrativa do Estado brasileiro (*i.e.*, sua organização fundamental, e ali basicamente política), devendo então cada entidade federativa por meio de regimes próprios dar a completude administrativa a essa organização fundamental.

No caso federal, os regimes jurídico-organizatórios são então (i) de Administração Direta, que "se constitui dos serviços integrados na estrutura administrativa da Presidência da República e dos Ministérios" (art. 4º, I, Decreto-Lei nº 200/67), ou seja, desconcentrando aquelas atividades e funções no âmbito do Poder Executivo Federal, por meio da criação de órgãos de hierarquia inferior (desconcentração), valendo analogamente o mesmo para a organização das atividades e funções administrativas no âmbito dos Poderes Legislativo e Judiciário; ou (ii) de Administração Indireta, que compreende "categorias de entidades, dotadas de personalidade jurídica própria" (art. 4º, II, Decreto-Lei nº 200/67), ou seja, quando a União outorga suas funções e atividades para uma segunda pessoa jurídica federal integrante da sua Administração Pública.[11]

---

[11] Evita-se aqui usar o termo "descentralização" porque no âmbito da reforma administrativa federal esse termo possui "três planos principais" de aplicação (art. 10, §1º, I a III, Decreto-Lei

A desconcentração de função ou atividade administrativa, em quaisquer dos três Poderes federais (art. 1º, §1º, Lei nº 9.784/99), dá-se em dois planos básicos: (i) para um órgão administrativo ("a unidade de atuação integrante da estrutura da Administração direta e da estrutura da Administração indireta" – art. 1º, §2º, I, Lei nº 9.784/99), ou (ii) para agentes administrativos pessoas físicas (cargos, empregos e funções), sendo que no âmbito específico do processo administrativo existe ainda a "autoridade" administrativa ("o servidor ou agente público dotado de poder de decisão" – art. 1º, §2º, III, Lei nº 9.784/99).

No âmbito do Poder Executivo (e aqui indistintamente para todas as entidades federativas), a atribuição de competência administrativa originária é matéria submetida, como regra geral, à reserva de lei parlamentar, em face de uma série de preceitos constitucionais que regulam o tema em todos os três níveis da organização administrativa (pessoas jurídicas; órgãos administrativos; e cargos, empregos e funções, respectivamente), o que impede o uso de normas administrativas nesse âmbito: (i) criação ou autorização para criação de todas as pessoas jurídicas da Administração indireta, inclusive subsidiárias (art. 37, XIX e XX, CF 1988); (ii) "criação e extinção de Ministérios e órgãos da administração pública" (art. 48, XI c/c art. 88, CF 1988); (iii) criação de "cargos, funções ou empregos públicos na administração direta e autárquica" (art. 48, X c/c art. 61, §1º, II, "a" c/c art. 84, VI, "a", parte final, *a contrario sensu*, CF 1988). Em todas essas hipóteses de lei parlamentar, a iniciativa para o projeto de lei parlamentar versando sobre criação ou alteração de competências e atribuições na Administração Direta e Indireta é sempre privativa da Chefia do Poder Executivo.[12]

Com efeito, nenhum desses dispositivos constitucionais fala expressamente em "competência" (ou usa de termos similares a ela, tipo "atribuição", "poder" ou "função"), mas todos eles a pressupõem inclusive como condição *sine qua non*. É que as competências materialmente administrativas já estão dadas na CF 1988, ao passo que

---

nº 200/67), onde nenhum deles tem a ver especificamente com a criação de entidades da Administração Indireta (mas a doutrina tende a identificar a descentralização somente com essa criação). No plano constitucional a descentralização administrativa também não se deixa identificar com o sentido tradicionalmente usado pela doutrina administrativista (*cf. v.g.* art. 194, parágrafo único, VII; art. 198, I; art. 204, I; art. 216-A, *caput*; art. 216-A, §1º, XI).

12 *Cf. v.g.* STF, in ADI 603, ADI 1147, ADI 1275, ADI 1521, ADI 2296, ADI 2417, ADI 2721, ADI-MC 2372, ADI 2857, ADI 3178, ADI 3179, ADI 3232, ADI 3254, ADI 3751, ADI 3942, ADI 4125, ADI 6180, RE-AgR 586050, RE 577025 (Repercussão Geral – Tema 48), RE-AgR 1149013, RE 1254886, AI-ED 643926, ARE-ED 727513, ARE-AgR 768450, ARE-AgR 826671, ARE-AgR928635, RMS 22875.

a construção dos sistemas de Administração Direta e Indireta só vai se dar e se justificar para a efetiva dinamização daquelas competências administrativas que estão pré-dadas na CF 1988. Inexiste lei de criação de Ministérios, inexiste lei específica de criação ou de autorização de criação de pessoa jurídica da Administração Indireta Federal que não seja para dinamizar uma competência federal pré-dada pela CF 1988.

Indo-se ao tema da exceção à reserva de lei parlamentar, o art. 84, VI, "a", CF 1988, admite o uso do decreto autônomo, "quando não implicar aumento de despesa" e nem "criação ou extinção de órgãos públicos", para dispor sobre "organização e funcionamento da administração federal". "Organização e funcionamento" tipificam conceitos jurídicos indeterminados, e são amplos e elásticos o bastante para incluírem na sua interpretação a possibilidade de criação, alteração e extinção de competências, inclusive transferências de competência de um para outro sujeito, sempre que isso "não implicar aumento de despesa" e nem "criação ou extinção de órgãos públicos". Quebrou-se com isso a vigência de uma reserva total de lei parlamentar para regramento do tema competências no âmbito da Administração Pública.[13]

Isso se reflete também no tema da alteração e da extinção de uma competência originária já existente. Aqui vigora como regra geral o "princípio do paralelismo das formas" (*cf. v.g.* art. 84, XXV, CF 1988), que, nas suas origens remotas, é o resultado da combinação recíproca entre as duas regras da legalidade administrativa (supremacia da lei e reserva legal): toda vez que uma matéria administrativa toma a forma de lei parlamentar (*i.e.*, ganha supremacia de lei formal), sua alteração ou revogação fica obrigatoriamente reservada a uma nova lei parlamentar — e com isso a amplitude real e efetiva da reserva legal é determinada não tanto pelo conjunto das reservas pontuais e específicas de lei expressas na Constituição, e sim pela própria supremacia do conjunto das leis formais em vigor (posto que o legislador ordinário sempre pode legislar muito mais e para além daquelas reservas expressas de lei), ou seja, pelo número ou pela quantidade de leis parlamentares que estão em vigor — "na prática, a reserva de lei está circunscrita acima de tudo pela supremacia das leis formais já existentes".[14]

---

[13] Sobre a amplitude e extensão do decreto autônomo, *cf. v.g.* STF, in ADI 2322, ADI 2564, ADI 2601, ADI 2857, ADI 3254; ADI 3564; ADI-MC 6121.

[14] THOMA, Richard. *In*: ANSCHÜTZ, Gerhard; THOMA, Richard. *Handbuch des deutschen Staatsrechts*. Tomo II, Tübingen: J.C.B. Mohr (Paul Siebeck), 1932. p. 222.

A lógica do paralelismo das formas pode agora ser quebrada, no momento em que o art. 84, VI, "a", CF 1988, admite (sob os conceitos indeterminados de "organização e funcionamento da administração") a criação, alteração ou extinção de competências por decreto autônomo (mesmo quando originariamente atribuídas por lei parlamentar), "quando não implicar aumento de despesa nem criação ou extinção de órgãos públicos". E depois, quando a alínea "b" desse mesmo dispositivo admite implicitamente a extinção de competências (mesmo quando originariamente atribuídas por lei parlamentar), por meio da "extinção de funções ou cargos públicos, quando vagos" (extinta a função ou cargo, está extinta a sua competência).

Na prática, a lei parlamentar (e mesmo o decreto autônomo, enquanto forma de exceção) não esgota em todos os detalhes e pormenores o tema da competência na esfera da Administração Direta e Indireta do Poder Executivo, restando ainda para regramento um espaço administrativo-regulamentar *secundum legem*, *i.e.*, não de criação de competências novas (ou de atribuição de competências novas), mas de fracionamento e redistribuição e especificação, por meio de normas administrativas regulamentares, das competências legais já atribuídas (ou competências atribuídas por decreto autônomo, quando possível), em especial (mas não somente) em relação às atribuições materiais específicas de cada órgão, repartição ou agente.

Em relação à Administração Direta Federal, por exemplo, o uso de decretos e regulamentos está expressamente previsto nas leis federais de organização administrativa.[15] Depois, a mesma operação interna de fracionamento e redistribuição e especificação de competências pode ainda ocorrer por meio de normas administrativas terciárias (*v.g.* art. 87, parágrafo único, II, CF 1988), tais como as instruções normativas, portarias e resoluções (*cf.* art. 9º, Decreto federal nº 12.002/24).

A Administração Indireta envolve no mínimo duas distintas pessoas jurídicas: de um lado a entidade federativa constitucionalmente titular de uma competência administrativa (são as pessoas jurídicas da

---

15 *V.g.* art. 1º, §1º, Lei nº 13.600/23 (Lei de Organização da Presidência da República e dos Ministérios): "O detalhamento da organização dos órgãos de que trata esta Lei será definido nos decretos de estrutura regimental". Art. 3º, Decreto-Lei nº 200/67: "Respeitada a competência constitucional do Poder Legislativo estabelecida no artigo 46, inciso II e IV, da Constituição, o Poder Executivo regulará a estruturação, as atribuições e o funcionamento dos órgãos da Administração Federal.". Art. 154, Decreto-Lei nº 200/67: "Os decretos e regulamentos expedidos para execução da presente lei disporão sôbre a subordinação e vinculação de órgãos e entidades aos diversos Ministérios, em harmonia com a área de competência dêstes, disciplinando a transferência de repartições e órgãos".

administração direta: União, estados, Distrito Federal e municípios); e, de outro lado, a entidade que recebe por outorga daquelas certas competências administrativas (pessoas jurídicas da Administração Indireta: autarquias, fundações, empresas públicas e sociedades de economia mista, *cf.* art. 37, *caput* c/c art. 37, XIX, CF 1988).

No âmbito da Administração Indireta Federal, a lei parlamentar específica que cria ou autoriza a criação da entidade respectiva, via de regra, também já prevê a edição de Estatutos e Regimentos Internos por essa entidade,[16] onde então ocorrem mais fracionamento e redistribuição e especificação das competências atribuídas à entidade. E tudo sem prejuízo da possibilidade de posterior edição de outras normas regulamentares internas infraestatutárias e infrarregimentais sobre o tema (com mais fracionamento e redistribuição e especificação) quando enfim se esgotam as atribuições de competência.

Pode haver ainda um segundo desdobramento de competências, quando empresas públicas e sociedades de economia mista criam empresas subsidiárias, atribuindo a estas uma parte de suas competências outorgadas pela Administração Direta (art. 37, XX, CF 1988).

Criada a pessoa jurídica da Administração Indireta, a assunção das competências e atividades administrativas outorgadas bem como a tomada das decisões nesse âmbito se dão em nome próprio e por responsabilidade própria e exclusiva dessa pessoa da Administração Indireta (restando "inexistente", para efeitos práticos, a pessoa jurídica outorgante da Administração Direta).

A pessoa jurídica da Administração Direta que a criou perde, com isso, o controle direto sobre essa competência ou atividade outorgada, restando-lhe somente um poder para controlar o cumprimento dos objetivos estatutários pela pessoa jurídica da Administração Indireta quando no efetivo exercício das competências e atividades administrativas ("princípio da tutela" ou "controle de meios").

Na estrutura administrativa afeta ao Poder Legislativo federal, dá-se a atribuição originária de competência administrativa por atos próprios privativos desse Poder, as Resoluções do Senado Federal (art. 51, IV, CF 1988) e as Resoluções da Câmara dos Deputados (art. 52, XIII, CF 1988), com aplicação simétrica aos Legislativos estaduais, distrital

[16] *V.g.* art. 9º, Lei nº 12.550/11: "Art. 9º A EBSERH será administrada por um Conselho de Administração, com funções deliberativas, e por uma Diretoria Executiva e contará ainda com um Conselho Fiscal e um Conselho Consultivo. §1º O estatuto social da EBSERH definirá a composição, as atribuições e o funcionamento dos órgãos referidos no *caput*".

e municipais (Resoluções das Assembleias Legislativas, da Assembleia Distrital e das Câmaras de Vereadores).

No âmbito do Poder Judiciário, a atribuição originária de competência administrativa dá-se por lei parlamentar, cuja iniciativa é privativa, conforme o caso, do Supremo Tribunal Federal, dos Tribunais Superiores e dos Tribunais de Justiça (art. 96, II, "b", CF 1988). Depois, os tribunais, por meio de seus regimentos internos (ou mesmo por meio de atos normativos de hierarquia inferior à regimental), ainda fracionam e redistribuem e especificam internamente aquelas competências atribuídas originariamente pela lei parlamentar (art. 96, I, "a" e "b", CF 1988), à semelhança dos regulamentos de execução de lei no âmbito do Poder Executivo.

Para a práxis administrativa, a identificação de uma competência administrativa como própria (e também a identificação das autoridades com poder decisório no âmbito de cada estrutura interna das pessoas jurídicas da Administração Pública Federal, para o caso do processo administrativo) exige então a sua busca específica sempre a partir da norma administrativo-regulamentar interna de menor hierarquia no âmbito da cadeia normativa que regula a organização e o funcionamento dessa entidade administrativa ("identificar a norma de mais baixa hierarquia que atribuiu competência"), restando a lei parlamentar e a Constituição apenas como as normas de penúltima e de última busca, respectivamente. Isso se deve ao princípio geral da "preferência de aplicação" da norma de menor hierarquia ou de menor escalão no âmbito da "pirâmide das normas jurídicas".

### 2.1.2 Competências administrativas não expressas ou não literais

Por ser a própria delimitação formal de atuação no âmbito de um Estado de Direito, a competência administrativa não se presume, ela deve estar atribuída literal e expressamente por lei parlamentar (ou, quando possível, por decreto autônomo).

A não-atribuição literal e expressa de uma dada competência administrativa a um sujeito da Administração Pública deve ser sempre considerada como um caso de "silêncio eloquente" do legislador e, na prática, deve significar a inexistência de atribuição de competência em favor desse sujeito.[17]

---

[17] Segue-se aqui, por analogia, os fundamentos básicos da decisão do STF no RE 135637.

Isso todavia não veda a interpretação extensiva de um dispositivo normativo de atribuição de competência administrativa, com uso por exemplo de critérios sistemáticos, históricos e sobretudo finalístico/teleológicos, a fim de nele também se subsumir, por exemplo, as chamadas competências "não expressas" ou competências "implícitas" (*implied powers* ou *kraft Natur der Sache*), competências "anexas" (*Annexkompetenz*), competências "conexas por afinidade" (*kraft Sachzusammenhangs*), ou competências "acessórias" à competência originariamente expressa e atribuída (*cf. v.g.* STF, in RMS 24128, sobre caso de competência administrativa implícita do Presidente da República).

Note-se que em todas essas hipóteses inexiste uma "criação" propriamente dita de uma nova competência à margem do texto normativo, e sim e sempre uma interpretação construtiva desse texto normativo (normas não se reduzem a texto, e textos não são interpretados somente em tiras), portanto não-arbitrária e menos ainda à margem ou para além do que está expresso nesse texto (por exemplo, uma interpretação *praeter legem*), de caráter funcionalista ou decisionista.

Consequentemente, o reconhecimento de quaisquer dessas hipóteses extensivas também faz com que essa extensão reconhecida deva ser declarada como parte integrante daquela competência já atribuída, à qual ela adere por ser implícita, anexa, conexa ou acessória.

## 2.2 Vício de inexistência de sujeito

O sujeito administrativo ter atribuída uma competência própria (ou originária) para agir ou atuar administrativamente é um requisito que funciona no plano da existência de um ato ou de um processo administrativos.[18] Esse é o resultado a que se chega a partir de uma interpretação sistemática do primeiro elemento (implícito) dos atos administrativos no art. 2º, "a" da Lei da Ação Popular c/c art. 11, Lei nº 9.784/99.

Assim, para que exista ato administrativo ou processo administrativo no âmbito de uma pessoa jurídica da Administração Pública, é preciso um "sujeito" regularmente integrado a essa Administração, e por isso com titularidade hábil (*i.e.*, com competência atribuída) para a prática desse ato ou processo.

[18] Na perspectiva dos atos administrativos, e na ordem preconizada pela Lei nº 4.717/65, os elementos de existência são: (i) sujeito; (ii) objeto; (iii) forma, (iv) motivo (causa) e (v) finalidade (objetivo ou fim).

O vício de inexistência de sujeito diz respeito com o sujeito que atua ou desempenha atividade público-administrativa sem estar regularmente vinculado ou integrado à Administração Pública Federal.

Esse vício está, via de regra, vinculado a uma violação da reserva legal. No caso de pessoa jurídica da Administração Federal indireta, o vício diz respeito com a inexistência de lei parlamentar específica para sua criação ou de autorização para sua criação, e se traduz na figura da "sociedade controlada direta ou indiretamente pelo Poder Público", desenvolvida pela jurisprudência do STF, na década de 1970, exatamente para identificar e rotular as entidades estatais criadas diretamente por ato administrativo do Poder Executivo, portanto em desacordo com o direito vigente, porém ativas *de facto* já em caráter permanente e duradouro, inclusive há vários anos (*cf. v.g.* STF, in RE 79840; RE 91035; RE 95554 e RE 107955). Essa "entidade administrativa de fato" está hoje recepcionada até mesmo no plano constitucional (art. 37, XVII, CF 1988), e também aparece ocasionalmente na legislação administrativa ordinária (*cf. v.g.* art. 1º, parágrafo único, Lei nº 8.666/93; art. 2º, I, Lei nº 9.491/97; art. 1º, parágrafo único, II, Lei nº 12.527/11; art. 1º, II, Lei nº 14.133/21).

No caso de órgão público, o vício diz respeito com sua criação e funcionamento sem prévia lei parlamentar específica de criação, dando origem ao "órgão de fato".

E o vício quanto ao agente público (ou autoridade com poder de decisão) diz respeito tanto com a ausência de lei parlamentar criadora de cargo, emprego e função pública quanto (e aqui temos violação à supremacia da lei) com a irregular ou inválida seleção, nomeação e posse da pessoa física que os ocupa, e que dariam a legitimação para o efetivo exercício das funções e atividades administrativas ("funcionário de fato").

Consequentemente, quando alguém que não é sujeito administrativo titular regular de competência própria, mas se apresenta como tal e atua na prática de atos e decisões administrativas, sobretudo com reflexos na esfera de terceiros (*v.g.* "sociedades controladas direta ou indiretamente pelo Poder Público", "órgão de fato", "funcionário de fato", "caso Barbarius Filipus", "teoria da aparência", "concursado não nomeado", "servidor nomeado não empossado" etc.), o vício é de inexistência de sujeito administrativo titular para agir ou atuar — e não de incompetência, esta só aparece quando o sujeito incompetente já está regularmente integrado à Administração (*cf. infra*).

E todos os atos e decisões desse sujeito (pessoa jurídica, órgão ou agente) são meros atos reais ou atos-fato, porque não há que se cogitar de juridicidade quanto a esses atos se o seu praticante não integrava de modo regular a Administração Pública Federal, isto é, não estava regulamente integrado à estrutura organizacional da Administração Pública Federal.

A consequência prática do vício de inexistência de sujeito com competência regularmente atribuída é também a inexistência dos atos e decisões por ele praticadas. Ao lado disso, e também por isso, é aceitável, a partir da análise das circunstâncias do caso concreto, a manutenção dos efeitos dos atos-fatos ou atos reais praticados por esses sujeitos, em nome da proteção da confiança legítima dos terceiros atingidos, ou mesmo, em último caso, em nome da segurança jurídica objetiva.

## 2.3 Requisitos lógico-sistemáticos da CF 1998 e da Lei nº 9.784/99 para o exercício da competência própria pelo sujeito titular

O tema do art. 11 da lei federal (exercício da competência atribuída como própria) não deve ser lido ou interpretado de modo isolado, ele está em conexão sistemática com outras normas do direito público federal que também fixam padrões básicos e indispensáveis (e que, portanto, não são os únicos padrões) para o exercício da competência pelo sujeito titular.

Aqui deve-se destacar o princípio da conformidade funcional (ou princípio da confiança intra-orgãos), hoje considerado um autêntico "princípio autónomo de competência",[19] que, por isso, irradia efeitos e condiciona previamente a aplicação do art. 11.

Esse princípio, desenvolvido inicialmente para o plano constitucional (no âmbito das relações entre os órgãos constitucionais, e das relações entre as estruturas verticais do Estado, no nosso caso: entre as entidades federativas e as pessoas jurídicas que as integram), aplica-se analogamente para as relações entre as entidades administrativas e seus órgãos e autoridades (ou entre todos os sujeitos administrativos).

Assim, se no plano constitucional o princípio "tem em vista impedir, em sede de concretização da constituição, a alteração da repartição de funções constitucionalmente estabelecida", no plano do direito

[19] CANOTILHO, José Joaquim Gomes. *Direito constitucional e teoria da constituição*. 4. ed. Coimbra: Editora Almedina, 2000. p. 1188.

administrativo ele "tem em vista impedir, em sede de concretização da administração, a alteração da repartição de funções administrativamente estabelecidas".

Se no plano constitucional não se "pode chegar a um resultado que subverta ou perturbe o esquema organizatório-funcional constitucionalmente estabelecido", no plano do direito administrativo também não se "pode chegar a um resultado que subverta ou perturbe o esquema organizatório-funcional administrativamente estabelecido"[20]. Nesse sentido, o STF já afirmou que:

> O princípio da conformidade funcional a que se refere Canotilho, também, reforça a conclusão de que os órgãos criados pela Constituição da República, tal como o TCU, devem se manter no quadro normativo de suas competências, sem que tenham autonomia para abrir mão daquilo que o constituinte lhe entregou em termos de competências. (MS 33340).

No princípio da conformidade funcional está incluído o dever da autoridade administrativa de declinar a competência, ao ser chamado ou provocado para decidir quando não é competente para tanto, se possível indicando a autoridade efetivamente competente:

> Não pode ser imputada omissão ao Ministro de Estado da Defesa que, julgando-se incompetente para decidir requerimento administrativo com conteúdo sobre o qual não lhe é dado deliberar, encaminha o feito à autoridade competente, dando disso ciência ao requerente. Tal agir está em consonância com os princípios da limitação da competência e de atuação da Administração Pública, insertos no artigo 37, caput, da Constituição Federal e nos arts. 11 e 47 da Lei n. 9.784/1999. (STJ, in MS 19084).

## 2.4 Do vício de incompetência do sujeito

O art. 11 também regula implicitamente o próprio exercício da competência atribuída. Posto em conexão sistemática com o art. 2º, "a" da Lei da Ação Popular e com o art. 14, §3º, parte final, Lei nº 9.784/99, o art. 11 permite construir com mais clareza os requisitos de validade do elemento "competência" dos atos e processos administrativos,[21]

---

[20] Analogias a partir de CANOTILHO, *op. cit.*, p. 1187-1188.

[21] Na perspectiva dos atos administrativos, os elementos de validade são (na ordem expressa pela Lei nº 4.717/65): (i) competência (do sujeito); (ii) licitude e possibilidade (do objeto); (iii) prescrição normativa específica (da forma); (iv) existência (de causa ou motivo) para agir no caso; (v) persecução de finalidade pública (supremacia do interesse público).

podendo-se condicionar que só pode exercer competência administrativa o sujeito que recebeu essa atribuição como própria (art. 11), ou que é a tal equiparada (ex., pela via da delegação, *cf.* art. 14, §3º, parte final, Lei nº 9.784/99, ou então pela via da substituição), e a partir disso torna-se então possível afirmar ou concluir que o exercício da competência pelo sujeito é válido e regular.[22]

*A contrario sensu* (exercício de competência sem atribuição de competência como própria ou a esta equiparada) temos o vício de competência inválida, que, mormente no processo administrativo, "é aquele que deve ser sancionado mais severamente", pois que ele é "o mais antinômico à ideia de ordem que todo ordenamento jurídico postula".[23] É "um vício radical, porque os poderes dos agentes públicos estão rigorosamente atribuídos e repartidos pela lei; a noção de competência é, com efeito, a base de todo o direito público".[24] Em suma, é o mais grave porque atenta contra o mais primal e basilar dos princípios estatais, o princípio do Estado de Direito.

Tanto é assim que se trata do primeiro dos vícios de invalidade arrolados na lista do art. 2º da Lei nº 4.717/65 (Lei da ação popular) — "a competência para a prática do ato administrativo, seja vinculado, seja discricionário, é a condição primeira de sua validade" (STF, in RMS 26967).

Para constatação prática, o vício de incompetência administrativa se manifesta quando o sujeito atenta contra a legalidade administrativa, e, mais exatamente, atenta contra a reserva legal (atuação sem base legal para agir), seja porque não tem titularidade para competência para o caso, atuando "sem ter a qualidade para fazê-lo", seja agindo para além do que a norma de competência lhe permitia enquanto titular, atuando "sem estar juridicamente habilitado a se comportar como se comportou".[25]

---

[22] O tema poderia ainda ir ao plano da eficácia dos atos administrativos (termo, encargo, condição), onde, por exemplo, a competência válida (*i.e.*, o efetivo exercício da competência regularmente atribuída) pode ser fixada a termo (prazo), donde surge uma competência somente temporal e limitada no tempo para esse exercício, como são os exemplos da Lei federal nº 8.745/93 ("contratação por tempo determinado para atender a necessidade temporária de excepcional interesse público").

[23] DEBBASCH, Charles; RICCI, Jean-Claude. *Contentieux administratif*, 7. ed. Paris: Dalloz, 1999. p. 672.

[24] LAUBADÈRE, André de; VENEZIA, Jean-Claude; GAUDEMET, Yves. *Traité de droit administratif*. Tomo I, 15. ed. Paris: L.G.D.J. p. 577.

[25] CHAPUS, René. *Droit administratif général*. Tomo 1, 15. ed., Paris: Montchrestien, 2001. p. 1024.

Existem algumas constelações mais tradicionais e frequentes de casos de competência inválida. Um primeiro caso é quando não existe no ordenamento jurídico-administrativo uma norma atribuidora de competência para o caso, mas o sujeito da Administração atua afirmando-se competente para este (inexistência absoluta de competência, atuação *sine lege* etc.) — *cf. v.g.* STJ, in REsp 1103913.

Um segundo caso é quando a norma atribui ao sujeito da Administração Pública uma competência administrativa para o caso, mas o sujeito se afirma incompetente para atuar nele.

Um terceiro caso é quando a norma atribui a outrem da Administração Pública a competência administrativa para atuação no caso, mas o sujeito atua afirmando-se como competente para o caso (competência de terceiro, usurpação de competência, *prorrogatio jurisdictionis* etc.) — *cf. v.g.* STJ, in MS 13250, MS 10585, REsp 1185375.

E um quarto caso é quando o sujeito competente extrapola as suas atribuições ou poderes previstos na norma de competência, atuando para além do que a norma de competência lhe permite ou autoriza (abuso de poder, abuso de autoridade, atuação *praeter legem* etc.).

Um outro tema é o da assunção emergencial e provisória de uma competência não atribuída, fundada em uma situação de exceção e somente para este caso de exceção — uma "competência emergencial" ou "competência de urgência" (*Eilzuständigkeit*).[26] A competência emergencial é um tema que pode ser visto sob duas óticas distintas: (i) ele poderia ser interpretado por extensão como uma caso de competência implícita, anexa ou conexa em relação a uma norma legal de competência; ou, não sendo esse o caso, então (ii.) deveria estar reservado à lei autorizar expressamente (por exemplo, por meio de uma cláusula geral) o exercício temporário e emergencial, numa espécie de atuação residual ou subsidiária, sobretudo em casos de risco e perigo iminente, sob pena de silêncio eloquente e incompetência (*i.e.*, mesmo emergências não autorizam atuação *sine lege*).

Assim, uma "competência emergencial" ou "competência de urgência" não fundada em prévia lei autorizadora (seja por interpretação extensiva seja por expressa previsão legal para tanto) deve ser negada e considerada inválida.

Atos ou processos administrativos viciados por competência inválida são, como regra geral, nulos e sem efeitos (art. 2º, "a", Lei

[26] Este tema não deve ser confundido com o caso do art. 17, Lei nº 9.784/99 (*cf. infra*), que trata da competência de primeira instância.

nº 4.717/64), devendo assim ser declarados *ex officio* pela própria Administração Pública (dever de autotutela administrativa, *cf.* art. 53, primeira parte, Lei nº 9.784/99), sem prejuízo da apreciação judicial (art. 1º, *caput*, Lei nº 4.717/64 c/c Súmula STF nº 473).

É discutível, porém que todo e qualquer caso de incompetência (ou de competência inválida) deva efetivamente redundar em nulidade absoluta e consequente extinção de seus efeitos *ab initio*. Mesmo o processo judicial distingue entre incompetência absoluta e incompetência relativa, e o uso do binômio anulação e convalidação dos arts. 54 e 55, Lei nº 9.784/99, pode e deve levar aos mesmos resultados práticos, posto que também essa dicotomia pressupõe exatamente uma distinção entre nulidades absolutas e nulidades relativas.

Admitida a dualidade, então pode-se aceitar administrativamente casos de prorrogação de competência (*prorrogatio jurisdictionis, cf. infra*). Por outro lado, o Superior Tribunal de Justiça (STJ) já afirmou que a competência é improrrogável (REsp 724196), de onde se pode então depreender que eventuais casos de prorrogação de competência administrativa estão necessariamente submetidos à reserva de lei parlamentar, mediante previsão expressa autorizadora de tanto (sobre a improrrogabilidade da competência, *cf. infra*, item 2.5).

Ou seja, a dicotomia incompetência absoluta e incompetência relativa deve estar expressamente regrada em lei parlamentar, caso contrário a incompetência leva sempre à invalidade e nulidade (e ressalvada a possibilidade de expressa previsão em decreto autônomo, desde que cumpridas as condições do art. 84, VI, "a", CF 1988).

Outro tema é o da encampação do ato ou do processo inválido pelo sujeito originariamente competente, isto é, quando o sujeito originariamente competente assume formalmente como seu o ato ou processo invalidamente praticado ou iniciado por outrem, incompetente este para o caso. Sendo a encampação tida como saneadora de nulidade relativa (e respeitados os pressupostos do art. 55, Lei nº 9.784/99), ela poderia ser considerada num primeiro momento como espécie de convalidação.

Ocorre, todavia, que a convalidação só pode ser realizada pelo próprio sujeito administrativo originariamente competente, e só pode ser realizada nos atos que ele próprio já praticou, o que impede que se considere a encampação como espécie de convalidação (e afasta também o próprio tema da encampação no âmbito da incompetência: quem é incompetente para a prática de um ato resta igualmente incompetente para sanear ou convalidar esse mesmo ato).

Em face do exposto, tem-se duas possibilidades: (i) ou a lei parlamentar admite expressamente possibilidades de incompetência relativa, (ii) ou o ato viciado de incompetência é sempre inválido e nulo.

Para além disso resta a possibilidade da manutenção dos efeitos dos atos do sujeito incompetente, por motivo de segurança jurídica objetiva ou por motivo de proteção da confiança legítima de terceiro atingido por esse ato (segurança jurídica em sentido subjetivo), com base no art. 2º, *caput*, Lei nº 9.784/99 ("segurança jurídica"), legitimada via ponderação em vista das circunstâncias do caso concreto. Assim, por exemplo, a concessão de um benefício ou de uma prestação que efetivada por sujeito incompetente a terceiro de boa-fé.

Aqui permanece a invalidade do ato concessório, é dizer, a aplicação da segurança jurídica ao caso não elimina a ilegalidade, ela atua (somente) no plano da eficácia, mas apesar disso ficam mantidos os efeitos derivados desse ato inválido.

As mesmas circunstâncias do caso concreto podem depois condicionar se essa manutenção dos efeitos do ato inválido tem caráter constitutivo (manutenção dos benefícios passados, mas descontinuidade do benefício a partir da data da decisão controladora) ou caráter para o futuro (manutenção dos benefícios passados e também para o futuro, por prazo limitado para adiante, ou mesmo afirmação da manutenção dos benefícios indefinidamente).

## 2.5 Irrenunciabilidade da competência

A parte inicial do preceito do art. 11 determina que a competência é irrenunciável. A doutrina processualística desenvolveu certos caracteres ou atributos da competência, sobretudo a improrrogabilidade, a intransferibilidade e a irrenunciabilidade da competência. Trata-se de atributos que funcionam com caráter de princípios ou de regras gerais, mas que admitem exceções em casos específicos, e cujos conteúdos têm aqui e ali pequenas diferenças entre os variados autores, razão pela qual as definições a seguir tentam abranger aquilo que é mais ou menos aceitável doutrinariamente.

A improrrogabilidade da competência é a impossibilidade de um sujeito administrativo estender ou ampliar, em caráter permanente e/ou definitivo, a competência própria que lhe foi atribuída pela norma administrativa (*a contrario sensu*, vigora o instituto da *prorrogatio jurisdictionis*).

A intransferibilidade da competência é a impossibilidade de o sujeito competente transferir, trasladar, ceder, entregar a outrem, em caráter permanente e/ou definitivo, a competência própria que lhe foi atribuída pela norma administrativa. No caso do direito administrativo federal, a transferência pode ser efetivada em caráter temporário ou mesmo provisório, por meio do instituto da delegação de competência (*cf. v.g.* art. 13, §1º: "matérias e poderes transferidos").

A irrenunciabilidade da competência é a impossibilidade de o sujeito competente dispor *sponte* sua da competência própria que lhe foi atribuída pela norma administrativa, *i.e.*, recusar, abdicar, omitir-se, exonerar-se, abrir mão de seu exercício; autofixar termo, encargo ou condição para o seu exercício; afirmar ou declarar sua prescrição ou decadência etc. Conforme já se viu acima, o STF funda a irrenunciabilidade no princípio da conformidade funcional (MS 33340).

Tais caracteres ou atributos da competência não são livre-arbítrio doutrinário ou mera teoria doutrinária, todos esses atributos deitam seus fundamentos no princípio da legalidade administrativa. Como todos os atos formais da Administração Pública são hierarquicamente inferiores à lei parlamentar, nenhum ato da Administração Pública pode então alterar ou dispor contra essa lei, ou condicionar ou restringir a sua amplitude, e, no limite, fazer o que essa lei não autoriza expressamente que seja feito em relação à competência atribuída.[27]

Isso posto, aceitar que a Administração Pública possa autonomamente, por ato formal seu, prorrogar, transferir ou renunciar a algo que lhe foi originariamente outorgado pela lei, significa na prática poder dispor sobre o seu conteúdo, ou mesmo poder alterar o disposto nessa lei, quebrando ou rompendo com isso a legalidade administrativa. O art. 11 reflete tais fundamentos da legalidade administrativa, e que já eram mesmo encontráveis em julgados dos tribunais superiores ainda antes da vigência da Lei nº 9.784/99, por exemplo:

> Quando o poder conferido a um determinado órgão ou entidade é distribuído pelas autoridades que o integram, sob o critério de hierarquia, nenhuma delas, seja a de grau inferior, seja a de grau superior, pode realizar ato válido na esfera de competência da outra, se inexiste lei

[27] Vale ressaltar aqui que a medida provisória da Chefia do Poder Executivo não é ato administrativo, é ato de direito constitucional, editado pela Chefia no exercício da função de governo, e não da função administrativa; e quando há delegação legislativa para a Chefia do Poder Executivo, o ato editado é uma lei delegada, igualmente ato de status constitucional, e não um ato da Administração Pública.

> que autorize a atividade de que se trata. A competência administrativa, sendo um requisito de ordem pública, é intransferível e improrrogável ad nutum do administrador, só podendo ser delegada ou avocada de acordo com a lei regulamentadora da Administração. (STF, MS 21117).

E já depois da vigência da Lei nº 9.784/99:

> 6. Nos termos do art. 161, caput, da CLT, a competência para interditar estabelecimentos, setores e equipamentos ou embargar obras que ponham em grave risco a saúde e integridade física dos trabalhadores é exclusiva do Delegado Regional do Trabalho. Se o ato de interdição do estabelecimento foi determinado por Fiscais do Trabalho, há que se reconhecer o vício no tocante à forma e, de conseqüência, sua nulidade.
> 7. A competência é elemento do ato que advém diretamente da lei, e porque proveniente desta é intransferível e improrrogável, salvo se a lei dispuser expressamente sobre a possibilidade de delegação ou avocação. (STJ, REsp 724196).

O conteúdo da irrenunciabilidade referida no art. 11 também deve ser interpretado sistematicamente (em conjunto) com a parte final do inciso II do parágrafo único do art. 2º, Lei nº 9.784/99: é "vedada a renúncia total ou parcial de poderes ou competências, salvo autorização em lei". Dada a amplitude dos termos usados neste último preceito legal ("renúncia total ou parcial de poderes ou competências"), pode-se afirmar que a irrenunciabilidade do art. 11 é aplicável indistintamente tanto à doutrina da intransferibilidade quanto à doutrina da irrenunciabilidade propriamente dita, e com isso temos a abrangência e extensão do sentido de irrenunciabilidade do art. 11.

Já o tema da prorrogação da competência administrativa escapa ao art. 11. A rigor, ela deve ser analisada (conforme já se viu acima) a partir da dicotomia nulidade versus convalidação; ela deve ser discutida se se trata de uma nulidade absoluta, ou se se trata de uma nulidade parcial; e, consequentemente, e conforme a subsunção, se ela deve ser declarada como inválida e nula, por força do art. 54, ou se ela pode ser reconhecida como convalidável, com base no art. 55, Lei nº 9.794/99.

O precedente do STJ, todavia, e conforme já se viu, aponta para a improrrogabilidade da competência administrativa (REsp 724196). Nesse contexto, a possibilidade de prorrogação da competência deve estar necessariamente autorizada em lei parlamentar específica para o caso, ou seja, depende de expressa previsão legal (ressalvada a possibilidade de expressa previsão em decreto autônomo, desde que cumpridas as condições do art. 84, VI, "a", CF 1988).

## 3 "Salvo os casos de delegação e avocação legalmente admitidos"

A parte final do art. 11 ("legalmente admitidos") exige uma lei parlamentar para regrar a admissão de casos de competência imprópria, por meio da delegação e da avocação de competência administrativa (submissão expressa do regramento da matéria à reserva de lei); é dizer, casos em que uma competência própria pode ser transferida em caráter temporário por seu sujeito titular a outrem (delegação), ou quando a competência própria de um terceiro é avocada, em caráter excepcional, por seu superior hierárquico (avocação).

A própria Lei nº 9.784/99 já salva nos preceitos seguintes (arts. 12 a 15) "casos subsidiários" admissíveis de delegação e avocação de competências administrativas (posto que ela se trata de lei de aplicação supletiva, *cf.* art. 69) — sem prejuízo portanto de que outras leis parlamentares também admitam outros tantos casos de delegação e avocação, fazendo então as vezes de *lex specialis* em relação aos casos subsidiários dos arts. 12 a 15, Lei nº 9.784/99.

Lido o trecho "legalmente admitidos" em seu sentido contrário, fica então vedado o regramento de casos de delegação ou avocação de competências administrativas por qualquer ato formal da própria Administração Pública, inclusive por meio de decreto da Chefia do Poder Executivo, e com maior razão ainda a atos normativos da Administração Pública de hierarquia inferior ao decreto (atos normativos terciários).

Por outro lado, o art. 84, VI "a", CF 1988, (introduzido depois da vigência da Lei nº 9.784/99) permite que o decreto autônomo da Chefia do Poder Executivo (via princípio da simetria, e não somente o Presidente da República) possa dispor sobre "organização e funcionamento da administração (...), quando não implicar aumento de despesa nem criação ou extinção de órgãos públicos".

Conforme já se viu, "organização e funcionamento da administração" são termos amplos e elásticos o bastante para incluírem na sua interpretação tanto a possibilidade de dispor sobre delegação quanto sobre avocação de competências administrativas (desde que isso não implique aumento de despesas nem criação ou extinção de órgãos públicos), uma vez que a competência administrativa, como já visto, é condição *sine qua non* tanto para a organização quanto para o funcionamento da Administração Pública.

Logo, existe a possibilidade de uma interpretação conforme a Constituição da parte final do art. 11, sendo de lê-lo como "salvo os casos de delegação e avocação legalmente admitidos; ou por decreto, quando não implicar aumento de despesa nem criação ou extinção de órgãos públicos" — nesse caso, o decreto "tem fundamento de validade diretamente na Constituição Federal (art. 84, IV e VI, e parágrafo único)" (STJ, in MS 17449. *Cf.* também STJ, in MS-AgInt 25209, MS 15828).

A exclusão se mantém então em relação ao regramento da delegação e da avocação por formas normativo-administrativas de caráter regulamentar com hierarquia inferior ao decreto, *i.e.*, normas administrativas federais de caráter terciário, tais como as instruções normativas, portarias e resoluções (*cf.* art. 9º, Decreto federal nº 12.002/24).

Art. 12. Um órgão administrativo e seu titular poderão, se não houver impedimento legal, delegar parte da sua competência a outros órgãos ou titulares, ainda que estes não lhe sejam hierarquicamente subordinados, quando for conveniente, em razão de circunstâncias de índole técnica, social, econômica, jurídica ou territorial.

Parágrafo único. O disposto no *caput* deste artigo aplica-se à delegação de competência dos órgãos colegiados aos respectivos presidentes.

**ITIBERÊ DE OLIVEIRA CASTELLANO RODRIGUES**

## 1 Delegação de competência administrativa

A delegação é a transferência temporária da competência administrativa (*i.e.*, por prazo certo, ou por prazo indeterminado) pelo sujeito titular da competência própria a outro sujeito da Administração Pública, por meio de ato administrativo individual e concreto (*cf.* art. 14, §1º, adiante). Como já se viu, não existe estrutura organizacional na Administração Pública (o "sujeito") que não tenha atribuída originariamente a si alguma competência administrativa, a qual compõe então a sua competência "própria". É sobre essa competência atribuída como própria que o sujeito pode operar a delegação.

Na perspectiva dos princípios constitucionais, a delegação de competência é manifestação do princípio da eficiência da Administração Pública (art. 37, *caput*, CF 1988).

O tema da delegação de competência administrativa possui assento constitucional, estando ali regrado para as autoridades da administração superior, a saber, no art. 84, parágrafo único, em relação à possibilidade da delegação das competências ali enumeradas pelo Presidente da República (*cf. v.g.* STF, in RMS-AgR 35383), e depois no art. 87, IV, em relação a delegações de competência feitas pelo Presidente da República a seus ministros.

No direito administrativo da União, o regime jurídico geral da delegação de competência está esparso em diferentes atos normativos, devendo então os dispositivos da Lei nº 9.784/99 serem lidos em conjunto, pela via da interpretação sistemática, também com os dispositivos respectivos desses outros atos normativos federais.

Assim, por exemplo, a delegação de competência constitui um dos cinco "princípios fundamentais" regedores das atividades da Administração Pública Federal (art. 6º, IV, Decreto-Lei nº 200/67), e ela "será utilizada como instrumento de descentralização administrativa, com o objetivo de assegurar maior rapidez e objetividade às decisões, situando-as na proximidade dos fatos, pessoas ou problemas a atender" (art. 11, Decreto-Lei nº 200/67), ou então para "acelerar a decisão dos assuntos de interesse público ou da própria administração" (Decreto nº 83.937/79).

## 2 "Um órgão administrativo e seu titular, se não houver impedimento legal" – Sujeito delegante

"Se não houver impedimento legal" significa que o sujeito interessado em delegar não pode estar em situação de impedimento legal, ou seja, impedido de delegar. Essa situação de impedimento não diz respeito e não deve ser confundida com as vedações relativas ao objeto da delegação, *i.e.*, com a vedação para delegação de certas matérias ou temas, as quais estão regradas no art. 13 da Lei nº 9.784/99.

Impedimentos são certas situações de fato ou de direito em que se encontra o próprio sujeito no momento em que pretende delegar e que são consideradas como conflituosas em relação ao ato de delegação, e que por isso impedem a atuação do sujeito como delegante — impedimentos exigem uma abstenção de atuar (*cf.* art. 19, *caput*, parte final), e no presente caso uma abstenção de delegar.

No caso da Lei nº 9.784/99, as situações que exigem abstenção de delegar são os impedimentos postos nos três incisos do art. 18, traduzindo todos eles casos presuntivos de risco e/ou de conflito com a impessoalidade e para moralidade administrativas. E que não são necessariamente os três únicos casos, posto que outras leis parlamentares (funcionando como *lex specialis* em relação à Lei nº 9.784/99) podem igualmente prever outras situações de impedimento contra o sujeito que pretende delegar.

Também aqui em relação aos impedimentos não pode restar excluída, por força do art. 84, VI, "a", CF 1988, uma interpretação conforme a Constituição onde se deve ler que "um órgão administrativo e seu titular poderão, se não houver impedimento legal, ou impedimento por decreto, quando não implicar aumento de despesa nem criação ou extinção de órgãos públicos".

## 3 "Outros órgãos ou titulares, ainda que estes não lhe sejam hierarquicamente subordinados" – Sujeito delegado

Podem ser sujeitos delegados "outros órgãos ou titulares, ainda que estes não lhe sejam hierarquicamente subordinados". Significa dizer que a lei aceita tanto a "delegação interna" ou "delegação vertical", que é operada entre superior e inferior hierárquico, *i.e.*, para sujeitos subordinados na estrutura hierárquico-administrativa, quanto a "delegação externa" ou "delegação horizontal", que é operada entre sujeitos sem relação hierárquica entre si. A delegação externa ou horizontal não é novidade introduzida pela Lei nº 9.784/99, ela já se encontra prevista no art. 3º, Decreto nº 83.937/79: "A delegação poderá ser feita a autoridade não diretamente subordinada ao delegante".

A delegação de competência não é portanto apenas e tão somente uma manifestação do poder hierárquico (ou uma manifestação de desconcentração de atribuição para as hierarquias subordinadas ao sujeito delegante); ela é muito mais um instrumento de descentralização administrativa, conforme está inclusive expresso no direito administrativo federal (art. 11, Decreto-Lei nº 200/67). A partir disso, é equivocado afirmar, em perspectiva dogmático-jurídica, que no direito administrativo federal a delegação de competências administrativas tem seu fundamento estritamente no poder hierárquico.

Nada obstante, o STJ já afirmou, sob o regime da Lei nº 9.784/99 (e diferentemente do que se defende no presente comentário), que "se uma determinada competência pode ser delegada, automaticamente, esta poderá ser avocada", isso porque delegação e avocação "são dois institutos jurídicos conexos e de 'mão dupla', em decorrência da própria disposição do princípio da hierarquia que estrutura a Administração Pública" (MS 15165).

Aliás, a desnecessidade de hierarquia levanta, ao menos em tese, a possibilidade de uma delegação de competências a sujeitos de hierarquia superior, o que é de ser negado, dado que a descentralização administrativa (que dá fundamento à delegação de competência, *cf.* art. 11, Decreto-Lei nº 200/67) jamais opera "para cima", e sim e tão somente "para o lado" e "para baixo".

Não está expressamente previsto na Lei nº 9.784/99 o tema da recusa da delegação de competência administrativa pelo sujeito delegado, e tampouco previsto expressamente um dever de aceitação da delegação por esse sujeito delegado. A resposta está, todavia, na legalidade administrativa, mais exatamente na supremacia da lei. É que se a lei parlamentar expressamente autoriza uma delegação de competência administrativa, então não pode o sujeito delegado recusar aquilo que a lei expressamente autoriza, ele deve obrigatoriamente submeter-se ao que a lei autoriza — a recusa tipificaria uma afronta à válida e eficaz aplicação da lei, ou seja, uma recusa seria uma violação à supremacia da lei sobre os atos administrativos.

A delegação de competência administrativa é portanto um ato de poder de outorga unilateral (*i.e.*, a "vontade" ou decisão do sujeito delegado não possui nenhum efeito e nenhuma eficácia sobre a validade do ato delegatório, importa somente a "vontade" ou decisão do sujeito delegante), por força da própria lei parlamentar que a autoriza, e consequentemente irrecusável pelo sujeito administrativo que a recebe.

O poder hierárquico também não tem qualquer papel a cumprir no caso de recusa à delegação pelo sujeito delegado de hierarquia inferior ao sujeito delegante. Como a recusa é ato que atenta já contra a supremacia da lei, então uma sanção por essa (indevida) recusa deve igualmente advir por recusa do sujeito delegado ao cumprimento da lei (violação à legalidade administrativa, violação à supremacia da lei), e não por um atentado contra o poder hierárquico do sujeito delegante (insubordinação hierárquica). E a recusa à legalidade é sempre atentado mais grave do que a insubordinação hierárquica.

## 4 "Delegar parte da sua competência" – Objeto da delegação

A possibilidade de delegar competência administrativa jamais pode ser efetivada sobre a integralidade das competências próprias, ou sobre a totalidade das competências atribuídas a um sujeito administrativo, e sim somente sobre uma parte dessas, *i.e.*, sobre uma porção, parcela ou fração dessas competências totais (*cf. v.g.* STJ, in REsp 1135711).

A definição exata do *quantum* de competência delegável e dos poderes específicos que são transferidos por meio da delegação pode às vezes levantar dúvidas hermenêuticas, por exemplo, se o acessório não delegado expressamente acompanha o principal que foi delegado (*cf. v.g.* STJ, in HD-AgRg 197, sobre retificações de dados em relação aos poderes principais delegados para registros e alterações estatutárias).

Outro exemplo prático está posto já pela própria lógica de regramento das competências do Presidente da República no art. 84, CF 1988. Assim, ali constam 28 incisos arrolando distintas competências privativas do Chefe do Poder Executivo Federal, mas o seu parágrafo único limita a somente 3 incisos os casos de delegação de competência (e no caso do inciso XXV, ela é igualmente parcial, abrangendo somente sua "primeira parte").

Também já se viu acima que a atribuição de competências administrativas é a própria causa ou motivo para a criação das estruturas organizacionais na Administração Pública — a competência é condição *sine qua non* para a criação de pessoas jurídicas da Administração Indireta, e de órgãos, cargos, empregos e funções públicas no âmbito da Administração Pública, a adequada e eficiente repartição de competências é que determina todas essas estruturas organizacionais, ela é o próprio *telos* dessa estrutura organizacional.

Essa finalidade é, todavia, violada (desvio de finalidade) quando um sujeito administrativo se exonera autonomamente de todas as suas competências atribuídas ou próprias, pois isso equivale na prática a ter um sujeito administrativo sem competência, contrariando com isso o próprio *telos* de sua existência.

Um tema, portanto, a necessariamente ser discutido aqui é como aplicar na prática o conceito jurídico indeterminado "parte" (porção, parcela, fração), em relação à competência que pode ser delegada, *i.e.*, qual é a "quantidade" (e talvez mesmo "qualidade") que ainda representa uma parcela não tão significativa e exagerada que, desde uma perspectiva da proporcionalidade e da razoabilidade (proibição do excesso), não signifique na prática uma exoneração *de facto* da inteira competência. Mais exatamente, quando uma exoneração quase completa das competências se aproxima ou se assimila a uma exoneração integral e completa, a ponto de significar um desvio de finalidade na delegação (*i.e.*, "quando a parte se iguala ao todo").

Inexiste nesse caso uma resposta *a priori*, uma vez que é o conjunto real e efetivo do feixe ou leque de competências atribuídas originariamente ao delegante que servirá de parâmetro para a medição da proporcionalidade razoável e do excesso irrazoável e inadmissível, com os limites respectivos (tanto na quantidade quanto na qualidade).

Assim, cada caso específico, com sua respectiva delegação, é um caso; os resultados dependerão da análise das circunstâncias concretas da natureza, do alcance e da extensão da delegação em relação com o inteiro feixe de competências do sujeito delegante, e das conclusões, a partir disso, pela autoridade controladora.

Por outro lado, por se tratar de aplicação de conceito jurídico indeterminado, o sujeito delegante tem a seu favor a chamada "margem de livre apreciação" (*Beurteilungsspielraum*), *i.e.*, um espaço de apreciação valorativa sobre o conceito de "parte delegável" que necessariamente também inclui as chamadas "zonas cinzentas" [sic]:

> 6. Não poderá o Poder Judiciário adentrar naquele âmbito de discricionariedade conferido ao Ministério Público, tanto em razão da função deste como titular da ação penal e formulador de políticas criminais como, também, pela natureza de "conceitos jurídicos indeterminados" de alguns dos requisitos legais, notadamente quanto à "suficiência do acordo para reprovação e prevenção" do crime, nos termos do art. 28-A, caput. Não é demais lembrar que a doutrina majoritária, no Direito Administrativo, entende haver uma "margem de livre apreciação" do administrador na aplicação dos conceitos jurídicos indeterminados, na linha do ensinamento do jurista alemão Otto Bachof.[1]

Assim, em favor do sujeito delegante joga sempre o benefício da dúvida, restando aos controladores um poder de anulação somente para os casos mais gritantes e extremos de desproporcionalidade e irrazoabilidade, ou seja, somente nos casos que vão para além daquelas "zonas cinzentas", *i.e.*, nos casos de claro e flagrante excesso de poder delegatório.

## 5 "Quando for conveniente" – Discricionariedade para delegar

Valendo-se de adjetivo que está tradicionalmente ligado à discricionariedade administrativa, e que historicamente remonta ao art. 13, §9º, "a", Lei nº 221, de 20.11.1894 ("conveniência e oportunidade"), o art. 12 da lei federal autoriza que a delegação de competência administrativa poderá ser feita "quando for conveniente", ou seja, deixa à discricionariedade administrativa do órgão delegante decidir "se" haverá, ou não, delegação, e "como" se dará a delegação.

---

[1] STF, in HC 200907, voto da ministra-relatora Cármen Lúcia. Para a margem de livre apreciação do legislador ordinário, *cf.* também *v.g.* STF in RE 1456118 (min. Toffoli), RE 1460983 (min. Alexandre de Moraes) e ARE 1321655 (min. Alexandre de Moraes).

Lido *a contrario sensu* também significa dizer que o órgão delegante não pode ser obrigado por terceiro, em especial e sobretudo por seu superior hierárquico, a realizar uma delegação de competência administrativa originariamente a ele atribuída.

## 6 "Em razão de circunstâncias de índole técnica, social, econômica, jurídica ou territorial" – Motivos ou causas da delegação

O fato de ser discricionária não elimina o dever do sujeito delegante de indicar os motivos ou causas do ato de delegação, e portanto, como requisito para sua própria validade, o ato de delegação deve ser motivado ou fundamentado, *i.e.*, ele deve indicar expressamente quais as causas e motivos específicos (*i.e.*, individuais e concretos, e que portanto não se confundem com os objetivos gerais do instituto da delegação de competência, tal qual postos no art. 11, Decreto-Lei nº 200/67 e no art. 1º, Decreto nº 83.937/79) legitimam ou justificam o ato de delegação — o sujeito delegante deve indicar expressamente as "circunstâncias" específicas que o levaram a delegar a competência.

O sujeito delegante tem aqui discricionariedade para indicar circunstâncias de cinco ordens para legitimar ou justificar seu ato delegatório, bastando em cada caso indicar apenas uma delas (dada a redação apontando alternativas), sem prejuízo de indicar mais de uma, em conjunto, o que certamente confere mais robustez e legitimidade ao ato.

A índole técnica diz respeito com o fato de que o sujeito delegado possui "mais" ou "melhor técnica" para o exercício da competência delegada (*i.e.*, mais e melhor conhecimento e especialização sobre uma dada matéria técnica ou científica, excluída a matéria jurídica). No caso do Poder Executivo, as primeiras especializações técnicas são as grandes subdivisões temáticas dos ministérios federais, por exemplo, Agricultura, Pecuária, Abastecimento, Ciência e Tecnologia, Economia, Educação, Segurança Pública, Saúde, Infraestrutura, Defesa, Turismo, Trabalho e Previdência etc. Uma segunda linha de especializações técnicas pode ser obtida a partir das grandes matérias administrativas, por exemplo, poder de polícia, serviços públicos, planejamento, fomento, regulação etc. Ao mesmo tempo cada uma dessas matérias conhece depois subdivisões internas, por exemplo, o âmbito "setorial" e "subsetorial" dos serviços públicos. Assim, no âmbito setorial do serviço público federal de energia elétrica temos os segmentos básicos da geração, transmissão, distribuição e comercialização de energia elétrica. E assim por diante.

A índole social diz respeito com "mais" ou "melhor benefício para a sociedade", ou seja, atuação e atividades administrativas do sujeito delegado mais voltadas para obras, serviços e prestações diretamente à sociedade civil (grupos, coletividades, regiões etc — os "administrados", para usar do termo da Lei nº 9.784/99). O social (e já a partir do conceito de direitos sociais) também guarda uma estreita relação com o conjunto de programas de trabalho da Administração Pública voltados à assistência direta de grupos ou coletividades mais necessitadas do ponto de vista do mínimo existencial, ou então com as atividades públicas mais essenciais para a sociedade civil (por exemplo, serviços públicos essenciais), e com isso mais especificamente ao conjunto de políticas públicas de caráter social e assistencial. No extremo, a conexão com os programas de políticas públicas vinculados à equidade.

A índole econômica diz respeito com atos de "mais" e "melhor custo-benefício" e "economicidade" (e "eficiência") que serão proporcionados pela atuação do sujeito delegado, ou seja, procedimentos mais racionais, mais econômicos, de menor custo, o que todavia não significa, *a priori* e necessariamente, o menor custo isoladamente considerado ("o barato pode sair caro"), e daí a relação proporcional ou razoável entre custos e benefícios.

A índole jurídica diz respeito com "mais" ou "melhor especialização jurídica" no exercício da competência pelo sujeito delegado, por exemplo, órgãos onde funcionem especificamente graduados e pós-graduados em Direito, ou mesmo com alguma outra formação jurídica de nível não superior, porém mais qualificada do que a do sujeito delegante.

E a índole territorial diz respeito tanto com a descentralização de atividades por regiões, zonas etc (no caso federal, em um primeiro momento, as cinco grandes regiões do país, depois territórios de estados, e, por fim, regiões intraestaduais, municipais e mesmo intramunicipais) quanto com a maior proximidade para os casos ou com os administrados, com mais contato com os fatos e com a realidade dos administrados etc, ou seja, delegações para jurisdições federais de caráter regional ou local.

## 7 Delegação de órgão colegiado ao respectivo presidente

O parágrafo único do art. 12 admite expressamente a chamada delegação "intra-órgãos" ou delegação "intra-orgânica", *i.e.*, de um órgão administrativo para uma parte ou fração integrante dele próprio. No caso concreto desse dispositivo legal trata-se da delegação do órgão colegiado (*i.e.*, de um órgão formado por um coletivo de agentes, de um órgão pluripessoal) para seu presidente, que passa a agir em nome do órgão pleno, concentrando em si as competências desse pleno.

Esse dispositivo legal impõe também para essa delegação intra-órgãos aqueles mesmos requisitos e condições já postos para a tradicional delegação inter-sujeitos (delegação extra-órgãos).

Art. 13. Não podem ser objeto de delegação:
I – a edição de atos de caráter normativo;
II – a decisão de recursos administrativos;
III – as matérias de competência exclusiva do órgão ou autoridade.

**ITIBERÊ DE OLIVEIRA CASTELLANO RODRIGUES**

## 1 Objeto da delegação – Atos indelegáveis

O art. 13 regra a indelegabilidade de certos objetos competenciais — assim, esse dispositivo legal "mostra que as hipóteses para o uso de delegação não são ilimitadas. Ou seja, em algumas situações, o próprio legislador proibiu, expressamente, a possibilidade de transferência do exercício de competências para os órgãos inferiores" (STJ, *in* MS-AgInt 28285).

As competências administrativas que não podem ser delegadas por seu titular originário tipificam as chamadas competências administrativas "exclusivas", e que na dogmática jurídica se opõem às competências "privativas", que são aquelas que podem ser delegadas. Com isso, as competências descritas nos incisos do art. 13 devem ser lidas como competências exclusivas de seu titular originário.

*A contrario sensu*, excluídas as hipóteses dos incisos do art. 13, e excluídas as eventuais hipóteses de previsão proibitiva expressa de delegação em *lex specialis*, para todos os demais casos é possível a delegação de competências administrativas (*cf. v.g.* STF, *in* RMS 31207 e MS-AgR 29521), devendo elas serem lidas ou classificadas como competências "privativas".

### 1.1 Edição de atos de caráter normativo

Os atos de caráter normativo são todos os atos regulamentares da Administração Pública, e sempre destinados à fiel execução de uma prévia lei (daí: "atos normativos de caráter secundário"). Na CF 1988 já estão elencadas as espécies formais hierarquicamente superiores, que são o decreto regulamentar do chefe do Poder Executivo federal, estadual ou municipal (art. 84, IV, por simetria) e a instrução ministerial, a instrução de secretário estadual e a instrução municipal (art. 87, parágrafo único, II, por simetria). A rigor, a lei parlamentar de cada entidade federativa define as demais formas ou espécies de atos normativo-regulamentares (*v.g.*, resoluções, circulares, portarias etc.). Para o caso federal, vigoram em princípio as formas normativas postas no art. 9º, Decreto nº 12.002/24.

O essencial dos atos normativos não é a sua forma ou espécie (a sua denominação, título ou "rótulo"), e sim o seu conteúdo, *i.e.*, o modo como uma matéria é veiculada e regrada nesse tipo de ato. Na dogmática jurídico-administrativa, os atos normativos da Administração Pública se opõem, em relação ao seu conteúdo, aos atos administrativos. Aqueles têm conteúdo geral e abstrato, ao passo que os últimos têm conteúdo individual e concreto (tanto assim que foram desde sempre desenvolvidos, desde suas raízes mais longínquas no direito administrativo francês, como "decisões" de um agente administrativo).

Conteúdo geral é a sua destinação à generalidade das pessoas, uma norma não identifica individualmente quem são as pessoas ou destinatários atingidos por ela — todas as pessoas o são, todas as pessoas são seus destinatários. Conteúdo abstrato porque prevê fatos ou situações somente hipotéticas, sobre os quais a norma vai incidir futuramente, caso as hipóteses vierem a ocorrer no plano da realidade, no mundo dos fatos.

O ato normativo trata-se então, na antiga dicção do STF, da chamada "lei em tese" (*cf.* Súmula nº 266). Nesse contexto, é equivocado classificar e dividir os atos administrativos em "gerais" e "individuais", posto que atos gerais não são jamais atos materialmente administrativos, e sim e sempre atos normativos da Administração Pública organizacional. Ato normativo da Administração jamais pode ser tido como sinônimo de ato administrativo, sob pena de contradição em termos, sob pena de uma confusão entre sujeito e objeto.

Já o ato administrativo sempre identifica no seu conteúdo uma pessoa individualmente (seu destinatário específico) e sempre identifica uma situação fática concretamente (*v.g.* "o alvará de licença e localização em favor da empresa X, para exploração da atividade Y, na rua Fulano de Tal, número tal, bairro Tal").

Como consequência disso, temos que, inicialmente, por força do inciso I é vedada a delegação de competência para edição de atos de conteúdo geral e abstrato ("lei em tese"). Só é delegável a competência para edição de atos de conteúdo individual e concreto, *i.e.*, só pode haver delegação de competência para edição de atos administrativos.

Por outro lado, nem a doutrina e nem a jurisprudência pátrias definem com precisão aquilo que se pode denominar como "atos de conteúdo intermediário" entre a norma e o ato administrativo, *i.e.*, aqueles que derivam da combinação de um dos elementos dos atos normativos com um elemento dos atos administrativos. É que se existem dois critérios distintos, com duas subdivisões internas cada um (pessoa e fato), então é possível trabalhar com duas outras combinações intermediárias: atos de conteúdo geral e concreto, e atos de conteúdo individual e abstrato.

Nesses dois casos existe uma zona cinzenta na classificação dos atos da Administração Pública. Mas como inexiste um *tertium genus*, também eles devem ser classificados ou como atos normativos (e indelegáveis), ou como atos administrativos (e delegáveis).

Essa definição é tanto necessária para uma descrição precisa da abrangência do inciso I do art. 13 quanto também, e por exemplo, para circunscrever, ao menos nas suas linhas gerais, o âmbito de uso tanto do mandado de segurança quanto da ação popular, posto que se tratam de remédios constitucionais cabíveis tão somente contra atos materialmente administrativos, sendo incabíveis contra atos de caráter normativo (daí incabíveis contra "lei em tese", na fórmula da Súmula STF nº 266).

*A contrario sensu*, as ações de controle abstrato de constitucionalidade admitem somente a impugnação de atos de caráter normativo (art. 102, I, "a", CF 1988), sendo incabíveis contra atos materialmente administrativos.

Enfim, é uma exigência tanto da dogmática de direito constitucional quanto de direito administrativo a identificação da natureza jurídica desses atos de conteúdo geral e concreto e de conteúdo individual e abstrato.

Aprofundando-se então essa temática (com base em teses do direito administrativo alemão), temos que sobre os atos da Administração Pública dotados de conteúdo geral quanto às pessoas (*i.e.*, destinatário não identificado) e conteúdo concreto quanto aos fatos (*i.e.*, fato concretamente identificado), há três possíveis e diferentes variantes: (i) ato relativo a pessoas apenas determináveis — os fatos previstos no ato são certos e concretos, mas as pessoas destinatárias não o são (*v.g.* proibição de polícia administrativa de venda de carne fresca e seus derivados na feira livre municipal, na rua X, nos sábados pela manhã, das 8h às 14h); (ii) ato relativo a bens ou coisas — as coisas ou bens previstos no ato são certos e concretos, mas as pessoas destinatárias não o são (*v.g.* atribuição de nome de rua ou de logradouros públicos — "Praça Garibaldi" ou "Rua Giordano Bruno"); (iii) ato relativo a uso de bens públicos por administrados — o bem público é determinado, mas as pessoas destinatárias não o são (*v.g.* regramento de ingresso e permanência do público no museu municipal X ou na biblioteca pública estadual Y).

Quanto aos atos da Administração Pública de conteúdo individual (*i.e.*, pessoa ou destinatário identificado) e abstrato quanto aos fatos (*i.e.*, fato não concretamente identificado, coisas não concretamente identificadas), um exemplo seria uma intimação ou ordem de polícia administrativa, onde se lê que "O proprietário X deve limpar a calçada pública lindeira a seu imóvel sempre que ela estiver suja, ou consertá-la sempre que for necessário".

Dados todos esses casos, aqui se defende que devem ser considerados como normativos todos os atos da Administração Pública que se dirigem a pessoas ou sujeitos de modo generalizado, *i.e.*, a destinatários não identificados em seu conteúdo ("a generalidade, não a abstração, é o elemento essencial da norma jurídica").

E devem ser classificados como "administrativos" somente aqueles atos que identificam individual e especificamente a pessoa ou destinatário a que se dirigem (*i.e.*, o sujeito atingido pelo ato). Aliás, na doutrina administrativista pátria, quando da apresentação das classificações dos atos administrativos, ali invariavelmente consta uma classificação desses atos "quanto aos destinatários", mas curiosamente não aparece uma classificação "quanto aos fatos ou situações". Quer-se crer que isso (ao menos implicitamente) significa dizer que também a doutrina classifica como atos administrativos somente aqueles em que se identifica individualmente a pessoa ou o destinatário do ato, sendo normativos todos os demais atos da Administração Pública.

Em face do exposto, seriam atos de caráter normativo (e indelegáveis) todos os atos da Administração Pública de conteúdo geral e abstrato e os de conteúdo geral e concreto. Seriam atos de caráter administrativo (e delegáveis) todos os atos de conteúdo individual e concreto e os atos de conteúdo individual e abstrato. Com isso resta satisfeita a efetiva amplitude e extensão do art. 13, I ora comentado.

## 1.2 Decisão de recursos administrativos

Decisão de recursos administrativos são todas as decisões de autoridade que revisam uma decisão administrativa anteriormente tomada e agora recorrida (são as decisões para "confirmar, modificar, anular ou revogar, total ou parcialmente, a decisão recorrida", *cf.* art. 64, *caput*) e que têm uma fonte normativa expressa; essas decisões constituem a chamada "instância revisional" no âmbito dos processos administrativos e dos procedimentos administrativos em geral.

São exemplos básicos (i) a decisão de reconsideração pela própria autoridade prolatora da decisão recorrida (art. 56, §1º); (ii) a decisão de recurso administrativo próprio (instância imediatamente superior à da autoridade que tomou a decisão recorrida — segunda instância recursal, via art. 57) e (iii) a decisão de recurso administrativo impróprio (instância mediatamente superior à da autoridade que tomou a decisão recorrida — terceira instância recursal, via art. 57). A rigor, tem-se que toda e qualquer competência atribuída como competência para exame de recursos administrativos, e independentemente de seu *nomen iuris*, a um dado órgão administrativo, e independentemente de sua posição hierárquica, não pode ser depois por ele delegada (*cf. v.g.* STJ, in MS-AgInt 28285, MS 17449, MS 23391, MS 25209, MS-AgInt 28618).

## 1.3 Matérias de competência exclusiva do órgão ou autoridade

Já se viu acima que a competência indelegável sempre cria uma competência administrativa "exclusiva", e que se opõe à competência administrativa "privativa" (delegável). Nesse contexto, este inciso III se aplica quando uma norma constitucional ou uma norma de lei parlamentar (ou um decreto autônomo, quando cabível) atribui expressamente uma competência administrativa para uma dada matéria como "exclusiva" de uma pessoa, órgão ou agente administrativo (*cf. v.g.* STJ, in MS 19516, MS 18941 e MS 17943).

Quando uma norma constitucional ou formalmente legal (ou norma de decreto autônomo, quando cabível) mencionar expressamente que uma competência administrativa atribuída é "exclusiva", ou é "indelegável", ela vale como *lex specialis* em relação a este inciso III do art. 13, ou seja, ela tem a preferência de aplicação direta ao caso concreto, tornando desnecessária a incidência do presente inciso III do art. 13.

Art. 14. O ato de delegação e sua revogação deverão ser publicados no meio oficial.

§1º O ato de delegação especificará as matérias e poderes transferidos, os limites da atuação do delegado, a duração e os objetivos da delegação e o recurso cabível, podendo conter ressalva de exercício da atribuição delegada.

§2º O ato de delegação é revogável a qualquer tempo pela autoridade delegante.

§3º As decisões adotadas por delegação devem mencionar explicitamente esta qualidade e considerar-se-ão editadas pelo delegado.

**ITIBERÊ DE OLIVEIRA CASTELLANO RODRIGUES**

## 1 Art. 14, *caput* – Delegação e sua revogação – Publicação no meio oficial

A publicação no meio oficial (para fins de produção de efeitos *erga omnes*) é, em muitos casos, condição de validade e de eficácia de certos atos administrativos e dos processos administrativos (*i.e.*, publicação no Diário Oficial da União, Diário Oficial do Estado, Diário Oficial do Município, e hoje também nos Diários Oficiais Eletrônicos) ou, excepcionalmente, em órgão equivalente, sobretudo nos municípios de pequeno porte e que não possuem Diário Oficial próprio, impresso ou eletrônico (*v.g.* "Quadro de Avisos da Municipalidade").[1]

A delegação de competência administrativa opera sobre conteúdos que estão postos em um prévio ato normativo (que atribuiu originariamente essa competência ao sujeito administrativo), e todos os atos normativos, para sua validade e eficácia, pressupõem obrigatoriamente sua publicação no meio oficial federal, que é o modo pelo qual

[1] A jurisprudência do STJ sobre a validade ou não de publicação das leis e dos atos administrativos municipais por meio de afixação dos seus termos na sede da prefeitura, quando o município não possuir órgão de imprensa oficial é já significativa em número. *Cf.* JURISPRUDÊNCIA do STF. *In*: STJ [site], s. d. Disponível em: http://www.stj.jus.br/SCON/pesquisar.jsp?b=ACOR&O=RR&preConsultaPP=000005919%2F3. Acesso em: 29 maio 2024.

os atos normativos adquirem efeitos *erga omnes* (art. 1º, Decreto-Lei nº 4.657/42 — LINDB, por interpretação extensiva a todas as "leis em tese", ou seja, também para os atos normativos da Administração Pública), presumindo-se assim seu conhecimento por todos os eventuais terceiros que poderão vir a ser atingidos por essa norma de competência (*i.e.*, pela sociedade em geral, e pelo serviço público em particular).

Quando é feita então uma delegação de competência administrativa, essa delegação de competência faz com que o conteúdo literal da norma jurídica antes publicada e atribuidora da competência originária perca sua eficácia prática: é um terceiro que passa a exercer a competência, e não o sujeito identificado ou descrito literalmente nessa norma jurídica. Na prática, portanto, a delegação de competência opera *de facto* uma derrogação do conteúdo literal ou expresso da norma jurídica atribuidora.

Por esse motivo, também a delegação de competência (enquanto ato derrogador *de facto* do conteúdo da norma de atribuição) deve ser publicada no meio oficial, para fins de atribuição de efeitos *erga omnes* ao ato delegatório, presumindo-se assim seu conhecimento por todos os eventuais terceiros que poderão vir a ser atingidos pelos atos praticados em regime de delegação de competência (*i.e.*, pela sociedade em geral, e pelo serviço público em particular).

Pelo mesmo motivo também se exige que o ato de revogação da delegação de competência administrativa seja publicado no meio oficial, para os mesmos fins de atribuição de efeitos *erga omnes*, pois que essa revogação significa na prática o restabelecimento *de facto* do conteúdo literal ou expresso da norma atribuidora dessa competência, *i.e.*, o restabelecimento do exercício da competência em favor do sujeito originariamente titular, e que antes funcionou como delegante.

A não-publicação do ato delegatório, ou a não-publicação da revogação da delegação de competência administrativa no meio oficial federal torna qualquer desses dois atos inválido e nulo de pleno direito, portanto sem efeitos e sem eficácia jurídicas (com eventual ressalva quanto à manutenção de seus efeitos em casos de reconhecimento da proteção da confiança legítima dos administrados de boa-fé ou de segurança jurídica objetiva).

Como reforço, o art. 11, IV, da Lei nº 8.429/92 tipifica como improbidade administrativa "negar publicidade aos atos oficiais", o que abrange tanto os atos administrativos quanto os atos processuais, e no caso ora sob comento também a não-publicação do ato delegatório, ou a não-publicação da revogação da delegação de competência administrativa.

## 2 Art. 14, §1º – Limites da delegação administrativa

O §1º do art. 14 exige que o ato de delegação de competência administrativa deverá especificar "as matérias e poderes transferidos, os limites da atuação do delegado, a duração e os objetivos da delegação e o recurso cabível, podendo conter ressalva de exercício da atribuição delegada".

A Lei nº 9.784/99 regra assim em detalhes e pormenores aquilo que já está genericamente exigido na CF 1988, quando, no seu art. 84, parágrafo único, determina que as "atribuições delegadas" pelo Presidente da República "observarão os limites traçados nas respectivas delegações", não sendo portanto possível, já por exigência constitucional, a chamada "delegação em branco" ou "delegação genérica", *i.e.*, uma delegação de competência sem limites ou ilimitada no seu conteúdo, extensão, prazo e condições de exercício. Aliás, apenas para fins de comparação e argumentação, também a delegação legislativa deve especificar seu conteúdo e os termos de seu exercício, descabendo a delegação genérica ou em branco (art. 68, §2º, CF 1988).

"Matérias e poderes" dizem respeito com as competências ou atribuições materiais, e poderes com seus respectivos instrumentos ou ferramentas anexas para o efetivo exercício dessas competências ou atribuições. Os "limites" dizem respeito com a amplitude do exercício da delegação (termos e modos), e em última instância com os limites de território sobre o qual a delegação vai ser exercida.

A "duração" diz respeito com o prazo de seu exercício, uma vez que é vedada a delegação em caráter permanente, porque equivaleria a uma renúncia de competência. O prazo pode ser prefixado no ato delegatório (delegação a termo); caso não estiver expresso, a delegação vigora por prazo indeterminado, e até que ocorra a sua futura revogação pelo delegante (*cf.* também art. 2º, parte final, Decreto nº 83.937/79).

Os "objetivos" dizem respeito com a finalidade da outorga da delegação, para o que ela se destina. O "recurso cabível" indica, em relação aos terceiros, qual o meio de revisão que pode ser interposto contra as decisões da autoridade delegada.

Por fim, a "ressalva de exercício da atribuição delegada" significa que o órgão delegante tem discricionariedade para impor (por meio de disposições anexas ou acessórias que não constam no texto da norma de competência originária) restrições, exceções e condicionantes ao exercício da atribuição delegada contra o órgão delegado.

As restrições e exceções podem ser, por exemplo, quanto ao lugar (território do exercício, que pode ser menor do que a competência territorial original), quanto aos casos ou fatos (exclusão de certas situações, de certas matérias etc.), e mesmo quanto a certas pessoas (funcionar perante pessoas físicas, mas não jurídicas etc.). Lidas a *contrario sensu*, as ressalvas de restrição e de exceção significam as atribuições que continuam a ser exercidas pelo órgão delegante (são "atribuições não delegadas" no âmbito de uma competência). Os condicionantes podem ser, por exemplo, uma prévia autorização para a prática dos atos delegados pelo órgão delegante, ou uma posterior revisão (visto) ou mesmo a posterior aprovação dos atos delegados pelo órgão delegante ("regime de tutela").

O art. 14, §1º nada fala a respeito da possibilidade de subdelegação. Todavia, quem pode o mais, também pode o menos (argumento *ad maiorem ad minus*). Assim, quem pode delegar também pode ao mesmo tempo autorizar a subdelegação, até porque o sujeito delegante também poderia efetivar essa subdelegação sob a forma de uma delegação originária. Trata-se por outro lado, de tema regrado no direito administrativo federal, o art. 6º, Decreto nº 83.937/79 dispõe que "o ato de delegar pressupõe a autoridade para subdelegar, ficando revogadas as disposições em contrário constantes de decretos, regulamentos ou atos normativos em vigor no âmbito da Administração Direta e Indireta".

Mas isso evidentemente não impede a edição de normas especiais que vedem expressamente, e de modo pontual, a subdelegação neste ou naquele caso específico (*cf. v.g.* art. 76, *caput*, Lei nº 13.600/23 — Lei de Organização da Presidência da República e dos Ministérios).

## 3 Art. 14, §2º – Precariedade da delegação – Revogabilidade a qualquer tempo

Afirmar que "o ato de delegação é revogável a qualquer tempo pela autoridade delegante" significa dizer que todo ato de outorga de delegação administrativa é sempre praticado em caráter precário, *i.e.*, independentemente de um prazo certo e determinado fixado na delegação, ainda assim a delegação pode ser unilateralmente revogada a qualquer tempo pelo órgão delegante, com base em motivos de oportunidade e conveniência, a bem do serviço público.

A revogação da delegação de competência administrativa (analogamente à sua outorga) também constitui um ato de poder unilateral do sujeito delegante, agregado ao próprio exercício de seu poder legal para delegar (quem pode dar, pode tirar). Essa revogação, todavia, não deve ser assimilada e nem considerada como um "direito potestativo" do sujeito delegante, pois inexistem direitos subjetivos no âmbito organizacional da Administração Pública.

Aliás, a lógica do art. 14, §2º é análoga à precariedade e revogabilidade do contrato de permissão de serviços públicos, mesmo quando este for outorgado com prazo certo e determinado (art. 40, Lei nº 8.985/95).

Na perspectiva do sujeito delegado, a precariedade imposta expressamente pela lei impede que órgão delegado se oponha à revogação, pois também aqui haveria uma oposição administrativa contra o disposto em lei parlamentar (uma oposição à autorização legal de ser "revogável a qualquer tempo"), e com isso uma quebra da supremacia da lei. Como já se expôs antes, no caso de inferior hierárquico essa recusa tipifica uma violação à lei, uma violação à legalidade administrativa, e não uma insubordinação hierárquica contra o sujeito delegante. E a recusa à legalidade é sempre atentado mais grave do que a insubordinação hierárquica.

Tampouco os terceiros atingidos direta ou indiretamente pelo ato revogatório podem se opor à revogação da delegação de competência administrativa (por exemplo, os interessados, no âmbito de um processo administrativo ainda em trâmite), neste caso porque a precariedade originária do ato de delegação impede a constituição de direito subjetivo à manutenção da competência delegada nas mãos do sujeito delegado (ao modo de um "juiz natural" já posto).

O ato de revogação tem efeito constitutivo ou prospectivo, *i.e.*, *ex nunc* ou pro futuro, podendo ainda ser fixada para prazo mais adiante (com interregno entre o ato revogatório e sua eficácia jurídica); mas jamais opera retroativamente, e por isso jamais atinge ou altera os atos já praticados pelo órgão delegado, e nem transfere a responsabilidade dos atos praticados em delegação ao órgão delegante — mais exatamente: "sua revogação não infirma a validade da delegação, nem transfere ao delegante a responsabilidade pelo ato praticado na vigência dela" (STF, in MS 23411).

Com a revogação, a competência administrativa delegada é devolvida, reverte, em todos os seus termos, ao órgão delegante, salvo se o ato revogatório dispuser somente sobre fração ou parte da delegação (por exemplo, é juridicamente possível supor que mais de uma competência tenha sido delegada, mas que somente uma delas tenha sido objeto de posterior revogação).

## 4 Art. 14, §3º – Publicidade das decisões sob delegação e efeitos da edição pelo delegado

"As decisões adotadas por delegação devem mencionar explicitamente esta qualidade". Dada sua literalidade, o dispositivo está aqui posto em senso estrito certamente para as decisões em processo administrativo (*cf. v.g.* arts. 3º, II e III; 48; 49; 49-A; 50, §§1º a 3º; 56, *caput*; 64-B).

Não é certo, todavia, que os atos administrativos em geral, quando praticados sob regime de delegação, também devam mencionar essa condição. É que quando o legislador ordinário pretendeu estender a aplicação de dispositivos específicos da Lei nº 9.784/99 também aos "atos administrativos" em geral, ele o fez em princípio de modo expresso, usando dessa terminologia mais ampla do que a "decisão" (*v.g.* arts. 2º, parágrafo único, V; 50, *caput*, inciso VIII e §1º; 53; 54, *caput*, e §2º).

A rigor, os efeitos *erga omnes* da delegação para atos administrativos em geral já se obtém pela publicação do ato delegatório no meio oficial federal (art. 14, *caput*).

Por outro lado, também a construção da teoria do ato administrativo em geral sempre o caracterizou como uma "decisão" do agente administrativo, ele constitui sempre um "ato de autoridade pública", um ato dotado de *imperium*, dotado de *puissance publique*.

E existe também um caso específico onde "decisão" tem o sentido genérico de ato administrativo, e que está no art. 55, em relação à decisão que convalida atos que apresentarem defeitos sanáveis, a qual, a rigor, não é uma decisão no estrito senso técnico-processual. Nesse contexto, não deve ficar excluída de todo a possibilidade de uma interpretação sistemática (e mesmo finalística) a partir do art. 14, §3º c/c art. 55, primeira parte, de que todo e qualquer ato praticado sobre regime de delegação, seja processual em senso estrito seja materialmente administrativo, deva mencionar essa condição.

Aqui se defende, porém, que a "decisão" referida no art. 14, §3º está necessariamente em conexão literal e sistemática com a decisão mencionada no art. 1º, §2º, III quanto com a decisão dos arts. 48 e 49, Lei nº 9.784/99, ou seja, ela se refere à decisão no âmbito de um processo administrativo, e para os interessados neste envolvidos, e não para todo e qualquer ato administrativo. Para este último caso, o conhecimento da delegação se dá pela via da publicação do ato delegatório no meio oficial federal (efeitos *erga omnes* da publicação).

Depois o §3º do art. 14 afirma que as decisões "considerar-se-ão editadas pelo delegado". Com isso as decisões nos processos devem ser consideradas (*i.e.*, equiparadas), para todos os efeitos, como se fossem atos de competência própria da autoridade delegada, *i.e.*, como se ela houvesse recebido uma competência originária para a prolação dessas decisões.

Com isso desaparece juridicamente, no âmbito do efetivo exercício da competência decisória delegada, uma competência própria do sujeito delegante, e sobretudo qualquer responsabilidade que possa ser imputada ao sujeito delegante pelos atos praticados sob regime de delegação pelo sujeito delegado.

Tanto é assim que, se o sujeito delegante pretender exercer novamente a competência delegada, ele terá que praticar um (novo) ato de avocação dessa competência: "A delegação de competência não envolve a perda, pelo delegante, dos correspondentes poderes, sendo-lhe facultado, quando entender conveniente, exercê-los mediante avocação do caso, sem prejuízo da validade da delegação" (art. 2º, parágrafo único, Decreto nº 83.937/79).

Isso também significa dizer que não subsiste com o sujeito delegante uma competência concorrente ou paralela àquela que foi transferida para o sujeito delegado. Durante a delegação, portanto, o órgão delegante resta sem a possibilidade de exercício da competência delegada. Quem delega, transfere *in totum* aquilo que foi delegado, não remanescendo com nenhuma porção dessa competência delegada.

Em função da equiparação, quem prolata a decisão é somente a autoridade delegada, sem qualquer conexão jurídica com o sujeito delegante. A mesma lógica de equiparação também vale para os recursos administrativos, quem reconsidera a decisão é somente a autoridade delegada, e quem remete o recurso à autoridade superior é essa mesma autoridade delegada, ela é o único "órgão a quo".

O melhor exemplo prático disso ainda está na Súmula nº 510 do STF: "Praticado o ato por autoridade, no exercício de competência delegada, contra ela cabe o mandado de segurança ou a medida judicial".

E quem responde, portanto, perante terceiros pelas decisões proferidas é somente o sujeito delegado, não se podendo falar em responsabilidade subsidiária e menos ainda em responsabilidade solidária do sujeito delegante, pelos atos praticados em regime de delegação.

Já na impugnação judicial contra atos administrativos praticados no exercício de uma competência delegada, e porque esta é exercida, por equiparação, em caráter próprio, a competência do juízo "é aferida em razão da qualidade da autoridade delegada (...) e não em função da hierarquia da autoridade delegante". Assim, por exemplo, se o Presidente da República delega competência para ministro de Estado, desloca-se igualmente a competência judicial originária para impugnação dos atos praticados pelo ministro, no exercício dessa competência delegada, do STF para o STJ (STF, in MS 23359 – *cf.* tb. *v.g.* STF in MS-AgR 30492; MS 25518; MS-MC 24732; MS-AgR 23429; MS 20207; STJ, in MS-AgInt 26028; MS 17667; MS 10884).

Art. 15. Será permitida, em caráter excepcional e por motivos relevantes devidamente justificados, a avocação temporária de competência atribuída a órgão hierarquicamente inferior.

**ITIBERÊ DE OLIVEIRA CASTELLANO RODRIGUES**

## 1 Avocação de competência administrativa

Avocação de competência administrativa é a possibilidade legal de um sujeito de hierarquia superior na estrutura orgânico-administrativa ("superior hierárquico" ou "sujeito avocante") trazer para si ("avocar"), em caráter temporário, uma competência administrativa que foi normativamente atribuída a um sujeito a ele subordinado na estrutura administrativo-organizacional ("inferior hierárquico" ou "sujeito avocado").

Diferentemente, portanto, do caso da delegação de competência, "a avocação de competências administrativas decorre do poder hierárquico, que é inerente à Administração Pública." (STF, in RMS 23662).

Também diferentemente da delegação de competência, que serve à eficiência e à descentralização administrativas, a avocação de competência serve (no plano do direito administrativo material) à construção de padrões mínimos (*standards*) de atuação administrativa no âmbito da competência avocada, ou (no plano do direito administrativo processual) à padronização antecipada de decisões administrativas (*i.e.*, antecipação de produção de precedentes administrativos), e que futuramente deverão ser observados pelos órgãos hierarquicamente inferiores.

A avocação de competência tem então por objetivos a economia processual e a segurança jurídica, mais especificamente a produção de coerência no âmbito de ação administrativa e de previsibilidade de sua atuação ("unidade e previsibilidade").

Do mesmo modo que a delegação de competência administrativa, também a avocação de competência possui assento constitucional, estando prevista no art. 103-B, §4º, III, que permite ao Conselho Nacional de Justiça "avocar processos disciplinares em curso", e no art. 130-A, §2º, III, que permite também ao Conselho Nacional do Ministério Público "avocar processos disciplinares em curso".

O art. 15 da lei federal passou a possibilitar de modo genérico e alargado o instituto da avocação de competência no âmbito da Administração Pública Federal, em favor de todo e qualquer superior hierárquico com poderes de decisão (autoridade). Para comparação, o art. 170 do Decreto-Lei nº 200/67 só a admite em favor do Presidente da República, "por motivo relevante de interêsse público", para "decidir qualquer assunto na esfera da Administração Federal". E a Lei de Organização da Presidência da República e dos Ministérios só autoriza a avocação de competências em favor da Controladoria-Geral da União (art. 49, §1º II, III, e §7º, Lei nº 14.600/23).

Embora não expresso na lei federal, está implícito no conceito de avocação de competência administrativa que o ato avocatório também transfere para o superior hierárquico avocante toda a responsabilidade jurídica pelos atos e decisões tomadas sob o regime de avocação, ocorrendo ao mesmo tempo a exoneração (integral) da responsabilidade do inferior hierárquico avocado — "salvo os casos legalmente admitidos de avocação de competência, não responde o superior por atos de subordinados seus" (STJ, in MS-AgInt 26236).

E nisso a avocação de competências se distingue do poder de revisão (de ofício, ou por provocação) de atos de inferior hierárquico pelo superior hierárquico (*cf. v.g.* STF, in RMS 23662). Por consequência, uma impugnação judicial desses atos e decisões tomadas pelo sujeito avocante também deve levar em conta o juiz natural desse sujeito avocante, e não mais o juiz natural do sujeito avocado. Assim, por exemplo, se o Presidente da República avoca competência de ministro de Estado, a competência para exame e controle judicial dos atos avocados se desloca do STJ para o STF.

## 2 "Será permitida, em caráter excepcional e por motivos relevantes devidamente justificados"

As condições de validade da avocação de competência administrativa estão postas na forma de dois conceitos jurídicos indeterminados (portanto sem uma possibilidade concreta de enumeração *a priori* dos casos possíveis), os quais se somam em termos de requisitos (conjunção aditiva "e"), devendo, portanto, estar presentes de modo concomitante no caso, a saber: (i) somente "em caráter excepcional" e (ii) somente "por motivos relevantes" (*cf. v.g.* STF, in MS-AgR-terceiro 30952; MS-AgR 30304).

Ausente então um desses dois requisitos perante o caso concreto, já não cabe avocação de competência administrativa — "o art. 15 da Lei 9.784/99 restringiu a possibilidade de avocatória, só a admitindo temporariamente e por motivos relevantes devidamente justificados" (STF, in RMS 23662).

Deve então o superior hierárquico justificar (*i.e.*, fundamentar por meio de circunstâncias específicas e concretas relativas a essa avocação) que a avocação está ocorrendo "em caráter excepcional", demonstrando fundamentadamente essa excepcionalidade em relação ao caso concreto (sua anormalidade, peculiaridade, singularidade, inusualidade, raridade, caso anômalo, invulgar, extraordinário etc.), e "por motivos relevantes", demonstrando, de novo fundamentadamente, como ou por que, para o caso concreto, essas causas são significativas, expressivas, de monta, magnas, salientes, superiores etc.

Isso também implica que tanto a excepcionalidade quanto a relevância dos motivos não devem ser fundamentadas de modo teórico ou abstrato, e sim com base em fatores efetivamente existentes, reais e concretos.

Com isso, a motivação "explícita, clara e congruente" do ato avocatório (art. 50, §1º, Lei nº 9.784/99), indicando objetivamente quais são as circunstâncias individuais e concretas que caracterizam a excepcionalidade e os motivos relevantes, passa a constituir o próprio núcleo essencial da validade desse ato de avocação. Ou seja, a motivação (muito mais do que os motivos em si), porque conectada a circunstâncias e fatos concretos, passa a ser determinante. Inexistentes os fatores concretos e reais que a legitimem (*i.e.*, inexistentes os "motivos determinantes"), a avocação é inválida e nula de pleno direito, e também inválidos e nulos os atos praticados sob seu regime.

De todo modo, também aqui não se pode afastar de todo a manutenção dos efeitos desses atos inválidos e nulos praticados pelo sujeito avocante, por motivo de segurança jurídica objetiva ou por motivo de proteção da confiança legítima de terceiro atingido por esse ato (segurança jurídica em sentido subjetivo), com base no art. 2º, *caput*, Lei nº 9.784/99 ("segurança jurídica"), legitimada via ponderação em vista das circunstâncias do caso concreto.

## 3 "Competência atribuída a órgão hierarquicamente inferior"

Diferentemente da delegação de competência administrativa, que não pressupõe, para sua efetivação, uma relação de subordinação hierárquica, já se havia visto acima que a avocação de competência administrativa só está permitida entre superior e inferior hierárquico, ela exige, portanto, uma prévia relação orgânica vertical entre ambos, uma relação entre mando e execução, entre chefia e subordinado.

Diferentemente das vedações de objeto postas nos incisos do art. 13 em relação à delegação de competência administrativa, a lei federal não veda nenhum tipo de objeto à avocação de competências, e, portanto, qualquer competência do sujeito administrativo hierarquicamente inferior pode ser objeto de avocação pelo órgão administrativo hierarquicamente superior.

Tampouco uma analogia com o art. 13 deve aqui ser considerada, uma vez que o regime de legalidade administrativa é regime de legalidade estrita (de reserva legal). Portanto, o caso aqui é de silêncio eloquente do legislador ordinário. Uma exceção deveria estar literal e expressa em lei parlamentar (ou decreto autônomo, quando cabível).

A lei federal também nada ressalva sobre a impossibilidade de avocação de competência exclusiva do inferior hierárquico (*i.e.*, aquela competência que é indelegável a terceiros por esse inferior hierárquico). Dado não haver uma proibição expressa para tanto, e dado que a lei federal não regra a delegação e avocação de modo simétrico ou igual (ver tópico seguinte), é de afirmar-se que cabe avocação de competências administrativas mesmo quando exclusivas do inferior hierárquico.

## 4 Temas conexos à avocação e não regrados expressamente na Lei nº 9.784/99

Diferente do caso da delegação de competências, a lei federal: (i) não exige a publicação do ato de avocação no meio oficial (à semelhança do art. 14); (ii) não autoriza uma avocação entre presidência (chefia) de órgão colegiado e matérias de competência desse órgão colegiado (à semelhança do art. 12, parágrafo único); (iii) não fixa e não estipula (à semelhança do art. 13, §1º) as especificações, limites, duração e objetivos da avocação; (iv) não exige que as decisões adotadas por avocação "devem mencionar explicitamente esta qualidade" e que elas considerar-se-ão editadas pelo superior hierárquico avocante (art. 13, §3º); e por fim (v) nada fala sobre a sua revogação (à semelhança do art. 14, §2º). Por se tratar a Lei nº 9.784/99 de uma lei subsidiária, as eventuais respostas para todos estes temas e problemas devem ser buscadas, caso existentes e vigentes, nas demais leis federais e para os casos específicos que essas leis federais regram.

Não há que se considerar então que as exigências postas pela Lei nº 9.784/99 em relação à delegação de competência administrativa valham exata e analogamente para o caso da avocação, e sim, também aqui, que esses temas e problemas foram deixados sem regramento legal e portanto não aplicáveis ao caso da avocação (silêncio eloquente do legislador ordinário). E isso se justifica talvez mesmo pela própria excepcionalidade e relevância do caso de avocação, afrouxando-se por causa disso as formalidades procedimentais para sua efetivação.

Um último tema diz respeito com a duração da avocação, igualmente não mencionada na lei federal. Em função da regra de irrenunciabilidade da competência, ela só pode ser concebida como transitória.

A rigor, a duração da avocação de competência administrativa deve estar necessariamente vinculada ao término da excepcionalidade da situação de fato que a causou ou legitimou, portanto já fica excluída de plano a vigência de uma avocação por prazo indeterminado.

Tratando-se de avocação de competência com prazo determinado, este deve ser desconsiderado se sua duração se estender para além do término da excepcionalidade da situação de fato que a causou ou legitimou.

Em todos os casos, portanto, o término da excepcionalidade da situação de fato que a causou ou legitimou a edição do ato avocatório deve também exigir a revogação deste. E também aqui vê-se que a avocação de competência administrativa não funciona de modo simétrico à delegação de competência administrativa.

Art. 16. Os órgãos e entidades administrativas divulgarão publicamente os locais das respectivas sedes e, quando conveniente, a unidade fundacional competente em matéria de interesse especial.

## ITIBERÊ DE OLIVEIRA CASTELLANO RODRIGUES

Publicada faz 25 anos, a Lei nº 9.784/99 já se antecipava tanto em relação à legislação de acesso à informação (Lei nº 12.527/11) e à dos direitos dos usuários dos serviços públicos (Lei nº 13.460/17), e já se antecipava também à ascensão da publicidade e da transparência ativa da Administração Pública Federal por meios eletrônicos de amplo acesso público (mormente a rede internet, e os programas e aplicativos digitais que a utilizam como plataforma), os quais deram origem, por exemplo, aos "portais institucionais" das entidades e órgãos da Administração Pública Federal ("governo eletrônico", "administração pública digital" etc.), aos "portais da transparência" e aos processos administrativos eletrônicos ou digitais, internos e externos (*v.g.* "processo eletrônico nacional" da União).

Em tempos onde a publicidade administrativa oficial e institucional ainda se dava basicamente pelos meios oficiais impressos em papel (Diário Oficial e Quadros de Avisos), que na prática são de limitada acessibilidade física pela população em geral, o art. 16 tinha, no momento de sua publicação, o objetivo ou finalidade de um acréscimo de publicidade e transparência por parte da Administração Pública Federal e uma melhora no acesso à informação administrativa ("divulgação") por parte do público em geral no âmbito desses meios oficiais até então apenas impressos.

Ainda assim, o art. 16 não se encontra ultrapassado nem pelo direito administrativo mais recente e nem pelos fatos; mudaram a rigor os meios administrativos de publicidade e informação, agora por exemplo de acesso eletrônico instantâneo pelos administrados, muito mais do que o dever de divulgar "publicamente os locais das respectivas sedes e, quando conveniente, a unidade fundacional competente em matéria de interesse especial". Consequentemente, mesmo no âmbito dos novos meios eletrônicos, o art. 16 continua a exercer o seu papel.

O dispositivo legal está dividido em duas diferentes partes, delas surgindo duas diferentes normas. Uma primeira norma é cogente contra os órgãos e entidades administrativas federais; e a outra norma concede discricionariedade a esses mesmos órgãos e entidades administrativas federais.

A primeira parte do dispositivo exige que órgãos e entidades administrativas federais divulguem publicamente os locais das respectivas sedes, ou seja, o lugar e endereço oficial de suas instalações, a partir de onde atuam na execução de suas competências. Trata-se não somente de exigência de publicidade *lato sensu*, a fim de que todos tomem conhecimento da localização da sede, *i.e.*, de seu endereço ou domicílio legal, mas também de exigência para que os administrados possam fazer valer frente a eles seus interesses e direitos (por exemplo, competência territorial para atendimento etc.).

A segunda parte do dispositivo apenas permite, por conveniência, e portanto oferece liberdade de decisão ao órgão ou entidade administrativa federal para que complemente as informações de localização geral com informações sobre onde funciona, dentro dessa sede geral, "a unidade fundacional competente em matéria de interesse especial", é dizer, suas repartições internas com atribuições específicas e diferenciadas, e que os administrados devem obrigatoriamente buscar quando pretendem tratar de seus interesses em relação a essas atribuições específicas, mormente no caso federal, onde os órgãos do Poder Executivo e suas unidades específicas estão espalhados por todo o território nacional, do mesmo modo que as unidades das pessoas jurídicas da Administração Pública indireta federal.

Por exemplo, a Receita Federal está subdividida em "unidades regionais e locais", as quais são compostas por repartições com diferentes atribuições específicas ("matérias de interesse especial"), a saber: Superintendências Regionais, Delegacias (DRF), Delegacias de Julgamento (DRJ), Alfândegas, Inspetorias e Unidades de Atendimento ao Contribuinte.[1]

1 UNIDADES Regionais e Locais. *In*: GOV.BR [site], s. d. Disponível em: https://www.gov.br/receitafederal/pt-br/acesso-a-informacao/institucional/quem-e-quem/unidades-regionais-e-locais. Acesso em: 7 jun. 2024.

Art. 17. Inexistindo competência legal específica, o processo administrativo deverá ser iniciado perante a autoridade de menor grau hierárquico para decidir.

## ITIBERÊ DE OLIVEIRA CASTELLANO RODRIGUES

Não havendo uma previsão expressa em lei parlamentar ou decreto autônomo (este quando cabível) para início do processo junto às autoridades decisórias de uma dada hierarquia, deve o processo administrativo ser iniciado junto à autoridade decisória do escalão mais inferior ("menor grau hierárquico para decidir") existente dentro do órgão ou pessoa jurídica da Administração Pública Federal.

De início, o art. 17 segue um princípio de desconcentração das instâncias administrativas decisórias, *i.e.*, rumo às autoridades existentes nos órgãos administrativos federais de hierarquia mais inferior. Para as autoridades decisórias atuantes nos órgãos federais de hierarquia superior fica então reservada uma competência processual originária somente para casos especiais e mais importantes expressamente enumerados nas leis parlamentares (e nos decretos autônomos, quando possíveis — lembre-se de novo que esta figura não existia ao tempo da publicação da Lei nº 9.784/99).

Mas o disposto no art. 17 também pode e deve ser visto (e esta talvez seja efetivamente a sua finalidade precípua e principal) como uma forma de preservação do princípio do duplo grau de jurisdição nas esferas administrativas (no senso clássico e tradicional desse princípio: com a distinção entre um órgão prolator e outro órgão revisor; com a distinção entre um órgão *a quo* e um órgão *ad quem*; com a distinção entre autoridade decisora e autoridade revisora), no momento em que as instâncias administrativas superiores (*i.e.*, as autoridades decisórias de hierarquia superior) restam preservadas e vocacionadas sobretudo para um futuro e possível conhecimento dos recursos administrativos (*cf. v.g.* art. 57).

# Referências

ACHTERBERG, Norbert. *Allgemeines Verwaltungsrecht*. Heidelberg: C.F. Müller, 1986.

BITENCOURT NETO, Eurico. Transformações do direito da organização administrativa e a Constituição de 1988. *In*: DI PIETRO, Maria Sylvia Zanella; MOTTA, Fabrício (coord.). *O Direito Administrativo nos 30 anos da Constituição*. Belo Horizonte: Fórum, 2018. p. 71-96.

CANOTILHO, José Joaquim Gomes. *Direito constitucional e teoria da constituição*. 4. ed. Coimbra: Editora Almedina, 2000.

CHAPUS, René. *Droit administratif général*. Tomo 1, 15. ed. Paris: Montchrestien, 2001.

DEBBASCH, Charles; RICCI, Jean-Claude. *Contentieux administratif*, 7. ed. Paris: Dalloz, 1999.

FAGUNDES, Miguel Seabra. *O controle dos atos administrativos pelo Poder Judiciário*. São Paulo: Saraiva, 1984.

LAUBADÈRE, André de; VENEZIA, Jean-Claude; GAUDEMET, Yves. *Traité de droit administratif*. Tomo I, 15. ed. Paris: L.G.D.J., 1995.

MODESTO, Paulo (coord.). *Nova organização administrativa brasileira*. 2. ed. Belo Horizonte: Fórum, 2010.

OLIVEIRA, Rafael Carvalho Rezende. *Organização administrativa*. 4. ed. Rio de Janeiro: Forense; São Paulo: Método, 2018.

RUFFERT, Matthias. Verwaltungshandeln und Verwaltungsrechtsverhältnis, *In*: ERICHSEN, Hans-Uwe; EHLERS, Dirk (Hrsg.). *Allgemeines Verwaltungsrecht*. 14. ed., Berlin/ New York: Walter de Gruyter, 2010.

SADDY, André. Repartições de atribuições ou competências de órgãos públicos. *In*: SADDY, André; MOURA, Emerson Affonso da Costa; PORTO, Paola de Andrade (org.). *Organização e princípios da Administração Pública*: estudos em homenagem a José dos Santos Carvalho Filho. Rio de Janeiro: Institutas, 2020.

THOMA, Richard. *In*: ANSCHÜTZ, Gerhard; THOMA, Richard. *Handbuch des deutschen Staatsrechts*. Tomo II, Tübingen: J.C.B. Mohr (Paul Siebeck), 1932.

ULE, Carl Hermann; LAUBINGER, Hans-Werner. *Verwaltungsverfahrensrecht*. 4. ed. Köln, Berlin, Bonn, München: Heymanns, 1995.

# CAPÍTULO VII
# DOS IMPEDIMENTOS E DA SUSPEIÇÃO

Art. 18. É impedido de atuar em processo administrativo o servidor ou autoridade que:

I – tenha interesse direto ou indireto na matéria;

II – tenha participado ou venha a participar como perito, testemunha ou representante, ou se tais situações ocorrem quanto ao cônjuge, companheiro ou parente e afins até o terceiro grau;

III – esteja litigando judicial ou administrativamente com o interessado ou respectivo cônjuge ou companheiro.

**MARIA GABRIELA CAMPOS**

## 1 A imparcialidade como princípio estruturante do Estado Democrático de Direito

A imparcialidade judicial é princípio jurídico fundamental, que, dentro de uma ordem jurídica, é importante elemento de interpretação e de aplicação do direito positivo.[1] Considera-se, por isso mesmo, elemento estruturante de um Estado Democrático de Direito com dupla função: (i) uma função negativa, para frear excessos de poder; e, (ii) uma função positiva, para garantir o Estado Democrático de Direito, legitimando materialmente os atos dos agentes públicos.[2]

Do princípio da imparcialidade, por exemplo, é possível extrair o dever de o ente estatal exercer suas funções livre de quaisquer pressões e influências, sujeitando-se somente ao ordenamento jurídico. Por sua vez, ao se exigir um julgamento imparcial, cria-se para os particulares o direito subjetivo a um julgador imparcial, de modo que o princípio da imparcialidade também fundamenta a exigência do juiz natural.

---

1 CANOTILHO, José Joaquim Gomes. *Direito constitucional*. Coimbra: Almedina, 1993. p. 171.

2 CANOTILHO, *op. cit.*, p. 171-172.

O princípio da imparcialidade, por sua própria natureza, não existe autonomamente. Seu conteúdo é densificado a partir da conjugação de outros princípios, como o postulado da igualdade, o devido processo legal, o princípio da boa-fé, servindo, em última análise, para aplicação de regras jurídicas. Ele serve, principalmente, para nortear a interpretação das regras de impedimento e suspeição e delimitar o alcance das consequências jurídicas do agir com parcialidade.

## 2 Imparcialidade e impessoalidade

A impessoalidade é instituto que se aproxima bastante da imparcialidade, havendo, inclusive, autores que tratam ambos como sinônimos. Ao examinar a impessoalidade na Administração Pública, Ana Paula Oliveira Ávila[3] defende que a impessoalidade seria um gênero, do qual a imparcialidade seria espécie. Segundo a autora, a impessoalidade seria a imparcialidade na Administração Pública, vindo a assumir feição própria relativamente à atividade vinculada dos agentes administrativos.

Contudo, a imparcialidade não se confunde com impessoalidade. A imparcialidade é inerente ao Estado Democrático de Direito, estando presente na política, na administração pública e no judiciário. É por isso que se fala em várias dimensões da imparcialidade.[4]

Etimologicamente, impessoalidade significa não se referir ou não se dirigir a uma pessoa em particular, mas às pessoas em geral.[5] Em direito, a palavra designa o dever de o agente público atuar sem favoritismos para quaisquer pessoas específicas, o que revela que — na verdade — a impessoalidade é uma das facetas da imparcialidade.

A imparcialidade é princípio de abrangência maior, posto que é estruturante do Estado Democrático de Direito. Por sua vez, a impessoalidade relaciona-se à atuação desinteressada, isenta e objetivamente orientada do agente público no âmbito de seu ofício. É, portanto, um subprincípio da imparcialidade.

Conforme já se apontou em doutrina, "o princípio da impessoalidade, ou a sua versão europeia, denominada como imparcialidade, guardada a devida proporção, objetiva evitar que a Autoridade

[3] ÁVILA, Ana Paula de Oliveira. *O princípio da impessoalidade da administração pública*: para uma administração imparcial. Rio de Janeiro: Renovar, 2004. p. 46, 52-54, 83.

[4] GEHY, Charles Gardner. The dimensions of judicial impartiality. *Florida law review*, v. 65, issue 2, 2014.

[5] ÁVILA, *op. cit.*, p. 107.

administrativa revista os atos praticados por sentimentos pessoais, onde o fim público é substituído por interesses subjetivos tendo o aludido princípio o condão de proibir que a Administração trate de forma arbitrária e desigual os administrados, garantindo processos adequados, onde a consecução do fim público não permite motivação inverídica e desleal, privilegiando-se o princípio da boa-fé".[6]

## 3 Imparcialidade e impartialidade

Impartialidade, ou *terzietà* para os italianos, designa a condição do julgador como um terceiro, ao qual é atribuída a resolução da controvérsia.[7] Embora o termo tenha sido desenvolvido no âmbito das relações judiciais, ele se aplica ao processo ao direito administrativo, especialmente diante do fenômeno de sua processualização.

É bem verdade que, no processo administrativo, a Administração Pública é, um só tempo, parte e juiz, o que implicaria a conclusão de haver incompatibilidade de funções do agente público. Contudo, essa conclusão é inadequada.

No contexto do direito administrativo, o sentido da impartialidade é o de evitar que a Administração Pública se ponha a serviço de interesses particulares, de modo a garantir o desempenho das finalidades públicas.

A impartialidade se insere na dinâmica processual administrativa, mediante a exigência de motivação adequada e suficiente das decisões, o controle dos motivos, a proporcionalidade das penalidades etc. Ela também gera uma série de incompatibilidades para o agente público, concretizadas nas regras de impedimento e suspeição, a fim de resguardar o exercício equilibrado das funções processuais.

## 4 Impedimento e suspeição

As regras de impedimento e suspeição do processo administrativo são distintas daquelas previstas no CPC e no CPP, por exemplo. Basta observar que, enquanto o art. 18, I, da Lei do PAF considera impedido o servidor ou a autoridade que tenha interesse direto ou indireto na

---

[6] MATTOS, Mauro Roberto Gomes de. *Tratado de direito administrativo disciplinar*. Rio de Janeiro: Forense: 2010. p. 130-131.

[7] CABRAL, Antonio do Passo. Imparcialidade e impartialidade: por uma teoria sobre repartição e incompatibilidade de funções nos processos civil e penal. *Revista de processo*, v. 149, ano 32, p. 345, 2007.

matéria, o art. 145, IV, do CPC entende que o julgador interessado no resultado é suspeito.

A diferença entre a disciplina do impedimento e suspeição nos processos civil e administrativo não é despropositada. Deve-se considerar que essas regras pretendem o alcance de distintos estados ideais de coisas.

No processo administrativo, as regras de impedimento e suspeição visam a garantia do interesse público. É por isso que a atuação de qualquer servidor ou autoridade que exerça suas funções visando a interesses particulares em detrimento do público configura situação mais grave, traduzida em impedimento.

No caso do processo civil, as regras de impedimento e suspeição visam garantir a completa alheação do julgador ao resultado da causa. Por isso, se impede o juiz de atuar no processo que já tenha conhecido em outro grau de jurisdição ou que tenha laços de consanguinidade com qualquer das partes. O interesse em si, seja direto ou indireto, é secundário, muito embora também deva ser combatido mediante demonstração dessa hipótese de suspeição.

## 5 Impedimento do agente público: interesse na matéria

O impedimento constitui a situação de fato que afasta o agente público de suas funções em virtude de sua relação com o objeto do processo.[8] Os fatos impeditivos da atuação do agente são aqueles dos quais se extraem vínculos de interesses tão fortes com a matéria a ser decidida que o desviam da persecução do interesse público.

A primeira hipótese de impedimento consiste na situação em que o agente público tenha interesse direto ou indireto na matéria a ser decidida (art. 18, I). É bem verdade que essa hipótese de impedimento pressupõe elevado grau de subjetividade, na medida em que a configuração do interesse é de difícil constatação. Contudo, a previsão legal parte do pressuposto de que qualquer tipo de interesse, direto ou indireto, do agente público que o desvirtue de suas funções públicas, configura hipótese de impedimento.

Justamente por não haver parâmetros fixos para configuração dessa hipótese de impedimento, a jurisprudência do STJ firmou-se para considerar imprescindível a comprovação, mediante provas

[8] TORNAGHI, Hélio. *Comentários ao código de processo civil.* Rio de Janeiro: RT, 1976. v. 1. p. 416.

robustas, da existência do interesse alegado.[9] Como parâmetro objetivo, a jurisprudência do STJ perfilha o entendimento de que a constatação do impedimento reclama a comprovação da prolação de prévio juízo de valor acerca da matéria.[10]

## 6 Conflito de interesses

O agente público, no exercício de sua função, deve priorizar o interesse público em detrimento dos interesses privados, de modo a evitar o conflito de interesses. A existência do conflito de interesses pode ser de difícil demonstração por pressupor certo nível de subjetividade.

A fim de conferir balizas para interpretação e para o combate de situações de conflito de interesses no âmbito do Poder Executivo Federal, o Governo Federal sancionou a Lei nº 12.813/2013.

Nos termos da referida Lei, "a ocorrência de conflito de interesses independe da existência de lesão ao patrimônio público, bem como do recebimento de qualquer vantagem ou ganho pelo agente público ou por terceiro" (Lei nº 12.813/2013, art. 3º, §2º). Basta que se demonstre o confronto entre interesses públicos e privados, a comprometer o interesse coletivo ou influenciar, de maneira imprópria, o desempenho da função pública, para que se configure o conflito de interesses.

A Lei nº 12.813/2013 ainda elenca: (i) as situações que configuram conflito de interesses envolvendo ocupantes de cargo ou emprego no âmbito do Poder Executivo federal; (ii) os requisitos e restrições a ocupantes de cargo ou emprego que tenham acesso a informações privilegiadas; (iii) os impedimentos posteriores ao exercício do cargo ou emprego; (iv) e as competências para fiscalização, avaliação e prevenção de conflitos de interesses.

As situações de conflito de interesses previstas na Lei nº 12.813/2013, por serem aplicadas no âmbito do Poder Executivo Federal, serve de balizas interpretativas para investigação do interesse que configura o impedimento disposto no art. 18, I, da Lei do PAF.

O art. 5º da Lei nº 12.813/2013 enumera, exemplificadamente, algumas situações que configuram o conflito de interesses no exercício

---

9 Nesse sentido: STJ, 1ª Seção, MS n. 22.828/DF, relator Ministro Gurgel de Faria, DJe de 21.9.2017; 1ª Seção, MS n. 18.370/DF, relator Ministro Herman Benjamin, DJe de 1/8/2017; 3ª Seção, MS n. 14.959/DF, relator Ministro Haroldo Rodrigues (Desembargador Convocado do TJ/CE), DJe de 4.4.2011.

10 STJ, 1ª Seção, MS n. 17.815/DF, relatora Ministra Regina Helena Costa, DJe de 6.2.2019.

da função pública. É o caso, por exemplo, da divulgação do uso de informações privilegiadas em proveito próprio ou de terceiros, bem como da atuação, ainda que informal, como procurador, consultor, assessor ou intermediário de interesses privados nos órgãos ou entidades da administração pública direta ou indireta de qualquer dos Poderes da União, dos estados, do Distrito Federal e dos municípios.

Já o art. 6º da Lei nº 12.813/2013 elenca as situações de conflito de interesses após o exercício de cargo ou emprego no âmbito do Poder Executivo federal. É o caso, por exemplo, da divulgação ou uso de informações privilegiadas obtidas em virtude da função pública e da prestação de serviços a pessoa física ou jurídica com quem tenha estabelecido relacionamento relevante em razão do exercício do cargo ou emprego, no período de seis meses, contado da data da dispensa, exoneração, destituição, demissão ou aposentadoria, salvo quando expressamente autorizado.

É preciso ressaltar que os róis dos arts. 5º e 6º da Lei nº 12.813/2013 são exemplificativos. São *standards* e, portanto, pontos de partida para investigação do conflito de interesses no caso concreto.

## 7 Impedimentos do agente público: participação no processo e relação de parentesco

Há impedimento do agente público quando este ou seu cônjuge, companheiro, parentes (pais, filhos, avós, netos, tios e sobrinhos) e afins até o terceiro grau (sogros, genros, cunhados, sobrinhos e tios do cônjuge) venham a participar do processo como perito, testemunha ou representante.

A regra visa a coibir situações de evidente conflito de interesses e manifesta incompatibilidade entre as funções de perito, testemunha ou representante e o exercício da função julgadora. A noção de imparcialidade é pertinente nessa perspectiva.

Veja-se que o exercício da função de perito pressupõe isenção técnica e alheação a quaisquer tipos de interesses, sejam públicos ou privados. Essa função não é compatível com o *múnus* público da autoridade julgadora.

A situação é similar no caso da testemunha. Esta deve exercer sua função de compromisso com a verdade dos fatos por ela testemunhados. Há prévia relação da testemunha com a matéria discutida no processo, o que é suficiente para comprometer sua imparcialidade.

O conflito de interesses mais evidente é o caso do representante, já que este atua na defesa dos interesses do representado. A incompatibilidade daí decorrente é indiscutível. Entende-se em doutrina[11] que a representação prevista no art. 18, II, da Lei do PAF significa vínculo jurídico de qualquer natureza, inclusive o de mandato para atuação como advogado.

Por fim, o art. 18, III, da Lei do PAF elenca como hipótese de impedimento a situação em que o agente público é parte num processo judicial ou administrativo com o interessado ou respectivo cônjuge ou companheiro. A situação de conflito de interesses nessa hipótese é ainda mais evidente do que a do inciso anterior.

Para configurar a hipótese de impedimento do inciso III do artigo 18, é preciso que o processo judicial ou administrativo esteja pendente. O STJ já considerou que "o simples fato de um membro designado para a Comissão Processante ter participado de um procedimento anterior não implica a sua suspeição ou impedimento, à luz do art. 18 da Lei n. 9.784/1999".[12]

---

11 CARVALHO FILHO, José dos Santos. *Processo administrativo federal*. Rio de Janeiro: LumenJuris, 2009. p. 147-148.

12 3ª Seção, MS n. 10.239/DF, relator Ministro Antonio Saldanha Palheiro, DJe de 23.11.2018.

Art. 19. A autoridade ou servidor que incorrer em impedimento deve comunicar o fato à autoridade competente, abstendo-se de atuar.

Parágrafo único. A omissão do dever de comunicar o impedimento constitui falta grave, para efeitos disciplinares.

**MARIA GABRIELA CAMPOS**

## 1 Dever de abstenção

O impedimento caracteriza-se como fenômeno inibidor por excelência, que gera o dever de abstenção do agente público de atuar no processo administrativo, dada a incompatibilidade de sua função. Se o agente público descumpre seu dever de comunicar a situação incompatível, ele incorrerá em falta grave para fins disciplinares (art. 19 da Lei do PAF).

É preciso, contudo, interpretar o art. 19 com razoabilidade, já que pode haver casos em que o agente público pode não ter ciência de que existe alguma hipótese de impedimento. É o caso, por exemplo, de o agente público já ter participado de um processo anterior com o interessado, o que não necessariamente configurará situação de impedimento, conforme já se pronunciou o STJ.[1]

1 3ª Seção, MS n. 10.239/DF, relator Ministro Antonio Saldanha Palheiro, DJe de 23.11.2018.

Art. 20. Pode ser argüida a suspeição de autoridade ou servidor que tenha amizade íntima ou inimizade notória com algum dos interessados ou com os respectivos cônjuges, companheiros, parentes e afins até o terceiro grau.

Art. 21. O indeferimento de alegação de suspeição poderá ser objeto de recurso, sem efeito suspensivo.

**MARIA GABRIELA CAMPOS**

## 1 Suspeição do agente público

Diferentemente das hipóteses de impedimento, nas quais o agente público tem vínculo direto com o objeto do processo ou alguma relação de parentesco com o interessado, as hipóteses de suspeição elencam as situações das quais se extraem *suspeita* de atuação parcial do agente público.

Conforme já entendeu o STJ, "o impedimento, de natureza objetiva, é vício grave e insanável, que pode ser alegado a qualquer momento, devido ao comprometimento total do julgador, o que gera a presunção absoluta de incapacidade do servidor público, decorre de expressa previsão legal e deve ser obrigatoriamente comunicada sua ocorrência à autoridade superior, sob pena de falta grave para efeitos disciplinares. Por outro lado, a suspeição, de natureza subjetiva e que gera uma presunção relativa de incapacidade, derivada de um fato não provado, mas estabelecido por presunção, confere ao suspeito a circunstância de tornar sua conduta parcial em determinada situação jurídica, deve ser alegada pelo interessado na primeira oportunidade que lhe couber falar nos autos, de modo que a sua não arguição a tempo enseja a preclusão".[1]

O art. 20 da Lei do PAF considera suspeito o agente público que tenha amizade íntima ou inimizade notória com algum dos interessados ou com os respectivos cônjuges, companheiros, parentes e afins até o terceiro grau.

[1] 1ª Seção, MS n. 21.312/DF, relator Ministro Mauro Campbell Marques, DJe de 21.9.2016.

Deve-se entender que a amizade e a inimizade que qualificam a suspeição são aquelas notórias, que são conhecidas por todos ou por muitas pessoas. Essas situações se configuram pela demonstração do contato permanente no caso da amizade ou repercussão social da alegada inimizade.

As hipóteses de suspeição submetem-se a prévia arguição pelo interessado. Nada impede, porém, que o próprio agente público, fiel ao princípio da moralidade, declare-se suspeito, abstendo-se de atuar no processo.

No caso de arguição da suspeição pelo interessado, o agente público poderá, em cinco dias, adotar duas posturas: (i) reconhecer-se suspeito, abstendo-se de atuar no processo; ou, (ii) recusar a arguição. Nessa última hipótese, o interessado poderá recorrer da decisão em dez dias.

Deve-se registrar que os prazos, no processo administrativo, são computados em dias corridos, excluindo-se o dia do começo e incluindo-se o do vencimento (art. 66, §2º, da Lei do PAF).[2]

Havendo recurso, este será recebido, via de regra, no efeito devolutivo (art. 21 da Lei do PAF). Excepcionalmente a autoridade recorrida ou a imediatamente superior poderão conceder efeito suspensivo, quando houver justo receio de prejuízo ou incerta reparação decorrente da execução do ato administrativo (art. 61, parágrafo único, da Lei do PAF).

## 2 Efetivo prejuízo

A jurisprudência do STJ é parcimoniosa quando se trata do reconhecimento da quebra da imparcialidade. Firmou-se o entendimento de que o acolhimento da alegação de nulidade por impedimento ou suspeição não prescinde da demonstração do prejuízo à defesa do interessado.[3]

---

2 Seguramente, já se pronunciou o CNJ que "a Lei n. 9.784, de 29.1.1999, que regula o processo administrativo no âmbito da Administração Pública Federal, dispõe que os prazos processuais administrativos são contados em dias corridos, excluindo-se o dia do começo e incluindo-se o do vencimento (art. 66, §2º)" (CNJ, PCA 0005152-63.2017.2.00.0000, Relator: Henrique de Almeida Ávila, Data de Julgamento: 7.3.2018).

3 Nesse sentido: STJ, 1ª Seção, MS n. 19.560/DF, relator Ministro Herman Benjamin, DJe de 1.7.2019; 3ª Seção, MS n. 10.239/DF, relator Ministro Antonio Saldanha Palheiro, DJe de 23.11.2018; 3ª Seção, MS n. 13.986/DF, relator Ministro Napoleão Nunes Maia Filho, DJe de 12.2.2010.

Assim, o STJ já decidiu que "o reconhecimento do impedimento, em razão de ter sido ouvido como testemunhas no âmbito da ação penal ou em outro processo administrativo disciplinar, relacionados ao mesmo fato, demanda a efetiva comprovação de que o depoimento prestado, na condição de testemunha, carregue opinião pessoal ou prejulgamento sobre a conduta do servidor indiciado".[4]

[4] STJ, 1ª Seção, MS n. 21.312/DF, relator Ministro Mauro Campbell Marques, DJe de 21.9.2016.

## CAPÍTULO VIII
## DA FORMA, TEMPO E LUGAR DOS ATOS DO PROCESSO

Art. 22. Os atos do processo administrativo não dependem de forma determinada senão quando a lei expressamente a exigir.

§1º Os atos do processo devem ser produzidos por escrito, em vernáculo, com a data e o local de sua realização e a assinatura da autoridade responsável.

§2º Salvo imposição legal, o reconhecimento de firma somente será exigido quando houver dúvida de autenticidade.

§3º A autenticação de documentos exigidos em cópia poderá ser feita pelo órgão administrativo.

§4º O processo deverá ter suas páginas numeradas sequencialmente e rubricadas.

**PATRÍCIA BAPTISTA**

**LEONARDO ANTOUN**

# A forma dos atos no processo administrativo – um olhar atual para o capítulo viii da lei federal n.º 9.784/99

O capítulo VIII da Lei Federal nº 9.784/99 regulamenta a forma, o tempo e o lugar dos atos praticados nos processos administrativos. As normas constantes deste capítulo devem necessariamente ser compreendidas a partir das premissas que o legislador fixou no art. 2º da lei, em especial a "observância das formalidades essenciais à garantia dos direitos dos administrados" (artigo 2º, parágrafo único, inciso VIII) e a "adoção de formas simples, suficientes para propiciar adequado grau de certeza, segurança e respeito aos direitos dos administrados" (artigo 2º, parágrafo único, inciso IX).

No que refere à sua forma, portanto, pode-se dizer dos processos administrativos que são presididos por certo informalismo ou, quando muito, por um formalismo moderado, em que, via de regra, a forma não será essencial à validade dos atos praticados. Apenas quando seja necessária à garantia de direitos constitucionais dos cidadãos envolvidos ou à realização de outro direito ou interesse público juridicamente relevante, será possível reclamar a adoção dessa ou daquela forma. Como ocorre em regra no direito administrativo, a forma, para ser apontada como necessária, deve estar atrelada à realização de algum fim público. Determinada forma específica, quando demandada, será instrumental de algum outro objetivo a ser alcançado. Não é por outra razão, aliás, que a forma escrita é de rigor, com o fim de assegurar maior publicidade e controle dos processos (desafios que aumentam com a digitalização em curso e o potencial emprego de ferramentas de inteligência artificial, circunstância em que a forma escrita do vernáculo poderá ser substituída por linguagem de máquina, frequentemente numérica).[1]

No mais, a forma a ser adotada será aquela bastante para assegurar a publicidade e o controle adequado do processo. Desse modo, por exemplo, desde que se atinja o fim de chamar os interessados para o processo e dar-lhes a conhecer o seu teor, não se exigirá tal ou qual forma específica de intimação. Com o tempo, inclusive, se passou a admitir que um simples telefonema ou mensagem de Whatsapp ou de correio eletrônico sejam suficientes.

Tal espírito de instrumentalidade e desburocratização, a par do caráter minimalista da lei, é o que preside o capítulo VIII da Lei nº 9.784/99 que ora se comenta: regras que apontam para a flexibilidade, assegurando espaço de discricionariedade aos agentes que conduzem os processos administrativos e de adaptabilidade as circunstâncias concretas que venham a se apresentar ao gestor ou à autoridade pública.[2]

O *caput* do artigo 22 da Lei Federal nº 9.784/99 reflete essa opção legislativa: em regra, não há forma específica para a prática dos atos

---

1 FADWA Chatit; MOHAMED, Hamiche. Transformation digitale de l'administration publique: un passage vers une revolution numerique au servisse de tous les usagers. *Conhecimento & Diversidade*, v. 15, n. 39, p. 226-262, out. 2023. Disponível em: https://doi.org/10.18316/rcd.v15i39.11131. Acesso em: fev. 2024.

2 A doutrina especializada destaca o "modelo normativo relativamente minimalista" adotado pelo direito brasileiro em matéria de processo administrativo: "Ademais, as leis gerais brasileiras de processo administrativo optaram por um modelo normativo relativamente minimalista, abdicando da pretensão de fazer um esforço de catalogação e distinção dos tipos processuais, deixando, assim, espaço para que as regras mais concretas fossem sendo construídas por legislação ou regulamentação específicas, ou mesmo pela jurisprudência constitucional (...) é uma tentativa de fazer funcionar, em uma mesma máquina, engrenagens que muitos analistas podem ver como difíceis de ajustar bem umas às outras: leis gerais de processo administrativo com pretensões unificadoras que deixam largo espaço para leis processuais setoriais, tudo isso convivendo com uma crescente produção jurisprudencial sobre processo administrativo, com status constitucional." SUNDFELD, Carlos Ari. *Direito administrativo para céticos*. 2. ed. São Paulo: Malheiros, 2014. p. 294.

em processo administrativo, salvo quando a lei expressamente o exija. A norma tem a especial virtude de permitir o necessário ajuste quanto ao grau de formalismo exigido do agente público a depender das especificidades e da natureza do processo administrativo em tramitação.

No ano de 2015, a Segunda Turma do Superior Tribunal de Justiça enfrentou, em ação de improbidade administrativa, o tema da forma dos atos no processo administrativo, discutindo a qualificação como ímprobo de ato administrativo verbal de cessão de bem público. Naquela ocasião, o Ministro Herman Benjamin ponderou, após reproduzir o artigo 22 da Lei Federal nº 9.784/99 em seu voto, que "(...) a Lei 9.784/1999 é imperativa ao dispor que a regra é a forma escrita para a prática de atos administrativos processuais". E, na sequência, destacou que "o meio jurídico tem ciência de que qualquer ato final deve ser precedido do devido processo legal, o que se materializa na formalização dos respectivos autos" (AgRg no AREsp n. 470.565/PA, relator Ministro Humberto Martins, relator para acórdão Ministro Herman Benjamin, Segunda Turma, julgado em 10.3.2015, DJe de 16.11.2015).

A informalidade se transmuda em formalidade, de fato, diante da existência de disposições legais que disciplinam determinados processos administrativo em espécie, revestindo-os de maior ou de menor solenidade. O processo administrativo disciplinar, por exemplo, possui extensa regulamentação quanto à forma nos artigos 148 a 182 da Lei Federal nº 8.112/90. A natureza quase penal dos processos disciplinares e a relevância das consequências que deles podem advir, como a aplicação da sanção de demissão do serviço público, apontam em favor de um rigor formal maior, *v.g.* o direito à defesa técnica do acusado da prática de ilícito disciplinar, frequentemente previsto na legislação de regência, cuja ausência importará em nulidade do processado.

No mesmo sentido, afirmando a impossibilidade de se reconhecerem direitos decorrentes de contrato verbal, fora da hipótese legalmente admitida, o Tribunal de Justiça do Rio de Janeiro afirmou, nesse caso, a existência de um princípio do formalismo, associado à legalidade para negar validade ao suposto ajuste.[3]

---

[3] Ação indenizatória. Empresa que, supostamente, não recebeu a devida contraprestação pelos serviços prestados referentes à reforma do Teatro Municipal do Rio de Janeiro, em janeiro de 2010. Sentença de parcial procedência, contra a qual se insurgem ambas as partes. *Contrato administrativo, sujeito às regras do Direito Administrativo. Princípio da formalidade e legalidade estrita. Impossibilidade do reconhecimento de direitos oriundos de ajustes de natureza verbal, não se enquadrando, o caso dos autos, na exceção da regra disposta no art. 60, parágrafo único da Lei 8666/93.* Ausência de comprovação do débito alegado. Parte ré que

Em sentido oposto, contudo, pequenas compras ou serviços de pronto pagamento, assim entendidos aqueles de valor não superior a dez mil reais, admitem contratação verbal (Lei Federal nº 14.133/21, artigo 95, §2º).

Vê-se, assim, que a Lei Federal nº 9.784/99 permitiu que o grau de formalismo possa ser ampliado ou reduzido pelo legislador, à luz de suas especificidades, positivando, como regra, a ausência de forma específica para a prática de atos em processos administrativos.

Aliás, o próprio artigo 22 da Lei Federal nº 9.784/99, em seus parágrafos, apresenta um exemplo dessa adaptabilidade procedimental quando regulamenta a forma de autenticação dos documentos apresentados por particulares. De um lado, autoriza que a autenticação de documentos exigida em cópia seja feita diretamente pelo órgão administrativo (§3º), mas, logo na sequência, utiliza o verbo "poderá", indicando espaço maior de discricionariedade ao agente público na análise do caso concreto. De outro lado, exige o reconhecimento de firma apenas quando houver dúvida de autenticidade (§2º), mas autoriza "imposição legal" em sentido diverso, para enrijecer ou flexibilizar a norma a depender da situação apresentada. Valendo registrar que, a partir da aceitação da assinatura digital/eletrônica certificada (Lei nº 14.063, de 23 de setembro de 2020)[4], a obsolescência de dispositivos legais feitos para o mundo analógico — como é o caso do "reconhecimento de firma" —, parece vir a galope, se é que já efetivamente não chegou. O mesmo pode se dizer da "autenticação de documentos" quase tão em desuso como a máquina de escrever.

Na verdade, a opção do legislador de 1999 pela redação normativa com grande espaço de adaptação do dispositivo legal objeto de estudo, como de resto se entrevê em todo o capítulo VIII da Lei Federal nº 9.784/99, não foi o bastante para obstar essa sua gradual obsolescência decorrente do avanço das novas tecnologias digitais. Com a progressiva digitalização dos processos administrativos e com o surgimento dos processos administrativos eletrônicos, a necessidade

---

demonstrou a contraprestação pelos serviços prestados. Assim, é de se ver que a sentença merece reforma, para que o pedido seja julgado totalmente improcedente. (...) TJRJ, 13ª Câmara Cível, Apelação Cível nº 0344302-82.2013.8.19.0001, julg.22.03.2017, Rel. Des. Sirley Abreu Biondi.

4 Dispõe sobre o uso de assinaturas eletrônicas em interações com entes públicos, em atos de pessoas jurídicas e em questões de saúde e sobre as licenças de softwares desenvolvidos por entes públicos; e altera a Lei nº 9.096, de 19 de setembro de 1995, a Lei nº 5.991, de 17 de dezembro de 1973, e a Medida Provisória nº 2.200-2, de 24 de agosto de 2001.

de adoção de interpretação evolutiva desses dispositivos pelos agentes públicos é inevitável. O artigo 22, por exemplo, determina que os atos do processo sejam produzidos por escrito, em vernáculo, com data e local de sua realização e assinatura da autoridade responsável (§1º) e que suas páginas sejam numeradas de forma sequencial e rubricadas (§4º). Tais normas, como já visto, nos dias atuais não parecem minimamente adaptadas à realidade dos processos digitais, já bastante difundida no país, em especial no período pós-pandêmico.

Veja-se que um dos primeiros diplomas oriundos do Congresso Nacional a tratar da autenticação, da integridade e da assinatura eletrônica de documentos públicos digitalizados foi a Lei Federal nº 12.682, de 2012, ao dispor sobre a elaboração e o arquivamento de documentos em meios eletromagnéticos, em pouco mais de cinco artigos.[5]

Ante a expansão do processo administrativo eletrônico no cotidiano das Administrações Públicas brasileiras, a necessidade de criação de arcabouço normativo mais aderente a essa nova realidade, que atualizasse a disciplina da Lei Federal nº 9.784/99, tornou-se mais premente. O anteprojeto de lei apresentado ao Senado Federal, em 2022, pela comissão de juristas presidida pela ministra do Superior Tribunal de Justiça Regina Helena Costa, sob a relatoria do professor Valter Shuenquener de Araújo, se inseriu nesse propósito de atualização normativa da Lei Federal nº 9.784/99 frente a nova realidade digital.

No momento em que está sendo escrito o presente estudo, no segundo semestre de 2024, o anteprojeto citado, convertido no Projeto de Lei do Senado (PLS) nº 2.481/2022, de iniciativa do senador Rodrigo Pacheco, segue tramitando e teve aprovada a Emenda Substitutiva nº 03 na Comissão Temporária constituída para sua apreciação, achando-se pendentes de apreciação as emendas apresentadas pelo plenário.

Especificamente quanto ao tema do processo administrativo eletrônico, o projeto propôs a inclusão, na lei geral do processo administrativo, do Capítulo X-A, com os artigos 47-A a 47-E disciplinando regras gerais sobre a matéria. Logo em seu primeiro dispositivo, este

---

5 Apenas em 2015, por meio do decreto nº 8.539/15, que foi regulamentada a Lei Federal nº 12.682/12. Nesta ocasião, disciplinou-se, mais amplamente, o uso do meio eletrônico, no âmbito dos órgãos e entidades da administração pública federal direta, autárquica e fundacional, para a realização do processo administrativo. O referido ato regulamentar aprofundava questões de índole terminológica, estabelecia os seus princípios e objetivos — dentre outros, eficiência, eficácia, efetividade, segurança, transparência, economicidade e sustentabilidade ambiental — e fixava regras que permitiam a aplicabilidade prática da ferramenta.

novo capítulo torna preferencial a tramitação eletrônica dos processos administrativos (artigo 47-A). No que se refere à forma dos atos administrativos, atualmente regulamentada pelo artigo 22, há ajustes pontuais, admitindo-se "a adoção de assinatura eletrônica para verificação de autoria e de autenticidade dos atos praticados" (artigo 47-B, inciso III) e "a previsão de mecanismos para a verificação da autenticidade, da integridade e da segurança dos documentos que neles sejam produzidos ou venham a ser inseridos" (artigo 47-B, inciso IV).

O Projeto de Lei do Senado (PLS) nº 2.481/2022, com a redação proposta pela Emenda Substitutiva nº 03 – CTIADMTR propõe também a modificação do artigo 22, §4º da Lei Federal nº 9.784/99, para prever que "o processo administrativo, quando físico, deverá ter suas páginas numeradas sequencialmente e rubricadas". A partir dessas e de outras alterações previstas no referido projeto de lei, pavimenta-se a construção do caminho normativo para as necessárias adaptações da Lei Federal nº 9.784/99 à realidade contemporânea dos processos administrativos eletrônicos, sem revogar em definitivo as disposições relativas ao processo administrativo físico, que, em caso de aprovação da atual redação do projeto de lei, seguirá tendo importância supletiva.[6]

6 A Emenda Substitutiva nº 03 – CTIADMTR propõe a inclusão do parágrafo único ao artigo 47-A da Lei Federal nº 9.784/99: "Quando o meio eletrônico estiver indisponível, for motivadamente inviável ou diante de risco de dano relevante à celeridade do processo, os atos processuais poderão ser praticados conforme as regras aplicáveis aos processos físicos, desde que posteriormente o documento-base correspondente seja digitalizado".

Art. 23. Os atos do processo devem realizar-se em dias úteis, no horário normal de funcionamento da repartição na qual tramitar o processo.

Parágrafo único. Serão concluídos depois do horário normal os atos já iniciados, cujo adiamento prejudique o curso regular do procedimento ou cause dano ao interessado ou à Administração.

**PATRÍCIA BAPTISTA**

**LEONARDO ANTOUN**

# O tempo dos atos no processo administrativo e a necessidade de sua adequação à administração pública na era digital

O artigo 23 da Lei do processo administrativo federal, em conjunto com o artigo 24, fixa norma geral acerca do tempo dos atos nos processos administrativos. A sua redação é simples, reservando a prática de atos aos dias úteis, dentro do horário normal de funcionamento da repartição. A única exceção positivada expressamente à regra geral seria a conclusão de atos iniciados ainda no horário normal de funcionamento da repartição, desde que demonstrado o prejuízo de sua interrupção ao interessado, à Administração Pública ou ao próprio curso do procedimento.

A adoção de conceitos jurídicos indeterminados configura técnica legislativa que permite maior margem interpretativa pelo aplicador da norma. O "horário normal de funcionamento da repartição" pode variar a depender da natureza das atividades administrativas desenvolvidas: um hospital público de emergência certamente terá um horário normal de funcionamento diferente de uma repartição fiscal. Da mesma forma, a análise do adiamento da prática de atos que "prejudique o curso regular do procedimento" ou que "cause dano ao interessado ou à Administração" competirá, casuísticamente, ao agente público competente. Tal redação, com isso, impede um engessamento excessivo do processo administrativo, ao mesmo tempo em que assegura ao particular o respeito às suas garantias constitucionais.

O avanço do processo administrativo eletrônico nos últimos anos, porém, tornou o dispositivo legal praticamente anacrônico. Os processos digitais não têm propriamente lugar — quando muito poderia se considerar assim a nuvem em que situados — nem seus atos ficam circunscritos a dias úteis. As restrições da literalidade do artigo 23 da Lei Federal nº 9.784/99, pensadas para um modelo analógico de gestão pública, não se adequam aos dias vigentes. A adoção incremental do governo digital, regulamentado pela Lei Federal nº 14.129/21, como política pública, e a expansão de instrumentos que se utilizam da internet para permitir maior integração e eficiência na interação com o cidadão, geram novas possibilidades no cotidiano da Administração Pública não mais suficientemente acompanhadas pelo texto legal.

Nesse contexto, o Sistema Eletrônico de Informações (SEI), ferramenta para gestão de processos e documentos administrativos eletrônicos federais, foi uma das principais realizações do Estado brasileiro relativas ao tema ao longo dos anos 2000. A ferramenta foi desenvolvida pioneiramente pelo Tribunal Regional Federal da 4ª Região em 2009, que se notabilizou também pela instituição do sistema "E-Proc", primeiro sistema judicial de peticionamento eletrônico do Brasil, ainda no ano de 2002, à época sob a então presidência do ex-ministro do Supremo Tribunal Federal Teori Zavascki.[1] Aliás, este é um dado interessante da realidade brasileira: a implementação do processo eletrônico judicial é anterior a do processo eletrônico administrativo federal, e, talvez por essa razão, tenha sobre ele exercido grande influência.

Com a expansão do processo judicial eletrônico, anos antes da ocorrência de fenômeno semelhante na Administração Pública federal, o Poder Judiciário se viu na contingência de aprovar a Lei Federal nº 11.419/06. Esse diploma normativo, pensado para o mundo digital, regulamenta o tempo dos atos praticados no processo judicial de forma inovadora. Os atos passaram a ser considerados tempestivos se efetivados até as 24 (vinte e quatro) horas de seu último dia (artigos 3º, parágrafo único, e 10, §1º), não mais se limitando ao horário normal de

---

1 RAMOS, Miguel Antonio Silveira. *O processo eletrônico como uma política pública de combate a crise do Judiciário e os obstáculos ao acesso à Justiça*. 2016. Dissertação (Mestrado) – Programa de Pós-Graduação em Direito, Faculdade de Direito, Universidade Federal do Rio Grande. Rio Grande, 2016. p. 69.

funcionamento de repartições do Poder Judiciário do país. Tornou-se, ainda, possível a consulta ao processo mesmo em dias não úteis (artigo 5º, §2º). Essas regras processuais foram consolidadas e aprimoradas pelo Código de Processo Civil de 2015.

Nesse contexto, a Lei Federal nº 9.784/99, na sua redação original, tornou-se incapaz de conferir a segurança jurídica necessária para a disciplina do tempo dos atos praticados pela Administração Pública federal, no curso de processos administrativos, na era digital. Por isso, a literatura especializada tem defendido a aplicação do artigo 15 do Código de Processo Civil de 2015, que autoriza a sua aplicação supletiva e subsidiária na ausência de normas específicas de processo administrativo eletrônico.[2] Recentemente, inclusive, o dispositivo legal foi declarado constitucional pelo Supremo Tribunal Federal nos autos da Ação Direta de Inconstitucionalidade nº 5.492/DF. Naquela ocasião, o ministro relator Dias Toffoli destacou que "(...) houve, na verdade, uma nítida ampliação, atualização e enriquecimento das normas [de processo administrativo federal, estadual, distrital e municipal] já vigentes, possibilitando sua integração, em caso de lacunas, pelas normas do CPC".

De todo modo, o que se verificou na realidade das Administrações Públicas do país foi a proliferação de atos infralegais editados para regulamentar os processos eletrônicos. No âmbito federal, para além de iniciativas setoriais pontuais, foi apenas em 2015, por meio do decreto nº 8.539/15, que se regulamentou mais amplamente a tramitação eletrônica dos processos administrativos. Dentre os seus objetivos, destacou-se, "promover a utilização de meios eletrônicos para a realização dos processos administrativos com segurança, transparência e economicidade" (artigo 3º, inciso II). Foi assegurado, tal como em processos judiciais, a tempestividade de atos praticados "até as vinte e três horas e cinquenta e nove minutos do último dia do prazo, no horário oficial de Brasília" (artigo 7º, §2º). Igualmente, permitiu-se o acesso à íntegra do processo para vista pessoal por meio da disponibilização de sistema informatizado de gestão, não se limitando expressamente aos dias úteis (artigo 8º).

O anteprojeto de lei apresentado ao Senado Federal, em 2022, pela comissão de juristas presidida pela ministra do Superior Tribunal

---

2 MOREIRA, Egon Bockmann. O impacto do CPC nos processos administrativos: uma nova racionalidade. *In*: DIREITO DO ESTADO [site], 10 mar. 2016. Disponível em: http://www.direitodoestado.com.br/colunistas/egon-bockmann-moreira/o-impacto-do-CPC-2015-nos-processos-administrativos-uma-nova-racionalidade. Acesso em: 29 ago. 2024.

de Justiça Regina Helena Costa, sob a relatoria do professor Valter Shuenquener de Araújo, mencionado nos comentários ao dispositivo legal antecedente, também pretende promover modificações no artigo 23 da Lei Federal nº 9.784/99. No momento em que estão sendo redigidos esses comentários, o anteprojeto, convertido no Projeto de Lei do Senado (PLS) nº 2.481/2022, aguarda o exame, pela Comissão Temática constituída especificamente, das emendas apresentadas pelo Plenário do Senado.

Segundo a proposta apresentada, o artigo 23 da Lei Federal nº 9.784/99 passará a contar com o seguinte parágrafo: "A prática de ato processual no âmbito de processo administrativo eletrônico pode ocorrer em qualquer horário até as vinte e três horas e cinquenta e nove minutos do último dia do prazo". E, mais adiante, no capítulo específico destinado aos processos administrativos eletrônicos, o artigo 47-A positiva em seu inciso III, como um dos objetivos dessa nova ferramenta, "simplificar e reduzir a duração dos procedimentos, promovendo a rapidez das decisões, sem prejuízo às garantias constitucionais e legais". Trata-se, portanto, de atualizar o sentido jurídico do tempo dos atos no processo administrativo para a era digital.

## Referências

MOREIRA, Egon Bockmann. O impacto do CPC nos processos administrativos: uma nova racionalidade. Direito do Estado. Disponível em: <http://www.direitodoestado.com.br/colunistas/egon-bockmann-moreira/o-impacto-do-CPC-2015-nos-processos-administrativos-uma-nova-racionalidade>. Acesso em 29 de agosto de 2024.

RAMOS, M.A.S. O processo eletrônico como uma política pública de combate a crise do Judiciário e os obstáculos ao acesso à Justiça. 2016. *Dissertação (Mestrado) – Programa de Pós-Graduação em Direito - Faculdade de Direito – Universidade Federal do Rio Grande.* Rio Grande, 2016

Art. 24. Inexistindo disposição específica, os atos do órgão ou autoridade responsável pelo processo e dos administrados que dele participem devem ser praticados no prazo de cinco dias, salvo motivo de força maior.

Parágrafo único. O prazo previsto neste artigo pode ser dilatado até o dobro, mediante comprovada justificação.

**PATRÍCIA BAPTISTA**

**LEONARDO ANTOUN**

## O prazo geral dos atos no processo administrativo e a sua flexibilização normativa e jurisprudencial

O artigo 24 da Lei Federal nº 9.784/99, em complemento ao dispositivo legal antecedente, aprofunda as normas gerais acerca do tempo dos atos nos processos administrativos. Assim, muitos dos comentários apresentados no tópico anterior aproveitam também a esse dispositivo legal. O prazo para a prática de atos do órgão ou autoridade responsável pelo processo e dos administrados que dele participem é, em regra, de cinco dias. A redação normativa simples e a adoção abrangente de conceitos jurídicos indeterminados permitem, porém, a sua adaptação a situações fáticas e jurídicas bastante diversas.

O dispositivo legal expressamente autoriza o afastamento do prazo de cinco dias quando for identificado "motivo de força maior" e, sua dilatação até o dobro, "mediante comprovada justificação". Com isso, há razoável margem interpretativa para que os agentes públicos atendam, de forma excepcional, a adaptação do prazo legamente fixado. Para além disso, o mesmo dispositivo legal autoriza "disposição específica" em sentido diverso. Dessa forma, há prazos próprios estabelecidos em leis especiais que regulamentam processos administrativos com características que demandem regramento próprio O direito administrativo sancionador, por exemplo, por envolver potencial impacto em direitos fundamentais dos particulares, recebeu especial atenção na fixação de prazos pelo Poder Legislativo.

O processo administrativo para apuração de infração ambiental, regulamentado pela Lei Federal nº 9.605/98, apresenta prazos máximos para oferecimento de defesa, para julgamento, para interposição de recurso e para pagamento da sanção pecuniária (artigo 71). A Lei Federal nº 8.112/90, por sua vez, estipula prazos distintos para conclusão do processo administrativo a depender da sanção aplicável ao agente público. A sindicância, que pode resultar em aplicação de penalidade de advertência ou suspensão de até 30 (trinta) dias, deverá ser encerrada em até 30 (trinta) dias, podendo ser prorrogada por igual período pela comissão processante (artigo 145, parágrafo único). No caso de sanções mais graves, instaura-se o processo administrativo disciplinar, que conta com detalhamento ainda maior dos prazos para a prática de seus atos, nos artigos 148 a 182 da Lei Federal nº 8.112/90.

Além disso, a expressão "disposição específica" também contempla prazos diferenciados previstos na própria Lei Federal nº 9.784/99. O artigo 49 estabelece prazo, contado a partir da conclusão da instrução do processo administrativo, de até trinta dias para que a autoridade elabore decisão final, salvo prorrogação por igual período expressamente motivada. Já o artigo 59 assegura prazo geral de dez dias, a contar da ciência ou divulgação oficial da decisão, para interposição de recurso administrativo pelo interessado. E, conforme o artigo 42, pareceres obrigatórios ou vinculantes devem ser apresentados pelos órgãos consultivos em até quinze dias, salvo norma especial ou comprovada necessidade de maior prazo. Há, portanto, diversos prazos mais específicos disciplinados ao longo da lei de processo administrativo federal que igualmente afastam a regra geral prevista no dispositivo legal sob estudo.

Dessa forma, a redação do artigo 24 da Lei Federal nº 9.784/99 permite a relativização do prazo de 5 (cinco) dias para a prática de atos pela Administração Pública e pelos interessados, seja pelo uso de conceitos jurídicos indeterminados que conferem margem interpretativa aos agentes públicos, seja pela expressa abertura à disposição em sentido diverso por normas elaboradas pelo próprio Poder Legislativo. Não bastasse isso, também o Poder Judiciário vem flexibilizando os prazos previstos na Lei Federal nº 9.784/99, mesmo nos casos em que seriam aplicáveis pela sua literalidade. Segundo jurisprudência firmada no âmbito dos Tribunais Superiores, quando o dispositivo legal não estabelece sanção ou efeito positivo ao seu descumprimento, o prazo deve ser entendido como impróprio, de modo que não há preclusão em caso de sua inobservância.

O Superior Tribunal de Justiça adotou essa orientação em ao menos duas oportunidades, ao interpretar de forma mais específica o artigo 49 da Lei Federal nº 9.784/99, que fixa o prazo para tomada de decisão no âmbito da Administração Pública, (i) Agravo Regimental no Agravo em Recurso Especial nº 588898/RJ, de Relatoria do ministro Mauro Campbell Marques, da Segunda Turma, julgado em 03/02/2015, publicado no DJe 06.02.2015; e (ii) Recurso Especial nº 1682605/CE, de Relatoria do Ministro Herman Benjamin, da Segunda Turma, julgado em 03.10.2017, publicado no DJe 16.10.2017. Assim, a sindicabilidade judicial dos prazos estipulados pela Lei Federal nº 9.784/99 tem produzido efeitos práticos reduzidos.

O controle externo ocorre de forma excepcional, em decisões amparadas nos princípios da legalidade, da razoabidade, da proporcionalidade, da moralidade, da eficiência e da duração razoável dos processos. Justamente com base nesses princípios, em julgamento de Mandado de Segurança na Primeira Seção do Superior Tribunal de Justiça, o ministro relator Benedito Gonçalves reconheceu que "os atos necessários à instrução do processo administrativo devem ser realizados em tempo razoável, caso não haja prazo fixado em lei ou pela autoridade competente". E, na sequência, concedeu a ordem para "(...) que a autoridade coatora determine ao órgão interno de auditoria que se pronuncie a respeito da consulta formulada pela Consultoria Jurídica, conforme o prazo do art. 24, caput e parágrafo único, da Lei nº 9.784/1999 (...)" (Mandado de Segurança nº 19.890/DF, relator ministro Benedito Gonçalves, Primeira Seção, julgado em 14.08.2013, DJe de 23.08.2013).

Por fim, em consonância com a recente evolução do paradigma da consensualidade na Administração Pública federal, merece registro novamente o anteprojeto de lei apresentado ao Senado Federal, em 2022, convertido no Projeto de Lei do Senado (PLS) nº 2.481/2022, de iniciativa do senador Rodrigo Pacheco.

O projeto de lei pretende ver incluído, no capítulo VIII da Lei Federal nº 9.784/99, o novo artigo 25-A, que disciplinaria os negócios jurídicos processuais administrativos. Por meio desses atos negociais seria dado aos órgãos e entidades, em consenso com o administrado, estipular mudanças no procedimento para ajustá-lo às especificidades da situação concreta, antes ou durante o processo administrativo. Como se deu no âmbito do processo civil, se estaria diante de uma cláusula geral de negócios jurídicos processuais administrativos, sem um rol exaustivo previamente definido pelo legislador. O novo dispositivo apenas tipifica uma modalidade negocial: a elaboração de calendários (artigo 25-A, §2º), apta a impactar diretamente na atual redação do artigo 24 da Lei Federal nº 9.784/99.

A adoção negocial de calendários permitirá o agendamento prévio, total ou parcialmente, dos prazos para a prática de atos no processo administrativo, gerando maior segurança jurídica, transparência e eficiência no âmbito da Administração Pública federal. Conforme a proposta de redação do artigo 25-A, §3º, "os prazos nele previstos somente serão modificados em casos excepcionais, devidamente justificados" (artigo 25-A, §3º). E, na sequência, o artigo 25-A, §4º, incorpora importante regra para as comunicações dos atos, ao dispensar "a intimação das partes para a prática de ato processual cujas datas tiverem sido designadas no calendário". Com isso, também pela via do consenso, em caso de aprovação do projeto de lei, se permitirá a flexibilização da regra do artigo 24 da Lei Federal nº 9.784/99.

Art. 25. Os atos do processo devem realizar-se preferencialmente na sede do órgão, cientificando-se o interessado se outro for o local de realização.

**PATRÍCIA BAPTISTA**

**LEONARDO ANTOUN**

## O lugar dos atos no processo administrativo – releitura do à luz da administração pública na era digital

O último dispositivo do capítulo VIII da Lei Federal nº 9.784/99 regulamenta o lugar dos atos praticados nos processos administrativos. A regra estabelece a sede do órgão como local em que, "preferencialmente", serão realizados os atos do processo administrativo. A opção legislativa se justificava à luz da publicidade e da eficiência, já que o legislador presumiu a sede física do órgão como lugar por excelência para a prática dos atos pelas partes. De um lado, sob o prisma da publicidade, a participação da sociedade civil e dos grupos de interesse seria estimulada com a realização de atos na sede do órgão envolvido, lugar naturalmente mais próximo do objeto do ato, em que estariam presentes mais elementos de informação capazes de instruir a tomada de decisão. De outro lado, sob o prisma da eficiência, compreende-se que a realização dos atos na sede do órgão, em que se concentram os seus recursos humanos e materiais, diminui os custos com deslocamento e com o processo de escolha de um novo local.

Assim, eventual opção de determinado agente público pela realização do ato em outro local não prescindiria de rigoroso escrutínio de sua motivação, que deveria demonstrar por quais razões a alteração realizaria de forma mais consistente o interesse público. Nessa hipótese, para além da motivação contextual, o artigo 25 da Lei Federal nº 9.784/99 exige expressamente que o agente público responsável cientifique os interessados da alteração. Trata-se de regra apta a assegurar o direito de efetiva participação da sociedade civil, e mesmo do particular individualmente interessado no desfecho do processo administrativo, de modo justamente a evitar prejuízos ao devido processo legal administrativo.

O artigo 25 da Lei Federal nº 9.784/99 foi pensado, também, sob a perspectiva de um mundo analógico, para a época da Administração da papelaria e dos clips.[1] A dificuldade de acesso aos processos administrativos de papel decorria de inúmeros obstáculos: as necessidades de ida à repartição, de localização do processo, de saber qual era o documento e de onde estava a informação de que se precisava. Tudo muito difícil, custoso e multiplicado inúmeras vezes pelas distâncias em um país de dimensões continentais como o Brasil. Com isso, a identificação da sede do órgão como lugar da prática dos atos administrativos garantia maior segurança jurídica à sociedade civil e aos grupos de interesse.

De todo modo, os comentários feitos acima com relação aos demais dispositivos do capítulo VIII da Lei Federal nº 9.784/99, quanto às dificuldades de sua aplicação em uma administração pública cada vez mais digital, são extensíveis ao dispositivo ora em comento. E aqui, também, se aplicam as considerações acerca do pioneirismo do processo judicial no quesito. A Lei Federal nº 11.900/09 promoveu modificações no Código de Processo Penal para prever a possibilidade, ainda que em caráter excepcional, de realização de interrogatório e outros atos processuais por sistema de videoconferência (artigo 185, §2º).

Em 2015, o Código de Processo Civil introduziu regras relativas à prática de atos processuais em meio eletrônico. O artigo 209, §1º, do Código de Processo Civil assegura que "os atos processuais praticados na presença do juiz poderão ser produzidos e armazenados de modo integralmente digital em arquivo eletrônico inviolável". Além disso, autoriza o Código de Processo Civil, a realização eletrônica de depoimentos (artigo 460, §3º), o leilão judicial de bens (artigo 879, inciso II), e, em sua redação original,[2] o julgamento nos tribunais (artigo 945).

Houve, ainda, sensibilidade do legislador com o grave problema da acessibilidade digital, que será tratado no âmbito do processo admi-

---

1 "*Direito administrativo do clips (DAC)* é o da Administração de papelaria, que age por autos e atos, trata direitos e deveres em papel, é estatista, desconfia dos privados, despreza a relação tempo, custos e resultado, não assume prioridades." (SUNDFELD, Carlos Ari. O direito administrativo entre os *clips* e os negócios. *In*: ARAGÃO, Alexandre Santos de; MARQUES NETO, Floriano de Azevedo (coord.). *Direito administrativo e seus novos paradigmas*. Belo Horizonte: Fórum, 2008. p. 89).

2 O dispositivo foi revogado, posteriormente, pela Lei Federal nº 13.256/16. A revogação, porém, não impediu que a regulamentação do julgamento virtual se desse por meio do regimento interno dos tribunais espalhados pelo país.

nistrativo com mais vagar adiante. O artigo 194 do CPC assegura que "os sistemas de automação processual respeitarão a publicidade dos atos, o acesso e a participação das partes e de seus procuradores, inclusive nas audiências e sessões de julgamento, observadas as garantias da (...) acessibilidade e interoperabilidade dos sistemas, serviços, dados e informações que o Poder Judiciário administre no exercício de suas funções". Além disso, prevê o Código de Processo Civil que o Poder Judiciário deverá manter gratuitamente equipamentos necessários à prática de atos processuais (artigo 198), além de acessibilidade de pessoas com deficiência aos seus sítios na rede mundial de computadores, ao meio eletrônico de prática de atos judiciais, à comunicação eletrônica dos atos processuais e à assinatura eletrônica (artigo 199).

Em linha com as modificações ocorridas no âmbito do processo judicial, o anteprojeto de lei apresentado ao Senado Federal, em 2022, convertido no Projeto de Lei do Senado (PLS) nº 2.481/2022, de iniciativa do senador Rodrigo Pacheco — em tramitação no momento em que redigidos estes comentários — altera a redação da norma em exame. O projeto propõe a seguinte redação para o *caput* do art. 25: "Os atos nos processos administrativos físicos devem realizar-se preferencialmente na sede do órgão, cientificando-se o interessado se outro for o local de realização". Com a restrição aos processos administrativos físicos, autoriza que solução diversa seja construída para os processos administrativos eletrônicos. O projeto de lei aqui citado também inclui o artigo 47-C, que introduz a relevante preocupação com o problema da acessibilidade na era digital: "A Administração Pública deve assegurar aos interessados meios para o acesso e a consulta aos sistemas eletrônicos de processamento administrativo, assim como para a prática dos atos nos processos de seu interesse".

Na virada de chave para os processos digitais, a barreira de acesso passa a ser a própria tecnologia. De um lado, muitas vezes faltam à população os equipamentos para acessar os sistemas de processamento eletrônico. E, de outro, mesmo que existam os equipamentos, verificam-se dificuldades cognitivas, decorrentes de baixa escolaridade, de condição social, de idade, de renda, que dificultam o acesso a novas tecnologias digitais e que, na prática, podem resultar no alijamento da população dos serviços públicos prestados por meios digitais. Trata-se de fenômeno que a literatura tem chamado de desigualdade digital[3]

[3] SCHIEFLER, Eduardo André Carvalho; CRISTÓVAM, José Sérgio da Silva; SOUSA, Thanderson Pereira de. Administração Pública digital e a problemática da desigualdade no

ou de exclusão digital.[4] Nesse contexto, a migração do lugar da prática dos atos em processos administrativos de um ambiente físico para um ambiente virtual, carrega riscos de agravamento dessa exclusão.

Nesse cenário, impõe-se à Administração Pública, na implantação e desenvolvimento da política de processo eletrônico, o ônus de prover os meios de acesso às plataformas respectivas. Cabe-lhe, senão eliminar, ao menos reduzir os riscos da citada exclusão, atuando proativamente por meio da oferta de equipamentos (tablets, terminais etc.) em locais de fácil acesso e de sinal de rede para integração às suas plataformas digitais. Ao mesmo tempo, deve buscar desenvolver ferramentas e soluções digitais cuja operação seja simples e de fácil compreensão pela população — como, por exemplo, disponibilizando aplicativos para celulares, de amplo acesso —, divulgando tutoriais de uso e promovendo treinamento aos usuários.

## Referências

FADWA Chatit; MOHAMED, Hamiche. Transformation digitale de l'administration publique: un passage vers une revolution numerique au servisse de tous les usagers. *Conhecimento & Diversidade*, v. 15, n. 39, p. 226-262, out. 2023. Disponível em: https://doi.org/10.18316/rcd.v15i39.11131. Acesso em: fev. 2024.

MOREIRA, Egon Bockmann. O impacto do CPC nos processos administrativos: uma nova racionalidade. *In*: DIREITO DO ESTADO [site], 10 mar. 2016. Disponível em: http://www.direitodoestado.com.br/colunistas/egon-bockmann-moreira/o-impacto-do-CPC-2015-nos-processos-administrativos-uma-nova-racionalidade. Acesso em: 29 ago. 2024.

RAMOS, Miguel Antonio Silveira. *O processo eletrônico como uma política pública de combate a crise do Judiciário e os obstáculos ao acesso à Justiça*. 2016. Dissertação (Mestrado) – Programa de Pós-Graduação em Direito, Faculdade de Direito, Universidade Federal

acesso à tecnologia. *International Journal of Digital Law*, Belo Horizonte, ano 1, n. 2, p. 97-116, maio/ago. 2020. p. 110 "A desigualdade digital pode ter diversas origens, as quais normalmente estão 'relacionadas às condições físicas do indivíduo, a aspectos cognitivos ou motivacionais e às características sócio-demográficas, tais como nível de instrução, renda, condição profissional, língua, etnia, idade, gênero e localização geográfica'. Dessa forma, a dificuldade de adaptação às tecnologias enfrentada por determinadas pessoas não deve ser ignorada sob o pretexto de que a Administração Pública digital proporciona diversos benefícios à cidadania, uma vez que pode 'ocorrer discriminação entre usuários e atribuição de atividades a um grupo restrito de servidores de boa vontade', ocasionando uma tendência de concentrar o poder nas mãos de poucos."

4 Reyna, Gabardo e Santos chamam atenção para a exclusão digital no país, especialmente entre os mais idosos, os com baixa ou nenhuma escolaridade e os desempregados, particularmente vulneráveis quando o assunto é a digitalização de serviços públicos. REYNA, Justo; GABARDO, Emerson; SANTOS, Fabio de Sousa. Electronic Government, Digital Invisibility and Fundamental Social Rights. *Seqüência estudos jurídicos e políticos*. v. 41, n. 85, p. 30-50, 2020. Disponível em: https://periodicos.ufsc.br/index.php/sequencia/article/view/75278. Acesso em: 29 ago. 2024, p. 38 *et seq*.

do Rio Grande. Rio Grande, 2016.

REYNA, Justo; GABARDO, Emerson; SANTOS, Fabio de Sousa. Electronic Government, Digital Invisibility and Fundamental Social Rights. *Seqüência estudos jurídicos e políticos*. v. 41, n. 85, p. 30-50, 2020. Disponível em: https://periodicos.ufsc.br/index.php/sequencia/article/view/75278. Acesso em: 29 ago. 2024.

SCHIEFLER, Eduardo André Carvalho; CRISTÓVAM, José Sérgio da Silva; SOUSA, Thanderson Pereira de. Administração Pública digital e a problemática da desigualdade no acesso à tecnologia. *International Journal of Digital Law*, Belo Horizonte, ano 1, n. 2, p. 97-116, maio/ago. 2020.

SUNDFELD, Carlos Ari. O direito administrativo entre os *clips* e os negócios. *In*: ARAGÃO, Alexandre Santos de; MARQUES NETO, Floriano de Azevedo (coord.). *Direito administrativo e seus novos paradigmas*. Belo Horizonte: Fórum, 2008

SUNDFELD, Carlos Ari. *Direito administrativo para céticos*. 2. ed. São Paulo: Malheiros, 2014.

# CAPÍTULO IX
# DA COMUNICAÇÃO DOS ATOS

Art. 26. O órgão competente perante o qual tramita o processo administrativo determinará a intimação do interessado para ciência de decisão ou a efetivação de diligências.

§1º A intimação deverá conter:

I – identificação do intimado e nome do órgão ou entidade administrativa;

II – finalidade da intimação;

III – data, hora e local em que deve comparecer;

IV – se o intimado deve comparecer pessoalmente, ou fazer-se representar;

V – informação da continuidade do processo independentemente do seu comparecimento;

VI – indicação dos fatos e fundamentos legais pertinentes.

§2º A intimação observará a antecedência mínima de três dias úteis quanto à data de comparecimento.

§3º A intimação pode ser efetuada por ciência no processo, por via postal com aviso de recebimento, por telegrama ou outro meio que assegure a certeza da ciência do interessado.

§4º No caso de interessados indeterminados, desconhecidos ou com domicílio indefinido, a intimação deve ser efetuada por meio de publicação oficial.

§5º As intimações serão nulas quando feitas sem observância das prescrições legais, mas o comparecimento do administrado supre sua falta ou irregularidade.

**ANA LUIZA CALIL**

**DANIEL DE OLIVEIRA PONTES**

## 1 Introdução: processo administrativo em evolução

A intimação como ato processual no processo administrativo desempenha um papel crucial na garantia do direito ao contraditório e à ampla defesa, em concretização do que é previsto pela Constituição Federal. A Lei nº 9.784/1999, que regulamenta o processo administrativo no âmbito da administração pública federal, desempenha na prática o papel de dar publicidade e segurança jurídica na atuação da administração na condução de processos. A lei, inclusive, serviu de incentivo para os estados e municípios da Federação editarem suas normas próprias.[1]

Passados 25 anos da edição da Lei nº 9.784/1999, a realidade social, tecnológica e jurídica passou por significativas transformações. A evolução tecnológica, em particular, trouxe novas formas de comunicação e interação, demandando uma reavaliação das práticas tradicionais de intimação. O uso crescente de meios eletrônicos e digitais impõe a necessidade de adaptar as normas processuais para garantir maior celeridade, economia e eficiência na comunicação entre a administração pública e os administrados, na qualidade de interessados nos processos administrativos. Isso reverbera também para a comunicação processual. A adoção de mecanismos de intimações eletrônicas pode reduzir custos operacionais e facilitar o acesso à informação.

O Decreto nº 8.539/2015 regulamentou a Lei nº 9.784/1999, há quase dez anos, para tratar do uso de meio eletrônico para a realização do processo administrativo no âmbito federal. Os objetivos na opção pelo processo eletrônico são focados em (i) eficiência e efetividade da ação do Estado; (ii) garantir maior segurança e transparência; (iii) sustentabilidade; e (iv) facilitar o acesso às instâncias administrativas. O decreto estabelece diretrizes para a utilização de sistemas informatizados, autenticação de documentos digitais e digitalização de documentos físicos, garantindo a integridade e autenticidade dos processos. A implementação pelos órgãos e entidades deveria ocorrer em até dois anos, contados da publicação do decreto.

O foco da norma é regulamentar normas básicas de tramitação, com diretrizes para a digitalização, autenticação e armazenamento de documentos. Parece, entretanto, que seu conteúdo não esgota temas importantes à adequada condução dos processos administrativos. O decreto não menciona especificamente o tema das comunicações, escopo central deste artigo. Nesse ponto, relevante mencionar que a regulamentação difere da Lei do Processo Eletrônico, aplicada em âmbito judicial (Lei nº 11.419/2006). Esta trata expressamente de meios de realização de intimações e comunicações de atos processuais por meio eletrônico, entre os arts. 4º a 7º, dispondo regras que as tornam

[1] MENDONCA, José Vicente; CALIL, Ana Luiza. O Discreto charme da Lei de Processo Administrativo Federal: sobriedade, generalidade, uniformidade federativa e imutabilidade nos vinte anos da Lei nº 9.784/99. *In*: BITENCOURT NETO, Eurico; MARRARA, Thiago (org.). *Processo administrativo brasileiro*: estudos em homenagem aos 20 anos da Lei Federal de Processo Administrativo. 1. ed.: Fórum, 2019. v. 1. p. 263-277.

efetivas.[2] Fora isso, equiparam-se as comunicações eletrônicas à vista pessoal do interessado, para todos os fins legais (art. 9º, *caput* e §1º).[3]

Sem mencionar expressamente a Lei nº 9.784/1999, posteriormente ao Decreto nº 8.539/2015, foi editada a Lei nº 14.129/2021.[4] Essa lei define princípios, regras e instrumentos para o Governo Digital e para o aumento da eficiência pública, sendo aplicável na esfera federal. Em seu capítulo V, há previsão da possibilidade de que os órgãos e entidades realizem *todas as comunicações, as notificações e as intimações por meio eletrônico* (art. 42, *caput*), inclusive com a possibilidade de compartilhamento de sistemas (art. 42, §3º). A opção pelo uso do meio eletrônico deve ser do usuário e, para fins de efetividade do uso do meio eletrônico, o art. 43 prevê o conteúdo mínimo das ferramentas necessárias para comunicação: (i) meios de comprovação de autoria; (ii) meios de comprovar a emissão e recebimento dos atos; (iii) possibilidade de utilização, mesmo sem previsão em legislação especial, caso aplicável; (iv) devem ser passíveis de auditoria; e (v) devem conservar dados por no mínimo cinco anos.

Ainda compondo o conjunto de normas que trata do tema do processo administrativo eletrônico, o Decreto nº 11.946/2024 é a mais recente e institui o Programa Nacional de Processo Eletrônico. Tem por finalidade a promoção da adoção do processo administrativo eletrônico no âmbito dos estados, do Distrito Federal e dos municípios, com a liderança do Ministério da Gestão e da Inovação em Serviços Públicos.[5] Trata-se de tentativa de tornar mais uniforme a implantação

---

2 Art. 5º As intimações serão feitas por meio eletrônico em portal próprio aos que se cadastrarem na forma do art. 2º desta Lei, dispensando-se a publicação no órgão oficial, inclusive eletrônico.
§ 1º Considerar-se-á realizada a intimação no dia em que o intimando efetivar a consulta eletrônica ao teor da intimação, certificando-se nos autos a sua realização.
§ 2º Na hipótese do § 1º deste artigo, nos casos em que a consulta se dê em dia não útil, a intimação será considerada como realizada no primeiro dia útil seguinte.
§ 3º A consulta referida nos §§ 1º e 2º deste artigo deverá ser feita em até 10 (dez) dias corridos contados da data do envio da intimação, sob pena de considerar-se a intimação automaticamente realizada na data do término desse prazo.

3 Art. 9º No processo eletrônico, todas as citações, intimações e notificações, inclusive da Fazenda Pública, serão feitas por meio eletrônico, na forma desta Lei.
§ 1º As citações, intimações, notificações e remessas que viabilizem o acesso à íntegra do processo correspondente serão consideradas vista pessoal do interessado para todos os efeitos legais.

4 Também foi editada a Lei nº 14.063/2020, que trata especificamente da possibilidade do uso de assinaturas eletrônicas nacionalmente. A lei das assinaturas, entretanto, não e focada na figura do processo administrativo eletrônico.

5 Informações oficiais sobre o ProPEN, *Cf.* PROGRAMA Nacional de Processo Eletrônico. *In*: GOV.BR [site], s. d. Disponível em: https://www.gov.br/gestao/pt-br/assuntos/processo-eletronico-nacional/propen. Acesso em: 21 jun. 2024.

do processo administrativo em todo o território, mas que também não trata de forma específica das etapas e atos processuais.

Com base nesse cenário, tem-se que, de fato, há um movimento de digitalização do processo administrativo — mais desenvolvido e consolidado a nível federal — que deve ser considerado para análise de temas atrelados à disciplina. Do mesmo modo, é necessário reconhecer que não apenas há uma sub-regulação sobre os limites e possibilidades do processo eletrônico, mas também uma disparidade entre órgãos e entidades. Essa regulação parcial fez com que coexistissem normas próprias setoriais.

Por exemplo, na administração direta, a Portaria nº 900/2017 do Ministério da Saúde é a que define as regras de implantação e o funcionamento do Sistema Eletrônico de Informações (SEI). Na Agência Nacional de Vigilância Sanitária (ANVISA), a Resolução de Diretoria Colegiada nº 470/2021 trata dos procedimentos de apresentação de documento eletrônico. Se a pesquisa foi estendida, normas similares serão identificadas. O que se pode observar, entretanto, é que há uma falta de padronização no conteúdo, o que não soluciona a ausência de regulação de pontos relevantes, como o tratamento de atos de comunicação processual em meio eletrônico.

A reforma em curso da Lei nº 9.784/1999 tenta dirimir esse aspecto. Inclui um capítulo específico do processo administrativo eletrônico (Capítulo X-A),[6] que visa (i) à definição do processo eletrônico como modalidade preferencial, respeito o devido processo legal, a eficiência e a proteção de dados; (ii) a necessidade de garantir acesso e consulta aos interessados; (iii) a observância dos arts. 26 a 28 da Lei nº 9.784/1999, para fins de confirmação da ciência do interessado dos atos de comunicação processual; e (iv) possibilidade do uso de inteligência artificial nos processos administrativos.

Portanto, de forma introdutória, o presente artigo parte desse plano de fundo, em que há pluralidade de graus de implementação do processo administrativo eletrônico e no qual é preciso levar em conta as diferenças existentes para fixar interpretações. O ponto de partida deve

[6] Anteprojeto de lei ordinária para a reforma da Lei nº 9.784/99 (Lei de Processo Administrativo), apresentado pelo Relatório Final da Comissão de Juristas responsável pela elaboração de anteprojetos de proposições legislativas que dinamizem, unifiquem e modernizem o processo administrativo e tributário nacional, instituída pelo Ato Conjunto dos Presidentes do Senado Federal e do Supremo Tribunal Federal nº 1/2022. Disponível em: https://legis.senado.leg.br/sdleg-getter/documento?dm=9199080&ts=1719255423850&disposition=inline. Acesso em: 25 jun. 2024.

ser olhar as normas gerais em conjunto às regulamentações específicas daquele órgão ou entidade condutores do processo. Os comentários estão divididos em três blocos: primeiro, o conteúdo mínimo da intimação; depois a efetivação e efeitos da intimação e, por fim, os atos objeto de intimação.

## 2 Conteúdo mínimo da intimação

### 2.1 Artigo 26, *caput*

O capítulo IX da Lei nº 9.784/1999 trata da comunicação dos atos do processo administrativo. Os arts. 26 a 28 utilizam apenas a nomenclatura *intimação*. Esta tem duas finalidades, segundo o *caput* do art. 26: (i) de dar ciência ao interessado de decisão; ou (ii) a efetivação de diligências. As finalidades não se esgotam nesse dispositivo. É necessário também considerar o art. 28, que determina que atos processuais que resultem em "imposição de deveres, ônus, sanções ou restrição ao exercício de direitos e atividades e os atos de outra natureza" ao interessado devem ser objeto de intimação.

Diferente do processo civil, não há previsão de outras nomenclaturas como a da *citação* ou da *notificação* na lei de processos administrativo. No Código de Processo Civil (CPC), o Título II, ao tratar da comunicação dos atos processuais, prevê de forma expressa a distinção entre a citação (art. 238) e a intimação (art. 269). Enquanto a primeira é o ato de convocação da parte para integrar a relação processual, a segunda expressão é o ato pelo qual se dá ciência a alguém dos atos e termos do processo. A notificação (art. 726), por sua vez, é medida judicial de manifestação da vontade.

Importante destacar que legislações específicas que regulem processos administrativos em espécie podem trazer disposições diversas, com outras nomenclaturas, desde que garantam a ciência do interessado acerca do ato ou diligência envolvida. Por exemplo, no processo administrativo previsto na Lei de Propriedade Industrial (Lei nº 9.279/1996), se utilizam duas nomenclaturas distintas. Intimação é aquela realizada pela publicação oficial do ato pelo Instituto Nacional de Propriedade Intelectual (INPI).[7] Notificação é aquela realizada pela

[7] Art. 223. Os prazos somente começam a correr a partir do primeiro dia útil após a intimação, que será feita mediante publicação no órgão oficial do INPI.

via postal ou por ciência dada ao interessado no processo, referente a uma decisão administrativa.[8]

Dessa maneira, a Lei nº 9.784/1999 utiliza apenas a nomenclatura geral *intimação*, que é aplicável a todas as hipóteses de comunicação processual, independente da natureza do ato. O que importa é garantir que a intimação observa os direitos e garantias do administrado, em respeito aos princípios da legalidade, ampla defesa e contraditório, previstos no art. 2º da lei. Inclusive, o parágrafo único, inciso X também do art. 2º prevê a necessária garantia dos direitos à comunicação, em especial nos processos de que possam resultar sanções e nas situações de litígio.[9] Assim, o instrumento da intimação é essencial para realização dos direitos e garantias processuais básicos dos interessados.

## 2.2 Artigo 26, §1º

O §1º do art. 26 prevê um rol de seis elementos mínimos que devem constar nas intimações no processo administrativo. O dispositivo tem viés de garantia ao interessado, tanto do ponto de vista formal quanto material.

A primeira parte dos incisos trata da identificação da intimação, de caráter formal. Prevê que constem a identificação do intimado, nome do órgão ou entidade administrativa (inciso I); data, hora e local em que deve comparecer (inciso III); modo de comparecimento — se pessoal ou remoto (inciso IV); e informação sobre os efeitos do não comparecimento (inciso V). A segunda parte abrange o elemento material, incluindo a finalidade da intimação (inciso II); e a indicação dos fatos e fundamentos legais pertinentes (incisos VI).

Quanto aos elementos formais, vácuo notável no §1º é quanto à exigência de indicação do número do processo administrativo ao qual

---

8 Art. 226. Os atos do INPI nos processos administrativos referentes à propriedade industrial só produzem efeitos a partir da sua publicação no respectivo órgão oficial, ressalvados: I – os que expressamente independerem de notificação ou publicação por força do disposto nesta Lei; II – as decisões administrativas, quando feita notificação por via postal ou por ciência dada ao interessado no processo; e III – os pareceres e despachos internos que não necessitem ser do conhecimento das partes.

9 Art. 2º A Administração Pública obedecerá, dentre outros, aos princípios da legalidade, finalidade, motivação, razoabilidade, proporcionalidade, moralidade, ampla defesa, contraditório, segurança jurídica, interesse público e eficiência.
Parágrafo único. Nos processos administrativos serão observados, entre outros, os critérios de: (...) X – garantia dos direitos à comunicação, à apresentação de alegações finais, à produção de provas e à interposição de recursos, nos processos de que possam resultar sanções e nas situações de litígio;

a intimação está vinculada. Tendo em vista que a maior parte dos atos emanados pela administração é originado a partir de um processo, além do previso no inciso I, este deveria também ser considerado elemento mínimo essencial, para assegurar o exercício de defesa ou de manifestação daquele que é intimado.

O entendimento do Superior Tribunal de Justiça (STJ), em casos nos quais a intimação para apresentação de defesa administrativa não indicou de maneira expressa o processo administrativo ao qual o auto de infração estava vinculado, é de que o ato é passível de anulação, se tiver gerado prejuízo ao administrado.[10] Ainda que os precedentes sejam de matéria tributária, mesmo raciocínio é aplicável ao processo administrativo de forma mais ampla, pois não se pode presumir referida informação. Ademais, é direito do interessado intimado ter ciência do processo e obter vista dos autos, para apresentação de manifestação — e, para isso, é imprescindível a informação do número do processo.

Já sobre a parte material da intimação, os incisos II e VI estão diretamente ligados à motivação do ato. É possível que a motivação conste do próprio ato da intimação ou que esta venha instruída com documentos anexos, tal como notas técnicas e pareceres, em que haja a indicação dos fatos e fundamentos de maneira expressa. A exigência de motivação é indispensável,[11] como reconhecido no STJ[12] e no Tribunal de Contas da União (TCU)[13] por diversos julgados nesse sentido.

---

[10] Superior Tribunal de Justiça (STJ). REsp 893.541/RS, Rel. Ministro Francisco Falcão, Primeira Turma, j. 12.12.2006; REsp nº 686.516/SC, Rel. Min. Luiz Fux, j. 12.09.2005; REsp nº 660895/PR, Rel. Min. Castro Meira, j. 28.11.2005; REsp nº 485.743/ES, Rel. Min. Teori Albino Zavascki, j. 02.02.2004; e REsp nº 518590/RS, Rel. Ministra Eliana Calmon, j. 01.12.2003.

[11] CARVALHO FILHO, José dos Santos. *Manual de Direito Administrativo*. 30. ed. Revista, atualizada e ampliada. São Paulo: Altas, 2016. p. 119.

[12] STJ. Segunda Turma. RMS 37327/SE. Rel. Min. Herman Benjamin. Julgado em: 20.08.2013. Igualmente: STJ. Segunda Turma. RMS 49896/RS. Rel. Min. OG Fernandes. Julgado em 20.04.2017; STJ. Primeira Turma. RMS 35033/RS. Rel. Min. Sergio Kukina. Julgado em 15.10.2015.

[13] "É cediço que a Administração Pública Federal deve estrita observância ao princípio da motivação (artigo 93, inciso IX, da Constituição Federal c/c o artigo 2º da Lei 9.784/1999). Nos termos da Lei 9.784/1999, motivar significa indicar os pressupostos de fato e de direito que determinaram a decisão, e a motivação há de ser explícita, clara e congruente (artigo 2º, parágrafo único, inciso VII, e 50, §1º). (...) O ato administrativo é, em regra, de motivação obrigatória, pois assim se torna possível verificar a adequação entre a finalidade almejada e o fim atingido. Constitui, pois, a fundamentação, pressuposto de legitimidade, de validade e de eficácia das decisões administrativas". (g.n.) TCU. Segunda Câmara. ACÓRDÃO 3943/2013. Rel. Raimundo Carreiro. Sessão 09/07/2013. A título de outros exemplos, destacam-se: TCU. Plenário. Acordão 1134/2014. Rel. Augusto Sherman. Sessão 31.05.2017 TCU. Plenário. Acórdão 1473/2016. Rel. André de Carvalho. Sessão 08.06.2016

Atualmente essa exigência ganha corpo com os parâmetros da Lei de Introdução às normas do Direito Brasileiro (LINDB). A Lei nº 13.655/2018, ao alterar a LINDB, define elementos adicionais que deverão constar da motivação de atos administrativos.[14] Tal conteúdo mínimo é ponto de partida para o desenvolvimento de métodos e técnicas racionais que auxiliarão a construção da motivação da administração,[15] conforme previsão dos arts. 20, 21, 23 e 24.[16]

Para ilustrar, em casos envolvendo anistiados políticos, o STJ entendeu que o recebimento de "notificação" genérica da revisão da anistia configuraria um vício tomando por base a previsão do art. 26, §1º da Lei nº 9.784/1999. Conforme trecho de uma das decisões, "se a notificação endereçada ao anistiado não especificou, conforme legalmente exigido (art. 26, §1º, VI, da Lei n. 9.784/1999), os fatos e fundamentos de que deveria se defender" resultaria "inequívoco vício de forma, ocasionador da nulidade do processo administrativo".[17]

## 3 Efetivação e efeitos da intimação

### 3.1 Artigo 26, §2º

O art. 26, §2º da Lei nº 9.784/1999 estabelece que a intimação em processos administrativos deve ser feita com antecedência mínima de três dias úteis antes da data marcada para o comparecimento. Essa regra visa garantir que os interessados tenham tempo hábil para se prepararem, em atendimento ao princípio da não-surpresa,[18] assegurando seu direito à ampla defesa e ao contraditório.

---

14 FORTINI, Cristiana; BUENO, Amaral Roque. A amplitude da segurança jurídica no processo administrativo correlacionada aos efeitos da Lei nº. 13.655/2018. *In*: BITENCOURT NETO, Eurico; MARRARA, Thiago. *Processo Administrativo Brasileiro*: Estudos em homenagem aos 20 anos da Lei Federal de Processo Administrativo. Belo Horizonte: Ed. Fórum, 2019. p. 191.

15 PEREZ, Marcos Augusto. Controle da discricionariedade administrativa. *In*: PEREZ, Marcos Augusto; Souza, Rodrigo Pagani de (org.). *Controle da Administração Pública*. 1. ed. Belo Horizonte: Fórum, 2017. v. 1. p. 75

16 Sobre o tema, *Cf.* CALIL, Ana Luíza. Motivação administrativa: passado, presente e futuro no direito administrativo brasileiro. *In*: MAFFINI, Rafael; RAMOS, Rafael (coord.). *Nova LINDB*: consequencialismo, deferência judicial, motivação e responsabilidade do gestor público. Rio de Janeiro: Lumen Juris, 2020.

17 AgInt no MS 26.315/DF, Rel. Ministro Og Fernandes, Primeira Seção, j. 09.02.2022, DJe 16.02.2022. No mesmo sentido: MS 26.694/DF, Rel. Ministro Sérgio Kukina, Primeira Seção, j. 26.05.2021, DJe 04.06.2021.

18 Conforme trecho de artigo da Min. Cármen Lúcia "As formas desempenham um papel essencial na convivência civilizada dos homens; elas delimitam espaços de ação e modos inteligíveis de comportamento para que a surpresa permanente não seja um elemento de

A exigência de antecedência mínima é fundamental para o processo administrativo, garantindo que todas as partes tenham conhecimento prévio e adequado sobre os procedimentos a serem realizados. Isso contribui para a transparência e a previsibilidade nas relações entre a administração pública e os administrados. A regra também consta da jurisprudência do STJ, na qual é indicado que, caso as legislações dos processos administrativos em espécie não prevejam antecedência mínima, deverá ser observado o prazo do art. 26, §2º.[19]

## 3.2 Artigo 26, §3º

O dispositivo elenca as formas de realização da intimação no processo administrativo, mencionando expressamente a ciência no processo, a via postal com aviso de recebimento e o telegrama. Traz, ao final, uma cláusula aberta de permitir a realização do ato por qualquer meio que assegure a certeza do conhecimento do interessado, sendo, portanto, um rol exemplificativo.

Diante da constatação da não exaustividade das previsões legais, é possível se incorporarem ao processo administrativo mecanismos de intimação eletrônica do interessado, desde que assegurada a inequívoca ciência a respeito do ato, até mesmo por ser considerada uma forma de notificação pessoal.[20] Essa exigência pode ser considerada cumprida, por exemplo, caso o interessado tenha se cadastrado e peticionado nos autos virtuais.[21]

---

tensão constante do homem em seu contato com o outro e em sua busca de equilíbrio na vivência com o outro e, inclusive, consigo mesmo. Por isso, o processo, como formalização de comportamentos para a reivindicação e efetividade de direitos, põe-se como uma necessidade da civilização e da civilidade jurídica do homem no Estado". ROCHA, Cármen Lúcia Antunes. Princípios constitucionais do processo administrativo no Direito brasileiro. *Revista de Informação Legislativa*, Brasília, ano 34, n. 136, out./dez. 1997. p. 6.

19 MS 10599/DF, Rel. Min. Antonio Saldanha Palheiro, Terceira Seção, j. 28.11.2018; MS 17543/DF, Rel. Min. Regina Helena Costa, Primeira Seção, j. 10.05.2017; MS 16130/DF, Rel. Min. Benedito Gonçalves, Primeira Seção, j. 12.11.2014; MS 16554/DF, Rel. Min. Humberto Martins, Primeira Seção, j. 08.10.2014; RMS 35113/MA, Rel. Min. Herman Benjamin, Segunda Turma, j. 14.05.2013; MS 12895/DF, Rel. Min. Og Fernandes, Terceira Seção, j. 11.11.2009.

20 No campo do processo civil, é expressa a previsão de que a comunicação eletrônica equivale à intimação pessoal (Lei nº 11.419/2006, art. 4º, §6º. As intimações feitas na forma deste artigo, inclusive da Fazenda Pública, serão consideradas pessoais para todos os efeitos legais). Apesar da ausência de regulamentação expressa no processo administrativo, cumprido o requisito legal de assegurar a ciência do interessado, também deve ser considerada de natureza pessoal.

21 STJ, MS n. 24.567/DF, relator Ministro Benedito Gonçalves, Primeira Seção, julgado em 11.3.2020, DJe de 16.3.2020

Os meios de comunicação processual devem possibilitar a ciência pessoal do interessado acerca do ato praticado. A respeito da intimação postal, contudo, não se considera indispensável que o próprio interessado assine o aviso de recebimento, bastando a comprovação inequívoca da entrega em seu endereço.[22] É possível, ainda, que normas especiais estabeleçam formas próprias de intimação, inclusive pela internet ou pelo diário oficial,[23] considerando o caráter subsidiário da Lei nº 9.784/1999, fixado em seu art. 69.[24]

## 3.3 Artigo 26, §4º

Apesar de a intimação ser pessoal como regra, em determinadas circunstâncias, é possível que ela se dê por publicação de edital no diário oficial. Tal permissão, contudo, é excepcional, apenas quando impossibilitada, por alguma razão, a ciência do interessado pelos mecanismos previstos no parágrafo anterior. Isso ocorre, por exemplo, se houver a indeterminação dos sujeitos atingidos. Também pode ser aplicada se desconhecido o interessado ou seu endereço, havendo defesa doutrinária da sua aplicação igualmente quando o sujeito possui domicílio inacessível.[25] Fora dessas hipóteses, a utilização indevida de edital acarreta a nulidade do ato.

---

22 "(...) assim como ocorre na esfera judicial, também no Processo Administrativo Disciplinar é de ser reconhecida a validade da intimação realizada pelo correio, com aviso de recebimento (AR), sendo dispensada a assinatura do aviso de recebimento pelo próprio destinatário, bastando que reste inequívoca a entrega no seu endereço" (STJ, EDcl no MS n. 17.873/DF, relator Ministro Mauro Campbell Marques, Primeira Seção, julgado em 28.8.2013, DJe de 9.9.2013); "(...) V – O acórdão objeto do recurso especial encontra-se em confronto com a jurisprudência desta Corte Superior, consolidada no sentido da validade da citação postal, com aviso de recebimento, se entregue no endereço fornecido pelo próprio interessado, mesmo que recebida por terceiros. (...) VI – O mesmo entendimento é aplicado nesta Corte quanto aos processos administrativos. (...)" (STJ, AgInt nos EDcl no REsp n. 1.762.610/MA, relator Ministro Francisco Falcão, Segunda Turma, julgado em 8.3.2021, DJe de 15.3.2021).

23 STJ, súmula 355: É válida a notificação do ato de exclusão do programa de recuperação fiscal do Refis pelo Diário Oficial ou pela Internet; "(...) 3. A jurisprudência do Superior Tribunal de Justiça é pacífica quanto à desnecessidade de intimação pessoal do servidor representado por advogado quanto à penalidade aplicada, sendo suficiente a publicação no Diário Oficial" (STJ, MS n. 24.160/DF, relator Ministro Paulo Sérgio Domingues, Primeira Seção, julgado em 28.2.2024, DJe de 4.3.2024.).

24 Art. 69. Os processos administrativos específicos continuarão a reger-se por lei própria, aplicando-se-lhes apenas subsidiariamente os preceitos desta Lei.

25 CARVALHO FILHO, José dos Santos. *Processo administrativo federal*: comentários à Lei 9.784 de 29.1.1999. 5. ed. revista, ampliada e atualizada. São Paulo: Altas, 2013. p. 173.

No regime da Lei nº 9.874/1999, diversamente do processo administrativo fiscal,[26] a mera frustração da intimação postal não autoriza o uso do edital.[27] Reconhece-se, então, um dever de a Administração buscar, de forma ativa, a certeza da ciência do interessado a respeito do ato praticado. Claro que esse dever não pode ter contornos absolutos, mas é preciso que reste comprovada tanto a existência quanto a pertinência das tentativas anteriores,[28] previamente à intimação pela via do diário oficial.

## 3.4 Artigo 26, §5º

A validade da intimação depende do cumprimento das exigências trazidas pela lei do processo administrativo, considerando-se que a forma é uma garantia do administrado. Assim, descumpridas as

[26] "TRIBUTÁRIO. PROCESSUAL CIVIL. AGRAVO INTERNO NO RECURSO ESPECIAL. CÓDIGO DE PROCESSO CIVIL DE 2015. APLICABILIDADE. PROCESSO ADMINISTRATIVO FISCAL. NOTIFICAÇÃO DO DEVEDOR POR EDITAL QUANDO FRUSTRADA A VIA POSTAL. VALIDADE. (...) II – Em sede de processo administrativo fiscal, a notificação por edital respeita o princípio da legalidade quando a tentativa de intimação por via postal anterior se mostra frustrada. Precedentes". (STJ, AgInt no REsp n. 2.040.387/RS, relatora Ministra Regina Helena Costa, Primeira Turma, julgado em 15.5.2023, DJe de 19.05.2023.)

[27] (...) Ao disciplinar, no âmbito do processo administrativo, a incidência do princípio da ampla defesa e 'dos meios e recursos a ela inerentes', o legislador ordinário positivou parâmetros mais precisos, cuidadosamente descritos no art. 2º, parágrafo único, da Lei do Processo Administrativo Federal - LPA (Lei n. 9.784/1999), os quais não foram fixados para conveniência, ou comodidade, da Administração. Antes, privilegiaram a garantia dos direitos dos administrados, razão pela qual a notificação que não chega ao conhecimento do cidadão intimado não cumpre, em linha de princípio, a sua função constitucionalmente prevista. Assim, a intimação por via postal só pode ser tida como meio idôneo se alcançar o fim a que se destina: dar, ao interessado, inequívoca ciência da decisão ou da efetivação de diligências (Lei n. 9.784/199, art. 26).
5. Nas hipóteses em que a tentativa de entrega da notificação pelos Correios é frustrada, cabe à Administração buscar outro meio idôneo para provar, nos autos, "a certeza da ciência do interessado", reservando-se a publicação oficial, nos termos da lei, tão somente às hipóteses de: a) interessado indeterminado; b) interessado desconhecido; ou c) interessado com domicílio indefinido (...) (STJ, MS n. 27.227/DF, relator Ministro Sérgio Kukina, Primeira Seção, julgado em 27.10.2021, DJe de 9.11.2021).

[28] ADMINISTRATIVO E PROCESSUAL CIVIL. PROCESSO ADMINISTRATIVO. LEI N. 9.784/99. INTIMAÇÃO PESSOAL DO ADVOGADO. INEXISTÊNCIA DE PREVISÃO LEGAL. (...) 1. Correto o entendimento fixado na Corte de origem, primeiro porque (a) não enseja nulidade processual a ausência de intimação pessoal do advogado, ante a simples ausência de previsão legal para tal exigência; segundo porque (b) a Corte, em atendimento legal, promoveu a intimação no endereço apresentado em defesa pela ora recorrente por duas vezes e só depois de frustradas as tentativas de intimação pessoal lançou mão da intimação por edital, como previsto no art. 26, §4º da Lei n. 9.784/99 (...) (STJ, AgRg no AREsp n. 366.132/RS, relator Ministro Humberto Martins, Segunda Turma, julgado em 5.12.2013, DJe de 16.12.2013).

previsões legais, a intimação realizada será nula. Não se pode perder de vista, contudo, que o processo é um meio para realização do direito, não se constituindo um fim em si mesmo. Aplica-se, assim, ao processo administrativo, o princípio da instrumentalidade das formas.

Considerando-se, então, que a comunicação processual se volta à ciência do interessado e à possibilidade de sua participação no processo, caso tais objetivos sejam efetivamente atingidos, não existe motivo para repetição do ato ou nulidade de atos subsequentes, ainda que a intimação tenha sido feita sem observar todas as exigências previstas na lei. Não há motivo para nulidades processuais justamente por não se verificar prejuízo.

Apesar de ausente previsão expressa, também não se deve reconhecer nulidade da intimação caso o próprio interessado seja responsável por causar o vício, em respeito à boa-fé e à lealdade processual.[29]

---

[29] CARVALHO FILHO, *Processo administrativo*, p. 175.

Art. 27. O desatendimento da intimação não importa o reconhecimento da verdade dos fatos, nem a renúncia a direito pelo administrado.

Parágrafo único. No prosseguimento do processo, será garantido direito de ampla defesa ao interessado.

**ANA LUIZA CALIL**

**DANIEL DE OLIVEIRA PONTES**

# 1 Artigo 27

A lei aponta que o não atendimento à intimação não produz o efeito de reconhecimento da verdade dos fatos nem renúncia a direito. É dizer, não se aplica ao processo administrativo os efeitos materiais da revelia existentes, por exemplo, no processo civil.[1] A Administração tem o poder-dever de dirigir o processo para esclarecer os fatos pertinentes e buscar a verdade material, sem se guiar por meras presunções. Trata-se de corolário do princípio da oficialidade no processo administrativo.[2]

A lei impõe, ainda, que, na continuidade do processo, será assegurada a ampla defesa ao interessado. Ou seja, havendo a prática de novos atos, o interessado deve ser novamente intimado para sua ciência e possível participação no processo. Comparecendo, sua manifestação deve ser recebida e analisada normalmente. Não há necessidade, claro, de repetição de atos pretéritos desatendidos pelo interessado, que recebe o processo no estado em que se encontrar.[3]

---

1 CPC, art. 344. Se o réu não contestar a ação, será considerado revel e presumir-se-ão verdadeiras as alegações de fato formuladas pelo autor.

2 MEDAUAR, Odete. *A processualidade no direito administrativo*. São Paulo: Revista dos Tribunais, 1993. p. 120-121.

3 CARVALHO FILHO, *Processo administrativo*, p. 178; Lei estadual do RJ nº 5429/2009, art. 23, par. único. O interessado poderá atuar no processo a qualquer tempo recebendo-o no estado em que se encontrar, observado o seguinte: I – nenhum ato será repetido em razão de sua inércia.

Art. 28. Devem ser objeto de intimação os atos do processo que resultem para o interessado em imposição de deveres, ônus, sanções ou restrição ao exercício de direitos e atividades e os atos de outra natureza, de seu interesse.

**ANA LUIZA CALIL**

**DANIEL DE OLIVEIRA PONTES**

## 1 Objeto da intimação: artigo 28

O art. 28 lista os atos que necessariamente devem ser objeto de intimação. De forma ampla, exige comunicação sempre que se imponham deveres, ônus, sanções ou restrição ao exercício de direitos e atividades e os atos de outra natureza. Conforme definição doutrinária,[4] (i) deveres representariam condutas de observância obrigatória, exigíveis por coerção e sanção; (ii) ônus permitem que o interessado tome ou não determinada ação, arcando com os efeitos prejudiciais de eventual inação; (iii) sanções são atos punitivos vinculados, reprimindo infrações nos limites previstos em ato normativo; (iv) restrições limitam o exercício de determinado direito, ainda que não o retirem de seu titular. No final, mencionam-se "atos de outra natureza", uma expressão ampla para abarcar a interferência na esfera jurídica do administrado, inclusive quando ele possa ser potencialmente beneficiado.

Muitas vezes, a discussão que se coloca sobre a aplicação do artigo é acerca do efetivo gravame ao patrimônio jurídico do interessado. Nos casos de terreno de marinha, por exemplo, a mera atualização do valor do imóvel, com a recomposição da inflação, mesmo que por longo período, afasta a incidência do dispositivo.[5] Contudo, quando a União pretende alterar o valor de mercado do domínio pleno do bem, a concessão do contraditório prévio é necessária.[6]

[4] CARVALHO FILHO, *Processo administrativo federal*, p. 167.

[5] STJ, REsp n. 1.150.579/SC, relator Ministro Mauro Campbell Marques, Primeira Seção, julgado em 10.8.2011, DJe de 17.8.2011.

[6] STJ, EREsp n. 1.241.464/SC, relator Ministro Benedito Gonçalves, Primeira Seção, julgado

# Referências


BRASIL. *Anteprojeto de lei ordinária para a reforma da Lei nº 9.784/99* (Lei de Processo Administrativo), apresentado pelo Relatório Final da Comissão de Juristas responsável pela elaboração de anteprojetos de proposições legislativas que dinamizem, unifiquem e modernizem o processo administrativo e tributário nacional, instituída pelo Ato Conjunto dos Presidentes do Senado Federal e do Supremo Tribunal Federal nº 1/2022. Brasília, DF, 2022.

CALIL, Ana Luíza. Motivação administrativa: passado, presente e futuro no direito administrativo brasileiro. *In*: MAFFINI, Rafael; RAMOS, Rafael (coord.). *Nova LINDB*: consequencialismo, deferência judicial, motivação e responsabilidade do gestor público. Rio de Janeiro: Lumen Juris, 2020.

CARVALHO FILHO, José dos Santos. *Manual de Direito Administrativo*. 30. ed. Revista, atualizada e ampliada. São Paulo: Altas, 2016.

CARVALHO FILHO, José dos Santos. *Processo administrativo federal*: comentários à Lei 9.784 de 29.1.1999. 5. ed. revista, ampliada e atualizada. São Paulo: Altas, 2013. p. 173.

FORTINI, Cristiana; BUENO, Amaral Roque. A amplitude da segurança jurídica no processo administrativo correlacionada aos efeitos da Lei nº. 13.655/2018. *In*: BITENCOURT NETO, Eurico; MARRARA, Thiago. *Processo Administrativo Brasileiro*: Estudos em homenagem aos 20 anos da Lei Federal de Processo Administrativo. Belo Horizonte: Ed. Fórum, 2019.

MEDAUAR, Odete. *A processualidade no direito administrativo*. São Paulo: Revista dos Tribunais, 1993.

MENDONCA, José Vicente; CALIL, Ana Luiza. O Discreto charme da Lei de Processo Administrativo Federal: sobriedade, generalidade, uniformidade federativa e imutabilidade nos vinte anos da Lei nº 9.784/99. *In*: BITENCOURT NETO, Eurico; MARRARA, Thiago (org.). *Processo administrativo brasileiro*: estudos em homenagem aos 20 anos da Lei Federal de Processo Administrativo. 1. ed.: Fórum, 2019. v. 1. p. 263-277.

PEREZ, Marcos Augusto. Controle da discricionariedade administrativa. *In*: PEREZ, Marcos Augusto; Souza, Rodrigo Pagani de (org.). *Controle da Administração Pública*. 1. ed. Belo Horizonte: Fórum, 2017. v. 1.

PROGRAMA Nacional de Processo Eletrônico. *In*: GOV.BR [site], s. d. Disponível em: https://www.gov.br/gestao/pt-br/assuntos/processo-eletronico-nacional/propen. Acesso em: 21 jun. 2024.

ROCHA, Cármen Lúcia Antunes. Princípios constitucionais do processo administrativo no Direito brasileiro. *Revista de Informação Legislativa*, Brasília, ano 34, n. 136, out./dez. 1997.


em 23.10.2013, DJe de 4.11.2013.

# CAPÍTULO X
# DA INSTRUÇÃO

Art. 29. As atividades de instrução destinadas a averiguar e comprovar os dados necessários à tomada de decisão realizam-se de ofício ou mediante impulsão do órgão responsável pelo processo, sem prejuízo do direito dos interessados de propor atuações probatórias.

§1º O órgão competente para a instrução fará constar dos autos os dados necessários à decisão do processo.

§2º Os atos de instrução que exijam a atuação dos interessados devem realizar-se do modo menos oneroso para estes.

**JOSÉ SÉRGIO DA SILVA CRISTÓVAM**

**LEONARDO CRISTOVAM DE JESUS**

## 1 O devido processo legal na fase instrutória do processo administrativo

O processo administrativo pode ser dividido em pelo menos 4 (quatro) fases ou etapas:[1] a **instauração**, a **instrução**, a **defesa** e a **decisão.**[2] Esta divisão pode variar em número e nomenclatura: para Ferraz e Dallari também haveria 4 (quatro) fases, mas com outra organização, quais sejam: (i) introdutória (que compreende a instauração e a defesa); (ii) instrutória; (iii) decisória; e, (iv) recursal (incluída a etapa

[1] A expressão "fases do processo" é utilizada para designar as etapas procedimentais, mas que integram um mesmo processo e possuem uma mesma finalidade, de modo que "sempre que nos depararmos com tal rótulo ["fases do processo"], deveremos ter em mente que ele designa conjuntos de atos procedimentais, lógica e juridicamente agrupados, vocacionados homogeneamente à realizaçao de fins específicos, mas já marcados todos pelo compromisso final de consecução de uma dirimência – repetimos, acertada e justa" (FERRAZ, Sérgio; DALLARI, Adilson Abreu. *Processo administrativo.* 2. ed. São Paulo: Malheiros, 2012, p. 141).

[2] Essa divisão pode ser observada em: DI PIETRO, Maria Sylvia Zanella. *Direito administrativo.* 37. ed. Rio de Janeiro: Forense, 2024, p. 709.

revisional).[3] Com efeito, em que pese a existência de classificações doutrinárias distintas, a fase instrutória é uma etapa autônoma e de inegável destaque do processo administrativo.

A fase instrutória é prevista no Capítulo X, denominado "Da Instrução" e compreende os artigos 29 a 47, da Lei nº 9.784/1999.

A **instrução processual** é decorrência direta do **princípio do devido processo legal** (*due process of law*), garantia constitucional assegurada no art. 5º, LIV, da Constituição de 1988. Sobre o tema, Rafael Carvalho Rezende de Oliveira recupera a clássica divisão do devido processo legal em dois sentidos: (i) um "sentido procedimental" (*procedural due process*), relacionado ao respeito aos procedimentos e formalidades; e, (ii) um "sentido substantivo" (*substantive due process*), que se refere à atuação administrativa pautada pela razoabilidade,[4] coibindo-se os excessos.[5]

Ainda, a instrução processual também é decorrência direta dos princípios constitucionais do contraditório e da ampla defesa, previstos no art. 5º, inciso LX, da Constituição de 1988, que de modo muito acertado trouxe sua expressa previsão de aplicabilidade para o âmbito do processo administrativo. Passado pouco mais de uma década, tais princípios também foram tatuados no art. 2º, *caput*, da Lei nº 9.784/1999, com realce à imperativa obediência que lhes deve tributar a Administração Pública.

O contraditório é princípio geral que rege o processo administrativo e, na fase instrutória, transparece colorações específicas. De modo geral, conforme aponta Odete Medauar, "o *contraditório* significa a faculdade de manifestar o próprio ponto de vista ou argumentos próprios, ante fatos, documentos ou pontos de vista apresentados por outrem".[6] No mesmo sentido, Egon Boockmann Moreira destaca que o contraditório "confere ao processo administrativo a características de uma atividade dialética".[7]

---

3 FERRAZ; DALLARI, *op. cit.*, p. 141.

4 Sobre a razoabilidade como máxima (cânone de interpretação/aplicação do direito), ver: CRISTÓVAM, José Sérgio da Silva. *Princípios constitucionais:* razoabilidade, proporcionalidade e argumentação jurídica. 2. ed. Curitiba: Juruá, 2016.

5 Nesse contexto, o Supremo Tribunal Federal (STF) estabelece que o devido processo legal deve possuir como atributos o direito de informação, o direito de manifestação e o direito de ver seus argumentos considerados, numa perspectiva substancial do *due process of law* (BRASIL. Supremo Tribunal Federal. *Habeas Corpus 185.051/SC.* Relator Min. Celso de Mello. Segunda Turma, j. 10.10.2020).

6 MEDAUAR, Odete. *Direito administrativo moderno.* 20. ed. São Paulo: Revista dos Tribunais, 2016. p. 203.

7 MOREIRA, Egon Bockmann. *Processo administrativo:* princípios constitucionais e a Lei nº

Com efeito, pode-se falar no âmbito do processo administrativo em um "devido processo legal administrativo".[8]

Na fase instrutória, o **princípio do contraditório** traduz diretamente o próprio direito à instrução do processo administrativo. Inclusive, a doutrina converge a respeito da existência de um direito fundamental à prova,[9] que deriva da Constituição de 1988 e da legislação infraconstitucional. Contudo, a produção probatória veicula apenas uma das dimensões da instrução, porquanto o "contraditório não trata apenas do 'direito à prova', mas é garantia da participação processual como pressuposto de validade de toda à atividade instrutória".[10]

Por sua vez, o **princípio da ampla defesa** também informa o processo administrativo de maneira geral e relaciona-se diretamente com o contraditório, a ponto de até se confundirem nos respectivos efeitos. No entanto, de modo geral, a ampla defesa traduz o direito à dedução adequada das alegações que sustentam a pretensão do interessado e a consequente possibilidade de produzir provas dessas alegações, além do direito à interposição de todos os recursos cabíveis.[11]

Tal qual o contraditório, a ampla defesa assume feições específicas na fase instrutória. Conforme aponta Thiago Marrara, dentre outras características, a ampla defesa manifesta-se pelo "direito ao acompanhamento das provas" ao longo do processo administrativo, o que inclusive demanda o dever de a Administração Pública intimar os interessados, em tempo razoável, para que o acompanhamento seja efetivamente viável.[12]

Assim, as perspectivas procedimental e substantiva do princípio do devido processo legal, bem como o seu desdobramento nos princípios do contraditório e da ampla defesa, exigem que a fase instrutória

---

9.784/1999 (com especial atenção à LINDB). Belo Horizonte: Fórum, 2022. p. 254.

8 HEINEN, Juliano. *Curso de direito administrativo*. Salvador: JusPodivm, 2020. p. 934.

9 Nesse sentido: "[...] a doutrina converge a respeito da existência de um direito à prova, que abrange a concessão de iguais oportunidades de as partes pleitearem a produção de provas, o direito de participar da sua realização, direito à valoração da prova e de falar sobre os seus resultados" (AMARAL, Paulo Osternack. *A proibição de provas ilícitas e sua relação com as provas atípicas*. 9. ed. São Paulo: Revista dos Tribunais, 2021. Disponível em: https://www.jusbrasil.com.br/doutrina/provas/1394833972. Acesso em: 19 out. 2024).

10 MOREIRA, *op. cit.*, p. 263.

11 NERY JÚNIOR, Nelson. *Princípios do processo na Constituição Federal:* processo civil, penal e administrativo. São Paulo: Revista dos Tribunais, 2016. Disponível em: https://www.jusbrasil.com.br/doutrina/principios-do-processo-na-constituicao-federal-processo-civil-penal-e-administrativo/1328313387. Acesso em: 20 out. 2024.

12 MARRARA, Thiago (coord.). *Processo administrativo brasileiro:* estudos em homenagem aos 20 anos da Lei Federal de Processo Administrativo. Belo Horizonte: Fórum, 2020. p. 91.

do processo administrativo seja marcada pela ampla possibilidade de participação dos interessados na produção de provas, tanto requerendo e propondo provas quanto fiscalizando a produção probatória por parte da Administração Pública.

## 1.1 As atividades de instrução

O *caput* do art. 29, da Lei nº 9.784/1999 prevê duas expressões-chave, quais sejam "atividades de instrução" e "tomada de decisão", as quais merecem destaque, até para que se possa adequadamente compreender seu conteúdo normativo à luz do devido processo legal que informa o processo administrativo.

O conteúdo da expressão "atividades de instrução" não é dado expressamente pela Lei nº 9.784/1999, podendo ser definido como o conjunto de ações, solicitações ou diligências relativas à produção de elementos probatórios que subsidiarão a tomada de decisão.

Com efeito, a redação do *caput* do art. 29 não confere limitações aos meios pelo quais se darão as atividades de instrução destinadas a averiguar e comprovar os fatos, situações e circunstâncias necessárias à tomada de decisão, cabendo a produção de todas as provas em direito admitidas, apenas com a ressalva da proibição da utilização de provas obtidas por meios ilícitos, ante a vedação expressa do art. 30 da Lei nº 9.784/1999.

Assim, os meios à disposição do órgão competente e dos interessados para a produção dos elementos de prova devem ser compreendidos de forma ampla, inclusive em prestígio aos princípios do contraditório e da ampla defesa, de modo que as atividades de instrução englobam a produção de elementos probatórios de cunho documental, testemunhal e pericial.[13]

Ainda, a doutrina corretamente avança na conformação do princípio da ampla instrução probatória, o qual pressupõe o direito ao interessado não somente de produzir e oferecer provas, mas também **fiscalizar a produção da prova** por parte da Administração Pública, a fim de verificar se foram realizadas com correção e adequação técnicas devidas.[14]

---

13 Nesse sentido, vide comentários do art. 38, *caput*, da Lei nº 9.784/1999, que prevê expressamente a possibilidade de que, quando da fase instrutória, o interesse realize a juntada de documentos e pareceres e requeira diligências e perícias.

14 Nesse sentido, ver: MELLO, Celso Antônio Bandeira de. *Curso de direito administrativo*. 37. ed. Belo Horizonte: Fórum, 2024. p. 397. Ainda, Marcelo Harger aponta que o "princípio

Nessa perspectiva, as atividades de instrução correspondem à produção de elementos probatórios de cunho documental, testemunhal e pericial pelo órgão responsável pelo processo administrativo ou a requerimento do interessado, bem como à fiscalização a ser desempenhada pelo interessado sobre a produção probatória promovida pela Administração Pública.

A expressão "tomada de decisão" também merece atenção e indica pelo menos dois sentidos: (i) pode referir-se à decisão administrativa *per si*, qual seja o pronunciamento institucional da Administração Pública que põe termo a determinada questão a ela submetida; (ii) pode indicar o *iter* pelo qual a Administração Pública forma e informa a decisão administrativa, cuja legalidade depende do respeito efetivo ao devido processo legal e às garantias do contraditório e da ampla defesa.

Como decisão administrativa *per si*, a tomada de decisão guarda relação com a finalidade de "**melhor conteúdo das decisões**", manifestada pela necessidade de que a decisão administrativa seja o resultado das contribuições fático-processuais dos interessados. Por seu turno, a decisão administrativa como *iter* relaciona-se à "**legitimação do poder**", veiculada pela processualidade administrativa em termos de paridade e imparcialidade de um processo preordenado, por meio do qual se atinge um objetivo juridicamente válido e legal.[15]

Nesse sentido, ambas as acepções da tomada de decisão relacionam-se com as finalidades do processo administrativo e demandam ampla incidência do princípio do devido processo legal como pressuposto para seu atingimento.

Isso porque, de acordo com Celso Antônio Bandeira de Mello, o processo administrativo atende a um duplo objetivo: (i) resguardar o interessado, garantindo-se que suas pretensões sejam ouvidas antes da decisão que irá afetá-lo; e, (ii) concorrer para uma atuação administrativa mais bem informada, consequente e responsável, porque a busca pelo interesse público não deve ser feita de costas aos aspectos relevantes salientados pelos interessados.[16]

---

da ampla instrução probatória é um desdobramento dos princípios do contraditório e da ampla defesa" (HARGER, Marcelo. *Princípios constitucionais do processo administrativo*. Rio de Janeiro: Forense, 2008. p. 147-148).

15 Trata-se de finalidades do processo administrativo descritas por Odete Medauar ao lado da garantia, do correto desempenho da função, da justiça na administração, da aproximação entre a Administração e cidadãos, da sistematização de autuações administrativas e da facilitação do controle da Administração (MEDAUAR, *op. cit.*, p. 199-201).

16 MELLO, *op. cit.*, p. 393-394.

Com efeito, a decisão administrativa deve ser qualificada por diversos fatores, como o tempo, conforme termos do art. 49 da Lei nº 9.784/1999, que estabelece o prazo de trinta dias prorrogável por igual período para a decisão, mas também por critérios substanciais (conteúdo material), com relação aos quais se destaca a necessidade de que os elementos probatórios sejam considerados na motivação do relatório e na decisão, conforme o seu art. 38, §1º, por exemplo.

Assim, o conteúdo do art. 29 engloba diversos aspectos, dentre os quais: (i) a densificação do princípio da oficialidade; (ii) o direito de o interessado produzir provas; (iii) o dever de que os dados necessários à decisão constem dos autos do processo; e, (iv) a materialização do princípio da menor onerosidade.

Nesse sentido, o art. 29 possui um conjunto de aspectos cuja leitura permite inferir que a instrução processual é dotada da clara finalidade de formar, informar e conformar a tomada de decisão, subsidiando-a fática e juridicamente.[17] Não à toa, a fase instrutória é uma das fases mais importantes do processo administrativo.

## 1.2 A oficialidade e o direito do interessado em produzir provas

O art. 29, *caput* prevê que as atividades de instrução que subsidiarão a tomada de decisão serão realizadas "de ofício" ou por meio de "impulsão do órgão responsável pelo processo". Trata-se do **princípio da oficialidade**, que de forma geral rege o processo administrativo (art. 2º, parágrafo único, XII) e, de forma especial, também incide na sua fase instrutória.

De forma geral, "o princípio da oficialidade é manifestação do princípio da legalidade no âmbito do direito administrativo".[18] De forma específica, no âmbito da etapa instrutória a oficialidade significa que "a condução dos atos de instrução é encargo e responsabilidade da Administração, que deve cuidar da regular montagem do instrumento material [...] e do regular desenvolvimento dos atos de instrução".[19]

A oficialidade é um dos aspectos que diferencia o processo administrativo do processo judicial, este orientado pela lógica da inércia da

[17] Essa é também a posição de HEINEN, *op. cit.*, p. 950.

[18] FIGUEIREDO, Lúcia Valle Figueiredo (coord.). *Comentários à Lei Federal de Processo Administrativo (Lei nº 9.784/1999).* 2. ed. Belo Horizonte: Fórum, 2008. p. 34.

[19] FERRAZ; DALLARI, *op. cit.*, p. 188.

jurisdição, instaurado apenas por iniciativa da parte (art. 2º, do CPC). No processo judicial vige o *princípio dispositivo* e no processo administrativo vige a oficialidade, que prevê a atuação de ofício por parte do Poder Público como a regra, nas fases de instauração, instrução e revisão das decisões, independentemente da iniciativa dos particulares.

Assim, no âmbito da instrução, o critério da oficialidade traduz-se no **dever** de o órgão competente pela instrução produzir provas e instruir o processo adotando as medidas necessárias à adequada instrução (determinando diligências, solicitando documentos, perícias, pareceres e laudos, por exemplo), independentemente da manifestação ou pedido de qualquer interessado. Diz-se que a Administração Pública tem o dever de instruir o processo porque apesar de recair sobre o interessado o ônus de provar suas alegações, tal ônus não afasta o dever da produção probatória pelo órgão competente para a instrução (art. 36).

Ainda que a Lei nº 9.784/1999 preveja a oficialidade como critério (art. 2º, parágrafo único, XII), a doutrina trata a oficialidade como princípio do processo administrativo. Para Maria Sylvia Zanella Di Pietro, o princípio da oficialidade "assegura a possibilidade de instauração de procedimento por iniciativa da Administração, independentemente de provocação do administrado e ainda a possibilidade de impulsionar o processo, adotando todas as medidas necessárias à sua adequada instrução".[20]

Contudo, apesar da produção probatória por parte da Administração Pública não depender da provocação dos interessados, não se admite que a prova seja produzida unilateralmente, de modo que "a validade da atividade instrutória exige a participação de todos aqueles que integram a relação processual",[21] sob pena de não produzir efeitos por violação ao princípio do contraditório.

Ao lado da oficialidade, a parte final do art. 29, *caput* prevê que os interessados possam "**propor atuações probatórias**". Portanto, pela legislação o interessado atuaria paralelamente e subsidiariamente às atividades de instrução realizadas pela Administração Pública, mas é importante ressaltar que há no caso duas distintas dimensões dessa posição do interessado na fase instrutória:

1. com relação aos fatos alegados pelo próprio interessado, este possui o *ônus* de prová-los (art. 36), dividindo a posição de protagonismo na produção probatória com a Administração

---

[20] DI PIETRO, *op. cit.*, p. 716.

[21] MOREIRA, *op. cit.*, p. 264.

Pública — portanto, não exatamente "propõe" a produção de provas, mas sim a requer e tem direito de que isso seja levado a cabo, até em decorrência direta dos princípios do contraditório e da ampla defesa, sob pena de cerceamento de defesa e nulidade processual;

2. já com relação aos demais fatos, situações e circunstâncias — na gramática legal, "dados necessários à tomada de decisão" —, o interessado possui apenas a faculdade de propor/sugerir a produção de provas, numa posição coadjuvante, paralela e subsidiária em relação à Administração Pública.

Assim, embora o interessado não titularize a produção da prova acerca dos fatos que não tenha alegado, o contraditório e a ampla defesa lhe asseguram o direito de requerer a produção de provas. O pleito de produção de provas pelo interessado somente pode ser indeferido pela Administração Pública mediante decisão fundamentada, a demonstrar que a prova proposta é ilícita, impertinente, desnecessária ou protelatória (art. 38, §2º), sob pena de cerceamento de defesa e nulidade do processo administrativo.[22]

## 2 Os dados necessários à decisão do processo

O art. 29, §1º estabelece que o órgão competente para a instauração do processo administrativo "fará constar dos autos os dados necessários à decisão". Ou seja, a norma impõe à Administração Pública o **dever de informar o processo administrativo** com todos os elementos probatórios.

Além de um dever, a redação do §1º prevê que os autos deverão ser informados com os dados necessários à tomada de decisão no processo. Nesse sentido, a Administração Pública deve realizar a juntada integral dos documentos probatórios, salvo se por decisão motivada, tratar-se de expedientes ilícitos, impertinentes, desnecessários ou protelatórios (art. 38, §2º) ou, ainda, em caráter excepcional, se eventualmente cuidar de questão ou situação fática total ou parcialmente submetida à sigilo por imperativo de segurança da sociedade e do Estado (art. 5º,

[22] Sobre o tema, cumpre registrar que a jurisprudência do STF trilha no sentido de que "o indeferimento fundamentado do pedido de produção de provas consideradas impertinentes, em processo administrativo disciplinar, não caracteriza cerceamento de defesa" (BRASIL. Supremo Tribunal Federal. *RMS 28.490-AgR*. Relator Min. Roberto Barroso, Plenário, DJe de 24.08.2017).

XXXIII, da CF/1988 c/c Lei nº 12.527/2011), oportunidade em que referidas informações deverão receber o devido tratamento e proteção, nos termos da legislação de regência.

## 3 A atuação dos interessados e a menor onerosidade

O art. 29, §2º estabelece que os atos de instrução que demandem a atuação dos interessados devem ser realizados da forma menos onerosa para eles, pois vige no processo administrativo o princípio da gratuidade, do qual a menor onerosidade é decorrência direta.

Como princípio geral do processo administrativo, o **princípio da gratuidade** preceitua que o interessado não deve arcar com as custas do processo, salvo aquelas previstas em lei, vedando-se de qualquer maneira a exigência de depósito ou arrolamento prévios de dinheiro e bens para admissibilidade de recurso administrativo.[23]

Com efeito, o princípio da gratuidade não pressupõe a proibição de que o interessado tenha dispêndios financeiros com o processo administrativo. Na realidade, "o princípio da gratuidade transforma eventuais cobranças em medidas excepcionais e dependentes de autorizativo legal expresso".[24]

Inclusive, sob esse enfoque, para Celso Antônio Bandeira de Mello, o princípio da gratuidade deveria ser lido sob duas perspectivas: (1) princípio da gratuidade propriamente dita; e, (2) princípio da modicidade. O *princípio da gratuidade propriamente dita* exigiria a gratuidade do processo administrativo, que o interessado não suporte quaisquer ônus financeiros. O *princípio da modicidade* implicaria a necessidade de que eventuais custos envolvendo taxas e emolumentos sejam os menores possíveis. Assim, a gratuidade se aplicaria apenas aos processos administrativos restritivos ou ablativos de direitos (que devem ser gratuitos) e a modicidade aos demais processos (como os ampliativos de direitos).[25]

Contudo, na fase instrutória o princípio da gratuidade manifesta-se pela necessidade de que haja proporcionalidade nos custos envolvendo a participação do interessado na produção probatória. A Administração Pública deve garantir aos interessados que haja a menor

---

[23] Nos termos da redação do art. 56, §2º, da Lei nº 9.784/1999 e da Súmula Vinculante nº 21, de 2009.

[24] MARRARA, *op. cit.*, p. 92.

[25] MELLO, *op. cit.*, p. 399.

onerosidade possível, quando exigida sua atuação nos atos probatórios. Menor onerosidade que será garantida com o juízo de proporcionalidade entre os meios probatórios utilizados e os resultados perseguidos pela produção da prova.

Em síntese, a gratuidade é a regra dos processos administrativos, que somente pode ser excepcionada por meio de lei autorizativa e apenas em processos que não sejam restritivos ou ablativos de direitos, exigindo-se de todo modo que eventuais custos sejam módicos e que na etapa instrutória a participação dos interessados não seja desproporcionalmente onerosa.

## Referências

AMARAL, Paulo Osternack. *A proibição de provas ilícitas e sua relação com as provas atípicas*. 9. ed. São Paulo: Revista dos Tribunais. 2021. Disponível em: https://www.jusbrasil.com.br/doutrina/provas/1394833972. Acesso em: 19 out. 2024.

BRASIL. Supremo Tribunal Federal. *RMS 28.490-AgR*. Relator Min. Roberto Barroso, Plenário, DJe de 24.08.2017.

BRASIL. Supremo Tribunal Federal. *Habeas Corpus 185.051/SC*. Relator Min. Celso de Mello. Segunda Turma, j. 10.10.2020.

CRISTÓVAM, José Sérgio da Silva. *Princípios constitucionais:* razoabilidade, proporcionalidade e argumentação jurídica. 2. ed. Curitiba: Juruá, 2016.

DI PIETRO, Maria Sylvia Zanella. *Direito administrativo*. 37. ed. Rio de Janeiro: Forense, 2024.

FERRAZ, Sérgio; DALLARI, Adilson Abreu. *Processo administrativo*. 2. ed. São Paulo: Malheiros, 2012.

FIGUEIREDO, Lúcia Valle Figueiredo (coord.). *Comentários à Lei Federal de Processo Administrativo (Lei nº 9.784/1999)*. 2. ed. Belo Horizonte: Fórum, 2008.

HARGER, Marcelo. *Princípios constitucionais do processo administrativo*. Rio de Janeiro: Forense, 2008.

HEINEN, Juliano. *Curso de direito administrativo*. Salvador: JusPodivm, 2020.

MARRARA, Thiago (coord.). *Processo administrativo brasileiro*: estudos em homenagem aos 20 anos da Lei Federal de Processo Administrativo. Belo Horizonte: Fórum, 2020.

MEDAUAR, Odete. *Direito administrativo moderno*. 20. ed. São Paulo: Revista dos Tribunais, 2016. p. 203.

MELLO, Celso Antônio Bandeira de. *Curso de direito administrativo*. 37. ed. Belo Horizonte: Fórum, 2024.

MOREIRA, Egon Bockmann. *Processo administrativo*: princípios constitucionais e a Lei nº 9.784/1999 (com especial atenção à LINDB). Belo Horizonte: Fórum, 2022.

NERY JÚNIOR, Nelson. *Princípios do processo na Constituição Federal*: processo civil, penal e administrativo. São Paulo: Revista dos Tribunais, 2016. Disponível em: https://www.jusbrasil.com.br/doutrina/principios-do-processo-na-constituicao-federal-processo-civil-penal-e-administrativo/1328313387. Acesso em: 20 out. 2024.

Art. 30. São inadmissíveis no processo administrativo as provas obtidas por meios ilícitos.

JOSÉ SÉRGIO DA SILVA CRISTÓVAM

LEONARDO CRISTOVAM DE JESUS

## 1 A proibição da prova ilícita no processo administrativo

A norma do art. 30, da Lei nº 9.784/1999 espelha a garantia constitucional prevista no art. 5º, LVI, da Constituição de 1988 de que "são inadmissíveis, no processo, as provas obtidas por meios ilícitos". Com efeito, a garantia à **proibição das provas ilícitas** é direito fundamental albergado pela Constituição "e que tem como objeto imediato a preservação de direitos fundamentais, com a promoção de um processo justo, cujo intervalo persecutório esteja comprometido com a idoneidade da prova".[26]

Conforme apontam Horácio Wanderlei Rodrigues e Eduardo Lamy, a proibição da prova ilícita na teoria geral do processo significa uma garantia constitucional que limita o exercício da ampla defesa, contrapondo-a com base em um **limite ético** de que os fins não justificam os meios.[27]

O texto constitucional utiliza a expressão "no processo" e endereça a aplicabilidade do princípio da proibição da prova ilícita a todos os processos (judiciais ou administrativos). Essa garantia constitucional geral é espelhada de forma setorizada pelo art. 30, que estabelece a inadmissibilidade de produção de provas ilícitas no âmbito do processo administrativo.[28]

[26] CANOTILLO, José Joaquim Gomes *et al. Comentários à Constituição do Brasil.* 2. ed. São Paulo: Saraiva, 2018, p. 470.

[27] RODRIGUES, Horácio Wanderlei Rodrigues; LAMY, Eduardo de Avelar. *Teoria geral do processo.* 4. ed. São Paulo: Atlas, 2016. p. 238.

[28] Para Arnaldo Esteves Lima, a incidência da proibição da prova ilícita é mais acentuada no processo administrativo em razão da necessidade de que a Administração Pública se paute na estrita legalidade quando da sua atuação (LIMA, Arnaldo Esteves. *O processo*

## 2 Uma questão de terminologia: provas ilegítimas, provas ilícitas e ilícitas por derivação

Considerando que o ordenamento jurídico veda a utilização de provas obtidas por meios ilícitos no âmbito do processo administrativo, cumpre a definição do alcance da expressão "provas ilícitas". Assim, cabe aqui o recurso ao direito processual penal para colaborar na compreensão do conteúdo que preenche a expressão "provas ilícitas".

O art. 157 do CPP estabelece que as provas ilícitas são aquelas obtidas em violação às normas constitucionais ou legais. Contudo, a expressão "provas ilícitas" é genérica e alberga ao menos duas acepções: (i) as provas ilícitas *per si* (ou propriamente ditas); e, (ii) as provas ilegítimas.

As **provas ilícitas *per si*** (ou propriamente ditas) são as provas obtidas em violação à normas constitucionais ou normas legais de direito material, como provas obtidas por meio de coação, quebra de sigilo individual, violação domiciliar etc. Trata-se de produção probatória que vulnera as inviolabilidades previstas no texto constitucional (intimidade, vida privada, casa, correspondência, nos termos do art. 5º, incs. X a XIII, da CF/1988). Por outro lado, as **provas ilegítimas** são as provas obtidas em violação a normas de direito processual, *v.g.*, a oitiva de quem não pode depor, interceptação telefônica.[29]

Assim, tanto as provas ilícitas quanto as provas ilegítimas são provas ilegais. Para Paulo Osternack Amaral, as provas ilícitas e ilegítimas são espécies do gênero "prova vedada", de modo que as provas ilegítimas são provas vedadas em sentido relativo e as provas ilícitas são provas vedadas em sentido absoluto, pelo que aquela não se enquadra no conceito de prova ilícita mencionado pelo art. 5º, LVI da Constituição de 1988 e art. 30, da Lei nº 9.784/1999. Daí porque sua relevância para o processo deve ser aferida a partir da investigação acerca da ocorrência de efetivo prejuízo em razão de não ter sido observada a norma de procedimento.[30]

---

*administrativo no âmbito da Administração Pública:* Lei n.º 9.784, de 37.1.1999. Rio de Janeiro: Forense, 2005. p. 50).

[29] Esse é o entendimento corrente na doutrina, pelo qual haveria um gênero de "provas ilegais", composto por duas espécies: (i) as provas ilícitas, quando obtidas por meio de violação a norma de direito material; e, (ii) as provas ilegítimas, quando obtidas por meio de desrespeito à normas de direito processual (BERNARDO, Gonçalves Fernandes. *Curso de direito constitucional*. 9. ed. Salvador: JusPodivm, 2017. p. 541; CANOTILLO, *op. cit.*, p. 468-470).

[30] AMARAL, Paulo Osternack. *A proibição de provas ilícitas e sua relação com as provas atípicas*. 9. ed. São Paulo: Revista dos Tribunais, 2021. Disponível em: https://www.jusbrasil.com.br/doutrina/provas/1394833972. Acesso em: 19 out. 2024.

Ainda, pode-se falar em **provas ilícitas por derivação**, situação na qual uma prova lícita é obtida em razão de informações recebidas por meio de provas obtidas por meio ilícito, como no caso em que uma interceptação telefônica clandestina possibilita conhecer informações e circunstâncias que permitam sua apuração de forma lícita.

Amaral explica que o tratamento destas provas foi dado pela Suprema Corte dos Estados Unidos no caso *Silverthorne Lumber Co. v. United States*, em 1920, por meio da conhecida **teoria dos frutos da árvore envenenada** (*fruit of the poisonous tree*), quando preceitua que as provas lícitas derivadas de uma prova ilícita são contaminadas pela ilicitude original, tornando-se imprestáveis, sofrendo temperamentos nos casos em que a prova seria descoberta de outra forma (*inevitable discovery*), que advenha de uma forma independente (*independent source limitation*) ou que seja possível a distinção dos meios para obtenção da prova originária ilegal e da prova secundária (*purged taint*).[31] Importante ressaltar que nem todos os temperamentos à teoria dos frutos da árvore envenenada são aplicados pela jurisprudência brasileira.[32]

De modo geral, caso ausentes as hipóteses de temperamento da teoria dos frutos da árvore envenenada, as provas obtidas por meios lícitos, mas que derivem de provas ilícitas, são consideradas ilícitas por derivação e são afetadas pela garantia de proibição no processo administrativo.

A Lei nº 9.784/1999 não estabelece o procedimento a ser adotado quando da recusa das provas ilícitas. O seu art. 38, §2º enuncia que "somente poderão ser recusadas, mediante decisão fundamentada, as provas propostas pelos interessados quando sejam ilícitas, impertinentes, desnecessárias ou protelatórias." Contudo, a despeito do termo "poderão", em prestígio ao princípio da legalidade, a Administração Pública dispõe sim do dever-poder de recusar provas ilícitas, certamente não se tratando de qualquer forma de faculdade ou traço de discricionariedade da autoridade ou órgão competente.

Com efeito, notadamente nos processos administrativos em que há acusação e nos processos administrativos sancionadores, caso a prova ilícita já tenha sido juntada ao processo, deve-se determinar seu desentranhamento,[33] semelhante ao processo penal, sob pena de

---

31 AMARAL, *op. cit.*

32 Para uma sistematização sobre as hipóteses limitativas da teoria dos frutos da árvore envenenada e sobre o tratamento dado pelo STF sobre a matéria, ver: AMARAL, *op. cit.*, p. 552-553.

33 No mesmo sentido, ver: NOHARA, Irene Patrícia Diom; MARRARA, Thiago. *Processo administrativo: Lei nº 9.784/1999 comentada*. São Paulo: Revista dos Tribunais, 2018.

exercer indevida influência quando da formação do juízo de convicção da autoridade julgadora competente (art. 157, do CPP).

Indo além, Egon Bockmann Moreira sustenta que, se a autoridade competente para julgar tiver acesso à prova ilícita que não foi desentranhada do processo a tempo e modo, deve determinar sua retirada e, ato contínuo, dar-se por impedida em razão de vínculo pessoal do julgador com a prova produzida, na esteira do art. 18, II, da Lei nº 9.784/1999.[34]

Mas o princípio da proibição das provas ilícitas seria absoluto ou seria possível cogitar de eventuais mitigações na sua incidência?

Com efeito, tal possibilidade de mitigação e os seus respectivos efeitos é controvertida na doutrina administrativista e o tratamento do tema no âmbito do direito processual penal não pode ser transportada de forma acrítica ao processo administrativo, o que demanda análise mais detalhada.

## 3 A produção de efeitos de provas obtidas por meios ilícitos

A proibição das provas ilícitas é garantia constitucional fundamental (art. 5º, LVI, da CF/1988), replicada para o âmbito do processo administrativo pelo art. 30, da Lei nº 9.784/1999, sendo que a jurisprudência dos tribunais está consolidada no sentido de vedar a flexibilização da garantia da proibição das provas ilícitas.

Sobre essa matéria, recentemente o Supremo Tribunal Federal (STF) julgou o Tema 1.238, que discutia a repercussão da nulidade das provas no processo penal na esfera administrativa (Recurso Extraordinário com Agravo 1.316.369/DF), e corretamente fixou a tese de que "são inadmissíveis, em processos administrativos de qualquer espécie, provas consideradas ilícitas pelo Poder Judiciário",[35] vedando a utilização de provas emprestadas ilícitas no processo administrativo.

E se a prova ilícita vier em benefício do réu?

Sobre essa questão, no HC nº 164.493 o STF flexibilizou a garantia fundamental da proibição de provas ilícitas no âmbito do direito penal, desde que em benefício ao réu. Portanto, o Tribunal acertadamente aplicou a teoria da proporcionalidade e da exclusão da ilicitude para reconhecer a admissibilidade da prova ilícita em benefício do réu.

---

[34] MOREIRA, Egon Bockmann. *Processo administrativo:* princípios constitucionais e a Lei nº 9.784/1999 (com especial atenção à LINDB). Belo Horizonte: Fórum, 2022. p. 308.

[35] No caso concreto, o STF anulou condenação imposta no âmbito do Conselho Administrativo de Defesa Econômica (CADE), por ter se baseado em provas emprestadas de ação penal e que forma consideradas ilícitas na seara judicial. BRASIL. Supremo Tribunal Federal. *Recurso Extraordinário com Agravo 1.316.369/DF – Tema 1.238.* Relator Min. Gilmar Mendes, Plenário, DJe de 22.03.2023.

Inclusive, apesar da tese fixada no Tema 1.238, extrai-se do acórdão que determinou a inadmissibilidade da utilização de provas emprestadas no processo administrativo, quando consideradas ilícitas em sede judicial, que a conduta seria vedada para prejudicar o réu, como no caso concreto. Assim, o Tema 1.238 não fixou a restrição total à utilização de provas ilícitas no processo administrativo, contextualizando a decisão a partir do prejuízo ao réu.

Na doutrina administrativista não há homogeneidade sobre o assunto, com posições que sustentam que as provas ilícitas são imprestáveis para produzir quaisquer efeitos no processo administrativo,[36] havendo outros que defendem que as provas ilícitas poderiam produzir algum efeito reflexo, seja porque a sua admissão poderia reforçar provas lícitas,[37] seja porque representariam indicações que pudessem conduzir o investigador a perseguir o elemento probatório necessário de forma lícita.[38]

Com efeito, a questão de possíveis valorações da prova obtida por meios ilícitos e eventual produção de efeitos no âmbito do direito administrativo impõe uma análise cuidadosa.

A doutrina constitucionalista indica que os direitos fundamentais ou garantias constitucionais não são absolutos e admitem restrições e limites bem identificados em função do plano do direito a ser alcançado. No mesmo sentido, a teoria geral do processo informa que o princípio da proporcionalidade exige a "ponderação entre os bens e valores envolvidos no ilícito que se busca provar e no ilícito praticado para a obtenção da prova".[39]

Porém, essa discussão sobre provas obtidas por meios ilícitos e eventual produção de efeitos não pode ser sobre um jogo de "tudo ou

---

[36] Essa é a posição de Cristiana Fortini, para quem a prova ilícita deve ser considerada "imprestável para todo e qualquer fim" (FORTINI, Cristiana. *Processo administrativo*: comentários à Lei nº 9.784/1999. Belo Horizonte: Fórum, 2008. p. 136).

[37] Para Arnaldo Esteves Lima, desde que observada a razoabilidade e a proporcionalidade, poderia haver juízo de ponderação em relação ao qual "a condescendência máxima" para com a prova obtida por meios ilícitos residiria na consideração de que ela sirva de reforço para outras provas idôneas existentes no processo (LIMA, *op. cit.*, p. 50-51).

[38] Para Flávia Witkowski Frangetto, o resultado de uma prova ilícita pode impulsionar o administrador a investigar o fato e encontrar a prova lícita (FIGUEIREDO, Lúcia Valle Figueiredo (coord.). *Comentários à Lei Federal de Processo Administrativo (Lei nº 9.784/1999)*. 2. ed. Belo Horizonte: Fórum, 2008. p. 153). Em sentido semelhante, Francisco Xavier da Silva Guimarães sustenta que a experiência prática demonstra que as provas obtidas por meios ilícitos contêm indicações que podem conduzir o investigador a perseguir o elemento probatório necessário de forma lícita (GUIMARÃES, Francisco Xavier da Silva. *Direito processual administrativo*: comentários à Lei nº 9.784/99, com as alterações da Lei nº 11.417/06. Belo Horizonte: Fórum, 2008. p. 116).

[39] RODRIGUES; LAMY, *op. cit.*, p. 239.

nada" e, muito menos, de desavisadas flexibilizações de uma garantia constitucional fundamental.

A aproximação do fenômeno depende da consideração de algumas variáveis importantes e caras ao processo administrativo e à principiologia constitucional que o informa, que podem ser condensadas a partir de três critérios de análise:

1. um *critério espacial*, se a prova ilícita foi produzida fora do processo (extraprocessual) ou se pretende produzi-la nos autos do processo administrativo (endoprocessual);
2. o *critério subjetivo*, se quem pretende produzir ou apresentar prova ilícita é o particular ou a Administração Pública; e,
3. um *critério objetivo*, se a prova ilícita que se pretende produzir ou apresentar em um processo administrativo em que há acusação (sancionador) ou não.

## 3.1 O critério espacial: o locus de produção da prova

Uma primeira questão importante envolve verificar se a prova obtida por meios ilícitos se pretende produzir no âmbito do processo administrativo ou se foi realizada fora do processo e será a ele trazida. Dito de outra forma, se a prova obtida por meios ilícitos foi produzida de forma *extraprocessual* ou será realizada de forma *endoprocessual*.[40]

Nesse sentido, ganha especial relevo o critério de diferenciação entre "provas ilícitas" e "provas obtidas por meios ilícitos". A distinção é possível pela análise da redação dos arts. 30 e 38, §2º, da Lei nº 9.784/1999 — duas passagens em que o assunto é legalmente mencionado.

O art. 30 prevê que as provas obtidas por meios ilícitos são inadmissíveis no processo administrativo, enquanto o art. 38, §2º enuncia que a Administração Pública, mediante decisão fundamentada, poderá recusar as provas propostas pelos interessados quando sejam ilícitas.

A expressão "**provas obtidas por meios ilícitos**" encerra hipótese em que a desconformidade com as normas constitucionais e legais de direito material se dá no curso da instrução, ou seja, dentro do processo administrativo (*endoprocessual*), em "atividades de instrução" (art. 29,

[40] Esse critério é adotado por Egon Bockmann Moreira para analisar a aplicabilidade dos arts. 30 e 38, §2º, da Lei nº 9.784/1999, quando corretamente sustenta que eventual flexibilização da garantia à proibição da prova ilícita refere-se apenas à possibilidade de valoração de prova ilícita formulada extraprocessualmente, vedada a prova obtida por meios ilícitos de forma endoprocessual, ou seja, que haja atividade de instrução ilícita no curso do processo administrativo (MOREIRA, *op. cit.*).

*caput*) desenvolvidas pelo interessado que as propôs (art. 38, §2º).

Por outro lado, nas "provas ilícitas", a desconformidade com as normas constitucionais e legais de direito material na produção probatória ocorrem fora do processo administrativo (*extraprocessual*).

Nesse sentido, a garantia fundamental da inadmissibilidade da prova ilícita não poderia ser relativizada para permitir instrução probatória ilícita no curso do processo, até porque a atividade ilícita é vedada à Administração Pública, que deve respeito ao princípio da legalidade (art. 2º, *caput*, da Lei nº 9.784/1999), não podendo admitir, incentivar ou permitir o desenvolvimento de atividades de instrução contrárias à legalidade.

Inclusive, especificamente sobre a prova obtida por meios ilícitos no curso do processo administrativo, apesar de o art. 38, §2º utilizar a expressão "**poderão** ser recusadas [...] as provas propostas pelos interessados quando sejam ilícitas [...]", provocada pelo pleito de produção de prova a ser obtida por meios ilícitos ou que represente efeitos ilícitos, a Administração Pública tem o dever-poder de recusá-la, por força da garantia constitucional do art. 5º, LVI da Constituição de 1988 e do primado da legalidade.

Em síntese, com relação à produção de efeitos, eventual exceção à regra da inadmissibilidade da prova ilícita somente poderia ser cogitada para o caso de provas realizadas fora do processo administrativo (*extraprocessual*), até porque o art. 30, da Lei nº 9.784/1999 veda expressamente as provas obtidas por meios ilícitos.

## 3.2 O critério subjetivo: o sujeito que apresenta a prova

O critério subjetivo relaciona-se ao sujeito que apresenta a prova, já que não é possível que a prova ilícita seja produzida no curso do processo administrativo (*de forma endoprocessual*), por força dos arts. 30 e 38, §2º, da Lei nº 9.784/1999.

Os sujeitos que atuam na instrução probatória são a Administração Pública e os particulares interessados, de modo que à Administração Pública é vedada a hipótese de produzir prova contrária à lei, pelos mesmos motivos que é vedada à Administração Pública permitir que haja instrução probatória ilícita no curso do processo.

Assim, eventual análise sobre a viabilidade de produção de efeitos de prova ilícita somente poderá ser ponderada diante de prova ilícita juntada pelo particular interessado, visto que os agentes públicos devem obediência ao princípio da legalidade, pelo que inadmissível que produzam provas em desconformidade com o ordenamento jurídico ou atuem contra a lei.[41]

## 3.3 O critério objetivo: a tipologia do processo administrativo

O critério objetivo toca com a natureza do processo administrativo. No caso, não é possível falar apenas em "processo administrativo", no singular, mas em "processos administrativos", no plural, dada a diversidade de processos e as diversas configurações em que se apresentam.

Com efeito, aqui não cabe aprofundar a discussão sobre a categorização dos processos administrativos ou avançar no debate sobre as distinções entre processo e procedimento. Porém, importa reconhecer que uma categorização possível de processos administrativos é a divisão entre processos administrativos em que há litigantes e processos administrativos em que há acusados.[42]

Ao pontuarem que a disciplina das provas obtidas por meios ilícitos reclama que se resolva o problema relacionado a constatar quando uma prova é obtida por meios ilícios, Sérgio Ferraz e Adilson Abreu Dallari sugerem como regra geral que, "diante de dúvida fundada sobre a licitude ou ilicitude de determinada prova, a posição do intérprete haverá de ser mais rigorosa diante de uma acusação e mais benevolente quanto a provas produzidas pela defesa, em homenagem ao brocardo *in dubio pro reo*".[43]

Aqui, cabe primeiro ressaltar que os autores apontam nessa direção somente para aqueles casos em que há fundada dúvida sobre a licitude ou ilicitude da prova. Ainda, essa proposta de Ferraz e Dallari indica claramente no sentido da fundamentalidade da natureza do

---

41 No mesmo sentido é a posição de Egon Bockmann Moreira, para quem "agentes administrativos jamais poderiam obter por meio ilícito qualquer prova. Quando menos, violariam os princípios do Estado Democrático de Direito, da legalidade e da moralidade – o que implicaria responsabilização do servidor (civil, criminal e administrativa)" (MOREIRA, *op. cit.*, p. 309).

42 Essa é a classificação proposta por Odete Medauar, dividindo a tipologia do processo administrativo em (a) processos administrativos em que há controvérsias ou conflito de interesses (processos de gestão, de outorga, de verificação, de revisão) e processos administrativos em que há acusados (internos, os processos disciplinares ou externos, aplicação e infrações àqueles que não integram a organização administrativa) (MEDAUAR, Odete. *Direito administrativo moderno*. 20. ed. São Paulo: Revista dos Tribunais, 2016. p. 208-209).

43 FERRAZ, Sérgio; DALLARI, Adilson Abreu. *Processo administrativo*. 2. ed. São Paulo: Malheiros, 2012, p. 206.

processo administrativo para essa questão, a partir de dois critérios: (i) a natureza do processo administrativo, nesse caso um processo acusatório; e, (ii) a finalidade da prova, se para subsidiar a acusação ou para provar a inocência.

Pela dinâmica proposta, havendo fundada dúvida sobre a (i) licitude da prova, quanto mais o resultado da admissão da prova e de produção dos seus efeitos vier a beneficiar o acusado, maior deve ser a flexibilização da Administração Pública para considerar a prova. Inversamente, quando mais o resultado da admissão da prova e seus efeitos no processo apontar para prejuízo ao acusado, menor deve ser a condescendência do Poder Pública em considerar a prova produzida.

Com efeito, aqui há mais propriamente a indicação de um critério para considerar se a prova é ou não ilícita, e não sobre a tipologia ou natureza do processo administrativo como critério para ponderar acerca da aceitação da prova ilícita e seus efeitos.

Em síntese, não se pode cogitar da flexibilização da garantia da proibição das provas ilícitas em quaisquer processos administrativos. O princípio da proibição das provas ilícitas é um limite inerente ao direito fundamental à ampla defesa, contraponto ético e proteção aos direitos e garantias individuais que não pode ser violada, limite que somente poderia ser transposto em caráter excepcional, ante a existência de outros direitos fundamentais prevalescentes (ponderação/proporcionalidade em sentido estrito),[44] como se poderia cogitar no caso de processos administrativos em que há acusação (direito sancionatório), em benefício do acusado, de forma a evitar a vulneração da presunção de inocência ante o sancionamento administrativo.

## 4 Aspectos destacados sobre os efeitos das provas ilícitas

A possibilidade de produção de efeitos pela prova ilícita produzida pelo particular e juntada aos autos do processo administrativo é matéria excepcional e deve envolver ampla e irrestrita cautela, sob pena de representar incentivo à atuação ilícita na produção de provas ou vulneração de direitos e garantias individuais dos particulares, o que é de todo incompatível com o nosso ordenamento jurídico. Contudo, a aplicação irrestrita da proibição das provas ilícitas poderia representar

[44] Sobre a proporcionalidade e suas submáximas (cânones de interpretação/aplicação do direito), ver: CRISTÓVAM, José Sérgio da Silva. *Princípios constitucionais:* razoabilidade, proporcionalidade e argumentação jurídica. 2. ed. Curitiba: Juruá, 2016.

a vulneração de outros princípios constitucionais informadores do processo, como a presunção de inocência e a própria finalidade do processo administrativo.[45]

Assim, a premissa é a de que a consideração dos efeitos é excepcional e, por isso, atrai alguns balizamentos importantes que devem ser observados.

Sobre o tema, há quem sustente um *juízo de proporcionalidade* mais amplo à Administração Pública, a quem caberia ponderar/considerar as gravidades envolvidas.[46] Isso acabaria por possibilitar a consideração sobre a gravidade do ilícito realizado para obtenção da prova e a gravidade do ilícito que se pretende provar,[47] descartando-se a prova em caso de ilícitos gravíssimos,[48] considerando sempre a existência de direitos fundamentais protegidos e capazes em tese de entrar em colisão.

Se mal situada, essa doutrina parece descolar dos limites constitucionais e infraconstitucionais do nosso sistema de proteção/garantias fundamentais. No caso, seria possível falar em ponderação, mas restrita àqueles casos envolvendo processos administrativos acusatórios, e para admitir provas em benefício do acusado (*prova ilícita pro reo*),[49] sendo que a própria jurisprudência do STF já admite essa hipótese no âmbito do direito penal. Por outro lado, nos processos administrativos sancionatórios não seria possível falar em relativização da garantia fundamental à proibição das provas ilícitas em desfavor do acusado, sob pena de violação ao contraditório, ampla defesa e presunção de inocência.

Ainda sobre o tema, Arnaldo Esteves Lima sustenta que a atribuição de efeitos às provas ilícitas não pode redundar numa decisão em que seu lastro esteja fundado apenas em provas ilegalmente coletadas.[50]

---

45 Para uma análise sobre a função do processo administrativo, ver: MEDAUAR, *op. cit.*, p. 199-201.

46 Neste sentido: "De todo modo, o posicionamento que melhor se amolda com o caráter público do processo e com a moderna teoria da Constituição é o que submete a prova obtida por meio ilícito a um juízo de ponderação, balanceando concretamente os valores fundamentais envolvidos, de modo a verificar se a relevância do fato probando justifica a admissão da transgressão que inquinou de ilicitude a prova que foi apresentada no processo." (AMARAL, *op. cit.*).

47 RODRIGUES; LAMY, *op. cit.*, p. 239.

48 Nesse sentido, "caso seja fruto de ilícito gravíssimo, deve ser descartada de plano e se presta unicamente à responsabilização do agente" (MOREIRA, *op. cit.*, p. 309).

49 No mesmo sentido: AMARAL, *op. cit.*

50 LIMA, *op. cit.*, p. 50.

Por fim, sobre os processos administrativos em que há litigantes, essa lide parece que atrai a subsidiariedade do Código de Processo Civil, ante a ausência de acusação e sancionamento. Para tais casos, a aceitação de prova ilícita nos processos administrativos em que há litigância parece descolado dos limites constitucionais e infraconstitucionais do nosso ordenamento jurídico, mesmo para aqueles casos em que possa beneficiar o particular interessado ou, ainda, não venha a lhe causar prejuízos ou restringir direitos.

## Referências

AMARAL, Paulo Osternack. *A proibição de provas ilícitas e sua relação com as provas atípicas.* 9. ed. São Paulo: Revista dos Tribunais, 2021. Disponível em: https://www.jusbrasil.com.br/doutrina/provas/1394833972. Acesso em: 19 out. 2024.

BERNARDO, Gonçalves Fernandes. *Curso de direito constitucional.* 9. ed. Salvador: JusPodivm, 2017.

BRASIL. Supremo Tribunal Federal. *Recurso Extraordinário com Agravo 1.316.369/DF – Tema 1.238.* Relator Min. Gilmar Mendes, Plenário, DJe de 22.03.2023.

CANOTILLO, José Joaquim Gomes *et al. Comentários à Constituição do Brasil.* 2. ed. São Paulo: Saraiva, 2018.

CRISTÓVAM, José Sérgio da Silva. *Princípios constitucionais:* razoabilidade, proporcionalidade e argumentação jurídica. 2. ed. Curitiba: Juruá, 2016.

FERRAZ, Sérgio; DALLARI, Adilson Abreu. *Processo administrativo.* 2. ed. São Paulo: Malheiros, 2012.

FIGUEIREDO, Lúcia Valle Figueiredo (coord.). *Comentários à Lei Federal de Processo Administrativo (Lei nº 9.784/1999).* 2. ed. Belo Horizonte: Fórum, 2008.

FORTINI, Cristiana. *Processo administrativo:* comentários à Lei nº 9.784/1999. Belo Horizonte: Fórum, 2008.

GUIMARÃES, Francisco Xavier da Silva. *Direito processual administrativo:* comentários à Lei nº 9.784/99, com as alterações da Lei nº 11.417/06. Belo Horizonte: Fórum, 2008.

LIMA, Arnaldo Esteves. *O processo administrativo no âmbito da Administração Pública:* Lei nº 9.784, de 37.1.1999. Rio de Janeiro: Forense, 2005.

MEDAUAR, Odete. *Direito administrativo moderno.* 20. ed. São Paulo: Revista dos Tribunais, 2016.

MOREIRA, Egon Bockmann. *Processo administrativo:* princípios constitucionais e a Lei nº 9.784/1999 (com especial atenção à LINDB). Belo Horizonte: Fórum, 2022.

NOHARA, Irene Patrícia Diom; MARRARA, Thiago. *Processo administrativo:* Lei 9.784/1999 comentada. São Paulo: Revista dos Tribunais, 2018.

RODRIGUES, Horácio Wanderlei Rodrigues; LAMY, Eduardo de Avelar. *Teoria geral do processo.* 4. ed. São Paulo: Atlas, 2016.

Art. 31. Quando a matéria do processo envolver assunto de interesse geral, o órgão competente poderá, mediante despacho motivado, abrir período de consulta pública para manifestação de terceiros, antes da decisão do pedido, se não houver prejuízo para a parte interessada.

§1º A abertura da consulta pública será objeto de divulgação pelos meios oficiais, a fim de que pessoas físicas ou jurídicas possam examinar os autos, fixando-se prazo para oferecimento de alegações escritas.

§2º O comparecimento à consulta pública não confere, por si, a condição de interessado do processo, mas confere o direito de obter da Administração resposta fundamentada, que poderá ser comum a todas as alegações substancialmente iguais.

**RAVI PEIXOTO**

## 1 Conceito

A consulta pública, nos termos da legislação, consiste na abertura de um prazo para que terceiros possam se manifestar de forma escrita sobre o tema objeto do processo. O procedimento é iniciado por um despacho motivado, no qual deve ser objeto de divulgação pelos meios oficiais, com indicação do prazo para que os interessados possam se manifestar.

Não se aponta quais serão os meios oficiais. Tem-se o diário oficial, mas de pouca utilidade, para que terceiros se informem efetivamente sobre o tema. É mais efetiva, por exemplo, a utilização do site do ente público e mesmo de redes sociais, como Instagram.

## 2 Hipóteses de utilização

Não há obrigatoriedade em sua utilização. Trata-se de exercício do poder discricionário, quando o órgão julgador identificar a existência de interesse geral. No artigo seguinte está prevista a possibilidade de audiência pública, sendo necessária, para sua convocação a relevância da questão. Aqui parece haver uma conotação de interesse da sociedade no tema e, na audiência pública, sobre a natureza em si da matéria discutida. A doutrina indica que o interesse geral se refere "ao âmbito coletivo em que o assunto vai repercutir".[1]

A legislação exclui a sua utilização quando houver prejuízo para a parte interessada. É difícil conceber que haja prejuízo para a parte pela simples espera de alguns dias para que haja manifestação de terceiros. De toda forma, se há alguma urgência, não se vislumbra qualquer impedimento a que seja concedida tutela provisória à parte diretamente interessada.

Exige-se a devida motivação — na qual seja demonstrado o interesse geral. Além disso, há um limite temporal, apenas podendo ser realizada até a decisão da autoridade administrativa. A limitação deixa clara a pretensão de que as informações obtidas na consulta sejam incorporadas na fundamentação da decisão administrativa.

Indica a doutrina que o processo não pode ser sigiloso.[2] Trata-se de uma interpretação bastante razoável, afinal, se há consulta pública, impõe-se que a população em geral tenha acesso ao processo, o que conflita com o sigilo já decretado.

## 3 Possibilidade de participação

A legislação não insere qualquer requisito específico para que qualquer pessoa física ou jurídica possa participar. Trata-se de possibilidade de participação que permite a qualquer pessoa se manifestar, mesmo que não possua qualquer interesse específico na causa.

## 4 Efeitos da participação

A simples manifestação em consulta pública não torna, aquele que se manifesta, em interessado no processo (art. 31, §2º). Relembrando que interessado no processo administrativo, nos termos do art. 9º, é o titular, representante, substituto processual ou até mesmo uma espécie de terceiro juridicamente interessado. O objetivo do texto normativo é o de deixar claro que a participação na audiência pública não lhe confere direito à participação no restante do processo.[3]

---

1 CARVALHO FILHO, José dos Santos. *Processo administrativo federal:* comentários à Lei n. 9.784, de 29/1/1999. 4. ed. Rio de Janeiro: Lumen Juris, 2009. p. 199.

2 LIMA, Raimundo Márcio Ribeiro. *Administração pública dialógica*. Curitiba: Juruá, 2013. p. 426.

3 Sobre os direitos dos interessados: FERRAZ, Sérgio; DALLARI, Adilson Abreu. *Processo administrativo*. 3. ed. São Paulo: Malheiros, 2012. p. 163.

O único efeito legalmente previsto é o direito de resposta fundamentada à manifestação escrita (art. 31, §2º). O momento adequado de fornecimento dessa resposta é na decisão do processo administrativo. Não há, como se verifica, vinculação da autoridade administrativa às manifestações.

## Referências

CARVALHO FILHO, José dos Santos. *Processo administrativo federal (comentários à Lei n. 9.784, de 29/1/1999)*. 4. ed. Rio de Janeiro: Lumen Juris, 2009.

FERRAZ, Sérgio; DALLARI, Adilson Abreu. *Processo administrativo*. 3. ed. São Paulo: Malheiros, 2012.

LIMA, Raimundo Márcio Ribeiro. *Administração pública dialógica*. Curitiba: Juruá, 2013.

Art. 32. Antes da tomada de decisão, a juízo da autoridade, diante da relevância da questão, poderá ser realizada audiência pública para debates sobre a matéria do processo.

**RAVI PEIXOTO**

## 1 Conceito

A audiência pública é mais um instrumento para permitir a participação dos cidadãos no processo decisório estatal. É clara a sua conexão com a democracia participativa, concedendo maior legitimidade à decisão dos processos administrativos. A sua utilização vem sendo ampliada, desde o processo legislativo (art. 58, §3º, CF), até em diversas espécies de processos judiciais (Lei nº 9868/1999, Lei nº 9882/1999, art. 983, §1º e 1.038, II, CPC).

## 2 Hipóteses de utilização

O texto normativo indica a sua utilização para os casos em que há "relevância da questão", utilizando-se de um conceito jurídico indeterminado. Gustavo Oliveira aponta para seu cabimento nos casos que envolvem direitos coletivos.[1] Uma forma de identificar a relevância é por meio dos indicativos da repercussão geral do recurso extraordinário, no sentido de que ela pode advir de critérios econômicos, políticos, sociais ou jurídicos que ultrapassem os interesses subjetivos do processo (art. 1.035, §1º, CPC). Muito embora sejam também conceitos jurídicos indeterminados, eles indicam que a relevância pode ter várias dimensões, diminuindo sua indeterminação.

Exige-se a devida motivação — na qual seja demonstrado o interesse geral —, aplicando o art. 31, *caput*. Além disso, há um limite temporal, apenas podendo ser realizada até a decisão da autoridade administrativa, também nos moldes do art. 31, *caput*.

---

1 OLIVEIRA, Gustavo Henrique Justino. As audiências públicas e o processo administrativo brasileiro. *Revista de Informação Legislativa*, ano 34, n. 135, jul./set. 1997, p. 27.

Indica a doutrina que o processo não pode ser sigiloso.[2] Trata-se de uma interpretação bastante razoável, afinal, se há consulta pública, impõe-se que a população em geral tenha acesso ao processo, o que conflita com o sigilo já decretado.

## 3 Escolha entre consulta pública e audiência pública

A legislação estabelece duas formas de participação popular: a consulta pública e a audiência pública. A primeira é focada na manifestação escrita e a segunda nas discussões orais. Em ambas, há um mesmo objetivo, que é tanto o aumento da legitimidade, pela abertura da participação de terceiros no processo decisório, quanto de uma maior expertise técnica. Afinal abre-se a possibilidade de que terceiros especializados no tema possam participar do debate e aprimorar a qualidade decisória.

Há quem defenda uma prevalência da consulta pública, sob o argumento de ser economicamente mais viável e mais célere, mesmo tendo a mesma finalidade da audiência pública.[3] Quanto à questão do valor a ser gasto, na atualidade, o problema pode ser facilmente resolvido com a realização de audiência pública online. E, mesmo física, como não cabe ao Poder Público custear o transporte de interessados, é possível a utilização de alguma sala já disponível. Em tese, a consulta pública é mais célere, mas não se pode esquecer que é necessário fixar um prazo para as manifestações dos interessados. No caso da audiência pública, todas as manifestações são feitas em um momento específico e esta pode ser convocada, por exemplo, com dez dias de antecedência.

Um outro aspecto é o de que apenas na audiência pública há possibilidade de debate entre os presentes. Na consulta pública, a participação limita-se à manifestação escrita.[4]

Também há que apontar a diferenciação entre as motivações de cada umas delas. A consulta pública teria como pressuposto o interesse geral e a audiência pública a relevância da questão, sendo irrelevante a presença do interesse geral.[5]

---

[2] LIMA, *op. cit.*, p. 426.

[3] ARAUJO, Rodrigo Vasconcelos Coêlho. *Audiências públicas no IRDR*. Belo Horizonte: Arraes Editores, 2021. p. 245.

[4] Destacando esse aspecto: FRANGETTO, Flavia Witkowski. *In*: FIGUEIREDO, Lúcia Valle (coord). *Comentários à Lei Federal de Processo Administrativo* (Lei nº 9.784/99). 2. ed. Belo Horizonte: Fórum, 2008. p. 161.

[5] FERRAZ; DALLARI,*op cit.*, p. 223.

A questão é melhor visualizada por uma tentativa de identificação de pertinência de cada uma das situações. A audiência pública pode ser reservada para casos em que haja maior interesse da população em si, para questões de interesse social e político. Por vezes não há uma posição juridicamente certa ou errada, mas trata-se de identificar qual seria o maior interesse da população. Em situações como essa, a audiência pública, com sua oralidade, é mais adequada para identificar a vontade popular. A consulta pública pode ser destinada para situações em que a questão é mais técnica, principalmente em situações técnicas específicas (jurídica ou de outras áreas, como a engenharia, saúde pública etc.), nas quais pode haver importante contribuição de interessados na temática.

## 4 Funções e objetivos

Não possui efeito vinculante;[6] nada impede que o administrador acolha posição divergente da manifesta em audiência pública. Até porque a própria lógica da audiência pública é a de permitir a manifestação de diversas posições, que podem ser antagônicas entre si.

Por outro lado, e com base no art. 34, a audiência pública irá gerar um ônus argumentativo no processo decisório. Há quem mencione que haveria um ônus argumentativo caso o órgão público almeje se afastar da conclusão popular,[7] mas, e de um ponto de vista da democracia deliberativa, esse ônus não deve ser dirigido ao mero resultado, mas à necessidade de enfrentamento das razões. As exposições devem ser devidamente consideradas pelo administrador no momento da decisão.[8] Em outros termos, o art. 31, §2º, aplica-se igualmente às audiências públicas.

As opiniões na audiência pública *podem* ter efeito probatório, mas alguns autores afirmar que a convocação de audiência pública com essa função extrapola o seu respaldo legal.[9] Não parece ser o caso. A legislação aponta seu cabimento para "debates sobre a matéria do processo", não excluindo que o debate seja probatório. Além disso, o próprio art. 32 está inserto no capítulo IX, denominado "Da instrução".

---

[6] ARAÚJO, *op. cit.*, p. 228; OLIVEIRA, *op. cit.*, p. 28.

[7] CABRAL, Antonio do Passo. Os efeitos processuais da audiência pública. *Revista de Direito do Estado*, n. 2, abr./jun., p. 205, 2006.

[8] OLIVEIRA, *op. cit.*, p. 28.

[9] ARAÚJO, *op. cit.*, p. 243.

Assim, o interesse para a convocação de audiência pública pode ter como embasamento um debate sobre a matéria *fática* do processo.[10]

## 5 Procedimentos

A legislação não estabelece o procedimento, o que significa uma delegação a cada órgão público para regulamentar o funcionamento das audiências públicas no seu âmbito. Não se estabelece sequer a forma de divulgação, tal como ocorre na consulta pública (art. 31, §1º), o que autoriza sua aplicação por analogia, exigindo, no mínimo, a divulgação pelos meios oficiais.

Também vai caber ao órgão organizar regras de conduções dos debates (tempo de fala, réplicas, tréplicas etc.), quem pode participar, pois pode haver limite de lugares no local físico.

Nada impede que as audiências públicas sejam realizadas de forma virtual. Essa modalidade foi adotada por alguns municípios, especialmente durante a pandemia do COVID-19, chegando a ser questionada a modalidade no TJSP, que chancelou sua legitimidade.[11] Aponte-se que o tribunal afirmou que essa modalidade não traria em tese, o ideal de participação, mas que seria justificado no contexto da pandemia.

Não se vislumbra essa limitação, tendo em vista que, atualmente, o "acesso à internet chega a 84% da população brasileira".[12] Não se pode afirmar que a realização da audiência pública online gere uma limitação da participação. É fácil, na verdade, afirmar exatamente o contrário. Para participar de uma audiência online, basta que o cidadão possua um telefone com acesso à internet. Para participar de uma audiência pública presencial, o mesmo cidadão precisa calcular o tempo de deslocamento para o local indicado, verificar se possui verba para realizar aquele deslocamento, descobrir se o local comporta sua participação, pois fisicamente, há um limite e calcular o tempo que vai gastar de deslocando de volta para sua residência.

O cidadão que não teria, em tese, condições de participar da modalidade online teria ainda uma menor possibilidade de participar

---

10 De forma semelhante, mas sem adentrar na análise da legislação. CABRAL, *op. cit.*, p. 209.

11 TJSP, ADI 2020549-65.2021.8.26.0000, Órgão Especial, Rel. Des. Soares Levada, j. 05.08.2021.

12 ACESSO à internet chega a 84% da população brasileira, impulsionando pelas classes C e D. *In*: CARTA Capital [site], 16 nov. 2023. Disponível em: https://www.cartacapital.com.br/sociedade/acesso-a-internet-chega-a-84-da-populacao-brasileira-impulsionado-pelas-classes-c-e-d/. Acesso em: 3 set. 2025.

da audiência de maneira presencial. Essa pessoa, que já se presume excluída digitalmente, sequer teria condições de saber da realização da audiência, que, provavelmente, será divulgada pela internet.

Em pesquisa realizada pelo município de São Paulo, no ano de 2021, chegou-se aos seguintes dados, a indicar o sucesso das audiências virtuais:

> De janeiro a junho de 2021, foram realizadas 41 transmissões de Audiências Públicas, que alcançaram cerca de 151 mil pessoas. A audiência de maior destaque até o momento foi a que discutiu a suspensão da gratuidade do transporte público para idosos, realizada em 25/3. Foram 11.699 pessoas alcançadas e 83 propostas recebidas via formulário digital.[13]

É impossível que uma audiência física atinja o número de mais de 11 mil pessoas, o que é um indicativo da efetividade da audiência virtual. Em sua essência, a audiência pública é um instrumento voltado a permitir a participação popular por meio de discussões orais. Isso pode ser permitido pela sua realização física ou virtual.

De toda forma, nada impede que seja utilizada a modalidade híbrida, permitindo a participação física ou virtual para os cidadãos.

## Referências

ARAÚJO, Rodrigo Vasconcelos Coêlho. *Audiências públicas no IRDR*. Belo Horizonte: Arraes Editores, 2021.

CABRAL, Antonio do Passo. *Os efeitos processuais da audiência pública*. Revista de Direito do Estado, n. 2, abr./jun., 2006.

FERRAZ, Sérgio; DALLARI, Adilson Abreu. *Processo administrativo*. 3. ed. São Paulo: Malheiros, 2012.

FRANGETTO, Flavia Witkowski. *In*: FIGUEIREDO, Lúcia Valle (coord). *Comentários à Lei Federal de Processo Administrativo* (Lei nº 9.784/99). 2. ed. Belo Horizonte: Fórum, 2008.

LIMA, Raimundo Márcio Ribeiro. *Administração pública dialógica*. Curitiba: Juruá, 2013.

OLIVEIRA, Gustavo Henrique Justino. *As audiências públicas e o processo administrativo brasileiro*. Revista de Informação Legislativa, n. 135 jul./set. 1997.

13 VALE, Natalia. Você na Câmara: audiências públicas virtuais garantem participação popular. *In*: CÂMARA Municipal de São Paulo [site], 29 jun. 2021. Disponível em: https://www.saopaulo.sp.leg.br/blog/voce-na-camara-audiencias-publicas-virtuais-garantem-participacao-popular/. Acesso em: 3 set. 2025.

Art. 33. Os órgãos e entidades administrativas, em matéria relevante, poderão estabelecer outros meios de participação de administrados, diretamente ou por meio de organizações e associações legalmente reconhecidas.

**RAVI PEIXOTO**

## 1 Outras formas de participação da sociedade nos processos administrativos

O art. 33 abre ainda mais as possibilidades de participação, para além das consultas e audiências públicas. José dos Santos Carvalho Filho menciona as reuniões, convocações, troca de correspondências etc.[1]

Pode-se cogitar, e aqui utilizando-se também do art. 15 do CPC, da participação do *amicus curiae*, regulado pelo art. 138 do CPC e também na legislação extravagante, em processos administrativos. Trata-se de figura que tem por objeto contribuir com argumentos para a decisão a ser tomada, quando a matéria for relevante, muito específica ou haja grande repercussão social.

Não há tanta diferença em relação aos propósitos da consulta pública, já prevista no art. 31, mas a ideia é a de que o *amicus curiae* pode ter poderes para além da simples manifestação sobre o tema. No processo civil, fala-se em um núcleo de poderes do *amicus curiae*, a exemplo da interposição de embargos de declaração; do ponto de vista do processo administrativo parece fazer mais sentido utilizar-se do art. 138, §2º, do CPC, de forma com que o órgão julgador possa definir os seus poderes. Nada impeça que lhe seja concedido o poder de recorrer das decisões.

A autorização de ampliação da participação abrange tanto pessoas físicas quanto jurídicas. Isso porque ela permite a participação de administrados e também por meio de organizações e associações legalmente reconhecidas.

---

1 CARVALHO FILHO, *op. cit.*, p. 206.

Aponte-se também que a legislação não estabelece limites aos poderes dessa participação. Como se verifica no art. 33, a participação na consulta pública não transforma o participante em interessado no processo administrativo, mas nada impede que outras formas de participação ampliem os poderes do participante. Pode-se autorizar mesmo a interposição de recursos, pedido de produção de provas etc.

Art. 34. Os resultados da consulta e audiência pública e de outros meios de participação de administrados deverão ser apresentados com a indicação do procedimento adotado.

**RAVI PEIXOTO**

## 1 Forma de apresentação dos resultados da consulta e da audiência pública

O art. 34 apenas exige que os resultados tanto da consulta pública, da audiência pública e outras formas de participação sejam apresentados com a indicação do procedimento adotado. Como, em princípio, segue a fase decisória após a fase de instrução, esse resultado pode ser apresentado na decisão administrativa, discorrendo as formas de participação utilizadas. E, na mesma decisão, apresentadas as razões pelas quais acolhe ou não os resultados da participação popular.

## 2 O art. 34 antes da realização da participação popular

O art. 34 pode ser igualmente importante para o momento anterior à realização dos meios de participação dos administrados.[1] Isso porque a apresentação do procedimento a ser adotado é igualmente importante para o sucesso, por exemplo, da audiência pública. Ao dar publicidade à audiência a ser realizada, deve ser indicado o seu preciso objeto e o procedimento a ser adotado. Aquele que deseje participar da audiência deve ter o maior conhecimento possível do seu objeto.

## Referências

CARVALHO FILHO, José dos Santos. *Processo administrativo federal (comentários à Lei nº 9.784, de 29/1/1999)*. 4. ed. Rio de Janeiro: Lumen Juris, 2009.

LIMA, Raimundo Márcio Ribeiro. *Administração pública dialógica*. Curitiba: Juruá, 2013.

[1] LIMA, *op. cit.*, p. 408.

Art. 35. Quando necessária à instrução do processo, a audiência de outros órgãos ou entidades administrativas poderá ser realizada em reunião conjunta, com a participação de titulares ou representantes dos órgãos competentes, lavrando-se a respectiva ata, a ser juntada aos autos.

**LUZARDO FARIA**

## 1 Audiência pública conjunta e coordenação administrativa interorgânica

O art. 35 se insere na esteira de dispositivos anteriores (arts. 31, 32, 33 e 34) que tratam da consulta e da audiência pública como instrumentos de abertura popular da fase de instrução dos processos administrativos.[1] Seu comando não traz grandes novidades, sendo que apenas registra a possibilidade de a audiência pública ser realizada de modo conjunto por diferentes órgãos ou entidades administrativas.

A ferramenta das audiências públicas conjuntas é bastante utilizada pelo Congresso Nacional, especialmente quando o assunto a ser debatido é de interesse de diferentes comissões temáticas das casas legislativas. É comum também a realização de audiências conjuntas por diferentes Secretarias/Ministérios do Poder Executivo. Também é possível que a audiência conjunta seja realizada por órgãos de diferentes Poderes ou de diferentes entes federativos.

Trata-se de instrumento apto a prestigiar a eficiência administrativa e tornar o ambiente da audiência pública um foro de debates mais plurais e qualificados sobre os assuntos em questão. Ao invés de se exigir que cada órgão ou ente interessado realizasse individualmente suas audiências públicas, o que poderia desestimular a participação da sociedade civil, concentram-se todas as atividades em um só ato.

---

1 Sobre o tema, ver: SOARES, Evanna. Audiência pública no processo administrativo. *Revista de Direito Administrativo*, Rio de Janeiro, v. 229, p. 259-284, 2002; OLIVEIRA, Gustavo Henrique Justino de. As audiências e o processo administrativo brasileiro. *Revista de Direito Administrativo*, Rio de Janeiro, v. 209, p. 153-167, 1997; ALMEIDA, Natália Silva Mazzutti. *Audiência pública no processo administrativo federal*. São Paulo: D'Plácido, 2015.

As regras de regência da audiência pública conjunta seguem às das audiências individualizadas.

A realização de audiências públicas conjuntas permite a integração de diversos setores da Administração Pública e da sociedade civil, favorecendo a troca de informações e enriquecendo o debate. Esse processo contribui para a elaboração de uma visão mais sistêmica sobre as questões em debate, prevenindo a fragmentação das ações administrativas e resultando em soluções mais eficazes e abrangentes.

No contexto político e jurídico atual, em que muitos problemas administrativos envolvem questões multifacetadas que permeiam diversas esferas de gestão, a participação conjunta de diferentes órgãos e entes administrativos possibilita uma análise multidisciplinar dos desafios enfrentados pela Administração Pública. Cada órgão contribui com sua expertise específica, proporcionando uma base mais sólida para a tomada de decisões. Esse modelo de atuação conjunta garante uma abordagem mais completa, que leva em consideração as diversas dimensões e implicações de cada problema.

Além disso, a realização de audiências públicas conjuntas contribui para a otimização dos recursos e esforços governamentais. Ao promover o diálogo entre os diferentes órgãos envolvidos, é possível identificar e corrigir redundâncias, assim como prevenir conflitos de interesse que poderiam prejudicar a eficácia das políticas públicas em curso.

Por fim, as audiências públicas conjuntas estimulam o diálogo não apenas entre o Poder Público e os cidadãos, mas também entre os próprios órgãos da Administração Pública, contribuindo para uma gestão mais democrática, inclusiva e transparente. Insere-se, nesse sentido, no fenômeno que Eurico Bitencourt Neto denomina como concertação administrativa interorgânica,[2] no sentido de uma atuação harmonizada de diferentes órgãos despersonalizados da Administração Pública.

Especialmente a respeito de processos administrativos, Bitencourt Neto entende, ainda, que "boa parte dos modos atuais de atuação administrativa se dá tendo em conta a busca de colaboração e cooperação, seja no âmbito interno, seja em relações com particulares". No entanto, criticava que "falta[va] à Lei Federal de Processo Administrativo brasileira a previsão de instrumentos que valorizem a

[2] BITENCOURT NETO, Eurico. *Concertação administrativa interorgânica*: direito administrativo e organização no século XXI. Coimbra: Almedina, 2017.

colaboração e a cooperação e induzam à concertação, entre os órgãos e entidades da Administração Pública e entre esta e os particulares".[3]

O instrumento da audiência pública conjunta, embora relevante pelas razões expostas acima, era tímido para concretizar a atuação concertada dos órgãos públicos.[4] Em 2021, contudo, a Lei Federal de Processo Administrativo foi alterada pela Lei nº 14.210/21, que criou o instituto da decisão coordenada nos processos administrativos, aplicável às decisões administrativas que exijam a participação de três ou mais setores, órgãos ou entidades.

Nesse sentido, as audiências públicas conjuntas de que trata o art. 35 podem se mostrar um interessante instrumento, se utilizadas, como ato preparatório, para a decisão administrativa coordenada, viabilizando uma participação popular mais efetiva na tomada de decisões administrativas complexas.

## Referências

ALMEIDA, Natália Silva Mazzutti. *Audiência pública no processo administrativo federal*. São Paulo: D'Plácido, 2015.

BITENCOURT NETO, Eurico. *Concertação administrativa interorgânica*: Direito Administrativo e organização no século XXI. Coimbra: Almedina, 2017.

BITENCOURT NETO, Eurico. Subsídios para a atualização da Lei Federal de Processo Administrativo. *In*: BITENCOURT NETO, Eurico; MARRARA, Thiago (coord.). *Processo administrativo brasileiro*: estudos em homenagem aos 20 anos da Lei Federal de Processo Administrativo. Belo Horizonte: Fórum, 2020.

OLIVEIRA, Gustavo Henrique Justino de. As audiências e o processo administrativo brasileiro. *Revista de Direito Administrativo*, Rio de Janeiro, v. 209, p. 153-167, 1997.

SOARES, Evanna. Audiência pública no processo administrativo. *Revista de Direito Administrativo*, Rio de Janeiro, v. 229, p. 259-284, 2002.

SUNDFELD, Carlos Ari. Processo administrativo: um diálogo necessário entre Estado e cidadão. *A&C – Revista de Direito Administrativo & Constitucional*, Belo Horizonte, v. 6, n. 23, p. 39-51, 2007.

[3] BITENCOURT NETO, Eurico. Subsídios para a atualização da Lei Federal de Processo Administrativo. *In*: BITENCOURT NETO, Eurico; MARRARA, Thiago (coord.). *Processo administrativo brasileiro*: estudos em homenagem aos 20 anos da Lei Federal de Processo Administrativo. Belo Horizonte: Fórum, 2020. p. 66.

[4] Em parte, pela falta de efetividade das audiências públicas como um todo. Sobre o tema, ver: SUNDFELD, Carlos Ari. Processo administrativo: um diálogo necessário entre Estado e cidadão. *A&C – Revista de Direito Administrativo & Constitucional*, Belo Horizonte, v. 6, n. 23, p. 39-51, 2007. p. 49.

Art. 36. Cabe ao interessado a prova dos fatos que tenha alegado, sem prejuízo do dever atribuído ao órgão competente para a instrução e do disposto no art. 37 desta Lei.

**LUZARDO FARIA**

## 1 O ônus da prova no processo administrativo

O art. 36 é o dispositivo que define, na Lei nº 9.784/99, a distribuição do ônus da prova nos processos administrativos.

A regra que preceitua é a de que é do interessado (particular, cidadão) o ônus de comprovar as alegações que tenha feito no processo administrativo. À Administração, cabe o ônus de dar cumprimento aos deveres que lhe são impostos legalmente para a instrução do feito (disciplinados nos demais artigos do Capítulo X — como, por exemplo, arts. 31, 32, 42 e 43 — ou em legislação específica), com especial destaque ao dever disposto no art. 37, que trata do dever da Administração de fornecer os documentos de sua titularidade ou posse em que estejam registrados fatos e dados alegados pelo interessado.

Nesse sentido, vislumbra-se um paralelo da Lei nº 9.784/99 com o Código de Processo Civil, quando este, em seu art. 373, I, incumbe ao autor o ônus quanto ao fato constitutivo de seu direito. Embora as figuras de autor e réu não se apliquem aos processos administrativos, é compartilhada a lógica de que quem alega deve comprovar o que alega.

Reforça essa leitura acerca da imposição do ônus sobre o particular a disposição do art. 40 da Lei nº 9.784/99, ao prever que o processo será arquivado se o particular não fornecer os dados, atuações ou documentos solicitados pela Administração.[1]

A Lei nº 9.784/99 peca, contudo, ao não prever cláusula que permita expressamente a possibilidade de adequar a distribuição do

[1] MARRARA, Thiago. *Manual de direito administrativo*: atos, processos, licitações e contratos. Indaiatuba: Editora Foco, 2023. p. 115.

ônus da prova às peculiaridades dos casos concretos, como faz o CPC no §1º de seu art. 373.[2]

A falta de previsão expressa, contudo, não impede que a Administração, de ofício ou de a requerimento do interessado, promova tal adequação. A própria Lei nº 9.784/99 confere supedâneo para tanto quando, em seu art. 29, §2º, prevê que "os atos de instrução que exijam a atuação dos interessados devem realizar-se do modo menos oneroso para estes". Há ainda o art. 3º, I, que elenca o dever de autoridades e servidores de facilitarem o exercício dos direitos dos administrados. Ou seja, se, em dada situação, a comprovação de determinada alegação feita pelo interessado for mais onerosa a ele do que à Administração Pública, deve recair sobre ela o ônus probatório relativo a esse ponto.

Além disso, não se pode esquecer que o próprio Código de Processo Civil prevê, em seu art. 15,[3] a aplicação supletiva e subsidiária de suas normas a processos administrativos, de modo que seria defensável, por essa via, a aplicação da lógica do supracitado art. 373, §1º aos processos administrativos.

Outra norma que também serve para fundamentar a possibilidade de distribuição dinâmica do ônus da prova no processo administrativo é o art. 6º, VIII, do Código de Defesa do Consumidor.[4] Ainda que o CDC não tenha sido originalmente pensado para aplicação em processos administrativos — e sim em relações consumeristas regidas pelo Direito Privado — não se pode negar que o Código de Defesa do Consumidor foi editado com um objetivo bastante parecido com o que norteia muitos princípios do regime jurídico-administrativo: a especial tutela dos direitos do cidadão que, frente a um ente prestador de serviços, vê-se em uma situação de hipossuficiência.[5]

---

[2] *Código de Processo Civil*. Art. 373. §1º Nos casos previstos em lei ou diante de peculiaridades da causa relacionadas à impossibilidade ou à excessiva dificuldade de cumprir o encargo nos termos do *caput* ou à maior facilidade de obtenção da prova do fato contrário, poderá o juiz atribuir o ônus da prova de modo diverso, desde que o faça por decisão fundamentada, caso em que deverá dar à parte a oportunidade de se desincumbir do ônus que lhe foi atribuído.

[3] *Código de Processo Civil*. Art. 15. Na ausência de normas que regulem processos eleitorais, trabalhistas ou administrativos, as disposições deste Código lhes serão aplicadas supletiva e subsidiariamente.

[4] *Código de Defesa do Consumidor*. Art. 6º São direitos básicos do consumidor: VIII – a facilitação da defesa de seus direitos, inclusive com a inversão do ônus da prova, a seu favor, no processo civil, quando, a critério do juiz, for verossímil a alegação ou quando for ele hipossuficiente, segundo as regras ordinárias de experiências.

[5] HACHEM, Daniel Wunder; FARIA, Luzardo. A proteção jurídica do usuário de serviço público entre o Direito Administrativo e o Código de Defesa do Consumidor: a necessidade

Assim, especialmente em casos que envolvam a prestação de serviços públicos — seja pela Administração Pública diretamente, seja por concessionárias ou permissionárias agindo em seu nome —, é plenamente possível que a inversão garantida pelo CDC seja aplicada também aos processos administrativos dessa seara. Os usuários de serviços públicos vivenciam uma vulnerabilidade técnica em relação ao prestador do serviço muito semelhante àquela existente entre o consumidor e o fornecedor. Dessa forma, já que a inversão é plenamente compatível com as noções constitucionais do regime jurídico dos serviços públicos[6] e de uma Administração Pública inclusiva[7], o cidadão pode se utilizar do CDC como instrumento protetivo para ampliar sua esfera jurídica e buscar a tutela mais adequada de seus direitos.[8]

Outro aspecto relevante, bem lembrado por Thiago Marrara, é o de que "o ônus probatório não pode ser tratado da mesma forma em todos os tipos de processo administrativo". O alerta é pertinente, pois a Lei nº 9.784/99 pode ser aplicada, direta ou subsidiariamente, para qualquer processo administrativo da Administração Pública federal (e estadual e municipal também, quando não possuírem lei própria).

Nos processos administrativos de natureza sancionatória, por exemplo, não se pode admitir uma aplicação pura e simples do art. 36. Nessa seara, deve-se ter em mente que a regra que orienta a distribuição do ônus probatório é o princípio constitucional da presunção de inocência,[9] de modo que cabe exclusivamente à Administração provar o cometimento do ato ilícito pelo particular. Ainda que este não comprove os fatos que tenha alegado (nos termos do art. 36), isso não

---

de uma filtragem constitucional. *Revista de Direito Brasileira*, Florianopolis, Brasil, v. 15, n. 6, p. 311-336, 2016. p. 326.

6 *Cf.* SCHIER, Adriana da Costa Ricardo. *Serviço público*: garantia fundamental e cláusula de proibição de retrocesso social. Curitiba: Íthala, 2016.

7 Sobre o termo, *cf.* HACHEM, Daniel Wunder. Administração Pública inclusiva, igualdade e desenvolvimento: o Direito Administrativo brasileiro rumo à atuação estatal para além do mínimo existencial. *In*: MARRARA, Thiago (org.). *Direito Administrativo*: transformações e tendências. São Paulo: Almedina, 2014. p. 391-460.

8 Com isso, realiza-se, nas palavras de César Guimarães Pereira, uma "alusão elíptica ao regime público: 'aplica-se' a inversão do ônus da prova com base no art. 6, VIII, do CDC [...] porque é mais simples do que se formular o raciocínio próprio, baseado no regime de Direito Público, que leva ao mesmo resultado". (PEREIRA, César A. Guimarães. *Usuários de serviços públicos*: usuários, consumidores e os aspectos econômicos dos serviços públicos. São Paulo: Saraiva, 2006. p. 232).

9 BACELLAR FILHO, Romeu Felipe. O direito fundamental à presunção de inocência no processo administrativo disciplinar. *A&C – Revista de Direito Administrativo & Constitucional*, Belo Horizonte, ano 9, n. 37, p. 11-55, jul./set. 2009.

pode justificar sua condenação. Em última análise, diante de falta de provas deve-se aplicar, por analogia, o princípio do *in dubio pro reo.*[10]

## Referências


BACELLAR FILHO, Romeu Felipe. O direito fundamental à presunção de inocência no processo administrativo disciplinar. A&C – *Revista de Direito Administrativo & Constitucional*, Belo Horizonte, ano 9, n. 37, p. 11-55, jul./set. 2009.

BACELLAR FILHO, Romeu Felipe. *Processo administrativo disciplinar*. 4. ed. São Paulo: Saraiva, 2013.

HACHEM, Daniel Wunder. Administração Pública inclusiva, igualdade e desenvolvimento: o Direito Administrativo brasileiro rumo à atuação estatal para além do mínimo existencial. *In*: MARRARA, Thiago (org.). *Direito Administrativo*: transformações e tendências. São Paulo: Almedina, 2014. p. 391-460.

HACHEM, Daniel Wunder; FARIA, Luzardo. A proteção jurídica do usuário de serviço público entre o Direito Administrativo e o Código de Defesa do Consumidor: a necessidade de uma filtragem constitucional. *Revista de Direito Brasileira*, Florianópolis, Brasil, v. 15, n. 6, p. 311-336, 2016.

MARRARA, Thiago. *Manual de direito administrativo*: atos, processos, licitações e contratos. Indaiatuba: Editora Foco, 2023.

PEREIRA, César A. Guimarães. *Usuários de serviços públicos*: usuários, consumidores e os aspectos econômicos dos serviços públicos. São Paulo: Saraiva, 2006.

SCHIER, Adriana da Costa Ricardo. *Serviço público*: garantia fundamental e cláusula de proibição de retrocesso social. Curitiba: Íthala, 2016.


10 BACELLAR FILHO, Romeu Felipe. *Processo administrativo disciplinar*. 4. ed. São Paulo: Saraiva, 2013. p. 382.

Art. 37. Quando o interessado declarar que fatos e dados estão registrados em documentos existentes na própria Administração responsável pelo processo ou em outro órgão administrativo, o órgão competente para a instrução proverá, de ofício, à obtenção dos documentos ou das respectivas cópias.

**LUZARDO FARIA**

## 1 O dever da administração de prover os documentos mencionados pelo interessado

O art. 37 dá continuidade às disposições do art. 36, sendo inclusive mencionado por este. Trata-se de uma exceção à distribuição de ônus da prova positivada pelo art. 36. Embora a regra geral seja a de que o interessado deve provar os fatos que alegar, o art. 37 garante que quando essa alegação se basear em documentos existentes na Administração, será dever do órgão competente para a instrução providenciar a obtenção de tais documentos.

Da redação do dispositivo, destacam-se dois pontos em especial. O primeiro, o de que esse dever abrange não apenas os casos em que o documento alegado está em posse da própria Administração responsável pelo processo em questão, mas se estende, também, aos documentos em posse de qualquer "outro órgão administrativo". Por se tratar de norma protetiva dos cidadãos, deve ser interpretada de maneira ampliativa (art. 2º, parágrafo único, XIII),[1] de modo que se pode afirmar que esse dever se estende inclusive a outros Poderes ou outros entes federativos. Em resumo, em se tratando de documento em posse de órgão público, é dever da Administração providenciar a sua juntada aos autos do processo administrativo.

[1] *Lei nº 9.784/99*. Art. 2º. Parágrafo único. Nos processos administrativos serão observados, entre outros, os critérios de: XIII – interpretação da norma administrativa da forma que melhor garanta o atendimento do fim público a que se dirige, vedada aplicação retroativa de nova interpretação.

O segundo ponto é o de que se trata de dever a ser cumprido de ofício pela Administração, independentemente de requerimento explícito do interessado. É evidente que se o interessado assim requerer, a Administração igualmente deverá providenciar a documentação. Contudo, o que o art. 37 garante é que basta a simples menção pelo interessado de determinado dado ou fato, que seja prova relevante para o processo e esteja registrado em documento na posse da Administração Pública, para que surja o dever de o órgão responsável pela instrução providenciar tal documento.

O art. 37 encontra amparo e dá cumprimento a três relevantes princípios norteadores dos processos administrativos: (i) oficialidade, que impõe o dever de a Administração Pública impulsionar de ofício a instrução dos processos administrativos (art. 29);[2] (ii) eficiência, na medida em que orienta a instrução do processo administrativo em busca da formação do melhor conjunto probatório para embasar a decisão final;[3] e (iii) busca da verdade material, ao passo que impõe à Administração o dever de se aproximar ao máximo da realidade dos fatos tratados no processo.[4]

Há claro paralelo entre o art. 37 da Lei Federal de Processo Administrativo e o art. 6º, §1º da Lei de Mandado de Segurança (Lei nº 12.016/2009),[5] que igualmente prevê o dever da Administração de juntar aos autos os documentos necessários à prova do alegado pelo impetrante.

A esse respeito, vale menção do RMS 48.080/DF, de relatoria do ministro Sérgio Kukina, julgado pela Primeira Turma do Superior Tribunal de Justiça em 2015. O caso tratava de recurso em mandado

---

[2] "Na fase de instrução, o princípio da oficialidade tem papel bastante relevante pois permite à Administração Pública produzir provas a despeito das solicitações dos sujeitos envolvidos". (MARRARA, Thiago. Princípios do processo administrativo. *In*: BITENCOURT NETO, Eurico; MARRARA, Thiago (coord.). *Processo administrativo brasileiro*: estudos em homenagem aos 20 anos da Lei Federal de Processo Administrativo. Belo Horizonte: Fórum, 2020. p. 98).

[3] FORTINI, Cristiana; PEREIRA, Maria Fernanda Pires de Carvalho; CAMARÃO, Tatiana Martins da Costa. *Processo administrativo*: comentários à Lei nº 9.784/99. Belo Horizonte: Fórum, 2008. p. 144.

[4] MEDAUAR, Odete. *A processualidade no direito administrativo*. 2. ed. São Paulo: Revista dos Tribunais, 2008. p. 131.

[5] *Lei nº 12.016/09*. Art. 6. §1º. No caso em que o documento necessário à prova do alegado se ache em repartição ou estabelecimento público ou em poder de autoridade que se recuse a fornecê-lo por certidão ou de terceiro, o juiz ordenará, preliminarmente, por ofício, a exibição desse documento em original ou em cópia autêntica e marcará, para o cumprimento da ordem, o prazo de 10 (dez) dias. O escrivão extrairá cópias do documento para juntá-las à segunda via da petição.

de segurança no qual a parte impetrante, na origem, invocou o art. 6º, §1º da Lei nº 12.016/2009 para solicitar que a autoridade coatora juntasse aos autos documento que era relevante para a prova de seu direito. O mandado de segurança, contudo, foi extinto liminarmente por ausência de prova pré-constituída. Em grau recursal, o STJ corrigiu o equívoco, afirmando que "mostra-se contraditória, em tese, a decisão que, rejeitando o pedido de exibição de prova fundado no art. 6º da Lei nº 12.016/2009, extingue o writ sem julgamento do mérito, ao argumento de deficiência do acervo probatório apresentado com a inicial."[6]

A *ratio decidendi* do precedente pode perfeitamente ser aplicada a processos administrativos. Se o interessado menciona, como fato relevante para sua pretensão, fatos ou dados registrados em documentos em posse da Administração Pública e o órgão responsável pela instrução não providencia a juntada de tal documentação como exige o art. 37, será em tese ilegal decisão que indefira o requerimento do interessado sob a alegação de falta de provas.

## Referências

BRASIL. Superior Tribunal de Justiça. RMS n. 48.080/DF, *Relator Ministro Sérgio Kukina*, Primeira Turma, julgado em 16/6/2015, DJe de 29/6/2015.

FORTINI, Cristiana; PEREIRA, Maria Fernanda Pires de Carvalho; CAMARÃO, Tatiana Martins da Costa. *Processo Administrativo*: comentários à Lei nº 9.784/99. Belo Horizonte: Fórum, 2008.

MARRARA, Thiago. Princípios do processo administrativo. In: BITENCOURT NETO, Eurico; MARRARA, Thiago (Coord.). *Processo administrativo brasileiro*: estudos em homenagem aos 20 anos da Lei Federal de Processo Administrativo. Belo Horizonte: Fórum, 2020.

MEDAUAR, Odete. *A processualidade no direito administrativo*. 2. ed. São Paulo: Revista dos Tribunais, 2008.

6 BRASIL. Superior Tribunal de Justiça. RMS n. 48.080/DF, *Relator Ministro Sérgio Kukina*, Primeira Turma, julgado em 16/6/2015, DJe de 29/6/2015.

Art. 38. O interessado poderá, na fase instrutória e antes da tomada da decisão, juntar documentos e pareceres, requerer diligências e perícias, bem como aduzir alegações referentes à matéria objeto do processo.

§1º Os elementos probatórios deverão ser considerados na motivação do relatório e da decisão.

§2º Somente poderão ser recusadas, mediante decisão fundamentada, as provas propostas pelos interessados quando sejam ilícitas, impertinentes, desnecessárias ou protelatórias.

**MATEUS CAMILO RIBEIRO DA SILVEIRA**

## 1 Comentário

O art. 38 da Lei nº 9.784/99 veicula direito do interessado de produzir provas no curso do processo administrativo e sustentar suas alegações antes de decisão definitiva da Administração Pública. Trata-se de direito que se vincula a outro igualmente previsto de forma expressa na Lei, em seu art. 3º, III, de "formular alegações e apresentar documentos antes da decisão, os quais serão objeto de consideração pelo órgão competente".

A bem da verdade, o direito apresentado no comando legal deriva do princípio da ampla instrução probatória (extraído da Constituição Federal e amparado em seu art. 5º, incisos LIV e LV), o qual significa, como aponta Celso Antônio Bandeira de Mello, "não apenas o direito de oferecer e produzir provas, mas também o de, muitas vezes, fiscalizar a produção das provas da Administração".[1]

O direito de formular alegações e produzir provas que as amparem antes de decisão administrativa é corolário do devido processo legal, mandamento constitucional que submete o exercício de poder pela Administração Pública e com reflexos à esfera jurídica do cidadão

[1] MELLO; Celso Antônio Bandeira de. *Curso de direito administrativo*. 37. ed. Belo Horizonte: Fórum, 2024. p. 397.

a procedimento administrativo ritualizado, com garantia de ampla defesa e contraditório.

O dispositivo legal em questão, além de prever o direito à instrução probatória, desempenha função secundária, mas não menos importante, de delimitar a sequência procedimental, indicando que, na fase instrutória e antes da tomada de decisão, poderá o interessado requerer diligências e perícias, bem como juntar documentos e pareceres. Em outros termos, a norma assegura o direito à produção de provas, assinalando que há momento processual adequado para tanto.

Essa constatação é relevante porque, tratando-se de norma geral de processo administrativo, a Lei nº 9.784/99 não exclui regramento legal específico que discipline processos administrativos setorizados. Em outras normas nessa temática, pode haver particularidades quanto ao término da etapa de instrução do processo, com a indicação de específicas manifestações de órgãos técnicos que compõem o rito processual. De toda forma, encerrada a instrução, o interessado tem direito de manifestar-se, na forma disposta no art. 44 da Lei nº 9.784/99.

Os parágrafos 1º e 2º do dispositivo, por sua vez, destinam-se a assegurar a plenitude do exercício do direito à instrução probatória. A Lei dispõe, no primeiro, que as provas devem ser consideradas pela autoridade administrativa na tomada de decisão. Ressalta-se, assim, que o interessado tem direito não apenas a apresentar suas alegações e juntar suas provas, "mas também o direito de ver seus argumentos contemplados pelo órgão julgador", como pontuado pelo ministro Gilmar Mendes em voto no julgamento do Mandado de Segurança nº 24.268/MG.[2]

---

[2] EMENTA: Mandado de Segurança. 2. Cancelamento de pensão especial pelo Tribunal de Contas da União. Ausência de comprovação da adoção por instrumento jurídico adequado. Pensão concedida há vinte anos. 3. Direito de defesa ampliado com a Constituição de 1988. Âmbito de proteção que contempla todos os processos, judiciais ou administrativos, e não se resume a um simples direito de manifestação no processo. 4. Direito constitucional comparado. Pretensão à tutela jurídica que envolve não só o direito de manifestação e de informação, mas também o direito de ver seus argumentos contemplados pelo órgão julgador. 5. Os princípios do contraditório e da ampla defesa, assegurados pela Constituição, aplicam-se a todos os procedimentos administrativos. 6. O exercício pleno do contraditório não se limita à garantia de alegação oportuna e eficaz a respeito de fatos, mas implica a possibilidade de ser ouvido também em matéria jurídica. 7. Aplicação do princípio da segurança jurídica, enquanto subprincípio do Estado de Direito. Possibilidade de revogação de atos administrativos que não se pode estender indefinidamente. Poder anulatório sujeito a prazo razoável. Necessidade de estabilidade das situações criadas administrativamente. 8. Distinção entre atuação administrativa que independe da audiência do interessado e decisão que, unilateralmente, cancela decisão anterior. Incidência da garantia do contraditório, da ampla defesa e do devido processo legal ao processo administrativo. 9. Princípio da confiança como elemento do princípio da segurança jurídica.

O direito ao contraditório implica a possibilidade de ser efetivamente ouvido pela autoridade competente e o direito de ter suas alegações examinadas à luz dos elementos de prova produzidos. Estes dados não podem ser ignorados pela Administração, seja de forma direta, pela ausência total de pronunciamento sobre a prova produzida, seja indiretamente, pela falta de análise específica sobre a sua aptidão para corroborar ou não a tese ventilada pelo interessado. Daí a razão do dispositivo determinar que esse exame conste necessariamente na motivação da decisão, sob pena de nulidade.

A convicção da autoridade julgadora deve ser estabelecida conforme os meios de prova produzidos no processo e à luz da distribuição de ônus firmada no art. 36 da Lei. Mais que isto, a autoridade deve indicar porque interpretou cada prova em um dado sentido ou no outro. A decisão só será válida se tiver sido produzida em conformidade com o dever de fundamentação.

Nessa perspectiva, a explicitação clara e precisa, na decisão administrativa, da análise do conjunto probatório, em cotejo com a pretensão deduzida pelo interessado, é garantia de controle da legalidade da providência tomada, permitindo tanto o manejo de recurso administrativo como eventual controle posterior do ato pelo Poder Judiciário.

No parágrafo 2º do art. 38, a Lei dispõe que o requerimento de produção probatória somente poderá ser recusado pela autoridade administrativa por decisão fundamentada e desde que as provas propostas sejam ilícitas, impertinentes, desnecessárias ou protelatórias.

Nesse aspecto, o regime definido na Lei assemelha-se ao disposto no Código de Processo Civil, que também atribui ao magistrado a competência para indeferir, em decisão fundamentada, as diligências inúteis ou meramente protelatórias, cabendo-lhe determinar as provas necessárias ao julgamento do mérito, nos termos do art. 370.

Portanto, a autoridade poderá indeferir requerimentos de prova, caso estas se enquadrem nas hipóteses indicadas no parágrafo 2º, do art. 38 da Lei nº 9.784/99, pois elas serão impróprias à solução da controvérsia ou contrárias à ordem jurídica.

Como aponta Daniel Mitidiero, ao tratar dessa matéria no direito processual civil, as partes têm o direito de provar todas as alegações pertinentes, controversas e relevantes:

---

Presença de um componente de ética jurídica. Aplicação nas relações jurídicas de direito público. 10. Mandado de Segurança deferido para determinar observância do princípio do contraditório e da ampla defesa (CF art. 5º LV). (MS 24268, Rel. Min. Ellen Gracie, Redator para Acórdão Min. Gilmar Mendes, Tribunal Pleno, DJ 17.9.2004).

> Pertinentes, aquelas que dizem respeito ao mérito da causa. Controversas, aquelas sobre as quais existe mais de uma versão nos autos. Relevantes, cuja natureza permite demonstração pela prova postulada. Realizado esse *checklist*, o juiz não pode indeferir a produção da prova por já se encontrar antecipadamente convencido a respeito da alegação. Seria como colocar a carreta na frente dos bois: não dá para valorar a prova sem antes produzi-la.[3]

O apontamento aplica-se integralmente à interpretação do dispositivo legal em exame. Apesar de não haver previsão expressa quanto aos meios de prova admitidos, todos aqueles albergados pela ordem jurídica podem ser requeridos, em tese, pelo interessado, desde que observados os parâmetros acima indicados.

Há, também, possibilidade de prova emprestada no processo administrativo, advinda de outros processos administrativos ou de processos judiciais, neste último caso, desde que autorizada pelo juízo competente e respeitados o contraditório e a ampla defesa.[4]

Com efeito, o Supremo Tribunal Federal já assentou que "elementos informativos de uma investigação criminal, ou as provas colhidas no bojo de instrução penal, podem ser compartilhados" para instrução seja de outro processo penal seja de procedimento administrativo disciplinar.[5] A Suprema Corte também validou o uso de dados obtidos em interceptação de comunicações telefônicas e em escutas ambientais, judicialmente autorizadas, em procedimento administrativo, contra a mesma ou as mesmas pessoas com relação às quais foram colhidos.[6] Em outro julgado, o Supremo Tribunal Federal afirmou ser "legal a utilização de prova emprestada (dados relativos ao sigilo fiscal e bancário do impetrante, apurados durante o curso de inquérito no Superior Tribunal de Justiça)".[7]

Como determina o art. 38 da Lei nº 9.784/99, a recusa à produção de prova será cabível apenas se esta (i) não se relacionar com o mérito da pretensão e com as alegações de fato deduzidas pelo interessado; (ii) for desnecessária à solução da controvérsia; (iii) for protelatória,

---

3 MITIDIERO, Daniel. *Processo civil*. 2. ed. São Paulo: Thomson Reuters Brasil, 2022. p. 202-203.

4 Nesse sentido, *vide* Súmula n. 591 do Superior Tribunal de Justiça: "É permitida a 'prova emprestada' no processo administrativo disciplinar, desde que devidamente autorizada pelo juízo competente e respeitados o contraditório e a ampla defesa".

5 AP 517/PA, Rel. Min. Ayres Britto, DJ 13.03.2011.

6 Inq n. 2424 QO/RJ, Rel. Min. Cezar Peluso, Tribunal Pleno, DJe 24.08.2007.

7 MS 31772 AgR/PR, Rel. Min. Dias Toffoli, Primeira Turma, DJe 10.12.2014.

em virtude de já ter sido produzida, por exemplo; ou (iv) for ilícita. Também deverá ser rejeitado o requerimento de prova intempestiva, isto é, realizado quando já ultrapassada a fase de instrução.

Nessas hipóteses, a decisão que rejeita a produção de prova não configurará ilicitude. A jurisprudência do Supremo Tribunal Federal é firme no sentido de que o indeferimento motivado das provas meramente protelatórias, desnecessárias ou impertinentes ao deslinde da controvérsia não configura cerceamento de defesa e encontra suporte no art. 38, §2º, da Lei nº 9.784/19.[8]

Essa decisão, todavia, deve ser precedida de fundamentação percuciente, idônea e com referência às alegações de fato deduzidas pelo interessado. Cabe à autoridade, por decisão motivada, indicar as razões pelas quais a prova postulada é impertinente, desnecessária, inútil, protelatória ou ilícita, sempre com amparo na controvérsia de fato posta no processo.

Cumpre relembrar que a adequada instrução do processo é fim que a Administração Pública deve perseguir e garantir aos interessados, porque é somente por meio dela que se alcança a "verdade possível no processo".[9] A rejeição de provas, portanto, deve suceder tão somente em hipóteses específicas, devidamente justificadas.

Com apontam Sérgio Ferraz e Adilson Abreu Dallari, "a boa decisão depende de uma boa instrução", que permita o afloramento da verdade material, observados os direitos e garantias das partes envolvidas.[10] Trata-se de fase, portanto, fundamental do processo e vulnerável ao desvio de poder. Exatamente por isto, o dever de motivação desempenha função essencial de controle da legalidade, sobretudo em eventual indeferimento de prova.

No que concerne à prova ilícita, vedada também pelo art. 30 da Lei nº 9.784/99 e pelo art. 5º, LVI, da Constituição Federal, caberá à autoridade inadmiti-la. Como já decidido pelo Supremo Tribunal Federal no Tema 1238 de repercussão geral, "são inadmissíveis, em processos administrativos de qualquer espécie, provas consideradas ilícitas pelo Poder Judiciário".[11]

---

[8] RMS 38882 AgR/DF, Rel. Min. Alexandre de Moraes, Primeira Turma, DJe 03.03.2023; MS 36369 AgR/DF, Rel. Min. Luiz Fux, Primeira Turma, DJe 29.05.2019; RMS 33151/DF, Rel. Min. Marco Aurélio, Redator para Acórdão Min. Rosa Weber, Primeira Turma, DJe 04.12.2018; e RMS 34595 AgR/DF, Rel. Min. Dias Toffoli, Segunda Turma, DJe 14.08.2017.

[9] MITIDIERO, *op. cit.*, p. 205.

[10] FERRAZ; DALLARI, *op. cit.*, p. 187.

[11] ARE 1316369 RG/DF, Rel. Min. Edson Fachin, Redator para Acórdão Min. Gilmar Mendes, Tribunal Pleno, DJe 22.03.2023.

Evidentemente, a recusa à prova tida por ilícita pela Administração Pública também deverá ser objeto de decisão motivada, com a indicação precisa dos seus fundamentos.

Art. 39. Quando for necessária a prestação de informações ou a apresentação de provas pelos interessados ou terceiros, serão expedidas intimações para esse fim, mencionando-se data, prazo, forma e condições de atendimento.

Parágrafo único. Não sendo atendida a intimação, poderá o órgão competente, se entender relevante a matéria, suprir de ofício a omissão, não se eximindo de proferir a decisão.

**DANTE TOMAZ**

## 1 O dever de intimação do interessado

O artigo 39 da Lei nº 9.784/99, em grande medida autoexplicativo em seus termos, é mais um dispositivo que ressalta o caráter dialógico da Lei do Processo Administrativo Federal e corporifica o devido processo legal. Inserido no capítulo "Da instrução", ele impõe à Administração Pública Federal algumas obrigações relevantes e, de outro lado, assegura aos particulares direitos.

De início, ressalte-se que o dispositivo é mais uma concretização do princípio da publicidade[1] e da eficiência. Da publicidade, porque o citado dispositivo permite que interessados e terceiros tenham conhecimento das discussões em trâmite naquele processo administrativo. Da eficiência, pois permite que a decisão administrativa seja tomada com base em todas as informações que o tomador de decisão reputar como pertinentes, em linha com o princípio da verdade real ou material.[2]

Além da concretização dos princípios constitucionais citados, o dispositivo legal também cria deveres e direitos para o Poder Público e para os administrados. Do ponto da vista da Administração Pública, o art. 39 determina que, antes de deliberar acerca do assunto objeto

---

[1] NOHARA, Irene; MARRARA, Thiago. Capítulo X. Da Instrução. *In*: NOHARA, Irene; MARRARA, Thiago. *Processo Administrativo*: Lei nº 9.784/1999 comentada. São Paulo: Editora Revista dos Tribunais. 2018.

[2] OLIVEIRA, Rafael Carvalho Rezende. *Curso de direito administrativo*. 5. ed. Rio de Janeiro: Forense, 2017. p. 349.

do processo administrativo, o Poder Público deverá verificar se estão presentes todos os elementos que possibilitam a tomada de decisão. Percebendo-se que a resposta é negativa, deverá o interessado ou terceiro ser chamado (via intimação) para apresentar as informações ou documentos faltantes. Há, portanto, tanto um *dever* de coleta de informações e elementos que permitam a melhor decisão possível, quanto um *direito* de convocar particular, ainda que não seja parte, a colaborar com o processo administrativo.

A partir da óptica dos particulares, há, de um lado, direito daqueles já integrantes da relação processual não ter seu pleito administrativo indeferido sem que seja buscada pelo Poder Público a instrução processual mais eficiente possível, quanto o dever de colaboração com a Administração quando instados a participar. Trata-se de expressão do *dever de cooperação*, que também informa aos processos administrativos.[3]

O exercício do dever de intimação imposto pelo art. 39 deve observar ao conteúdo mínimo trazido pelo artigo. Nos seus termos, a intimação deverá trazer *data*, *prazo*, *forma* e *condições de atendimento*. Quanto à data, garante-se ao particular a informação sobre o dia em que deverá ser praticado o ato, quando for o caso da realização de uma diligência ou produção de prova em dia específico, de forma a possibilitar que todos os interessados, sejam partes ou terceiros, possam participar da formação do contraditório. À data, deve se somar o horário em que será realizada a diligência ou a produção das provas ou informação.

O segundo requisito da intimação é a previsão do prazo a ser observado pelo destinatário. A previsão é importante por assegurar ao destinatário da intimação segurança jurídica acerca de em quanto tempo deverá cumprir ao requerido. Esse prazo deve ser fixado em consonância com a complexidade e do volume de trabalho conjecturado para elaboração das informações ou coleta das provas.

Dois outros artigos do processo administrativo federal fornecem balizas para a fixação desse prazo. O primeiro é o artigo 24, que prevê o prazo de cinco dias para a prática de atos no processo administrativo quando inexistir disposição específica. O segundo é o art. 26, §2º, que preconiza que "a intimação observará a antecedência mínima de três dias úteis quanto à data de comparecimento". A interpretação do art. 39

[3] MARRARA, Thiago. O conteúdo do princípio da moralidade: probidade, razoabilidade e cooperação. *Revista Digital de Direito Administrativo*, v. 3, n. 1, p. 104–120, 2016. DOI: https://doi.org/10.11606/issn.2319-0558.v3i1p104-120. Disponível em: https://revistas.usp.br/rdda/article/view/108986. Acesso em: 18 ago. 2024.

em conjunto com os referidos dispositivos recomenda que a intimação observe a um prazo mínimo de cinco dias, dos quais três deverão ser úteis. Em casos de maior complexidade, poderá ser previsto, justificamente, um prazo maior. Apenas excepcionalmente devem ser admitidos prazos menores do que os trazidos nos artigos 24 e 26, §2º, da Lei.

O terceiro requisito a ser preenchido é a *forma* para apresentação das informações ou das provas complementares. A forma de apresentação é o meio pelo qual esses elementos instrutórios devem ser apresentados. O artigo 26, §1º, fornece os elementos que se entendem pela forma. Mais especificamente, é fundamental precisar se os elementos solicitados podem ser apresentados oralmente, por meio de depoimentos ou gravações; por elementos gráficos ou por meio de documentos escritos; se o intimado deve comparecer pessoalmente ou pode se fazer representar.

O quarto requisito legal são as condições de atendimento. Segundo Irene Nohara e Thiago Marrara, estas são "outros requisitos que a autoridade considere necessários, úteis e proporcionais seja para a produção de prova, seja para a apresentação de informações", pontuando que, a partir de analogia com o art. 26 da LPA, "também devem ser entendidos como condição de atendimento a indicação da finalidade da intimação e os seus efeitos em caso de descumprimento".[4]

## 2 Atuação subsidiária do poder público na produção de provas

O parágrafo único do artigo 39 da Lei nº 9.784/1999 impõe um autêntico poder-dever à Administração Pública quando desatendida a intimação referida pelo *caput* do mesmo dispositivo: ela própria deverá instruir o processo com as informações ou provas necessárias, não se eximindo de proferir a decisão.

Cristiana Fortini, Maria Fernanda Pires, Tatiana Camarão e Caio Mário Cavalcanti apontam que o dispositivo é mais um exemplo de incidência dos princípios da verdade material e da oficialidade, pois permite que o processo administrativo siga seu trâmite ainda quando não apresentadas as provas ou não prestadas as informações consideradas necessárias pela Administração Pública.[5]

---

[4] NOHARA; MARRARA, *op. cit.* OLIVEIRA, *Curso de direito administrativo*, p. 349.

[5] FORTINI, Cristiana; PIRES, Maria Fernanda Veloso; CAMARÃO, Tatiana Martins da Costa; CAVALCANTI, Caio Mário Lana. *Processo administrativo*: comentários à lei nº

O artigo parece ser redundante com o *caput* ao afirmar que a produção de provas ou coleta das informações deverá ocorrer diretamente pela Administração quando ela "entender relevante a matéria". Ora, a própria intimação do interessado ou do terceiro insculpida no *caput* deverá ocorrer apenas e tão somente quando a informação for relevante, não devendo ser procedida a intimação para o requerimento de provas ou dados inúteis. Porém, em esforço para conferir maior utilidade ao dispositivo, defende-se que a relevância da matéria deverá ser aquela que diga respeito a um interesse coletivo, ou seja, que vá além do interesse exclusivamente privada de um particular na condição de parte do processo administrativo.[6]

Assim, deve ser feita uma bifurcação dos interesses tratados pelo *caput* do art. 39 e por seu parágrafo único. A intimação do interessado e do terceiro para produção da prova requerida ou prestação da informação pode se dar para o atingimento da verdade mais próxima possível da verdade real necessária à resolução do processo administrativo, seja qual for o interesse em jogo. Já para que a Administração Pública possa, de ofício, suprir esses elementos, é preciso que haja um interesse público relevante em jogo. Inexistindo interesse público, deverá a vindoura decisão considerar preclusa a produção daquela prova ou informação.

A correlação entre a produção de provas de ofício pela Administração Pública e o interesse público, é que faz com que a previsão do artigo 39, parágrafo único, da Lei nº 9.784/1999 deva ser considerado um poder-dever. Afinal, sendo o interesse público indisponível, não será permitido não tentar o concretizar quando for possível.

Nesse ponto, é importante destacar a lição de Irene Nohara e Thiago Marrara, no sentido de que é imprescindível a viabilidade fática da produção da prova pela Administração Pública.[7] Em inúmeros momentos e circunstâncias, será impossível a produção da prova pela Administração Pública.

Um último ponto a ser destacado no parágrafo único é o fato de que ele veda que a ausência de prova seja utilizada como justificativa para a não decisão. A previsão está em consonância com os artigos 48 e 49 da Lei nº 9.784/1999, em que consta o dever de a Administração Pública decidir os processos administrativos que a ela são submetidos.

---

9.784/1999. 4. ed. Belo Horizonte: Fórum, 2023.

6 O ponto é trazido também por Juliano Heinen, Priscila Sparapani e Rafael Maffini: HEINEN, Juliano; SPARAPANI, Priscila; MAFFINI, Rafael. *Comentários à lei federal de processo administrativo*: Lei nº 9.784/99. Porto Alegre: Livraria do Advogado, 2015. p. 245.

7 NOHARA; MARRARA, *Capítulo X. Da Instrução.*

## Referências

FORTINI, Cristiana; PIRES, Maria Fernanda Veloso; CAMARÃO, Tatiana Martins da Costa; CAVALCANTI, Caio Mário Lana. *Processo administrativo*: comentários à lei nº 9.784/1999. 4. ed. Belo Horizonte: Fórum, 2023.

HEINEN, Juliano; SPARAPANI, Priscila; MAFFINI, Rafael. *Comentários à lei federal de processo administrativo*: Lei nº 9.784/99. Porto Alegre: Livraria do Advogado, 2015.

MARRARA, Thiago. O conteúdo do princípio da moralidade: probidade, razoabilidade e cooperação. *Revista Digital de Direito Administrativo, [S. l.]*, v. 3, n. 1, p. 104-120, 2016. DOI: 10.11606/issn.2319-0558.v3i1p104-120. Disponível em: https://www.revistas.usp.br/rdda/article/view/108986. Acesso em: 18 ago. 2024.

NOHARA, Irene; MARRARA, Thiago. Capítulo X. Da Instrução *In*: NOHARA, Irene; MARRARA, Thiago. *Processo Administrativo*: Lei 9.784/1999 Comentada. São Paulo (SP): Editora Revista dos Tribunais. 2018.

OLIVEIRA, Rafael. *Curso de direito administrativo*. 5. ed. Rio de Janeiro: Forense, 2017. p. 349.

Art. 40. Quando dados, atuações ou documentos solicitados ao interessado forem necessários à apreciação de pedido formulado, o não atendimento no prazo fixado pela Administração para a respectiva apresentação implicará arquivamento do processo.

**DANTE TOMAZ**

## 1 A preclusão do dever de produzir provas como causa de arquivamento do processo administrativo

O artigo 40 da Lei do Processo Administrativo Federal estipula a consequência jurídica do não atendimento, pelo particular, das determinações de produção de prova pela Administração Pública. A incidência do dispositivo, contudo, deve observar a algumas regras.

Em primeiro lugar, é preciso que o particular tenha sido previamente intimado, por meio de intimação válida (na forma dos artigos 26 e seguintes da Lei) sobre qual documento ou informação deveria ter fornecido e em qual prazo. Esse prazo também não poderá ser exíguo ou desproporcional.

Em segundo lugar, é fundamental que os elementos solicitados sejam indispensáveis à apreciação do pleito administrativo, sob pena de, por meio da exigência de provas ou informações desnecessárias, permitir-se ao Poder Público se esquivar do dever de decidir insculpido no art. 48 da Lei do Processo Administrativo e, por consequência, violar o direito de petição do cidadão trazido no art. 5º, XXXIV, a, da CRFB.

Em terceiro lugar, tem-se um elemento não previsto de forma expressa na literalidade da norma, mas explorado quando do exame do art. 39 e elencado também pela literatura especializada,[1] de que o objeto do processo administrativo seja restrito ao interesse particular. Ou seja, se o interesse subjacente ao processo administrativo for um

[1] NOHARA; MARRARA, *op. cit.*

interesse público, o silêncio do particular não deve levar à incidência do art. 40 da LPA, sob pena de se punir a toda a coletividade.

Preenchidos esses três requisitos, a ausência de resposta do particular provocará a preclusão do seu direito de produzir aquela prova e/ou informação. A preclusão é um conceito oriundo do direito processual civil e se consubstancia na perda de uma oportunidade ou direito processual. Usualmente são apontadas três espécies de preclusão: a preclusão temporal, que ocorre pela passagem do tempo; a preclusão consumativa, cujo traço distintivo é ocorrer a partir da impossibilidade de repetir um ato já realizado e a preclusão lógica, que veda a realização de um ato que contradiga outro previamente efetuado naquele processo.[2]

Egon Bockmann Moreira atesta que a preclusão também se aplica no processo administrativo e afirma que ela "veda a reiteração de atos já praticados (ou que deveriam tê-lo sido ao seu tempo), impondo limites a determinadas atividades processuais e gerando estabilidade e segurança no processo", listando o artigo 40 da Lei nº 9.784/1999 dentre as previsões específicas acerca da preclusão.[3]

O artigo 40 prevê uma hipótese de preclusão temporal, pois ela se relaciona ao descumprimento de um prazo. Em processos que tramitem visando ao atendimento de um interesse do particular, sem envolver interesses públicos, o não atendimento da determinação de prestação de informações imprescindíveis para a resolução da questão levará ao arquivamento do processo administrativo, encerrando o seu trâmite.

## Referências

CABRAL, Antônio do Passo. *Coisa julgada e preclusões dinâmicas*: entre continuidade, mudança e transição de posições processuais estáveis. 3ª ed. Salvador: Editora JusPodivm, 2018.

FORTINI, Cristiana; PIRES, Maria Fernanda Veloso; CAMARÃO, Tatiana Martins da Costa; CAVALCANTI, Caio Mário Lana. *Processo Administrativo.* 4ª ed. Belo Horizonte: Fórum, 2023.

---

2 CABRAL, Antônio do Passo. *Coisa julgada e preclusões dinâmicas*: entre continuidade, mudança e transição de posições processuais estáveis. 3. ed. Salvador: Editora JusPodivm, 2018. p. 145-149.

3 MOREIRA, Egon Bockmann. *Processo administrativo.* 6. ed. Belo Horizonte: Fórum, 2022. p.187-188.

MOREIRA, Egon Bockmann. *Processo Administrativo.* 6ª ed. Belo Horizonte: Fórum, 2022

NOHARA, Irene; MARRARA, Thiago. Capítulo X. Da Instrução *In*: NOHARA, Irene; MARRARA, Thiago. *Processo Administrativo*: Lei 9.784/1999 Comentada. São Paulo (SP): Editora Revista dos Tribunais. 2018.

Art. 41. Os interessados serão intimados de prova ou diligência ordenada, com antecedência mínima de três dias úteis, mencionando-se data, hora e local de realização.

**DANTE TOMAZ**

# 1 O dever de comunicação em prazo razoável acerca de prova ou diligência ordenada

O artigo 41 da Lei do Processo Administrativo Federal é possivelmente, um dos mais autoexplicativos do diploma legislativo, havendo pouco a se acrescentar ao texto legal. Ele estipula um prazo mínimo de três úteis antes para a intimação do particular interessado quanto à realização de prova ou diligência ordenada, impondo-se como conteúdo mínimo a data, hora e local da realização. Cristiana Fortini, Maria Fernanda Pires, Tatiana Camarão e Cáio Mário Lana destacam que esses elementos são trazidos por uma razão lógica: "sem tais informações é literalmente impossível atender ao conteúdo do ato intimatório, cenário exótico que sem dúvida alguma violaria o princípio do devido processo legal administrativo".[1]

De mais relevante, pode-se apresentar qual seu fundamento axiológico e as consequências do seu descumprimento. O dispositivo visa garantir a participação efetiva dos interessados na produção de uma prova ou de diligência, assegurando-se que eles exerçam o contraditório efetivo concomitante à produção.[2] José dos Santos Carvalho Filho destaca dentres os aspectos inseridos na ampla defesa e inderrogáveis a produção de provas e o acompanhamento dos atos processuais,[3] sendo estas dimensões garantidas pelo artigo 41.

---

[1] FORTINI; PIRES; CAMARÃO; CAVALCANTI, *op. cit.*

[2] Egon Bockmann Moreira expressamente lista o art. 41 da Lei nº 9.784/1999 como um dos quais o "contraditório vem expresso": MOREIRA, *op. cit.*, p.117.

[3] CARVALHO FILHO, José dos Santos. *Manual de direito administrativo*. 25. ed. São Paulo: Atlas, 2012. p. 966.

O prazo de três dias úteis deve ser contado a partir da data apontada como a que será efetuada a produção de prova ou diligência, ou seja, deverá ser contado de trás para frente. O artigo 66 da Lei do Processo Administrativo Federal (*os prazos começam a correr a partir da data da cientificação oficial, excluindo-se da contagem o dia do começo e incluindo-se o do vencimento*) exclui o dia do começo e inclui o do vencimento. Assim, a título de exemplo, se uma diligência for agendada para um sexta-feira essa data será a do começo do prazo. Aplicando-se o art. 66, a contagem terá início na quinta-feira anterior (véspera da diligência) e findará na terça-feira.

Convém pontuar que Irene Nohara e Thiago Marrara sintetizam o artigo 41 em três normas distintas. Uma primeira seria o direito dos particulares acompanharem a produção de provas. A segunda seria o dever de intimação desses particulares interessados e a terceira, o dever de que a intimação contenha todos os dados que possibilitem o seu exercício.[4] Acreditamos que a segunda e a terceira norma podem ser englobadas em uma só, pois a terceira é um elemento imprescindível para a segunda, tornando-as indissociáveis.

Por fim, o descumprimento do prazo previsto no art. 41 evidencia o prejuízo ao particular, que só será suprido pelo seu comparecimento espontâneo. Nesse sentido, transcrevem-se os seguintes precedentes do Superior Tribunal de Justiça:

> PROCESSUAL CIVIL E ADMINISTRATIVO. MANDADO DE SEGURANÇA INDIVIDUAL. AGENTES PENITENCIÁRIOS FEDERAIS. PROCESSO ADMINISTRATIVO DISCIPLINAR - PAD. PENA DE DEMISSÃO. INDEFERIMENTO MOTIVADO DE PROVAS. AUSÊNCIA DE CERCEAMENTO DE DEFESA. INTIMAÇÃO PARA OITIVA DE TESTEMUNHA. *INOBSERVÂNCIA DOS 3 (TRÊS) DIAS ÚTEIS ENTRE A INTIMAÇÃO DOS INDICIADOS E A REALIZAÇÃO DO ATO. ART. 41 DA LEI N. 9.784/99. PREJUÍZO EVIDENCIADO*. ORDEM CONCEDIDA PARCIALMENTE.
>
> (...)
>
> III. *Esta Corte orienta-se no sentido de que, em processo disciplinar, deve-se respeitar o prazo de 3 dias úteis entre a notificação do indiciado e a realização da prova ou diligência ordenada, nos termos do art. 41 da Lei 9.784/99, sendo evidenciado o prejuízo à defesa*. Precedentes.
>
> IV – Com efeito, *devem ser anuladas as ouvidas de testemunha nas quais não tenha sido observado o prazo de 3 (três) dias úteis entre a intimação de cada um*

[4] NOHARA; MARRARA, *op. cit.*

*dos Impetrantes e a realização do ato, e, por consequência, considerados nulos os atos delas decorrentes.*

(...)

(MS n. 17.543/DF, relatora Ministra Regina Helena Costa, Primeira Seção, julgado em 10.05.2017, DJe de 15.05.2017, grifo nosso)

PROCESSUAL CIVIL E ADMINISTRATIVO. RECURSO ORDINÁRIO EM MANDADO DE SEGURANÇA. DEVOLUTIVIDADE AMPLA. INOVAÇÃO DA CAUSA DE PEDIR. IMPOSSIBILIDADE. TITULAR DE SERVENTIA NOTARIAL E DE REGISTRO. AGENTE PÚBLICO. IRREGULARIDADES. OBRIGATORIEDADE DE APURAÇÃO. RENÚNCIA. PERDA DE OBJETO. AUSÊNCIA. OITIVA DE TESTEMUNHAS. DISPENSA. POSSIBILIDADE. NEGATIVA DE JUNTADA DE DOCUMENTOS. SUFICIENTE CONJUNTO PROBATÓRIO. NULIDADE. NÃO OCORRÊNCIA. LEGISLAÇÃO LOCAL. LACUNA. APLICAÇÃO SUBSIDIÁRIA DE LEI FEDERAL. *INTIMAÇÃO PARA INTERROGATÓRIO. PRAZO LEGAL. COMPARECIMENTO ESPONTÂNEO. FALTA OU IRREGULARIDADE. SUPRIMENTO. PREJUÍZO. NÃO COMPROVAÇÃO.* INOVAÇÃO RECURSAL. IMPOSSIBILIDADE.

(...)

7. Conquanto seja expressa na Lei n. 9.784/1999 a determinação de que o acusado, no processo administrativo disciplinar, deve ser intimado pessoalmente para o ato de interrogatório, com a antecedência mínima de três dias úteis da data de comparecimento, é certo, também, que o comparecimento do administrado supre a sua falta ou a irregularidade na intimação (arts. 26, §§ 2º e 5º e 41). (...)

(AgInt no RMS n. 59.977/MS, relator Ministro Gurgel de Faria, Primeira Turma, julgado em 17.04.2023, DJe de 20.04.2023, grifo nosso)

## Referências

CARVALHO FILHO, José dos Santos. *Manual de Direito Administrativo*. 25. ed. São Paulo: Atlas, 2012.

FORTINI, Cristiana; PIRES, Maria Fernanda Veloso; CAMARÃO, Tatiana Martins da Costa; CAVALCANTI, Caio Mário Lana. *Processo Administrativo*. 4. ed. Belo Horizonte: Fórum, 2023.

MOREIRA, Egon Bockmann. *Processo Administrativo*. 6. ed. Belo Horizonte: Fórum, 2022.

NOHARA, Irene; MARRARA, Thiago. Capítulo X. Da Instrução *In*: NOHARA, Irene; MARRARA, Thiago. *Processo Administrativo*: Lei 9.784/1999 Comentada. São Paulo (SP): Editora Revista dos Tribunais. 2018.

Art. 42. Quando deva ser obrigatoriamente ouvido um órgão consultivo, o parecer deverá ser emitido no prazo máximo de quinze dias, salvo norma especial ou comprovada necessidade de maior prazo.

§1º Se um parecer obrigatório e vinculante deixar de ser emitido no prazo fixado, o processo não terá seguimento até a respectiva apresentação, responsabilizando-se quem der causa ao atraso.

§2º Se um parecer obrigatório e não vinculante deixar de ser emitido no prazo fixado, o processo poderá ter prosseguimento e ser decidido com sua dispensa, sem prejuízo da responsabilidade de quem se omitiu no atendimento.

**MATEUS CAMILO RIBEIRO DA SILVEIRA**

# 1 Comentário

No art. 42, a Lei nº 9.784/99 trata de elemento específico da instrução que é a oitiva de órgão consultivo a respeito da matéria versada ou controvertida no processo.

No dispositivo em exame, faz-se referência ao parecer, que consiste em opinião técnica sobre determinado assunto, seja ele o direito ou outro objeto da ciência. Impõe-se, ainda, o prazo de quinze dias para emissão do ato, salvo norma especial ou comprovada necessidade de dilação, devidamente motivada.

Trata-se de manifestação comum na prática administrativa. A finalidade do parecer é fornecer subsídio técnico para iluminar a tomada de decisão pelo gestor. Como é evidente, "não é possível ao administrador dominar todas as áreas de conhecimento relacionadas às decisões que precisa tomar no desempenho de suas funções".[1] Daí por que lhe cabe, então, munir-se de subsídios suficientes de órgãos competentes.

Aliás, ainda que possua conhecimento jurídico, por exemplo, o gestor deve atentar-se às recomendações dessa natureza emitidas pelos

---

[1] SILVEIRA, Mateus Camilo Ribeiro da. Desvirtuamento da noção jurídico-constitucional de improbidade: aspectos materiais e processuais do uso indevido da Lei nº 8.429/92. *Boletim Centro de Estudos e Escola Superior da Procuradoria-Geral do Estado*, v. 44, n. 1, p. 99-124, 2020.

órgãos jurídicos, pois compete exclusivamente à Advocacia Pública o papel de prestar consultoria jurídica, nos termos dos arts. 131 e 132 da Constituição Federal.

Na teoria do ato administrativo, o parecer consiste em ato enunciativo, pois corresponde, como dito, à manifestação opinativa de um órgão em que este indica sua opinião sobre a questão examinada. Não constitui nem altera uma relação jurídica, que deverá ser objeto da decisão administrativa.

Como aponta Celso Antônio Bandeira de Mello, os pareceres podem ser divididos em técnicos, quando trazem informações e esclarecimentos de especialistas, construídos a partir de conhecimentos científicos, ou administrativos, que correspondam a um aconselhamento calcado em política administrativa.[2]

A doutrina também classifica os pareceres em facultativos, obrigatórios e vinculantes. O parecer é facultativo quando a lei dispõe que a sua solicitação fica a critério da autoridade administrativa. Será obrigatório, por outro lado, quando a ordem jurídica determinar ao gestor que o solicite antes de decidir. Em ambos os casos, a autoridade, todavia, não está obrigada a segui-los. Por sua vez, é vinculante o parecer que deve ser requisitado pela autoridade, cabendo-lhe seguir a sua conclusão.[3]

Como pontua a doutrina, é questionável a classificação dessa última figura como "parecer vinculante", pois o ato perde seu caráter opinativo e passa a configurar a própria decisão administrativa.[4] Além disso, não se deve confundir parecer a que se atribui caráter normativo com "parecer vinculante". A legislação prevê a possibilidade de a autoridade administrativa conferir à compreensão exarada em parecer a qualidade de entendimento oficial para determinado assunto. Nessa hipótese, a orientação emitida pelo parecerista passa a vincular os casos supervenientes e os órgãos da Administração.[5]

---

2 MELLO, Celso Antônio Bandeira de. *Curso de direito administrativo*. 35. ed. São Paulo: Malheiros, 2021. p. 359.

3 MELLO, *Curso de direito administrativo*. 35. ed., p. 360. *Vide*, também, DI PIETRO, Maria Sylvia Zanella. *Direito administrativo*. 28 ed. São Paulo: Atlas, 2015. p. 275-276.

4 FERRAZ; DALLARI, *op. cit.*, p. 216. José dos Santos Carvalho Filho sustenta que há um "desvio de qualificação jurídica nesses atos", justamente por ostentarem caráter nitidamente decisório (CARVALHO FILHO, José dos Santos. *Manual de direito administrativo*. 31. ed. São Paulo: Atlas, 2017. p. 144).

5 Esta hipótese está prevista, entre outros diplomas legais, nos arts. 39 a 42 da Lei Orgânica da Advocacia-Geral da União (Lei Complementar nº 73/93).

A classificação é útil para compreensão dos parágrafos 1º e 2º do art. 42, ora examinado. No primeiro, a Lei atribui uma consequência jurídica à hipótese em que, solicitada emissão de parecer obrigatório e vinculante, este deixar de ser elaborado no prazo fixado. Determina que, nessa situação, o processo não terá seguimento até a apresentação do opinativo, com responsabilização de quem tiver dado causa ao atraso.

Como bem apontado por Cristiana Fortini, Maria Fernanda Veloso Pires, Tatiana Martins da Costa Camarão e Caio Mário Lana Cavalcanti, a opção do legislador neste caso não foi a melhor, porque obriga o particular a esperar indefinidamente a emissão de parecer pelos agentes públicos responsáveis, com ofensa à duração razoável do processo.[6]

De fato, o dispositivo resolve o cenário de ilegalidade (eis que houve o descumprimento de prazo legal) por meio da paralisação do processo e, com isso, gera mais um gravame ao interessado. Se o parecer não foi emitido no tempo indicado pela legislação, há omissão de alguma autoridade ou agente público, que não necessariamente será solucionada com a simples e respectiva responsabilização.

Nesse ponto, a Lei perdeu a oportunidade de endereçar o problema por meio de outras formas, como reconhecer, nessas hipóteses, omissão ilegal da Administração Pública para efeito de eventual mandado de segurança ou outra medida judicial. Além disso, poderia ter atribuído algum efeito ao silêncio administrativo, como fez a Lei nº 13.874/2019 ("Lei da Liberdade Econômica") no seu art. 3º, IX.

O dispositivo prevê a garantia do cidadão de que, nas solicitações de atos públicos de liberação da atividade econômica que se sujeitam ao disposto nesta Lei, apresentados todos os elementos necessários à instrução do processo, o particular será cientificado expressa e imediatamente do prazo máximo estipulado para a análise de seu pedido e de que, transcorrido o prazo fixado, o silêncio da autoridade competente importará aprovação tácita para todos os efeitos, ressalvadas as hipóteses expressamente vedadas em lei.

É interessante notar que consta no Projeto de Lei (PL) nº 2.481, de 2022, de autoria do senador Rodrigo Pacheco, o qual busca reformar a Lei nº 9.784/99, proposta de alteração do dispositivo examinado para prever a possibilidade de suspensão do prazo para conclusão do processo, "quando a decisão administrativa depender de pronunciamento

6 FORTINI; PIRES; CAMARÃO; CAVALCANTI, *op. cit.*, p. 197.

prévio e obrigatório de órgão ou de entidade legalmente competente". A proposta não solve a questão de forma adequada.

Por outro lado, consta no aludido PL capítulo próprio para disciplinar o silêncio administrativo, havendo previsões indicando que (i) nos casos de omissão ou recusa de decidir e sempre que a lei não dispuser de forma diversa, a Administração Pública pode atribuir, em ato normativo ou contrato, efeitos de aceitação tácita ou de alteração de competência para decidir; e (ii) nos processos administrativos, a ausência de decisão no prazo legalmente previsto viola o direito líquido e certo dos interessados de obter uma decisão.

A correta interpretação das disposições pode auxiliar na solução da problemática decorrente da ausência de emissão de parecer obrigatório e vinculante.

Por sua vez, no parágrafo segundo do art. 42, a Lei nº 9.784/99 dispõe que, se um parecer obrigatório e não vinculante deixar de ser emitido no prazo legal, o processo poderá ter prosseguimento e ser decidido com sua dispensa. Não há, nessa hipótese, em contraposição à anteriormente tratada, paralisação do processo administrativo. Contudo, deve haver apuração da responsabilidade de quem se omitiu.

Com relação à responsabilidade do parecerista, cumpre anotar apenas, tendo em vista que a temática escapa do teor dos dispositivos, que, como regra, aquele responderá pessoalmente por suas opiniões técnicas apenas em caso de dolo ou erro grosseiro, nos termos do art. 28 da Lei de Introdução às Normas do Direito brasileiro (Lei nº 13.655/2018). Este dispositivo foi declarado constitucional pelo Supremo Tribunal Federal no julgamento da ADI 6421/DF, da relatoria do ministro Luís Roberto Barroso,[7] e impede a responsabilização objetiva de pareceristas.

Da mesma forma, a mera divergência entre a interpretação da lei adotada pelo parecerista e aquela chancelada pelo órgão de controle não é causa suficiente para justificar responsabilização de quem emitiu o opinativo, nos termos do art. 1º, §8º, da Lei nº 8.429/92, com a redação dada pela Lei nº 14.230/21.

---

[7] ADI 6421/DF, Rel. Min. Luís Roberto Barroso, Tribunal Pleno, DJe 17.04.2024.

Art. 43. Quando por disposição de ato normativo devam ser previamente obtidos laudos técnicos de órgãos administrativos e estes não cumprirem o encargo no prazo assinalado, o órgão responsável pela instrução deverá solicitar laudo técnico de outro órgão dotado de qualificação e capacidade técnica equivalentes.

DANTE TOMAZ

## 1 A obrigação do poder público de elaborar os laudos técnicos necessários à tomada de decisão

O artigo 43 da Lei nº 9.784/1999 segue em linha com as demais normas do Capítulo X da Lei, obrigando o Poder Público a adotar um comportamento colaborativo com o particular em busca da adequada solução da demanda a ele submetida. Igualmente, ele almeja garantir que os órgãos administrativos cumpram os prazos a ele imputados, prevendo a perda da atribuição do órgão desidioso ou que não cumpra no tempo devido os seus deveres.

O dispositivo, portanto, é informado pelo princípio da cooperação (ao impor ao Poder Público o dever de produzir tempestivamente as provas que estão sob a sua responsabilidade), pelo princípio da oficialidade (não permitindo que a Administração deixe de decidir em virtude da falta da produção de laudo técnico que um ato normativo repute como obrigatório) e pelo princípio da duração razoável do processo (ao impor que a medida seja tomada quando não cumpridos os prazos originais). A vinculação entre o dispositivo e o princípio da duração razoável do processo natureza já foi reconhecida pelo STJ, tendo sido consignado no Acórdão no Mandado de Segurança nº 19.890/DF que "por meio da leitura dos artigos 23, 24, 42 e 43 Lei n. 9.784/1999, constata-se que o legislador, expressamente, se preocupou com o tempo de tramitação do processo administrativo" (grifo nosso).

Expostos os alicerces axiológicos do dispositivo, passamos ao exame dos seus termos. O artigo 43 trata dos casos em que atos normativos exigem a edição de laudos técnicos. O primeiro elemento a ser enfrentado é o que seriam laudos técnicos. Considerando ter o artigo 42, já examinado, tratado acerca dos pareceres exarados pelos órgãos consultivos, é evidente que o conceito de laudo técnico não pode se confundir com o de parecer.

Adota-se a definição trazida por José dos Santos Carvalho Filho, na qual os laudos técnicos são considerados "peças formais produzidas por agentes especializados, nas quais os elementos fáticos conduzem a determinada conclusão de ordem técnica. Assemelham-se aos pareceres, mas deles se distanciam em razão da natureza da matéria técnica examinada. Aqui o opinamento pessoal é mais tênue do que a realidade técnica conclusiva".[1]

A elaboração desse laudo técnico deve ser uma obrigação normativa, ou seja, a escolha pela sua confecção ou não foi retirada do campo da discricionariedade do administrador público em virtude de norma preexistente. Essa norma pode ser tanto de nível legal, quanto de nível infralegal (por exemplo, um decreto ou um ato normativo geral e abstrato do órgão responsável pela tomada da decisão). Isso é justificado pelo fato de que, se inexistir obrigatoriedade para a edição do laudo técnico, a Administração poderá tomar sua decisão sem ele, inexistindo o dever de transferir para outro órgão capacitado a obrigação pela elaboração.

Cristiana Fortini, Maria Fernanda Pires, Tatiana Camarão e Caio Mário Lana apontam que a previsão é positiva, pois determinadas matérias necessitam desses laudos para serem solucionadas a contendo. São citados como exemplos os laudos técnicos para aferição de sobrepreço ou superfaturamento de obras públicas, matérias que demandam conhecimento de ciências não jurídicas (como engenharia e contabilidade).[2]

Nessa situação, quando o órgão originalmente incumbido pela norma prévia não exercer seu *múnus* no prazo assinalado, a autoridade responsável pela instrução processual deverá solicitar que outro órgão capacitado elabore o documento. Evidentemente, em algumas situações não existirá outro órgão com essa capacidade, de maneira que deverão ser tomadas medidas para compelir o órgão original a cumprir a sua obrigação. Se, ainda assim, este permanecer inerte, algumas medidas podem ser cogitadas.

---

1 CARVALHO FILHO, *Processo administrativo*, p. 227.

2 FORTINI; PIRES; CAMARÃO; CAVALCANTI, *Processo Administrativo*.

Irene Nohara e Thiago Marrara, de forma até mais ampla do que a ora defendida, apontam que a interpretação do trecho final do art. 43 não deva ser literal. Para evitar atrasos indevidos na tramitação processual, eles defendem que "nada impede que, uma vez constatada a inexistência de órgão com qualificação e capacidade equivalentes, o órgão responsável pela instrução do processo administrativo solicite, subsidiariamente, o apoio de uma pessoa física ou jurídica não estatal, como institutos particulares de pesquisa ou mesmo professores e técnicos desvinculados de entes públicos".[3]

Uma questão sempre tormentosa quando o exame do citado artigo é o prazo que deve ser observado para a elaboração do laudo técnico. Isso porque o legislador, ao contrário do artigo 42, não previu nenhum prazo específico, limitando-se a afirmar que será o "prazo assinalado". A redação legal não deixa dúvidas de que há um espaço de conformação para a autoridade responsável pela instrução processual deliberar, na medida da complexidade do laudo a ser produzido, qual o tempo necessário para a sua efetivação.

Na hipótese de ausência de indicação de prazo, defende-se que deve ser adotada a posição sugerida por José dos Santos Carvalho Filho, para quem "é aplicável aos laudos técnicos, por analogia, o mesmo prazo de quinze dias estabelecido para os pareceres em geral, conforme consta do art. 42 da lei".[4] Note-se, entretanto, que para ele o prazo de 15 dias seria a regra, posição com a qual não anuímos. O prazo deverá ser definido de forma razoável e proporcional pela autoridade solicitante e, apenas na ausência de prazo expresso ou de parâmetros razoáveis para estimar o tempo, é que deverá ser aplicado por analogia o prazo do art. 42 da Lei do Processo Administrativo Federal.

## Referências

CARVALHO FILHO, José dos Santos. Processo administrativo federal: comentários à Lei n. 9.784 de 29/1/1999. 4. ed. Rio de Janeiro: Lumen Juris, 2009.

FORTINI, Cristiana; PIRES, Maria Fernanda Veloso; CAMARÃO, Tatiana Martins da Costa; CAVALCANTI, Caio Mário Lana. *Processo Administrativo.* 4. ed. Belo Horizonte: Fórum, 2023.

NOHARA, Irene; MARRARA, Thiago. Capítulo X. Da Instrução *In*: NOHARA, Irene; MARRARA, Thiago. *Processo Administrativo*: Lei 9.784/1999 Comentada. São Paulo (SP): Editora Revista dos Tribunais. 2018.

---

[3] NOHARA; MARRARA, *op.cit.*

[4] CARVALHO FILHO, *Processo administrativo*, p. 228.

Art. 44. Encerrada a instrução, o interessado terá o direito de manifestar-se no prazo máximo de dez dias, salvo se outro prazo for legalmente fixado.

**DANTE TOMAZ**

## 1 O direito de apresentação de alegações finais no âmbito administrativo

O artigo 44 da Lei nº 9.784/1999 vem, em complemento ao artigo 2º, parágrafo único, X, regulamentar o prazo para apresentação das chamadas alegações finais. As alegações finais se consubstanciam no "direito de manifestar-se após o encerramento da instrução, reforçando a observância do princípio da ampla defesa e contraditório, em ordem a permitir que o interessante comente sobre as provas produzidas e as indique como idôneas para que a decisão satisfaça sua pretensão".[1]

Nos termos do artigo 44, os legitimados para apresentação das alegações finais são apenas os interessados, ou seja, inexiste autorização legal para que terceiros apresentem essas alegações finais. O conceito de interessado é previsto no artigo 9º da mesma Lei, cujo conceito abrange desde as pessoas físicas ou jurídicas que deram início ao processo administrativo na condição de titulares do direito ou no exercício de representação, passando por aqueles que podem ser afetados pela decisão administrativa, até organizações ou associações representativas no que toca a direitos e interesses coletivos ou difusos. Logo, para saber quem é autorizado a apresentar razões finais é necessário efetuar o cotejo entre o artigo 44 e o artigo 9º da Lei nº 9.784/1999.

Quanto ao momento de apresentação das alegações finais, perceba-se que tanto o texto do dispositivo legal quanto a definição conceitual apresentada afirmam que a sua apresentação deverá ocorrer

[1] CARVALHO FILHO, *Processo administrativo federal*, p. 229.

quando finda a fase de instrução e não imediatamente antes do julgamento. Ou seja: as alegações finais antecedem à elaboração do relatório mencionado no art. 47 da Lei do Processo Administrativo.

Há divergência se, após o relatório final, deveria ser franqueada uma nova possibilidade de manifestação ao interessado. Essa é a posição de Irene Nohara e de Matheus Marrara, para quem a possibilidade da autoridade cometer equívocos ou mesmo ilegalidade no relatório final justificaria a manifestação do interessado.[2] O mesmo posicionamento é esposado por Lílian Moreira Pires,[3] para quem haveria um dever de franquear a palavra ao interessado quando findo o relatório.

Essa não parece ter sido a opção do legislador. O artigo 44 transparece a impressão de que se entendeu suficiente a apresentação de alegações finais quando finda a fase instrutiva do processo administrativo, permindo que todos os elementos trazidos aos autos sejam enfrentados pelos particulares. A reforçar esse ponto, relembre-se que a Lei de Acesso à Informação (Lei Federal nº 12.527/2011) preconiza, em seu art. 7º, 3º, que o "direito de acesso aos documentos ou às informações neles contidas utilizados como fundamento da tomada de decisão e do ato administrativo será assegurado com a edição do ato decisório respectivo". Ou seja: a Administração não é obrigada a divulgar para o particular esses documentos preparatórios[4] utilizados como fundamento para tomada de decisão, caso dos relatórios do artigo 47 da Lei nº 9.784/1999.

Assim, entende-se que apenas se o interessado tiver acesso ao relatório final, seja por meio de solicitação na forma do artigo 46 ou por meio de uma postura de transparência ativa da administração, ele poderá se manifestar acerca do seu conteúdo. Essa nova manifestação, contudo, se dará com base no direito constitucional de petição (art. 5º, XXXIV, a, CRFB), sendo inconfundível com uma segunda oportunidade para alegações finais.

---

[2] NOHARA; MARRARA, *op. cit.*

[3] PIRES, Lílian Regina Gabriel Moreira. Da instrução do processo (arts. 36 a 47). *In*: FIGUEIREDO, Lúcia Valle (coord.). *Comentários à federal de processo administrativo*. Belo Horizonte: Fórum, 2004. p. 182-183.

[4] Segundo definição do Governo Federal, documentos preparatórios são "aqueles que servem para fundamentar tomada de decisão. A LAI não proíbe a entrega de tais documentos, mas garante o seu acesso após a tomada de decisão que os usou como fundamento. Ou seja, caso o ente público entenda que não há risco, ele poderá fornecer o documento preparatório. Caso o órgão entenda que há risco, o acesso fica restrito temporariamente". (EXCEÇÕES. *In*: GOV.BR [site], 12 maio 2014. Disponível em: https://www.gov.br/acessoainformacao/pt-br/assuntos/pedidos/excecoes. Acesso em: 19 ago. 2024.)

O direito de apresentar alegações finais se dá em favor do interessado, ao ser franqueada a oportunidade de falar em um momento único sobre todos os elementos constantes dos autos para influenciar o julgador. Por isso se diz que "a doutrina é praticamente unânime em reconhecer que a apresentação de 'alegações finais' não constitui um dever do interessado".[5] E prosseguem consignando que não podem advir consequências desfavoráveis em virtude da ausência de apresentação das alegações finais.

O prazo previsto para apresentação das alegações finais é foi fixado como um *prazo máximo* de dez dias. Entende-se que não há possibilidade de redução *ad hoc* desse prazo por ato administrativo da autoridade tomadora da decisão, devendo ser interpretada a expressão prazo máximo como a simples possibilidade de que essas alegações finais sejam apresentadas ao longo dos dez dias. Consigna-se a existência de posição contrária, defendida por José dos Santos Carvalho Filho, para quem "ao administrador se permite fixar prazo menor dentro desse limite. O que não pode é estabelecer prazo mais amplo".[6]

Em reforço à inviabilidade de um prazo menor, a lei utiliza o vocábulo "salvo outro *legalmente* fixado", de maneira que apenas outra norma de status legal pode fixar um prazo inferior ao trazido no art. 44. Essa é a posição também de Cristiana Fortini, Maria Fernanda Pires, Tatiana Camarão e Caio Mário Lana, para quem o interessado tem o "prazo de dez dias para apresentar sua manifestação, *salvo se a lei* firmar prazo diverso ou se a própria Administração Pública designar outro prazo" (grifo nosso).[7]

Igualmente relevante é perquirir acerca das consequências da inobservância pela Administração Pública do prazo para apresentação de alegações finais. Sendo o direito de as apresentar uma expressão dos direitos constitucionais à ampla defesa e ao contraditório, a posição mais consentânea à ordem constitucional brasileira é no sentido da nulidade da decisão proferida sem a observância do artigo 44 da Lei nº 9.784/1999. Egon Bockmann Moreira afirma que a decisão que negar os "direitos à comunicação, à *apresentação de alegações finais*, à produção de provas e à interposição de recursos" e, ainda assim, negar o pleito dos particulares, *será nula*" (grifo nosso).[8]

---

5 NOHARA; MARRARA, *op. cit.*

6 CARVALHO FILHO, *Processo administrativo federal*, p. 229.

7 FORTINI; PIRES; CAMARÃO; CAVALCANTI, *op. cit.*

8 MOREIRA, *op. cit.*, p. 268.

A despeito da importância das alegações finais e da sua natureza de concretização dos princípios constitucionais, o Superior Tribunal de Justiça possui entendimento de que, no âmbito de agências reguladoras criadas por leis específicas, não haveria obrigatoriedade de se aplicar o art. 44 da Lei nº 9.784/1999 se as leis de regência autorizaram a simplificação dos procedimentos decisórios em seu regimento interno, sem impor o direito dos interessados apresentarem alegações finais. Veja-se:

> ADMINISTRATIVO. AGRAVO INTERNO NO RECURSO ESPECIAL. PROCESSO ADMINISTRATIVO SIMPLIFICADO. *REGULAMENTAÇÃO DA RESOLUÇÃO NORMATIVA N. 63/2004 DA ANEEL.* NÃO INCIDÊNCIA DA LEI Nº 9.784/1999. ALEGAÇÕES FINAIS. DISPENSA. POSSIBILIDADE. PRECEDENTES.
>
> 1. A jurisprudência do Superior Tribunal de Justiça firmou-se no sentido de que *a falta de previsão na Resolução ANTT n. 442/2004 para oferecimento de alegações finais não acarreta omissão normativa, mas simplificação do processo administrativo, razão pela qual não há cerceamento de defesa em sua não oportunização.*
>
> Precedentes: AgInt no REsp 1581109/PR, Rel. Ministro Gurgel de Faria, Primeira Turma, DJe 26.10.2017; AgInt nos EDcl no AgInt no AREsp 1152519/PR, Rel. Ministro Sergio Kukina, Primeira Turma, DJe 19.12.2019.
>
> 2. Agravo interno não provido.
>
> (AgInt no REsp n. 1.887.277/PR, relator Ministro Benedito Gonçalves, Primeira Turma, julgado em 21.03.2022, DJe de 24.03.2022.)

## Referências

CARVALHO FILHO, José dos Santos. Processo administrativo federal: comentários à Lei n. 9.784 de 29/1/1999. 4. ed. Rio de Janeiro: Lumen Juris, 2009.

FORTINI, Cristiana; PIRES, Maria Fernanda Veloso; CAMARÃO, Tatiana Martins da Costa; CAVALCANTI, Caio Mário Lana. *Processo Administrativo.* 4. ed. Belo Horizonte: Fórum, 2023.

MOREIRA, Egon Bockmann. *Processo Administrativo.* 6. ed. Belo Horizonte: Fórum, 2022.

NOHARA, Irene; MARRARA, Thiago. Capítulo X. Da Instrução *In*: NOHARA, Irene; MARRARA, Thiago. *Processo Administrativo*: Lei 9.784/1999 Comentada. São Paulo (SP): Editora Revista dos Tribunais. 2018.

PIRES, Lílian Regina Gabriel Moreira. Da instrução do processo (arts. 36 a 47). In: FIGUEIREDO, Lúcia Valle (Coord.). *Comentários à federal de processo administrativo.* Belo Horizonte: Fórum, 2004.

Art. 45. Em caso de risco iminente, a Administração Pública poderá motivadamente adotar providências acauteladoras sem a prévia manifestação do interessado.

**FLÁVIO GARCIA CABRAL**

# 1 O poder geral de cautela administrativa

O artigo 45 da Lei nº 9.784/99,[1] apesar de se mostrar bastante tímido,[2] é a base normativa expressa para a existência de um poder geral de cautela[3] no âmbito da Administração Pública.

Conforme já tivemos a oportunidade de expor, pode-se entender poder geral de cautela administrativa como a autorização para a adoção de provimentos atípicos, sem a necessidade de um rol exaustivo

[1] Analisando-se um caso de suspensão cautelar de uma médica pelo Conselho Regional Federal de Medicina, o TRF 5 respaldou o provimento, realizando uma análise sistemática da cautelaridade administrativa, admitido a invocação do artigo 45 da Lei nº 9.784/99, mesmo a Lei nº 3.268/57 (que versa sobre o CRM) não tratando de maneira específica sobre medidas cautelares: "(...) 4. Se há previsão legal, insculpida no art. 22, §1º da Lei 3.268/57, autorizando o Conselho de Medicina a, em casos de manifesta gravidade, aplicar imediatamente a pena de cassação definitiva do exercício profissional, com muito mais razão tem a autarquia atribuição para suspender cautelarmente o exercício da profissão pela impetrante. 5. Ausente a previsão de providências cautelares na lei que trata dos procedimentos disciplinares dos Conselhos de Medicina nada impede que se utilize subsidiariamente a Lei 9.784/99, que dispõe sobre o processo administrativo no âmbito da Administração Pública Federal e, em seu art. 145, dispõe que pode a Administração, em caso de risco iminente, adotar medidas acauteladoras sem a prévia manifestação do interessado. 6. Recurso desprovido" (TRF-2 – AMS: 66329 RJ 2006.50.01.003753-4, Relator: Desembargador Federal MARCELO PEREIRA/no afast. Relator, Data de Julgamento: 21.10.2008, OITAVA TURMA ESPECIALIZADA, Data de Publicação: DJU, Data: 28.10.2008, Página:234/235).

[2] "Apesar da previsão constante do artigo em referência, a Lei nº 9.784/99 foi bastante resumida quanto à medida cautelar administrativa, cabendo à doutrina e à jurisprudência iniciar sua sistematização, que ainda é bastante precária" (NOBRE JÚNIOR, Edilson Pereira; CAVALCANTI, Francisco; FERREIRA FILHO, Marcílio da Silva; NÓBREGA, Theresa Christine de Albuquerque. *Comentários à lei do processo administrativo federal*. São Paulo: Saraiva, 2016. p. 385).

[3] Para maior aprofundamento sobre as medidas cautelares administrativas, confira: CABRAL, *Medidas cautelares administrativas*

previsto pelo legislador. Assim, cabe ao agente público adotar, diante do caso concreto, uma medida que tenha o condão de garantir a utilidade do provimento final de um processo administrativo ou evitar/minimizar um dano a um bem juridicamente tutelado.[4]

À semelhança das medidas de urgência jurisdicionais, as de cunho administrativo demandam igualmente a verificação de dois pressupostos fundamentais, quais sejam, o *periculum in mora* e o *fumus boni iuris*. É o que se extrai das palavras de José dos Santos Carvalho Filho[5], inclusive, quando expressa que a tutela preventiva é justificada por dois pressupostos: por haver um risco ao titular de este sofrer um dano irreparável ou de difícil reparação, em razão da demora em se decidir acerca da matéria pertinente a seu direito — é o risco da demora (*periculum in mora*); e por o direito ameaçado ter um mínimo de plausibilidade jurídica, ou seja, ser razoável a um primeiro exame do intérprete — é a fumaça do bom direito (*fumus boni iuris*).

Deste artigo já se elevam dois elementos fundamentais a toda a cautelaridade da Administração: a) a possibilidade, em caso de risco iminente, de adoção de medidas *inaudita altera pars*; e b) o dever de motivação.

De acordo com as lições de Irene Patrícia Nohara e Thiago Marrara, ao se exigir o risco iminente como pressuposto, o legislador impôs que a ausência da manifestação prévia do interessado quando da adoção de medidas cautelares administrativas ocorra nos casos em que, além de não se poder esperar a decisão final do processo para agir (*periculum in mora*), a Administração nem sequer possa esperar a manifestação do interessado.[6]

De qualquer modo, mesmo nas hipóteses de concessão da medida *inaudita altera pars*, em relação à possibilidade de impugnação e/ou oferecimento de recurso administrativo contra a decisão cautelar exarada com base no artigo 45, nos parece claro que, à luz da ordem constitucional brasileira (vide a previsão do artigo 5º, inciso LV), tal medida se mostra imperiosa, mesmo nas hipóteses de silêncio legislativo a respeito.[7]

Outrossim, como citado, o dispositivo legal ora tratado demanda motivação para a tomada da providência cautelar, sendo que ela deverá

---

4 CABRAL, *Medidas cautelares administrativas*, p.153.

5 CARVALHO FILHO, *Processo administrativo federal*.

6 NOHARA; MARRARA, *op. cit.* p. 300-301.

7 CABRAL, Flávio Garcia. *Medidas cautelares administrativas:* regime jurídico da cautelaridade administrativa. Belo Horizonte: Fórum, 2021. p. 113.

ser plena e simultânea à determinação da medida.[8] Sobre o mister da motivação, lembra-se que se trata de regra no ordenamento jurídico brasileiro,[9] como decorrência do devido processo legal, da cidadania, da publicidade, e da própria noção de Estado de Direito.

Além disso, mencione-se que, não obstante o texto legal transmita a ideia de que a providência preventiva somente seja tomada incidentalmente ao procedimento administrativo, é plenamente aceitável que dita medida cautelar também possa ocorrer antes do procedimento, isto é, previamente (semelhante às medidas provisionalíssimas do direito espanhol).[10] É certo que o normativo em questão é pensado, num primeiro instante, para ser vinculado a um processo administrativo, ainda que a cautelar seja preparatória. Nestes termos, há quem sustente que não podem tais medidas provisionais, assim, serem "adotadas isoladamente, sendo imprescindível que se vinculem diretamente a um processo administrativo específico".[11] No entanto, essa vinculação específica e direta não mais se faz presente como uma característica própria de todas as medidas cautelares administrativas, sendo que nos provimentos inibitórios é possível que haja cautelar sem essa vinculação direta. Apesar do artigo 45 da referida lei indicar essa relação entre processo administrativo principal e medida cautelar administrativa, ele não exclui a adoção das medidas acautelatórias em diferentes contextos e/ou formas.

Essa modalidade de cautela administrativa permite a edição tanto de medidas cautelares positivas como negativas.[12] De fato, os

---

8 MOREIRA, Egon Bockmann. *Processo administrativo:* princípios constitucionais e a Lei 9.784/1999. 3.ed. São Paulo: Malheiros, 2007. p. 315.

9 Em realidade, trata-se de princípio atinente a todo o Direito Administrativo moderno, afeto a todas as ordens jurídicas, pois, como salienta Agustín Gordillo, "lo que fue en el pasado sólo exigência jurídica, que el acto administrativo contuviera una 'motivación' o explicitación de sus fundamentos, es hoy también una exigência política; ahora hay un deber jurídico y político, social y cultural, de explicar al ciudadano o habitante por qué se le impone una norma y hay que convencerlo con la explicación" (GORDILLO, Augustín. *Tratado de derecho administrativo.* Buenos Aires: F.D.A, 2005. Tomo II. p. 57).

10 CARVALHO FILHO, *Processo administrativo federal*, p. 210-211.

11 FREIRE, Lucas Alves. Os contornos jurídicos das medidas cautelares previstas no artigo 9º da Lei nº 9.447, de 14 de março de 1997. *Revista da Procuradoria-Geral do Banco Central,* v. 1, n .1, p. 98, dez. 2007.

12 "Outra distinção de relevo nos parece ser entre medidas cautelares administrativas negativas e positivas. Há determinados provimentos cautelares que trazem gravames ou restrições aos direitos dos administrados, ao passo que outras se destinam a assegurar seus direitos ou interesses. A primeira figura representaria as medidas cautelares administrativas negativas, enquanto as segundas seriam as positivas. Provimentos administrativos que determinam o bloqueio de bens do investigado, o afastamento cautelar de investigados

destinatários da norma, isto é, aqueles que podem sofrer o prejuízo, são tanto o administrado como também a própria Administração Pública e terceiros.[13]

Os tribunais brasileiros, em inúmeros casos, têm validado a invocação do poder geral de cautela administrativa, especialmente fulcro no artigo 45 da Lei nº 9.784/99, seja para fundamentar medidas cautelares previstas em atos normativos infralegais, seja para legitimar a aplicação direta de provimentos acautelatórios atípicos. O TRF da 4ª Região, com base neste dispositivo, já respaldou, havendo suspeita de fraude documental, a suspensão cautelar administrativa da habilitação de dirigir;[14] o Tribunal da 2ª Região, por sua vez, autorizou o bloqueio de determinada empresa, vinculada às operações policiais da "Lava-Jato", para contratar com a sociedade de economia mista Petrobrás. Segundo a Corte, "não se trata de hipótese de aplicação de sanção, mas de medida administrativa acautelatória, precedente à sanção, de índole temporária, que deve perdurar ao longo de todo o procedimento administrativo, visando a preservar a lisura das contratações com a Petrobrás e, por conseguinte, o interesse público".[15]

Os singelos exemplos acima demonstram que um poder geral de cautela administrativa autoriza a adoção de provimentos atípicos, sem a necessidade de um rol exaustivo previsto pelo legislador. Cabe ao agente público adotar, diante do caso concreto, uma medida que tenha o condão de garantir a utilidade do provimento final de um processo administrativo ou evitar/minimizar um dano a um bem juridicamente tutelado. Isso, contudo, não pode servir como uma autorização ampla e inconsequente para que sejam concedidas qualquer tipo de medidas provisionais. Aqui, com mais ênfase, o aspecto da proporcionalidade torna-se o balizador da validade ou não do provimento aplicado.

Acrescente-se, por fim, que, mesmo nos casos em que há previsões cautelares específicas (ex.: medidas cautelares previstas na

---

em processos administrativos disciplinares ou a apreensão de mercadorias, por exemplo, seriam claros representantes de medidas cautelares administrativas negativas. Já a concessão de efeito suspensivo a recursos administrativos interpostos pelos administrados ou os casos de medidas cautelares antecipatórias em prol dos cidadãos encaixariam-se na categoria de provimentos cautelares positivos" (CABRAL, *Medidas cautelares administrativas*, p.40-41).

13 NOHARA; MARRARA, *op. cit.*, p. 393.

14 TRF4, Apelação Cível nº 5011095-17.2015.4.04.7000, 4ª Turma, Desembargador Federal Cândido Alfredo Silva Leal Junior, decidiu, por unanimidade juntado aos autos em 23.05.2019.

15 TRF-2 – AC: 00420712320154025101 RJ 0042071-23.2015.4.02.5101, Relator: Reis Friede, Data de Julgamento: 05.10.2017, 6ª Turma Especializada.

legislação sanitária – Lei nº 6.360/76, Lei nº 6.437/77 e Lei nº 9.782/99), ainda assim os tribunais invocam o poder geral de cautela como fundamento primordial para legitimar o provimento aplicado.

## Referências

CABRAL, Flávio Garcia. *Medidas cautelares administrativas:* regime jurídico da cautelaridade administrativa. Belo Horizonte: Fórum, 2021.

CARVALHO FILHO, José dos Santos. *Processo administrativo federal:* comentário à Lei nº 9.784 de 29/1/1999. 2.ed. Rio de Janeiro: Lumen Juris, 2005.

FREIRE, Lucas Alves. Os contornos jurídicos das medidas cautelares previstas no artigo 9º da Lei nº 9.447, de 14 de março de 1997. *Revista da Procuradoria-Geral do Banco Central*, vol. 1, n.1, dez.2007.

GORDILLO, Agustín. *Tratado de derecho administrativo – tomo II.* Buenos Aires: F.D.A, 2005.

NOBRE JÚNIOR, Edilson Pereira et al. *Comentários à lei do processo administrativo federal.* São Paulo: Saraiva, 2016.

NOHARA, Irene Patrícia; MARRARA, Thiago. *Processo administrativo:* lei nº 9.784/99 comentada. São Paulo: Atlas, 2009.

MOREIRA, Egon Bockmann. *Processo administrativo:* princípios constitucionais e a Lei 9.784/1999. 3.ed. São Paulo: Malheiros, 2007.

Art. 46. Os interessados têm direito à vista do processo e a obter certidões ou cópias reprográficas dos dados e documentos que o integram, ressalvados os dados e documentos de terceiros protegidos por sigilo ou pelo direito à privacidade, à honra e à imagem.

**FLÁVIO GARCIA CABRAL**

## 1 A transparência e o acesso a documentos

Conforme esclarecem Cristiana Fortini, Maria Fernanda Veloso Pires, Tatiana Martins da Costa Camarão e Caio Mário Lana Cavalcanti, "esse artigo espelha o princípio da publicidade dos atos administrativos. Ressalte-se, entretanto, que, como já dito, serão resguardados, entre outros, os documentos de terceiros protegidos pelos direitos da personalidade (ex.: honra e imagem), bem como os de interesse da segurança nacional".[1]

Mais do que a simples publicidade, o dispositivo atende igualmente a concepção mais ampla de acesso à informação. Deve-se lembrar que o acesso à informação sempre foi tema de Tratados Internacionais, principalmente aqueles que tratam de Direito Humanos, como é o caso da Declaração Universal dos Direitos Humanos (art. 19), a Convenção das Nações Unidas contra a Corrupção (artigos 10 e 13), a Declaração Interamericana de Princípios de Liberdade de Expressão (item 4) e o Pacto Internacional dos Direitos Civis e Políticos (artigo 19).[2]

Na mesma linha, esse artigo deve ser lido e interpretado conjuntamente com as previsões da Lei nº 12.527/2011 (Lei de Acesso à Informação – LAI), que traz como primado justamente a concretização do direito fundamental de acesso à informação, dispondo, por outro

[1] FORTINI; PIRES; CAMARÃO; CAVALCANTI, *op. cit.*, p. 201.

[2] CABRAL, Dafne Reichel. *Os tribunais de contas e o direito à boa administração pública.* Rio de Janeiro: Lumen Juris, 2022. p. 24.

lado, acerca de hipóteses nas quais mostra-se cabível a restrição ou a negativa ao acesso à informação.

Veja que o dispositivo menciona que o direito à vista pertence aos "interessados". Conforme expõe Juliano Heinen, referido termo liga-se com as três espécies de interesse: interesse coletivo, geral ou particular. E prossegue afirmando, fazendo a leitura junto aos dispositivos da LAI, que "a palavra em questão exige a prova da pertinência a um determinado interesse, ainda que seja desnecessário motivar o pedido. Essa solicitação deve ter vocação a estar ligada a uma utilidade, a um viés prático, enfim, que 'agregue algo' ao legitimado".[3]

Acrescente-se, ainda, que a ressalva feita na parte final, no tocante ao direito à privacidade, à honra e à imagem, deve ser analisada também diante das restrições trazidas pela Lei Geral de Proteção de Dados Pessoais – LGPD (Lei nº 13.709/2018). Assim, havendo dados pessoais nos referidos processos, o tratamento desses dados, inclusive a sua eventual publicização, somente pode ser feito nos termos da referida legislação.

Outro ponto a se destacar é que não se fez menção à possibilidade de retirada de processo para exame. Sem embargo, tal medida mostra-se possível, desde que viável e não haja riscos do seu extravio, por meio de seu representante legal,[4] haja vista o que dispõe a Lei nº 8.906/94 (Estatuto da Advocacia e da Ordem dos Advogados do Brasil), em seu artigo 7º, inciso XV.[5]

Por fim, cabe sublinhar que o referido artigo foi editado em uma perspectiva ainda de uma Administração Pública analógica, pensada no "papel", razão pela qual faz referência a "cópias reprográficas". Diante de um modelo, ao menos na órbita federal, de uma Administração Pública Digital, tal dispositivo deve ser compreendido diante das inovações tecnológicas existentes, no sentido de que deve ser franqueado acesso, por meio dos sistemas eletrônicos disponíveis, ou mesmo a possibilidade de obtenção de cópia de arquivos digitais.

---

3 HEINEN, Juliano. Processo administrativo e transparência. *In*: BITENCOURT NETO, Eurico; MARRARA, Thiago (coord.). *Processo administrativo brasileiro:* estudos em homenagem aos 20 anos da Lei Federal de Processo Administrativo. Belo Horizonte: Fórum, 2020. p. 138-139.

4 FORTINI; PIRES; CAMARÃO; CAVALCANTI, *op. cit.*, p. 202.

5 Art. 7º São direitos do advogado: (...) XV – ter vista dos processos judiciais ou administrativos de qualquer natureza, em cartório ou na repartição competente, ou retirá-los pelos prazos legais.

Nesse sentido, o dispositivo deve ser complementado pela previsão do artigo 9º da Lei nº 14.129, de 2021, conhecida como Lei do Governo Digital, que prescreve que "o acesso à íntegra do processo para vista pessoal do interessado poderá ocorrer por intermédio da disponibilização de sistema informatizado de gestão ou por acesso à cópia do documento, preferencialmente em meio eletrônico".

## Referências

CABRAL, Dafne Reichel. *Os Tribunais de Contas e o Direito à Boa Administração Pública.* Rio de Janeiro: Lumen Juris, 2022.

FORTINI, Cristiana; PIRES, Maria Fernanda Veloso; CAMARÃO, Tatiana Martins da Costa; CAVALCANTI, Caio Mário Lana. *Processo Administrativo.* 4. ed. Belo Horizonte: Fórum, 2023.

HEINEN, Juliano. Processo administrativo e transparência. *In*: BITENCOURT NETO, Eurico; MARRARA, Thiago (coord.). *Processo administrativo brasileiro:* estudos em homenagem aos 20 anos da Lei Federal de Processo Administrativo. Belo Horizonte: Fórum, 2020. p. 133-154.

Art. 47. O órgão de instrução que não for competente para emitir a decisão final elaborará relatório indicando o pedido inicial, o conteúdo das fases do procedimento e formulará proposta de decisão, objetivamente justificada, encaminhando o processo à autoridade competente.

**FLÁVIO GARCIA CABRAL**

# 1 A cisão entre a instrução e o julgamento do processo

O dispositivo em tela busca conferir solução na hipótese de ausência de competência para o instrutor do processo decidi-lo.[1] Cabe indicar que essa distinção entre órgão de instrução e autoridade que emitirá a decisão final costuma ser mais frequente nos processos administrativos disciplinares. De fato, no processo disciplinar regido pela Lei nº 8.112, de 1990 (Estatuto do Servidor Público Federal), por exemplo, tem-se a fase de instrução, defesa e relatório (inquérito administrativo) conduzida por uma comissão processante, seguida da fase de julgamento, realizada pela autoridade competente (a qual é diferente daquela que conduz o inquérito administrativo) (artigos 153 a 173).

Sobre o relatório a ser exarado pelo órgão de instrução, o dispositivo indica um conteúdo mínimo para ele, devendo constar pelo menos o pedido inicial, o conteúdo das fases do procedimento e a formulação da proposta de decisão.

Em sentido semelhante, focando no processo administrativo disciplinar, tem-se que o relatório possui três funções principais: (i) informativa, devendo constar todos os dados e informações necessários para que a autoridade julgadora compreenda o desenrolar dos fatos investigados; (ii) opinativa, cabendo à comissão apontar sugestões de melhorias na atividade administrativa para evitar novas infrações; e (iii) conclusiva, havendo a obrigatoriedade de a comissão processante se posicionar clara e categoricamente quanto à ocorrência ou não da

---

[1] FORTINI; PIRES; CAMARÃO; CAVALCANTI, *op. cit.*, p. 202.

irregularidade sob apuração e quanto à inocência ou não dos servidores envolvidos, sugerindo, inclusive, a pena a ser aplicada no caso de responsabilidade desses agentes.[2]

Outro ponto digno de nota é que o relatório exarado pelo órgão de instrução não possui caráter vinculante para a autoridade competente. É dizer, é possível que a autoridade responsável por tomar a decisão adote diferentes caminhos: acolha as conclusões apresentadas no relatório; devolva o processo para o órgão de instrução para saneamento e/ou complementação da instrução probatória; ou decida de maneira divergente, ainda que parcialmente, dos termos expostos no relatório.[3]

Em todos os casos, mas com especial razão na hipótese de divergência do relatório, é fundamental que haja a devida motivação,[4] não cabendo a autoridade julgadora divergir das conclusões do relatório por mero capricho, sem apresentar a motivação cabível.

## Referências

CABRAL, Flávio Garcia; SARAI, Leandro. *Manual de Direito Administrativo.* 3. ed. Leme: Mizuno, 2024.

CONTROLADORIA GERAL DA UNIÃO – CGU. *Manual de processo administrativo disciplinar.* Brasília: CGU, 2021.

FORTINI, Cristiana; PIRES, Maria Fernanda Veloso; CAMARÃO, Tatiana Martins da Costa; CAVALCANTI, Caio Mário Lana. *Processo Administrativo.* 4. ed. Belo Horizonte: Fórum, 2023.

2 CONTROLADORIA GERAL DA UNIÃO (CGU). *Manual de processo administrativo disciplinar.* Brasília: CGU, 2021. p. 278-279.

3 Trazendo as mesmas conclusões no tocante ao processo disciplinar em âmbito federal, já tivemos a oportunidade de escrever: "Por derradeiro, tem-se a fase de *julgamento,* na qual a autoridade competente decidirá acerca do PAD, podendo adotar essencialmente três medidas: a) retornar o processo à comissão caso verifique a necessidade de uma complementação probatória ou de saneamento processual; b) decidir pela responsabilização do agente público, aplicando a sanção correspondente; ou c) decidir pela absolvição do agente público, seja pela comprovação de sua inocência, seja por insuficiência probatória ou ainda pela prescrição" (CABRAL, Flávio Garcia; SARAI, Leandro. *Manual de direito administrativo.* 3. ed. Leme: Mizuno, 2024. p. 321).

4 No mesmo sentido: "É claro que, sendo apenas uma proposta, a decisão sugerida é meramente indicativa, não vinculando a autoridade competente. Contudo, caso o julgador vá divergir do relatório e da proposta de solução para o processo, deverá, sob pena de nulidade, motivar as razões de seu convencimento diversas daquelas constantes do relatório" (FORTINI; PIRES; CAMARÃO; CAVALCANTI, *op. cit.*, p. 202).

# CAPÍTULO XI
# DO DEVER DE DECIDIR

Art. 48. A Administração tem o dever de explicitamente emitir decisão nos processos administrativos e sobre solicitações ou reclamações, em matéria de sua competência.

**PEDRO ADAMY**

O artigo 48 da Lei nº 9.784/1999, que dispõe sobre o processo administrativo no âmbito da Administração Pública Federal, constitui um marco normativo essencial ao estabelecer o dever de decisão explícita e fundamentada pela Administração Pública. Ao estipular um dever legal de decidir para a Administração, tal disposição legal representa uma garantia fundamental para os administrados, assegurando que suas demandas não fiquem sujeitas à inércia estatal e que recebam uma resposta — uma decisão — em tempo adequado. No contexto de uma Administração Pública em Estados Democráticos, como o Brasil, tal obrigatoriedade assume importância central ao promover a eficiência, a observância da celeridade e da duração razoável dos processos, bem como a proteção dos direitos fundamentais dos administrados.

Ao determinar que a Administração deva tomar decisões expressas, o artigo 48 concretiza princípios constitucionais consagrados no art. 5º da Constituição Federal, como o direito de petição (inciso XXXIV), o contraditório e a ampla defesa (inciso LV), bem como a duração razoável do processo (inciso LXXVIII). Tais princípios formam a base do devido processo legal administrativo e são indispensáveis para a manutenção da confiança dos cidadãos nas instituições públicas.[1] Em um cenário em que a morosidade e a omissão administrativa frequentemente geram insegurança jurídica e frustram expectativas

[1] MOREIRA, Egon Bockman. *Processo administrativo*. 6. ed. Belo Horizonte: Fórum, 2022. p. 196 *et seq*.

legítimas, a norma em análise aparece como um antídoto para demoras injustificadas que acentual a incerteza e a insegurança do administrado perante a Administração.[2]

A importância do artigo 48, portanto, transcende sua função imediata de garantir respostas administrativas. Ele impõe à Administração Pública o compromisso de agir de maneira responsável, fundamentada e célere, reforçando o princípio da eficiência previsto no *caput* do art. 37 da Constituição. A tomada de decisões administração não é apenas um dever previsto na legislação do processo administrativo, mas uma concretização de um princípio constitucional expresso que legitima a atuação estatal perante os administrados e a sociedade como um todo.

Do ponto de vista dos administrados, o cumprimento do dever de decidir é essencial para a efetivação de direitos e interesses legítimos. A ausência de uma decisão explícita não apenas compromete a possibilidade de planejamento e atuação em conformidade com a legalidade, mas também pode acarretar danos materiais e morais. Por outro lado, para a Administração Pública, a inobservância desse dever resulta em aumento da judicialização, sobrecarga do sistema judiciário e perda de legitimidade institucional. Assim, o art. 48 não apenas protege o administrado, mas também resguarda o próprio funcionamento da máquina administrativa.

Neste breve comentário, busca-se analisar o alcance e as implicações normativas do artigo 48 da Lei nº 9.784/1999, enfatizando sua relevância tanto para a Administração Pública quanto para os cidadãos. A discussão abordará as bases normativas que sustentam o dever de decidir, as consequências práticas de sua aplicação, bem como os mecanismos disponíveis para assegurar seu cumprimento. É o que se passa a analisar de maneira objetiva.

## Fundamentos constitucionais do dever de decidir

O dever de decidir encontra sua base jurídica na Constituição, especialmente nos princípios fundamentais do devido processo legal (art. 5º, LIV) e do contraditório e ampla defesa (art. 5º, LV). Esses dispositivos garantem que qualquer processo administrativo seja conduzido com respeito à transparência e à participação ativa das partes interessadas. Como já se teve a oportunidade de afirmar:

---

2 ÁVILA, Humberto. *Teoria da segurança jurídica*. 7. ed. São Paulo: JusPodium/Malheiros, 2025. p. 510 *et seq*.

> Uma das finalidades essenciais na conformação do procedimento administrativo em um Estado de Direito consiste na participação de todos os indivíduos que tenham seus direitos afetados pela decisão. Essa participação deve consistir, no mínimo, na abertura a que o administrado possa tomar parte de forma efetiva e substancial, ou seja, para que possa participar e defender sua posição, com igual consideração pelos julgadores administrativos. Em outras palavras: não se trata apenas de garantir o contraditório e a ampla defesa ao contribuinte. Trata-se, antes, de garantir que o órgão julgador seja organizado de tal forma que sejam colocados em primeiro plano e em grau de igualdade e equivalência todos os interesses envolvidos.[3]

Além disso, o direito de petição previsto constitucionalmente no art. 5º, XXXIV, "a" pressupõe não apenas o direito de requerer, mas também o direito de receber uma resposta fundamentada da Administração Pública. Caso não se exigisse a resposta da Administração, por meio de uma decisão, fica claro que o direito de petição restaria esvaziado, uma vez que bastaria à Administração receber as manifestações dos particulares e sobre elas simplesmente silenciar.[4] O dever de decidir, portanto, é uma forma de concretização e garantia do próprio direito fundamental de petição.[5]

A Constituição também estabelece que a administração deve agir conforme os princípios da eficiência, garantindo que os processos administrativos sejam conduzidos de forma célere e efetiva. Tais fundamentos constituem o alicerce do dever de decidir, que visa assegurar que a Administração Pública atenda às demandas dos administrados de maneira tempestiva e efetiva, oferecendo respostas às demandas dos cidadãos.

Ainda, o dever de decidir está intrinsecamente ligado ao princípio da boa-fé administrativa, que orienta a atuação da Administração Pública com base na transparência, confiança e lealdade em relação

---

3 ADAMY, Pedro. Voto de Qualidade no CARF: Violação ao Critério Paritário. Considerações *de Lege Ferenda*. *Revista Direito Tributário Atual*, v. 37, 2017, p. 365. No mesmo sentido: GALLIGAN, D. J. *Due process and fair procedures*. Oxford: Clarendon, 1996, p. 109 *et seq.*; DUARTE, David. *Procedimentalização, participação e fundamentação*: para uma concretização do princípio da imparcialidade administrativa como parâmetro decisório. Coimbra: Almedina, 1996, p. 380 *et seq.*; BADURA, Peter. Das Verwaltungsverfahren. *In*: ERICHSEN, Hans-Uwe; EHLERS, Dirk (org.). *Allgemeines Verwaltungsrecht*. 12. ed. Berlin: de Gruyter, 2002. p. 513 *et seq*.

4 STJ, 1ª Seção. MS n. 26.552/DF, Rel. Min. Sérgio Kukina, DJe 18.02.2021.

5 Tal reconhecido precede, inclusive, à Constituição de 1988. Veja-se: BRITO, Washington. Direito de petição – Dever de decidir – Abuso de poder. *Revista De Direito Administrativo*, v. 160, 1985, p. 208.

aos administrados. A omissão ou a decisão evasiva contrariam esse princípio e comprometem a legitimidade dos atos administrativos. A boa-fé exige que a Administração seja diligente, garantindo que os processos administrativos sejam conduzidos com respeito aos prazos e às expectativas legítimas dos interessados.[6] Além disso, a boa-fé administrativa impõe que a decisão seja congruente com os elementos apresentados no processo. Decisões contraditórias ou baseadas em critérios arbitrários violam o dever de decidir e configuram abuso de poder, passível de controle judicial e administrativo.

Assim, ainda que se possa reconhecer outros fundamentos constitucionais para o dever de decisão da Administração, deve-se notar que a previsão expressa na lei do processo administrativo representa um avanço substancial e relevante, uma vez que não deixa dúvidas sobre o direito de o administrado receber uma resposta em tempo condizente com a complexidade da demanda (como se verá nos comentários ao artigo 49). Nesse sentido, o dever de a Administração decidir representa uma vedação ao *non liquet* no âmbito do processo administrativo. É o que se passa a analisar.

## A vedação do *Non Liquet* Administrativo

Pode-se conceituar o *non liquet* administrativo como sendo a prática em que a Administração Pública se omite de decidir alegando falta de clareza normativa, insuficiência de informações ou outras razões que, em tese, justificariam a abstenção. No entanto, o art. 48 da LPA veda tal prática, impondo que a Administração deve decidir, mesmo diante de incertezas ou lacunas normativas. Afirma Marrara que o artigo 48 "impôs não apenas o dever de deliberar, mas de decidir de maneira explícita e clara, proibindo-se decisões implícitas, indiretas, ocultas, obscuras, informais ou disfarçadas".[7]

Assim, a proibição do *non liquet* é fundamental para garantir que o administrado não seja prejudicado pela inércia ou inação do poder público. A Administração tem o dever legal de proferir uma decisão explícita, mesmo que condicionada à obtenção de novos elementos para informar a sua decisão.

---

6 SILVA, Almiro Couto e. O princípio da segurança jurídica (proteção à confiança) no direito público brasileiro. *Revista De Direito Administrativo*, v. 237, 2004. p. 272 *et seq*.

7 MARRARA, Tiago. Administração que cala consente? Dever de decidir, silêncio administrativo e aprovação tácita. *Revista De Direito Administrativo*,v. 280, n. 2, 2021. p. 233.

Do ponto de vista jurídico, a vedação ao *non liquet* reflete a obrigação da Administração Pública de resolver conflitos e situações que lhe são apresentadas, mesmo que envolvam alta complexidade técnica ou jurídica. Esse princípio se alinha ao dever de fundamentação das decisões administrativas, previsto no artigo 50 da LPA, que exige clareza nos motivos que sustentam a decisão, ainda que provisória ou condicionada.

Como afirmado, a vedação ao *non liquet* administrativo se torna especialmente relevante em casos de alta complexidade jurídica ou técnica. A Administração não pode se abster de decidir, mesmo quando as questões apresentadas envolvam lacunas normativas ou incertezas técnicas. Tal dever decorre, de maneira direta, da legalidade administrativa e do dever de proteção dos direitos fundamentais dos administrados.

Certo é que situações de complexidade fática e jurídica ocorrem frequentemente em áreas como o direito ambiental, concorrencial ou regulatório. Ainda assim, a Administração deve decidir, fundamentando sua posição com base nas informações disponíveis, buscando novos subsídios — como, por exemplo, determina do artigo 29 da LINDB — para a tomada da decisão.[8] A prática do *non liquet* em tais casos pode configurar omissão administrativa, passível de responsabilização.[9] Além disso, a ausência de decisão administrativa termina por transferir ao administrado o ônus de buscar alternativas judiciais, sobrecarregando o Poder Judiciário e aumentando os custos e o tempo necessário para a solução do conflito.

Assim, para lidar com a complexidade fática ou jurídica, é essencial que a Administração invista em capacitação técnica e em mecanismos de cooperação interinstitucional para se municiar de informações e elementos para a tomada de decisão.[10]

## Implicações para a Administração Pública e para os particulares

O dever de decidir, consagrado no artigo 48 da Lei nº 9.784/1999, impõe à Administração Pública a obrigação jurídica de emitir decisões

---

[8] MONTEIRO, Vera. Art. 29 da LINDB – Regime jurídico da consulta pública. *Revista De Direito Administrativo*, v. 225, 2018, p. 225 *et seq.*; OLIVEIRA, Gustavo Justino. Comentarios ao Art. 29 da Lei Federal 13.655/2018. *In*: RAMOS, Rafael (coord.). *Comentários à Nova LINDB*. Belo Horizonte. Fórum. 2023. p. 181.

[9] Veja-se, por exemplo, os artigos 68 e 82 da Lei nº 12.529/2011.

[10] Veja-se, por exemplo, a previsão da decisão coordenada nos artigos 49-A a 49-G da LPA.

expressas, fundamentadas e dentro de prazos razoáveis nos processos administrativos. Tal dispositivo não apenas define uma conduta obrigatória, mas também estabelece parâmetros de atuação condizente com os princípios constitucionais aplicáveis à Administração Pública.

Como visto, a primeira implicação relevante é a vinculação da Administração ao princípio da eficiência, previsto no art. 37 da Constituição Federal. O descumprimento do dever de decidir viola tal princípio ao demonstrar inércia na atuação estatal, o que compromete a legitimidade e a credibilidade da Administração perante a sociedade.

Assim, o descumprimento sistemático do dever de decidir tem implicações institucionais para a Administração Pública. A judicialização excessiva de demandas administrativas, resultante da inércia ou morosidade, sobrecarrega tanto o sistema judiciário quanto os próprios órgãos administrativos, que precisam alocar recursos para responder a ações judiciais em vez de destinar recursos financeiros e humanos na melhoria de sua eficiência interna. Assim, o cumprimento efetivo do dever de decidir é uma medida não apenas de respeito aos administrados, mas também de proteção à integridade e à funcionalidade do próprio sistema administrativo.

## Efetivação do dever de decidir por meios tecnológicos

A tecnologia desempenha um papel cada vez mais central na modernização da Administração Pública e na efetivação do dever de decidir.[11] Ferramentas como sistemas de gestão eletrônica de processos, plataformas de comunicação e inteligência artificial podem ser empregadas para monitorar prazos, otimizar a tramitação de processos e assegurar a emissão de decisões administrativas em tempo hábil.

Um exemplo relevante é o Decreto nº 11.946/2024, que instituiu o Programa Nacional de Processo Eletrônico (ProPEN), que visa padronizar e digitalizar procedimentos administrativos em diversos órgãos e entidades públicas.[12] Por meio do PEN, é possível acompanhar todas as etapas de um processo, identificar gargalos e assegurar maior transparência. Essa ferramenta reduz significativamente a morosidade,

---

[11] HEROLD, Viktoria. *Demokratische Legitimation automatisiert erlassener Verwaltungsakte*. Berlin: Duncker und Humblot, 2020. p. 180 *et seq*.

[12] O artigo 2º define que, entre outras, são diretrizes do PEN: promover a simplificação das rotinas administrativas, contribuir para o aumento da eficiência administrativa do Estado, e contribuir para a melhoria dos serviços públicos prestados ao cidadão.

eliminando a dependência de fluxos físicos de documentos, facilitando e promovendo um ambiente que permite resolutividade em processos administrativos de baixa complexidade, concretizando o dever de decidir da Administração Pública.

A adoção de inteligência artificial pode ir além, analisando automaticamente dados em processos administrativos de baixa complexidade e sugerindo decisões preliminares. Em processos repetitivos, como a concessão de alvarás simples ou autorizações padronizadas, essas tecnologias podem liberar servidores para atuar em casos mais complexos e que demandam atenção sobre questões técnicas e fáticas mais especificas.

Art. 49. Concluída a instrução de processo administrativo, a Administração tem o prazo de até trinta dias para decidir, salvo prorrogação por igual período expressamente motivada.

**PEDRO ADAMY**

# 1 Prazo para a decisão administrativa

Como é sabido, o artigo 49 da Lei nº 9.784/1999 estabelece um marco temporal claro para o cumprimento do dever de decidir pela Administração Pública. Conforme previsto no dispositivo legal, uma vez concluída a instrução do processo, a Administração dispõe de até 30 dias para emitir uma decisão, prazo que pode ser prorrogado por igual período, desde que de forma expressamente motivada. Esse comando normativo, inserido no capítulo XI da Lei, dedicado ao "Dever de Decidir", complementa o artigo 48 ao reforçar a obrigação de a Administração não apenas emitir decisões explícitas e expressas, mas fazê-lo em tempo hábil, promovendo a celeridade e a segurança jurídica.

A conexão entre os artigos 48 e 49 é lógica e funcional. Enquanto o art. 48 determina que a Administração tem o dever de decidir de maneira explícita e fundamentada, o art. 49 introduz uma dimensão temporal a esse dever, delimitando um prazo razoável para a tomada de decisão. Juntos, esses dispositivos concretizam os princípios constitucionais do devido processo legal (art. 5º, LIV), da duração razoável do processo (art. 5º, LXXVIII) e da eficiência administrativa (art. 37, *caput*). Além disso, ao impor um limite temporal, o art. 49 visa mitigar os efeitos da morosidade administrativa, que representa um grande obstáculo à efetividade dos direitos dos cidadãos. Como já decidiu o Superior Tribunal de Justiça:

> A demora excessiva e injustificada da Administração para cumprir obrigação que a própria Constituição lhe impõe é omissão violadora do princípio da eficiência, na medida em que denuncia a incapacidade operacional do Poder Público em desempenhar, num prazo razoável, as

> atribuições que lhe foram conferidas pelo ordenamento (nesse sentido, o comando do art. 5º, LXXVIII, da CF). Fere, também, a moralidade administrativa, por colocar em xeque a legítima confiança que o cidadão comum deposita, e deve depositar, na atuação Administração. Por isso que semelhante conduta se revela ilegal e abusiva, podendo ser coibida pela via mandamental.[1]

A fixação de prazos no processo administrativo não é meramente formal, mas uma garantia substancial para os administrados. A ausência de uma resposta em tempo hábil pode gerar graves consequências, como a paralisação de atividades econômicas, o atraso na concessão de benefícios ou mesmo a violação de direitos fundamentais. Para a Administração, a inobservância do prazo compromete sua credibilidade, alimenta a judicialização e pode ensejar sanções legais, como a responsabilização por improbidade administrativa. Assim, o art. 49 não apenas protege os interesses dos administrados, mas também assegura a legitimidade da atuação estatal.[2]

Ao condicionar a prorrogação do prazo a uma justificativa expressa, o legislador busca equilibrar a necessidade de flexibilidade administrativa com a exigência de previsibilidade e transparência. Como afirma Justen Filho, "não haverá infração à disciplina constitucional quando a Administração comprovar que a delonga deriva da apuração dos fatos ou da ausência de condições materiais para promover os atos materiais pertinentes".[3] Essa exigência impede que a dilação de prazos se torne uma prática abusiva ou rotineira, ao mesmo tempo em que permite que casos de alta complexidade jurídica ou técnica sejam tratados de forma responsável. Nesse sentido, o art. 49 atua como uma salvaguarda contra a inércia estatal, promovendo um processo administrativo mais célere e eficiente.

Com efeito, o fundamento constitucional do artigo 49 da Lei nº 9.784/1999 encontra-se no inciso LXXVIII do art. 5º da Constituição Federal, que assegura a todos, no âmbito judicial e administrativo, a razoável duração do processo e os meios que garantam sua celeridade. Esse dispositivo, introduzido pela Emenda Constitucional nº 45/2004,

---

1 STJ, 1ª Seção. MS n. 26.552/DF, Rel. Min. Sérgio Kukina, DJe 18.02.2021.

2 MARTINS, Ricardo Marcondes. Ato Administrativo e Procedimento Administrativo. *In*: DI PIETRO, Maria Sylvia (coord). *Tratado de Direito Administrativo*. v. 5. 3. ed. São Paulo: Revista do Tribunais, 2022. p. 98 *et seq*.

3 JUSTEN FILHO, Marçal. *Curso de direito administrativo*. 14. ed. Rio de Janeiro: Forense, 2023. p. 227.

reconhece a morosidade como um dos principais obstáculos à concretização de direitos fundamentais e busca garantir que os processos não se tornem um entrave ao pleno exercício da cidadania.[4] No contexto administrativo, a duração razoável do processo visa assegurar que os administrados não fiquem sujeitos a atrasos injustificados que possam gerar insegurança jurídica e prejuízos econômicos ou sociais. Assim a posição do Superior Tribunal de Justiça:

> Em que pesem o grande número de pedidos feitos ao Ministro da Justiça e o fato dos membros da Comissão de Anistia, seu órgão de assessoramento, atuarem pro bono, aqueles que se consideram atingidos no período de 18 de setembro de 1946 a 5 de outubro de 1988, por motivação exclusivamente política, não podem ficar aguardando, indefinidamente, a apreciação do seu pedido, sem expectativa de solução em prazo razoável.
>
> Não é lícito à Administração Pública prorrogar indefinidamente a duração de seus processos, pois é direito do administrado ter seus requerimentos apreciados em tempo razoável, ex vi dos arts. 5º, LXXIII, da Constituição Federal e 2º da Lei n. 9.784/99.[5]

O artigo 49 da LPA estabelece um limite temporal para a tomada de decisões administrativas, concretizando o direito constitucional à celeridade processual. Ao fixar um prazo de 30 dias, prorrogável de forma motivada, para a conclusão de processos administrativos após a instrução, a norma reforça o compromisso do legislador com a eficiência da Administração Pública, prevista no art. 37 da Constituição. Como já afirmado, essa regra não apenas protege os interesses dos administrados, mas também promove o bom funcionamento da máquina pública, garantindo que a tramitação dos processos ocorra dentro de um período adequado e previsível.

Nesse sentido, a duração dos processos administrativos deve ser compatível com a complexidade da matéria e com a necessidade de proteção dos direitos em questão, evitando tanto atrasos desnecessários quanto decisões precipitadas. Assim, a norma funciona como um parâmetro normativo que exige da Administração uma atuação eficiente e célere, sem descuidar da qualidade e da fundamentação das decisões. Essa integração entre a legislação infraconstitucional e

---

4 MARRARA, *op. cit.*, p. 234.

5 STJ, 3a Seção, MS 13.584/DF, Rel. Min. Jorge Mussi, DJe de 26.06.2009

o comando constitucional assegura que a atuação da Administração será pautada por critérios razoáveis, diante da complexidade de cada matéria colocada sob a jurisdição administrativa.

## 2 Mora administrativa e os riscos da demora nas decisões da Administração Pública

Como afirma Justen Filho, "a demora injustificada equivale à recusa de decidir – o que, em última análise, configura uma espécie de decisão. Não decidir equivale a assegurar a manutenção de um estado de coisas."[6]

A mora administrativa, entendida como a demora injustificada no cumprimento do dever de decidir pela Administração Pública, representa um dos grandes entraves ao funcionamento eficiente do Estado. Essa omissão ou retardamento nas decisões administrativas compromete a garantia de direitos fundamentais, como o acesso à justiça, o devido processo legal e a duração razoável do processo. Essa a posição do Superior Tribunal de Justiça ao decidir que

> A Lei 9.784/99 foi promulgada justamente para introduzir no nosso ordenamento jurídico o instituto da Mora Administrativa como forma de reprimir o arbítrio administrativo, pois não obstante a discricionariedade que reveste o ato da autorização, não se pode conceber que o cidadão fique sujeito à uma espera abusiva que não deve ser tolerada e que está sujeita, sim, ao controle do Judiciário a quem incumbe a preservação dos direitos, posto que visa a efetiva observância da lei em cada caso concreto.[7]

O silêncio administrativo pode assumir diferentes configurações jurídicas, sendo as mais relevantes o silêncio administrativo positivo

---

6 JUSTEN FILHO, *op. cit.*, p. 227.

7 STJ, 1a Turma, REsp n. 531.349/RS, Rel. Min. José Delgado, DJ de 09.08.2004. Lê-se do voto do relator: *ra, essa omissão administrativa expõe o cidadão a uma espera abusiva que não deve ser tolerada e que está sujeita, sim, ao controle do Judiciário, a quem incumbe a preservação dos direitos, posto que visa a efetiva observância da lei em cada caso concreto, quando reclamado por seus beneficiários, especialmente, tendo-se a recorrida observado todos os trâmites legais necessários à outorga da autorização requerida, aguardando uma simples resposta já há cinco anos.*
*(...) Portanto, não adiantam argumentos tais como, "excesso de atribuições e variedade de problemas que o Poder Público tem que enfrentar", ou outros como, "o pedido não foi solucionado em vista da complexidade do procedimento legal a ser adotado...", pois incumbe à Administração providenciar os meios necessários à consecução dos seus fins, para isto que é dotada de atributos específicos como imperatividade, legitimidade, auto-executoriedade."*

e o silêncio administrativo negativo.[8] Ambas são construções legais destinadas a atribuir consequências ao decurso do prazo sem manifestação da Administração Pública em processos administrativos, mas suas naturezas e efeitos são significativamente distintos.

O silêncio administrativo positivo ocorre quando, ao final do prazo estipulado em lei para a decisão administrativa, a ausência de manifestação implica o deferimento tácito do pedido apresentado pelo administrado.[9] Ou seja, presume-se que a Administração concordou com o pleito, e a decisão favorável ao requerente é considerada válida, gerando os efeitos pretendidos. Esse mecanismo é especialmente relevante em processos liberatórios, como a concessão de licenças ou alvarás, garantindo maior celeridade e segurança jurídica aos administrados, além de incentivar a eficiência administrativa.

Já o silêncio administrativo negativo implica o indeferimento presumido do pedido em razão da inércia da Administração. Nesse caso, a ausência de decisão expressa é interpretada como uma negativa tácita, o que permite ao administrado buscar a revisão da decisão, seja por meio de recursos administrativos, seja por via judicial.[10] Esse modelo tradicionalmente busca evitar a paralisação de demandas e assegurar que o administrado não fique indefinidamente aguardando a manifestação da Administração Pública.

Enquanto o silêncio positivo visa estimular a celeridade e reduzir o impacto da morosidade administrativa, atribuindo um efeito favorável ao administrado, o silêncio negativo reflete um enfoque mais conservador, em que a ausência de decisão é vista como uma oportunidade para judicializar ou recorrer para a própria Administração. A escolha entre um e outro modelo depende do contexto legal e das políticas públicas envolvidas, sendo o silêncio positivo geralmente aplicado em áreas de baixo risco regulatório, enquanto o silêncio negativo é mais comum em situações de maior impacto social ou ambiental, onde a análise administrativa se mostra necessária para evitar riscos sociais relevantes.

---

8 CAVALCANTI, Themístocles Brandão. A teoria do silêncio no Direito Administrativo. *Revista Do Serviço Público*, v. 1, 1940, p. 45-48.

9 MARTINS, *op. cit.*, p. 285.

10 HACHEM, Daniel Wunder. Processos administrativos reivindicatórios de direitos sociais – Dever de decidir em prazo razoável vs. silêncio administrativo. *Revista de Direito Administrativo & Constitucional*. v. 56, 2014, p. 154 *et seq.*

## 3 Mora administrativa e a aprovação tácita

A aprovação tácita, prevista na Lei de Liberdade Econômica (Lei nº 13.874/2019), representa como uma tentativa de mitigar os impactos da mora administrativa nos processos liberatórios relacionados à atividade econômica. Ela estabelece que, nas situações previstas na legislação, o decurso do prazo sem manifestação da administração resulta no deferimento automático do pedido, desde que cumpridos os requisitos legais. Essa inovação busca equilibrar a eficiência administrativa com a proteção da liberdade econômica.

Ao vincular o silêncio administrativo a um efeito jurídico positivo, a aprovação tácita impõe um incentivo institucional para a celeridade processual. Na prática, ela força os órgãos públicos a respeitarem prazos, sob pena de perderem a oportunidade de controlar determinadas atividades econômicas, compreendendo que a demora e a ausência de decisão são patologias do sistema.[11] Esse mecanismo se alinha aos princípios da eficiência e da segurança jurídica, promovendo um ambiente mais favorável à liberdade.

A aprovação tácita é uma solução especialmente relevante para atividades de baixo risco, onde a demora administrativa representa um ônus desnecessário. Em casos como a abertura de empresas ou a emissão de licenças para atividades de impacto mínimo, o deferimento automático garante a continuidade das atividades econômicas sem prejudicar o interesse público.

Por fim, a relação entre a mora administrativa e a aprovação tácita evidencia a necessidade de regulamentação equilibrada. A adoção desse mecanismo deve ser acompanhada de salvaguardas que assegurem a proteção dos direitos dos administrados, ao mesmo tempo em que promovam a eficiência e a liberdade econômica.[12] Assim, o instituto da aprovação tácita pode se consolidar como um instrumento efetivo para combater a morosidade estatal e fomentar o desenvolvimento econômico sustentável.

---

[11] HACHEM, *op. cit.*, p. 158.

[12] LEAL, Larissa Maria de Moraes Leal, ALBUQUERQUE JR., Roberto Paulino, COSTA FILHO, Venceslau Tavares. Direito de Liberdade de Empresa. In MARQUES NETO, Floriano Peixoto, RODRIGUES JUNIOR, Otavio Luiz, LEONARDO, Rodrigo Xavier (orgs.). *Comentários à Lei de Liberdade Econômica*. 2ª ed. São Paulo: Revista dos Tribunais, 2024, p. 98 e ss.

# CAPÍTULO XI-A
# DA DECISÃO COORDENADA
(Incluído pela Lei nº 14.210, de 2021)

Art. 49 –A. No âmbito da Administração Pública federal, as decisões administrativas que exijam a participação de 3 (três) ou mais setores, órgãos ou entidades poderão ser tomadas mediante decisão coordenada, sempre que: (Incluído pela Lei nº 14.210, de 2021)

I – for justificável pela relevância da matéria; e (Incluído pela Lei nº 14.210, de 2021)

II – houver discordância que prejudique a celeridade do processo administrativo decisório. (Incluído pela Lei nº 14.210, de 2021)

§ 1º Para os fins desta Lei, considera –se decisão coordenada a instância de natureza interinstitucional ou intersetorial que atua de forma compartilhada com a finalidade de simplificar o processo administrativo mediante participação concomitante de todas as autoridades e agentes decisórios e dos responsáveis pela instrução técnico –jurídica, observada a natureza do objeto e a compatibilidade do procedimento e de sua formalização com a legislação pertinente. (Incluído pela Lei nº 14.210, de 2021)

§ 2º (VETADO). (Incluído pela Lei nº 14.210, de 2021)

§ 3º (VETADO). (Incluído pela Lei nº 14.210, de 2021)

§ 4º A decisão coordenada não exclui a responsabilidade originária de cada órgão ou autoridade envolvida. (Incluído pela Lei nº 14.210, de 2021)

§ 5º A decisão coordenada obedecerá aos princípios da legalidade, da eficiência e da transparência, com utilização, sempre que necessário, da simplificação do procedimento e da concentração das instâncias decisórias. (Incluído pela Lei nº 14.210, de 2021)

§ 6º Não se aplica a decisão coordenada aos processos administrativos: (Incluído pela Lei nº 14.210, de 2021)

I – de licitação; (Incluído pela Lei nº 14.210, de 2021)

II – relacionados ao poder sancionador; ou (Incluído pela Lei nº 14.210, de 2021)

III – em que estejam envolvidas autoridades de Poderes distintos. (Incluído pela Lei nº 14.210, de 2021)

**RAFAEL VÉRAS DE FREITAS**

**JOSÉ EGIDIO ALTOÉ JUNIOR**

O Capítulo XI-A, intitulado "da decisão coordenada", foi inserido na Lei nº 9.784/1999 (Lei de Processo Administrativo Federal), por intermédio da Lei nº 14.210/2021. Cuida-se de alteração que pretendeu incorporar, no âmbito do processo administrativo federal, a técnica de decisão coordenada, cujo propósito, em termos teóricos, é reunir, em um único ato administrativo, todos os órgãos e entidades estatais que tenham competência ou interesse na apreciação de determinada matéria, de modo a permitir a participação de todos ao longo da instrução processual e, ao final, a prolação de uma única decisão que aborde todos os aspectos atinentes ao objeto analisado.

O art. 49-A, *caput*, I e II, estabelece que as decisões administrativas que exijam a participação de 3 (três) ou mais setores, órgãos ou entidades poderão ser tomadas mediante decisão coordenada, desde que, a um só tempo: (i) seja referente a uma matéria relevante e (ii) exista discordância que prejudique a celeridade do processo administrativo decisório. Nesse sentido, o dispositivo instituiu requisitos de procedibilidade que têm o potencial de criar embaraços para a eficácia da técnica de decisão coordenada.

O primeiro deles diz com a exigência formal de que sejam, ao menos, três "setores, órgãos ou entidades" para se instalar a decisão coordenada. Não houve qualquer fundamentação técnica, a justificar que fossem, pelo menos, três entidades administrativas. Do ponto de vista da lógica que permeia o instituto, bastaria que houvesse mais de uma autoridade, agente decisório ou responsável pela instrução técnico-jurídica, para que o instituto fosse usado. À medida que se aumenta a quantidade mínima necessária de "setores, órgãos ou entidades" para uma decisão coordenada, torna-se mais difícil que se configure, na realidade, uma situação que lhes seja efetivamente afeta, comum a todos e que justifique essa deliberação conjunta, o que pode reduzir os incentivos para a adesão ao procedimento.

Outra exigência legal redutora de incentivos diz respeito à obrigação de que exista "relevância da matéria" e "discordância que prejudique a celeridade do processo administrativo decisório". A primeira expressão contribui muito pouco para a caracterização do que deve ser objeto de decisão coordenada, por se tratar de "conceito jurídico indeterminado, que exige ônus administrativo por parte daqueles que pretendam utilizar a nova instância decisória".[1] Nesse sentido, como

1 BINENBOJM, Gustavo; CYRINO, André Rodrigues. A decisão coordenada: notas e reflexões iniciais. *In*: CABRAL, Antonio do Passo; MENDONÇA, José Vicente Santos de (org.).

muito bem asseveram Gustavo Binenbojm e André Cyrino,[2] "a locução 'relevância da matéria' incorpora conceito jurídico indeterminado que exige ônus argumentativo por parte daqueles que pretendam utilizar a nova instância decisória. Em uma análise intuitiva, pode ocorrer que, na dúvida, não se utilize o instituto".

A necessidade de existência de discordância entre as autoridades administrativas tampouco se justifica, já que a coordenação administrativa pode, em tese, ocorrer antes da formação de entendimento pelos órgãos ou entes — de forma a materializar a divergência —, bem como pode ocorrer quando há convergência entre as autoridades administrativas. Nessa hipótese, transmite-se muita segurança aos destinatários da decisão administrativa conjunta, tendo em conta que haverá uma decisão coordenada sobre uma matéria em que há harmonia de entendimentos na administração pública. Trata-se de sinalização positiva aos interessados, que observam a multiplicidade de competências administrativas reduzida a uma única decisão administrativa. Daí porque a limitação imposta pelo art. 49, *caput*, II, impede a concertação administrativa e a estabilização de entendimentos comuns.

Nas lições de Paulo Modesto,[3] a "decisão coordenada é instrumento de concertação administrativa processual, alternativo e experimental em face do modelo sequencial ordinário, útil para abreviar a oitiva e a decisão administrativa incidente sobre diferentes interesses setoriais". Como se pode depreender, o conceito do doutrinador avança sobre a definição legal, apontando que a decisão coordenada é espécie de concertação alternativa e experimental, incidente sobre diferentes interesses setoriais. No mesmo sentido, Egon Bockmann Moreira[4] pontua que a técnica de coordenação é uma forma de simplificar a atuação cooperativa da Administração Pública, no qual os "órgãos e entidades são incentivados a desenvolver esforços colaborativos, a fim de negociar soluções multipartes".

---

*Decisão administrativa coordenada*: reflexões sobre o art. 49-A e seguintes da Lei 9.784/99. Salvador: Juspodivm, 2022. p. 21.

[2] *Ibid.*, p. 21.

[3] MODESTO, Paulo. Decisão coordenada: experimentação administrativa processual. *In*: CABRAL, Antonio do Passo; MENDONÇA, José Vicente Santos de (org.). *Decisão administrativa coordenada*: reflexões sobre o art. 49-A e seguintes da Lei 9.784/99. Salvador: Juspodivm, 2022. p. 85.

[4] MOREIRA, Egon Bockmann. A decisão coordenada como técnica de negociações plurilaterais. *In*: CABRAL, Antonio do Passo; MENDONÇA, José Vicente Santos de (org.). *Decisão administrativa coordenada*: reflexões sobre o art. 49-A e seguintes da Lei 9.784/99. Salvador: Juspodivm, 2022. p. 201.

Por sua vez, o §2º do art. 49-A foi vetado pelo Poder Executivo. Na redação original, previa-se que "o órgão ou a entidade participante da decisão coordenada deverá ser representada por autoridade ou agente com legitimidade para celebrar acordos e tomar decisões com caráter vinculante para o órgão ou para a entidade representada". A razão apresentada para o veto indicou que o dispositivo poderia suprimir eventuais decisões recursais. De acordo com a mensagem do Poder Executivo, se as decisões coordenadas fossem tomadas em deliberações colegiadas exaradas pelas autoridades que fruíssem de legitimidade adequada para celebrar acordos e tomar decisões com caráter vinculante, "geraria dúvida quanto à possível supressão de instâncias recursais na via administrativa".

Não vislumbramos razão à dúvida suscitada pelo Poder Executivo. O dispositivo vetado dizia respeito à celebração de acordo e à tomada de decisões vinculantes para a entidade administrativa representada na decisão coordenada. O acordo é uma forma de compromisso negociado pela Administração Pública, já positivado, pelo art. 26, do Decreto-Lei nº 4.657/1942 (LINDB), que contém permissivo genérico para celebração de acordos substitutivos, de integração e de complementação por parte de entidades administrativas.[5] Como o acordo é consensual, negociado e celebrado em bases equitativas, o risco de supressão de instâncias recursais não se justifica. De outro lado, a decisão vinculante, a que aludia a norma vetada, diz com os efeitos futuros na tomada de decisão sobre o mesmo tema. Por isso, ainda haveria a possibilidade de que eventual interessado, com direito subjetivo concreto afetado, fizesse o manejo dos instrumentos processuais-recursais cabíveis.

Outro objeto de veto foi o art. 49-A, §3º, segundo o qual "da decisão coordenada participarão representantes dos órgãos de consultoria ou assessoramento jurídico, no âmbito de cada Poder". A razão de veto foi no sentido de que poderiam ser suscitadas dúvidas sobre a necessidade do assessoramento jurídico na tomada de decisões coordenadas. A retirada dos dispositivos não afasta a competência dos órgãos da Advocacia Geral da União, já disciplinadas pela Lei Complementar nº 73/1993, de intervir no âmbito da decisão coordenada. O art. 49-A, §3º, representava apenas um reforço útil à participação da

[5] MARQUES NETO, Floriano de Azevedo; FREITAS, Rafael Véras de. *Comentários à Lei nº 13.655/2018* (Lei da Segurança para a Inovação Pública). Belo Horizonte: Fórum, 2019. p. 97-114.

AGU no âmbito da decisão coordenada, tendo em vista que, muitas vezes, os assuntos que precisam ser objeto de decisão coordenada são de natureza jurídica complexa, necessitando-se do apoio do órgão de assessoramento jurídico.

De fato, já existem normas de natureza infralegal, as quais instituem processos consensuais coordenados com a participação de órgãos de assessoria jurídica. Cite-se, por exemplo, a Instrução Normativa Conjunta (INC) nº 1/2023, que instituiu a Câmara de Negociação de Solução de Controvérsias da Agência Nacional de Transportes Terrestres (ANTT). Cuida-se de normativo infralegal, exarado pela Diretoria Colegiada da ANTT (DC-ANTT) e pela Procuradoria Federal junto à ANTT (PF-ANTT), que criou a chamada Câmara Compor, espécie de câmara consensual que tem a finalidade de conduzir os procedimentos de negociação para a prevenção e solução consensual de controvérsias envolvendo a ANTT e as entidades reguladas, relativas à gestão de contratos de concessão, permissão e arrendamento.

Podem ser submetidos à Câmara Compor todas as questões relacionadas à interpretação, aplicação e alteração de cláusulas contratuais, dispositivos legais ou regulamentares em casos específicos que requeiram uma decisão da ANTT, no contexto da relação jurídica estabelecida nos contratos de concessão, permissão e arrendamento, bem como divergências de natureza eminentemente técnica que envolvam direitos patrimoniais disponíveis.

O procedimento objetiva auxiliar a ANTT, a partir de relatório conjunto produzido com a PF-ANTT, na construção da melhor decisão administrativa, buscando ampliar a segurança jurídica e a eficiência no cumprimento dos contratos, além de reduzir custos de transação na celebração de acordos judiciais ou arbitrais, nos termos do art. 5º, da INC nº 1/2023. Daí porque o Capítulo II, da INC nº 1/2023, é dedicado à "composição e coordenação" da atuação dos órgãos administrativos. A PF-ANTT atua como moderadora e facilitadora dos processos de negociação (art. 7º), elaborando o relatório final do procedimento (art. 2º, VIII), adotando as providências necessárias à celebração de eventual transação (art. 4º, §2º). Por sua vez, a Diretoria Colegiada tem o papel de instaurar o procedimento de negociação de controvérsias (art. 10), de ofício, por solicitação da superintendência competente ou da entidade regulada interessada, bem como conduzir a instrução dos trabalhos (art. 10, §1º). A superintendência competente deve elaborar manifestação técnica para subsidiar a deliberação da diretoria colegiada (art. 11, §1º).

Além disso, previu-se que a PF-ANTT poderia ser consultada, a qualquer momento, de forma oral ou escrita, sobre as questões relacionadas ao procedimento (art. 14, §1º). Ao final, a agência proferirá decisão lastreada em relatório final, assinado por todos os membros da Comissão de Negociação. Significa dizer que a procedimento decisório contará com a participação coordenada de uma miríade de órgãos da agência reguladora, incluindo o órgão de assessoramento jurídico da agência, fato que milita em favor da segurança jurídica, celeridade e organização dos trabalhos da ANTT, especialmente em casos difíceis.

Indo adiante, o art. 49-A, §4º e §5º, da Lei nº 9.784/1999, prescreveu que: (i) a decisão coordenada não exclui a responsabilidade originária de cada órgão; e (ii) a decisão coordenada deverá obedecer aos princípios da legalidade, da eficiência e da transparência, com utilização, "sempre que necessário, da simplificação do procedimento e da concentração das instâncias decisórias". Nesse ponto, entende-se que a lei poderia ter suprimido a expressão "sempre que necessário". A tomada de decisão coordenada implica, por sua própria natureza, a simplificação procedimental e a concentração de instâncias interinstitucionais ou intersetoriais.

Por fim, tem-se as hipóteses de exceção da aplicação da decisão coordenada aos processos administrativos: (i) de licitação; (ii) relacionados ao poder sancionador; e (iii) em que estejam envolvidas autoridades de Poderes distintos (art. 49-A, §6º, I, II e III).

O conjunto de vedações à instalação da decisão coordenada desincentiva a sua utilização, já que exclui do âmbito de sua incidência matérias que lhe seriam inerentes, ao mesmo tempo em que sinaliza para a Administração Pública que a utilização da técnica de coordenação é limitada.

A vedação da sua instalação, em processos licitatórios, é inexplicável, apesar da premência de se conferir celeridade às contratações públicas das quais o poder público é parte. É que o ordenamento jurídico vem, há muito, consagrando, para além do adágio da "seleção da melhor proposta para Administração Pública", uma função regulatória das contratações públicas. Marcos Juruena Villela Souto[6] foi o primeiro

---

[6] SOUTO, Marcos Juruena Villela. *Direito administrativo das parcerias*. Rio de Janeiro: Lumen Juris, 2005. p. 86- 89; SOUTO, Marcos Juruena Villela. *Direito administrativo contratual*. Rio de Janeiro: Lumen Juris, 2004. p. 6, 105, 173, 328, 424. A tese é secundada, ainda, em: GARCIA, Flávio Amaral. *Licitações e contratos administrativos*: casos e polêmicas. 3. ed. Rio de Janeiro: Lumen Juris, 2010. p. 73-75.

autor, no direito brasileiro, a professar essa mudança de perspectiva das contratações públicas.

Por essa perspectiva, o instituto na licitação não se presta somente para que a Administração realize a contratação de bens e serviços a um menor custo; o referido instituto tem espectro mais abrangente, servindo como um instrumento para o atendimento de outras finalidades públicas consagradas constitucionalmente. Vários são os exemplos de políticas setoriais que vêm utilizando a licitação e o poder de compra do Estado para concretizar outros valores, dentre os quais, destacam-se a proteção ao meio ambiente, o tratamento diferenciado conferido às microempresas e às empresas de pequeno porte, o fomento ao desenvolvimento tecnológico no país e o combate ao exercício predatório do poder de mercado.

Sobre este último ponto, em termos mais técnicos, os procedimentos de "concorrência pelo mercado" vêm sendo modelados para tutelar, igualmente, o ambiente de "concorrência no mercado".[7] No setor de aeroportos, o tema foi objeto de diversos questionamentos, destacadamente, por ocasião da restrição editalícia da propriedade cruzada de infraestruturas aeroportuárias. Considerando a tendência mundial do setor, a ANAC, por intermédio da instrumentos convocatórios das 2ª e 3ª rodadas, buscou instituir um regime de competição no mercado, no âmbito do qual os operadores privados competiriam entre si, após a realização de procedimentos licitatórios; nessa hipótese, o preço mais eficiente de exploração do ativo será formado, *ex post*, a ser aferido, de forma contínua, pelo regulador.[8] Em hipóteses como essa, nas quais se

---

[7] TRETHEWAY, Michael; KINCAID, Ian. *Competition Between Airports*: Occurrence and Strategy. England: Routledge, 2010. p. 123; TEIXEIRA, Cleveland Prates; TUROLLA, Frederico Araújo; OLIVEIRA, Alessandro Vinicius Marques de. As mudanças recentes e as perspectivas para o setor aeroportuário. *In*: PINHEIRO, Armando Castelar; FRISCHTAK, Cláudio. *Gargalos e soluções na infraestrutura dos transportes*. Rio de Janeiro: FGV, 2014. p. 173.

[8] O tema, inclusive, foi objeto de diversos questionamentos no setor de concessão de aeroportos, destacadamente, por ocasião da restrição editalícia da propriedade cruzada de infraestruturas aeroportuárias. Tal restrição se deu, como informa a multicitada nota técnica 33/DERC/SPR/SAC-PR, porquanto: (i) há possibilidade de competição entre os aeroportos do Galeão e de Confins e os da rodada anterior (Guarulhos, Brasília e Viracopos), na maioria dos casos em relação a "tráfego de cargas" e "de conexão"; (ii) a experiência internacional corrobora a ideia de que é necessária a preservação da concorrência entre aeroportos localizados a grandes distâncias; (iii) é importante haver concessionárias independentes, sem propriedade comum, também para que o regulador identifique melhores práticas e soluções (*benchmarking*) e aprimore a qualidade das decisões regulatórias; em consequência, recomendou-se a manutenção da vedação de participação cruzada ou, no caso de sua flexibilização, limitar a propriedade cruzada a uma participação minoritária, com garantias contratuais efetivas para que o detentor de um dos aeroportos não integre o conselho de administração da concessionária de outro e detenha poder de influência nas decisões

veiculam procedimentos licitatórios da entidade reguladora e concorrenciais da entidade de defesa da concorrência, nada mais adequado seria do que a produção de decisão coordenada, que equilibrasse os interesses enredados na situação concreta.

A decisão coordenada poderia ser, ainda, valioso instrumento para equacionar competências políticas (que estão a cargo de ministérios) e das competências técnicas (que são exercidas, por intermédio de entidades reguladoras). A Lei nº 9.472/1997 (Lei Geral de Telecomunicações) ilustra o ponto. De acordo com o art. 19, inciso III, da Lei Geral de Telecomunicações, compete à ANATEL elaborar e propor ao Presidente da República, por intermédio do ministro de Estado das Comunicações, a adoção das medidas para instituir ou eliminar a prestação de modalidade de serviço no regime público, concomitantemente ou não com sua prestação no regime privado; aprovar o plano geral de outorgas de serviço prestado no regime público; aprovar o plano geral de metas para a progressiva universalização de serviço prestado no regime público. Em telecomunicações, o "político" e o "técnico" atuam em regime de colaboração. Em matérias como estas, nas quais há uma convergência entre competências técnicas e políticas, poder-se-ia cogitar de uma alvissareira utilidade para figurar uma decisão coordenada.[9]

---

relevantes. Não é por outra razão que o art. 15 do Decreto nº 7.624/2021 prescreve que "A fim de assegurar as condições de concorrência, o poder concedente poderá estabelecer as seguintes restrições quanto à obtenção e à exploração da concessão, dentre outras, observadas as atribuições do Sistema Brasileiro de Defesa da Concorrência: I – regras destinadas a preservar a concorrência entre aeródromos". Ao examinar a sua validade, o Tribunal de Contas da União, no Acórdão nº 2666/2013, deixou assentado que a limitação à propriedade cruzada entre aeroportos está alinhada com práticas internacionais de concessões aeroportuárias em decorrência da possível competição nas frentes 'passageiros domésticos e internacionais', 'conexões domésticas e internacionais', 'carga doméstica e internacional' e 'contratos com empresas aéreas e outros prestadores de serviços'; "no caso brasileiro, é desejável que os principais aeroportos do país estejam sob propriedade e controle de grupos distintos para: i) induzir a competição direta ou indireta e comportamentos mais eficientes; e ii) permitir que o regulador tenha um conjunto de informações amplo, a fim de tornar possível a observação das melhores práticas e soluções e, dessa forma, melhorar a qualidade das decisões regulatórias".

9 José Vicente Santos de Mendonça, por sua vez, faz ressalva relevante segundo a qual "se há muitos órgãos ou entidades com capacidade jurídica e administrativa para tomar decisões, isso não seria problema se fossem parecidos ou próximos. Nem sempre é o caso. Alguns foram explicitamente desenhados com missões institucionais contrapostas (ex., Ministério do Meio Ambiente e Ministério da Indústria) ou funções administrativas que os colocam, por vezes, em linhas de tensão (ex., Petrobras, a empresa regulada, e Agência Nacional do Petróleo, a agência reguladora). Busca-se representatividade, *accountability* e incremento epistêmico em razão da diversidade; o custo vem em discordância e em tempo" (MENDONÇA, José Vicente Santos de. Decisão administrativa coordenada: limites e impossibilidades da lei na coordenação de decisões administrativas. *In*: CABRAL, Antonio do Passo; MENDONÇA, José Vicente Santos de (org.). *Decisão administrativa coordenada*: reflexões sobre o art. 49-A e seguintes da Lei 9.784/99. Salvador: Juspodivm, 2022. p. 35).

De outro lado, o exercício de competências sancionatórias é, atualmente, a hipótese que mais necessita de decisões coordenadas: vive-se o "concurso de carrascos"[10] no Brasil, sendo necessário que haja maior racionalidade no exercício do controle administrativo, para que, assim, seja desfeita a disputa — entre instituições — sobre qual deve ser a mais implacável na atividade sancionatória. Nesse sentido, como bem assevera José Vicente Santos de Mendonça[11] "a exclusão de decisões coordenadas de processos administrativos 'relacionados ao poder sancionador' da administração pública pode ser vista em chave problemática".

De fato, "uma das áreas de maior destaque nos últimos anos diz respeito à coordenação no *jus puniendi* estatal, e não se entende a exclusão, até porque outras normas permitem e estimulam a atuação coordenada na área". A duplicidade de sanções é algo reprovável e decorre da independência das instâncias competentes para punir, prevista no ordenamento jurídico pátrio. Procurou-se endereçar o tema, por intermédio do art. 22, §3º, da LINDB, segundo o qual as "sanções aplicadas ao agente serão levadas em conta na dosimetria das demais sanções de mesma natureza e relativas ao mesmo fato".

Nesse sentido, a produção de uma decisão coordenada entre entidades sancionadoras teria o potencial de: (i) racionalizar as decisões controladoras, evitando-se que as decisões da administração pública se tornem sempre provisionais; (ii) reduzir os custos de transação nas relações público-privadas, já que o particular "precifica" os custos de suas atividades serem submetidas a distintos e descoordenados controles; (iii) reduzir os oportunismos decisórios, porquanto a racionalização dialógica das controvérsias incrementa o ônus de decisões oportunistas de controladores universais; e (iv) colaborar para a substituição de um modelo sancionatório de comando-controle (empiricamente, ineficaz) para um modelo de regulação, realmente, responsiva, que considera o ambiente institucional no âmbito do qual a regulação está inserida, bem como as diferentes lógicas na aplicação de ferramentas e estratégias regulatórias.[12]

---

[10] MARQUES NETO, Floriano de Azevedo. Sistema anticorrupção do país gera incerteza jurídica. *In*: CONSULTOR Jurídico [site], 19 ago. 2018. Disponível em: https://www.conjur.com.br/2018-ago-19/floriano-marques- neto-sistema-anticorrupcao-gera-incerteza-juridica/. Acesso em: 24 jun. 2024.

[11] MENDONÇA, *op. cit.*, p. 42.

[12] BALDWIN, Robert; BLACK, Julia. Really Responsive Regulation. *The Modern Law Review*, v. 71, n. 1, p. 60, 2008; BRAITHWAITE, John. The Essence of Responsive Regulation. *U.B.C. Law Review*, v. 44, n. 3, p. 482, 2011.

No que toca à vedação de as decisões coordenadas envolverem autoridades de Poderes, cabe assinalar as conclusões de Paulo Modesto,[13] para quem essa limitação não deveria "existir como vedações *a priori*, uma vez que, na prática, tem sido frequente a cooperação estruturada entre autoridades de poderes diversos (*v.g.*, a cooperação interinstitucional prevista nos artigos 15 e 16 da Resolução CNJ nº 350, de 27/10/2020, coerente com os artigos 67 a 69 do CPC/2015)".[14] Claro que, como asseveram Gustavo Binenbojm e André Cyrino[15] "a decisão coordenada não pode afetar a independência e harmonia entre os Poderes (art. 2º da Constituição). É dizer, há situações que claramente devem ser evitadas para que não haja uma clara assimetria de forças durante o processo decisório coordenado, como é o caso de órgãos de controle (*lato sensu*) poderem participar das instâncias decisórias da Administração Pública".

Além dos entraves explícitos, referidos acima, a Lei nº 14.210/2021 traz um problema atinente à sugestão de que não seria possível a coordenação administrativa entre autoridades administrativas de entes federativos distintos, o que não poderia mesmo ter previsão legal distinta nesse caso, diante das limitações decorrentes da sua inscrição na Lei de Processo Administrativo Federal. De todo modo, não se pode desprezar a relevância de decisões coordenadas que envolvam também entes subnacionais, diante da existência, não rara, de competências concorrentes, que demandam alguma concertação entre entes da federação.

De fato, a Lei nº 14.210/2021 pode assumir novos vieses no âmbito da Administração Pública de outros entes federados. É dizer, a simplificação da atuação cooperativa, no qual "órgãos e entidades são incentivados a desenvolver esforços colaborativos, a fim de negociar soluções multipartes", pode vir a servir de inspiração para que estados e municípios disciplinem a técnica de decisão coordenada ou, até mesmo, valham-se de meios próprios para dar a eficácia necessária à Lei nº 14.210/2021.[16] É de conhecimento convencional que os Tribunais superiores já assentaram, há tempos, o entendimento de que os entes federados dispõem da possibilidade de, diante da ausência de diploma próprio, empregar, de forma subsidiária, as regras dispostas na Lei

---

[13] MODESTO, *op. cit.*

[14] *Ibid.*

[15] BINENBOJM; CYRINO, *op. cit.*, p. 15.

[16] MOREIRA, *op. cit.*, p. 201.

nº 9.784/1998 em seus processos administrativos. É o que se extrai do julgado do Superior Tribunal de Justiça[17], de acordo com o qual "a Lei n. 9.784/99 — que regula o processo administrativo no âmbito da Administração Federal — pode ser aplicada no âmbito estadual, na ausência de lei específica".

Evidentemente que essa aplicação supletiva da Lei nº 9.784/1998 constitui uma faculdade disposta aos entes subnacionais que não contam com um diploma prévio. Qualquer entendimento diverso resultaria em uma flagrante violação à autonomia federativa dos estados e dos municípios assegurada pelo princípio federativo consagrado no art. 1º, da Constituição. Respaldado nessas colocações, pode-se aventar que os entes federados busquem fundamento legal na Lei nº 14.210/2021 para tomar decisões coordenadas, suplantando as ausências, aqui, identificas, por intermédio de normativos próprios ou, diretamente, nos arts. 29 e 30, da LINDB.

---

[17] STJ. EDcl no RMS nº 21.787/SP, Sexta Turma, Rel. Min. Alderita Ramos de Oliveira (Desembargadora Convocada do TJ/PE), DJe: 18.09.2013. No mesmo sentido, o STF: "5. Os demais estados da Federação aplicam, indistintamente, o prazo quinquenal para anulação de atos administrativos de que decorram efeitos favoráveis aos administrados, seja por previsão em lei própria ou por aplicação analógica do art. 54 da Lei nº 9.784/1999. Não há fundamento constitucional que justifique a situação excepcional do Estado de São Paulo, impondo-se o tratamento igualitário nas relações Estado-cidadão" (STF. ADI nº 6019/STF, Plenário, Rel. Min. Marco Aurélio, Rel. para Acórdão Min. Luís Roberto Barroso, DJe: 06.07.2021).

Art. 49-B. Poderão habilitar-se a participar da decisão coordenada, na qualidade de ouvintes, os interessados de que trata o art. 9º desta Lei. (Incluído pela Lei nº 14.210, de 2021)

Parágrafo único. A participação na reunião, que poderá incluir direito a voz, será deferida por decisão irrecorrível da autoridade responsável pela convocação da decisão coordenada. (Incluído pela Lei nº 14.210, de 2021)

**RAFAEL VÉRAS DE FREITAS**

**JOSÉ EGIDIO ALTOÉ JUNIOR**

O art. 49-B prescreve cláusula de ampliação de participação social à técnica de decisão coordenada, ao indicar que poderão habilitar-se a participar da decisão coordenada, na qualidade de ouvintes, os interessados de que trata o art. 9º, da Lei nº 9.784/1999. O art. 9º, referenciado no dispositivo, prevê que são legitimados como interessados no processo administrativo: (i) as pessoas físicas ou jurídicas que o iniciem como titulares de direitos ou interesses individuais ou no exercício do direito de representação (inciso I); (ii) aqueles que, sem terem iniciado o processo, têm direitos ou interesses que possam ser afetados pela decisão a ser adotada (inciso II); (iii) as organizações e associações representativas, no tocante a direitos e interesses coletivos (inciso III); e (iv) as pessoas ou as associações legalmente constituídas quanto a direitos e interesses coletivos (inciso IV).

Como se pode depreender, o art. 9º, da Lei de Processo Administrativo Federal, apresenta uma lista de legitimados, a intervir na relação jurídica processual administrativa. A premissa que orienta a escolha legislativa do vocábulo *interessado* — em contraposição à palavra *parte*, típica dos processos judiciais — reflete a busca por não restringir a importância dos direitos subjetivos dos administrados, mas, tanto ao contrário, ampliar o direito de participação frente à Administração Pública Federal.[1]

1 MOREIRA, Egon Bockmann. *Processo administrativo*: princípios constitucionais e a Lei

O dispositivo diferencia os legitimados a partir do liame entre eles e a instauração do processo administrativo. Segue daí que o inciso II se diferencia dos incisos I, III e IV, Enquanto estes abrangem partes que iniciam o processo administrativo para a defesa de algum direito ou interesse (interessados deflagradores), o inciso II, diversamente, abarca "aqueles que, sem terem iniciado o processo, têm direitos ou interesses que possam ser afetados pela decisão a ser adotada" (interessados supervenientes).[2] Por decorrência lógica, são condições para a admissão do interessado superveniente: (i) o ingresso após o início do processo administrativo; e (ii) a existência de um direito ou interesse afetado pela decisão que será tomada.

Dessa forma, verifica-se que o endereçamento do tema, pela redação do art. 49-B, não busca ampliação da participação social efetiva neste novel instituto. A participação prevista deve ser "na qualidade de ouvintes", incluindo "direito a voz" na reunião de decisão coordenada. Para que não exista esvaziamento da norma legal, o art. 49-B deve ser lido em conjunto com o art. 50, da Lei nº 9.784/1999, o qual exige dos atos administrativos a devida motivação, com indicação dos fatos e dos fundamentos jurídicos quando, por exemplo: (i) neguem, limitem ou afetem direitos ou interesses; (ii) imponham ou agravem deveres, encargos ou sanções; (iii) deixem de aplicar jurisprudência firmada sobre a questão ou discrepem de pareceres, laudos, propostas e relatórios oficiais; e (iv) importem anulação, revogação, suspensão ou convalidação de ato administrativo.

Dessa forma, o eventual exercício do direito a voz, na forma do art. 49-B, atrairá, para as entidades envolvidas na decisão coordenada, o ônus argumentativo de considerar as questões fáticas e jurídicas trazidas pelos legitimados a participar do ato administrativo, sob pena de vício do elemento motivo, maculando-o com a pecha de nulidade, na forma do art. 2º, d, da Lei nº 4.717/1965 (Lei de Ação Popular).

Além disso, o parágrafo único do art. 49-B aduz que a participação na reunião será deferida por decisão irrecorrível da autoridade responsável pela convocação da decisão coordenada. O problema é

nº 9.784/1999. 2. ed. São Paulo: Malheiros, 2003. p. 309. De acordo com Irene Nohara e Thiago Marrara: "De fato, ao falar em interessado — e não em parte —, a LPA acaba por ressaltar subliminarmente a ideia de que os cidadãos em geral podem direcionar pedidos e solicitações à Administração Federal, independentemente de uma situação de conflito de direitos" (NOHARA, Irene Patrícia; MARRARA, Thiago. *Processo administrativo*: Lei nº 9.784/99 comentada. São Paulo: Atlas, 2009. p. 107).

[2] NOHARA; MARRARA, *op. cit.*, p. 104.

que o Poder Executivo vetou o art. 49-C, da Lei nº 14.210/2021, que atribuía as competências para a convocação dessa decisão. Dessa forma, tem-se o seguinte cenário: (i) a participação de interessados na decisão coordenada é condicionada ao deferimento da autoridade responsável pela convocação da decisão; mas (ii) não existe nenhuma autoridade com competência legal expressa para convocar a técnica de decisão coordenada.

Art. 49-C. (VETADO). (Incluído pela Lei nº 14.210, de 2021)

**RAFAEL VÉRAS DE FREITAS**

**JOSÉ EGIDIO ALTOÉ JUNIOR**

O art. 49-C foi integralmente vetado pelo Poder Executivo. Originalmente, o dispositivo previa que:

> Art. 49-C. A decisão coordenada será convocada pela autoridade máxima do órgão ou da entidade que tiver maior responsabilidade na condução da matéria em exame ou, na impossibilidade de sua definição, pela autoridade de mais alto nível hierárquico entre os órgãos e as entidades que participarão da decisão.
>
> §1º A autoridade referida no caput deste artigo será responsável pela verificação das condicionantes previstas no art. 49-A desta Lei.
>
> §2º A decisão coordenada será convocada de ofício ou por provocação de:
>
> I – qualquer dos órgãos, das entidades ou das autoridades responsáveis pela edição ou pela aprovação do ato;
>
> II – concessionário ou permissionário de serviço público que demonstre interesse legítimo na decisão a ser adotada; ou
>
> III – qualquer dos interessados previstos no art. 9º desta Lei.

O art. 49-C, *caput* e §1º foi vetado sob a justificativa de que "a proposição legislativa gera insegurança jurídica, haja vista que a expressão 'autoridade máxima do órgão ou da entidade que tiver maior responsabilidade na condução da matéria' é um conceito jurídico aberto e indeterminado". Além disso, indicou como razão de veto que a "a proposição legislativa suscita a dúvida sobre quem seria o responsável pela convocação da decisão coordenada quando não fosse possível identificar a autoridade de maior responsabilidade dentre todas as autoridades de idêntico nível hierárquico que participassem da decisão".

Temos para nós que o veto causou mais malefícios do que benefícios, pois a ausência do estabelecimento de uma clara competência para instalar o expediente é uma omissão normativa que sugere a promoção de mais descoordenação do que coordenação entre entidades públicas. Nesse quadrante, suprimiu-se da legislação a legitimidade e a competência para convocação, ou provocação, da decisão coordenada. Assim, tem-se a instituição de um procedimento no âmbito do qual não se sabe quem poderá impulsioná-lo. Para além disso, a supressão de um procedimento mínimo não fornece segurança jurídica adequada para lastrear a técnica de decisão coordenada. Nesse quadrante, é de se notar que o Capítulo XI-A não prescreve: (i) quem possui legitimidade e competência para iniciar o procedimento; (ii) se a adesão das entidades é obrigatória; e (iii) quais são os efeitos da decisão tomada.

Tais lacunas legais demonstram que a Lei nº 14.210/2021 se afastou, inclusive, dos atos normativos que lhe serviram de inspiração. De fato, a Lei Federal nº 14.210/2021 decorreu do Projeto de Lei do Senado (PLS) nº 615/2015, cuja autoria é de Antonio Anastasia. Ao justificar o referido PLS, o então senador afirmou que a "administração pública moderna" deve ser baseada nos princípios tradicionais da legalidade e da eficiência, mas lidos a partir de novos pressupostos, como "a transparência e a celeridade na tomada de decisões e a participação democrática como elementos fundantes de qualquer ordem jurídica justa". A justificativa do PLS reconheceu a influência da *conferenza di servizi* à italiana no escopo do projeto,[1] bem como do "instrumento da conferência de serviços" à mineira, conforme previsão na Lei Delegada nº 180/2011, cuja regulamentação se deu por meio do Decreto nº 45.757/2011, assinado pelo próprio Anastasia, quando era governador de Minas Gerais.[2]

Além disso, afirmou-se que a decisão coordenada seria regulada quanto "à legitimidade para requerê-la; à competência para convocá-la;

---

1 "Nesse contexto, a legislação italiana sobre processo administrativo previu a criação do instituto da *conferenza di servizi*. Previsto no art. 14 da Lei Italiana nº 241, de 7 de agosto de 1990 (Lei do Processo Administrativo), tal procedimento serve para facilitar e abreviar o mecanismo de tomada de decisões administrativas que envolvam a responsabilidade multissetorial. Aplica-se, especialmente, às hipóteses relacionadas à obtenção de licenças ou autorizações".

2 "No Direito brasileiro, o Estado de Minas Gerais, no âmbito do movimento de modernização da gestão pública, editou a Lei Delegada nº 180, de 20 de janeiro de 2011. Nela, está previsto o instrumento da conferência de serviços (art. 5º, §2º) — que, por sua vez, foi regulamentado pelo Decreto nº 45.757, de 7 de outubro de 2011, por mim assinado, quando tivemos a honra de governar aquele Estado da Federação".

aos participantes; e aos efeitos da decisão", bem como por regras procedimentais que visariam assegurar a transparência e a qualidade da tomada de decisões.

Remetido à Comissão de Constituição, Justiça e Cidadania (CCJ), foi lavrado o Parecer nº 170/2017, de relatoria da então senadora, Simone Tebet. Quanto ao mérito, o parecer ressaltou "a conveniência e oportunidade de aprovação do PLS", tendo em vista que a proposição trazia, para a esfera federal, "um instituto já muito utilizado na administração pública italiana, lá conhecido como *conferenza di servizi*". Apontou-se que a figura da *conferenza* foi criada com a finalidade de trazer mais rapidez, eficiência e racionalidade às decisões administrativas que devam ser tomadas por vários órgãos ou entidades. Nesse quadrante, a proposição brasileira incorporaria, inclusive, aperfeiçoamento ao instituto italiano, na medida em que criaria um "procedimento administrativo próprio e simultâneo de decisão, especialmente quando se tratar de casos intrincados, ou que envolvam interesses públicos mais sensíveis". Para além disso, o parecer observou que "não seria exagero afirmar que o PLS encontra-se afinado com o que de mais moderno há no processo administrativo mundial", e, destacando a legislação mineira sobre o tema, apontou que a decisão coordenada seria apta a efetivar o comando do inciso LXXVIII do art. 5º da Constituição, que assegura a todos o direito à razoável duração do processo.

Como se pode depreender da própria exposição do PLS, as modalidades de decisões administrativas coordenadas têm origem no instituto da conhecida "conferência de serviços" (*conferenza di servizi*), que é caudatária do direito italiano. A Lei nº 241/1990 (Lei de Processo Administrativo italiana), com as alterações empreendidas, pelo Decreto nº 127/2016, estabeleceu o conceito, os limites e o procedimento da conferência de serviços. Segundo o art. 14 da referida Lei, a conferência de serviços pode ser convocada por qualquer órgão da administração envolvido em um procedimento comum, bem como pela parte privada interessada no ato decisório. Tal modalidade de decisão dialógica entre entidades administrativas terá lugar quando as partes julgarem "apropriado realizar um exame simultâneo dos interesses públicos envolvidos em um procedimento administrativo, ou em vários procedimentos administrativos relacionados com as mesmas atividades ou resultados".[3]

---

3 Tradução livre. No original: "La conferenza di servizi istruttoria può essere indetta dall'amministrazione procedente, anche su richiesta di altra amministrazione coinvolta

Cuida-se de instituto interprocedimental, que é instalado quando a conclusão de algum procedimento administrativo está sujeita à prolação de vários pareceres, entendimentos e outros atos de consentimento (art. 14, item 2 da Lei nº 241/1990). Assim, por exemplo, quando um projeto está submetido a avaliações de impacto ambiental, todas as autorizações, entendimentos, concessões, licenças, pareceres e decisões, necessários para sua viabilização, devem ser lastreados, no âmbito de uma conferência de serviços, que será convocada, de modo síncrono, nos termos do que dispõe o art. 14, item 4, da Lei nº 241/1990.

Tal procedimento terá lugar, no prazo de cinco dias, após o requerimento da parte interessada. Na convocação, o órgão administrativo responsável por conduzir o processo notificará os demais órgãos envolvidos a respeito: (i) do objeto da determinação a ser tomada, o pedido e a documentação pertinente; (ii) do prazo peremptório dentro do qual os demais órgãos poderão solicitar documentos ou esclarecimentos adicionais; (iii) do prazo peremptório dentro do qual os órgãos envolvidos devem fazer suas próprias determinações sobre a decisão objeto da conferência; e (iv) da eventual data da reunião síncrona, se houver.

De acordo com o art. 14-quater, item 1, da Lei nº 241/1990, a decisão fundamentada de conclusão da conferência, adotada pela Administração Pública, substitui, para todos os efeitos, os atos que deveriam ser praticados por cada órgão específico. Em face da decisão fundamentada da conferência, e dentro do prazo de dez dias, os órgãos encarregados da proteção ambiental, da proteção paisagística-territorial, de proteção do patrimônio cultural, ou de proteção da saúde e segurança pública, podem apresentar uma objeção ao Presidente do Conselho de Ministros da Itália, desde que já tenham expressado, inequivocadamente, sua posição, no bojo dos trabalhos da conferência de serviços contestada.[4]

---

nel procedimento o del privato interessato, quando lo ritenga opportuno per effettuare un esame contestuale degli interessi pubblici coinvolti in un procedimento amministrativo, ovvero in più procedimenti amministrativi connessi, riguardanti medesime attività o risultati. Tale conferenza si svolge con le modalità previste dall'articolo 14-bis o con modalità diverse, definite dall'amministrazione procedente".

[4] Segundo o art. 14-quinquies, item 1 da Lei nº 241/1990: "Avverso la determinazione motivata di conclusione della conferenza, entro 10 giorni dalla sua comunicazione, le amministrazioni preposte alla tutela ambientale, paesaggistico-territoriale, dei beni culturali o alla tutela della salute e della pubblica incolumità dei cittadini possono proporre opposizione al Presidente del Consiglio dei ministri a condizione che abbiano espresso in modo inequivoco il proprio motivato dissenso prima della conclusione

Além disso, vale destacar o art. 15 da Lei nº 241/1990, o qual estabelece permissivo genérico para celebração de decisões coordenadas em sentido amplo, ao dispor que "mesmo fora dos casos previstos no art. 14, as autoridades públicas podem sempre celebrar acordos entre si para regular a execução colaborativa de atividades de interesse comum".[5]

A disciplina legal da decisão coordenada, quanto aos aspectos de legitimidade para convocação, também encontra exemplo no estado de Minas Gerais, que disciplinou a conferência de serviços, no âmbito do Poder Executivo, por intermédio do Decreto nº 45.757/2011. O art. 1º, parágrafo único, do referido decreto conceitua conferência de serviços como "o instrumento de gestão transversal de desenvolvimento voltado para a decisão compartilhada, de caráter interinstitucional ou intersetorial, que simplifica a processualidade administrativa mediante a participação concomitante de todos os agentes decisórios e responsáveis pela instrução técnico-jurídica, observadas a natureza do objeto e a compatibilidade do procedimento e de sua formalização com a legislação pertinente".

O procedimento da conferência de serviço tem início mediante pedido para sua convocação, realizado ao governador e encaminhado à Secretaria de Estado da Casa Civil. A matéria, a ser deliberada em conferência de serviço, deve ser pertinente à atribuição, competência ou interesse de dois ou mais órgãos da Administração e deve ter por objeto: (i) a existência de discordância em questão que requeira coordenação; ou (ii) a ocorrência de questão de relevância, cujo efeito possa extrapolar os limites internos de um órgão.[6] De acordo com o art. 5º do normativo "Concessionários ou outros delegatários poderão sugerir à autoridade competente que requeira a convocação de Conferência de Serviços".

Para além disso, de forma análoga à legislação italiana (art. 14-bis da Lei nº 241/1990), o art. 8º da legislação mineira possibilita a convocação de conferência de serviços preliminar, por secretário de Estado, no exercício de sua atribuição, com o objetivo de elaborar

---

dei lavori della conferenza. Per le amministrazioni statali l'opposizione è proposta dal Ministro competente".

[5] Tradução livre. No original: "Anche al di fuori delle ipotesi previste dall'articolo 14, le amministrazioni pubbliche possono sempre concludere tra loro accordi per disciplinare lo svolgimento in collaborazione di attività di interesse comune".

[6] Nos termos do art. 5º do Decreto nº 45.757/2011, as concessionárias ou outros delegatários poderão sugerir à autoridade competente a convocação de conferência de serviços. A conferência, contudo, não se aplica às licitações, por expressa vedação legal (art. 6º do Decreto nº 45.757/2011).

estudos técnicos de viabilidade da proposta ou de anteprojeto que deva ser submetido à conferência de serviços.

Caso haja dissenso na solução objeto da conferência de serviços, este deverá ser manifestado durante a sessão, nos termos do art. 14 do Decreto nº 45.757/2011, e sempre de forma fundamentada, acompanhado das devidas propostas de solução. Após a realização da sessão, a conclusão da conferência de serviços deve ser consolidada, em ata oficial, contendo as seguintes informações: (i) relato sobre os pontos da pauta; (ii) síntese dos fundamentos aduzidos; (iii) síntese das teses levantadas; (iv) registro de orientações, diretrizes, soluções ou propostas de atos governamentais; (v) posicionamento dos participantes para subsidiar futura atuação governamental; e (vi) decisão de cada órgão em matéria sujeita a sua competência. Destaca-se que a ata da conferência de serviços tem caráter vinculante entre os participantes e equivale a um acordo formal interadministrativo.

Daí ser possível concluir que, afastando-se do *benchmarking* normativo, internacional e nacional, sobre o tema, a Lei nº 14.210/2021 suprimiu os seguintes quadrantes procedimentais, os quais se mostram essenciais para a tomada de decisões coordenadas: (i) ausência de atribuição, para uma entidade hierárquica superior, que tenha uma visão sistêmica da gestão administrativa, da competência para conduzir e/ou autorizar os procedimentos administrativos interinstitucionais, previsão que poderia criar incentivos adequados à sua instauração; (ii) supressão da instauração de controvérsia concreta entre duas entidades administrativas, como requisito de admissibilidade das decisões coordenadas. Trata-se de número suficiente para a produção de uma decisão dialógica, considerando a existência concreta de controvérsia entre duas entidades administrativas; (iii) a legislação mineira traz relevante prescrição, que foi vetada no nível federal, por intermédio da qual confere legitimidade às concessionárias de serviços públicos para provocarem a instalação do expediente, providência salutar, considerando os conflitos decisórios que têm lugar em projetos de infraestrutura; (iv) a normatização italiana, expressamente, deixou assentado o entendimento segundo o qual a conferência de serviço, de que trata a Lei nº 241/1990, não interdita a possibilidade da celebração de outras modalidades de decisão coordenada entre entidades administrativas; (v) as normatizações estabelecem algum tipo de *enforcement* às entidades administrativas para a conclusão de tal expediente, por meio da fixação de prazos para a conclusão do procedimento concertado, o que foi ignorado pela Lei nº 14.210/2021.

No que tange ao art. 49-C, §2º, o veto presidencial indicou que a proposição iria contra o interesse público "ao ampliar o rol de competentes para convocar a decisão coordenada, o que representaria uma ingerência no funcionamento dos órgãos e das entidades", ao permitir a adoção do procedimento da decisão coordenada por convocação de um número difuso de agentes (dentre os quais, as concessionárias ou permissionárias de serviço público que demonstrem interesse legítimo na decisão a ser adotada). Na visão do Poder Executivo, a decisão coordenada deveria ser restrita às autoridades públicas envolvidas diretamente na matéria.

Como se pode depreender, o Poder Executivo partiu de duas premissas equivocadas. A primeira é a de que qualquer um dos agentes listados pelos incisos I, II e III do §2º do art. 49-C teria competência para convocar a decisão coordenada. A redação do §2º era clara no sentido de que "a decisão coordenada será convocada de ofício ou por provocação de (...)". Isso significa que apenas os legitimados para convocar a técnica decisória poderiam, ao cabo, iniciar o procedimento. Os demais agentes (concessionárias, permissionárias ou interessados na forma do art. 9º, da Lei nº 9.784/1999) só poderiam provocar a instauração procedimental, cabendo à Administração Pública decidir se o pleito seria, ou não, atendido.

A premissa equivocada é a de que a decisão coordenada é uma técnica decisória serviente à Administração Pública e, por isso, deveria ser restrita "às autoridades públicas envolvidas diretamente na matéria". Trata-se de premissa que já foi, há muito, superada, quando o processo administrativo passou a ter um papel central no direito administrativo, enquanto instrumento de concretização de direitos subjetivos.

Dito em outros termos, o direito administrativo mudou. Hoje, tem fundamento e parâmetro nos direitos fundamentais — que, na dicção de Gustavo Binenbojm, devem ser concebidos "como direitos à organização e ao procedimento para designar aqueles que dependem, para sua realização, de estruturação de determinados arranjos institucionais, ou de medidas de controle de índole normativa, de modo a viabilizar, por exemplo, o exercício de garantias constitucionais-processuais".

Daí porque assiste razão Egon Bockmann Moreira,[7] para quem o que há de essencial no processo administrativo é a efetiva participação das pessoas privadas na formação dos atos estatais. Pouco importa

[7] MOREIRA, *Processo administrativo*, p. 52-54.

quem seja essa pessoa, se física ou jurídica, o que se põe é o dever público de informar e respeitar a participação direta na formação da vontade estatal. Boa parte dos atos administrativos deixa de ser unilateral e impositiva e passa a ser consensual, obtida mediante a cooperação público-privada. Por outro lado, o processo deixa de ser compreendido como instrumento de repressão e controle, marcado por antagonismos, e passa a ser um meio de participação e construção cooperativa de soluções eficientes e equitativas (para a Administração Pública e para a coletividade). A definição do interesse público primário despe-se de sua unilateralidade e passa a conviver com múltiplas participações democráticas, de todos os membros da sociedade.

Nesse sentido, entende-se que não haveria óbices para que qualquer interessado, com interesse subjetivo afetado, pudesse deflagrar a decisão coordenada. Aliás, o veto aposto ao art. 49-A, §2º pode ter o efeito prático de, justamente, reconduzir à aplicação do art. 9º, da Lei nº 9.784/1999. É dizer, como a decisão coordenada restou sem nenhum dispositivo de legitimidade convocatória, a interpretação sistemática da lei poderia levar qualquer interessado a solicitar aos setores, órgãos ou entidades que iniciem o procedimento interinstitucional, com fundamento no art. 9º, da Lei nº 9.784/1999.

Art. 49-D. Os participantes da decisão coordenada deverão ser intimados na forma do art. 26 desta Lei. (Incluído pela Lei nº 14.210, de 2021)

**RAFAEL VÉRAS DE FREITAS**

**JOSÉ EGIDIO ALTOÉ JUNIOR**

Os órgãos ou entidades que compõem a decisão coordenada deverão intimar os participantes, para efetivação de eventuais diligências ou para ciência da decisão. A referida intimação deve respeitar os requisitos formais listados pelo art. 26, §1º, da Lei nº 9.784/1999: (i) identificação do intimado e nome do órgão ou entidade administrativa; (ii) finalidade da intimação; (iii) data, horário e local em que deve comparecer; (iv) se o intimado deve comparecer pessoalmente, ou fazer-se representar; (v) informação da continuidade do processo independentemente do seu comparecimento; e (vi) indicação dos fatos e fundamentos legais pertinentes.

Além disso, a intimação observará antecedência mínima de três dias úteis quanto à data de comparecimento (§2º do art. 26), pode ser realizada por qualquer meio legitimo que assegure a certeza de ciência (§3º do art. 26), deve ser efetuada por meio de publicação oficial no caso de participantes indeterminados (§4º do art. 26) e será considerada nula quando feita sem observância aos preceitos legais, admitindo-se saneamento pelo comparecimento do administrado (§5º do art. 26).

Em relação à nulidade, o interessado deverá comprovar que a ausência de intimação violou direito subjetivo e que houve efetivo prejuízo. Como já reconhecido pelo Superior Tribunal de Justiça (STJ),[1] "por aplicação do princípio da *pas de nullité sans grief*, mesmo os vícios mais graves não se proclamam se ausente prejuízo às partes". Em outra oportunidade, envolvendo processo administrativo ambiental, o STJ[2]

[1] STJ. REsp nº 1.449.208/RJ, Terceira Turma, Rel. Min. Moura Ribeiro, DJe: 27.11.2014.

[2] STJ. REsp nº 1.933.440/RS, Primeira Turma, Rel. Min. Paulo Sérgio Domingues, DJe: 10.05.2024.

asseverou que, nos processos administrativos, somente é admissível a declaração judicial de nulidade processual, se comprovado prejuízo concreto à defesa do interessado.

Por fim, os participantes a que alude o art. 49-D são os interessados habilitados a participar da decisão coordenada, na forma dos arts. 9º e 49-B, da Lei nº 9.784/1999, assim como aqueles que deflagraram a tomada de decisão coordenada. Como comentamos anteriormente, a ausência de dispositivo expresso sobre a legitimidade para instar o ato de decisão coordenada indica, em interpretação sistemática da lei, que todo interessado na matéria, conforme art. 9º, da Lei de Processo Administrativo Federal, poderá fazê-lo.

Art. 49-E. Cada órgão ou entidade participante é responsável pela elaboração de documento específico sobre o tema atinente à respectiva competência, a fim de subsidiar os trabalhos e integrar o processo da decisão coordenada. (Incluído pela Lei nº 14.210, de 2021)

Parágrafo único. O documento previsto no *caput* deste artigo abordará a questão objeto da decisão coordenada e eventuais precedentes. (Incluído pela Lei nº 14.210, de 2021)

**RAFAEL VÉRAS DE FREITAS**

**JOSÉ EGIDIO ALTOÉ JUNIOR**

O órgão ou a entidade participante da decisão coordenada deverá elaborar documento específico sobre a matéria que será deliberada, dentro de sua respectiva competência, para lastrear os trabalhos e integrar o processo da decisão coordenada. O art. 49-E deve ser lido em conjunto com o art. 49-G, o qual prescreve que a conclusão dos trabalhos da decisão coordenada será consolidada em ata, que conterá, dentre outras informações, a síntese dos fundamentos aduzidos e a decisão de cada órgão ou entidade relativa à matéria sujeita à sua competência. Nesse quadrante, os documentos técnicos-jurídicos específicos, a que se refere o art. 49-E, serão objeto de discussões nas reuniões da decisão coordenada.

O parágrafo único do art. 49-E prescreve que os documentos que integram a decisão coordenada deverão abordar eventuais precedentes. Cuida-se de preceito alinhado com o art. 30, do Decreto-Lei nº 4.657/1942, de acordo com o qual "as autoridades públicas devem atuar para aumentar a segurança jurídica na aplicação das normas, inclusive por meio de regulamentos, súmulas administrativas e respostas a consultas", sendo que tais instrumentos terão caráter vinculante em relação ao órgão ou entidade a que se destinam, até ulterior revisão.

Como um dos autores destes comentários já teve oportunidade de apontar,[1] para levar a efeito a interpretação correta do art. 30,

[1] MARQUES NETO; FREITAS, *Comentários à Lei nº 13.655/2018*, p. 160-161.

da LINDB, temos que identificar o que são "precedentes", para os seus propósitos. Nesse quadrante, o racional da formação de um precedente é o de resolver casos difíceis (*hard cases*). É que os casos simples, predicadores, tão somente, de sua resolução, por intermédio da subsunção, prescindem da formação de precedentes. Mais que isso, a formação do precedente é extraída da interpretação de uma situação casuísta, da realidade.[2] É dizer, enquanto o texto da lei, de rigor, veicula comandos genéricos e abstratos, o precedente é concreto, devendo se imiscuir nas especificidades da situação ocorrida na realidade. Disso decorre a força normativa e vinculante da interpretação jurídica (*enactment force*).[3]

Daí ser possível concluir que o art. 49-E, da Lei de Processo Administrativo Federal, deve ser lido em conjunto com o art. 30, da LINDB. É dizer, a interpretação materializada por intermédio da norma veiculada pelo ato administrativo paradigma (seja uma súmula, uma decisão, uma normatização, ou um parecer jurídico) deve ser considerada no âmbito da entidade administrativa que participa da decisão coordenada.

---

[2] Nesse sentido, Juraci Mourão Lopes Filho e Fayga Silveira Bedê: "No entanto, ainda que em menor medida, as autoridades administrativas, em diversas situações, tanto em processo quanto em procedimento administrativo, também são capazes de realizar essa mediação entre Direito e realidade na formulação de respostas institucionais a um caso concreto, seja na tomada de decisões ou na expedição de pareceres e respostas a consultas. Seus atos também dão ensejo a um ganho hermenêutico, de modo a gerar uma justa expectativa de que sejam seguidos em casos futuros, pois, afinal, passam a integrar o sistema jurídico, não podendo ser relegados à simplória categoria de atos concretos sem qualquer repercussão maior" (LOPES FILHO, Juraci Mourão; BEDÊ, Fayga Silveira. A força vinculante dos precedentes administrativos e o seu contributo hermenêutico para o direito. *Revista de Direito Administrativo & Constitucional*, Belo Horizonte, ano 16, n. 66, p. 239-265, out./dez. 2016).

[3] DWORKIN, Ronald. *Levando os direitos a sério*. Trad. Nelson Boeira. São Paulo: Martins Fontes, 2002. p. 177.

Art. 49-F. Eventual dissenso na solução do objeto da decisão coordenada deverá ser manifestado durante as reuniões, de forma fundamentada, acompanhado das propostas de solução e de alteração necessárias para a resolução da questão. (Incluído pela Lei nº 14.210, de 2021)

Parágrafo único. Não poderá ser arguida matéria estranha ao objeto da convocação. (Incluído pela Lei nº 14.210, de 2021)

**RAFAEL VÉRAS DE FREITAS**

**JOSÉ EGIDIO ALTOÉ JUNIOR**

O dissenso na solução do objeto da decisão coordenada deverá ser manifestado durante as reuniões, de forma fundamentada, fazendo-se acompanhar de propostas de soluções alternativas e das alterações necessárias para a resolução da questão. Não se trata de dispositivo despropositado.

De fato, o art. 49-A, §4º, da Lei nº 9.784/1999, prevê que "a decisão coordenada não exclui a responsabilidade originária de cada órgão ou autoridade envolvida". Dessa forma, o dissenso manifestado no curso das reuniões poderá servir de base para, inclusive, afastar eventuais responsabilizações que venham a ser reclamada, no âmbito dos órgãos de controle dos atos administrativos.

Art. 49-G. A conclusão dos trabalhos da decisão coordenada será consolidada em ata, que conterá as seguintes informações: (Incluído pela Lei nº 14.210, de 2021)

I – relato sobre os itens da pauta; (Incluído pela Lei nº 14.210, de 2021)

II – síntese dos fundamentos aduzidos; (Incluído pela Lei nº 14.210, de 2021)

III – síntese das teses pertinentes ao objeto da convocação; (Incluído pela Lei nº 14.210, de 2021)

IV – registro das orientações, das diretrizes, das soluções ou das propostas de atos governamentais relativos ao objeto da convocação; (Incluído pela Lei nº 14.210, de 2021)

V – posicionamento dos participantes para subsidiar futura atuação governamental em matéria idêntica ou similar; e (Incluído pela Lei nº 14.210, de 2021)

VI – decisão de cada órgão ou entidade relativa à matéria sujeita à sua competência. (Incluído pela Lei nº 14.210, de 2021)

§1º Até a assinatura da ata, poderá ser complementada a fundamentação da decisão da autoridade ou do agente a respeito de matéria de competência do órgão ou da entidade representada. (Incluído pela Lei nº 14.210, de 2021)

§2º (VETADO). (Incluído pela Lei nº 14.210, de 2021)

§3º A ata será publicada por extrato no Diário Oficial da União, do qual deverão constar, além do registro referido no inciso IV do *caput* deste artigo, os dados identificadores da decisão coordenada e o órgão e o local em que se encontra a ata em seu inteiro teor, para conhecimento dos interessados. (Incluído pela Lei nº 14.210, de 2021)

**RAFAEL VÉRAS DE FREITAS**

**JOSÉ EGIDIO ALTOÉ JUNIOR**

O art. 49-G tem por propósito expor o conteúdo material do ato administrativo final da decisão coordenada. Para além daqueles itens listados no *caput* do dispositivo, a ata também deverá apontar as consequências práticas da decisão, vedando-se a utilização de valores jurídicos abstratos, na forma do art. 20, do Decreto-Lei nº 4.657/1942 (LINDB). Assim, constará na ata a necessidade e a adequação da solução aventada na coordenação administrativa, inclusive em face das possíveis alternativas.

Apesar disso, temos para nós que a disciplina do art. 49-G foi insuficiente para garantir a efetiva procedimentalização do ato administrativo coordenado. Isso porque só fora previsto o conteúdo material do ato final, sem qualquer direcionamento para a condução dos trabalhos intermédios. Para elucidar o problema, convém recorrer ao exemplo de como a decisão coordenada foi positivada em Portugal. No ordenamento jurídico português, as decisões administrativas coordenadas (inspiradas no direito italiano) são designadas de "conferência procedimental". O instituto se encontra disciplinado nos artigos 77 e seguintes do Código de Procedimento Administrativo português. Nos termos do disposto no seu art. 77, tal instituto se destina "ao exercício em comum ou conjugado das competências de diversos órgãos da Administração Pública, no sentido de promover a eficiência, a economicidade e a celeridade da atividade administrativa". Por meio de tal conferência, realiza-se o exercício conjugado e harmônico das competências necessárias a viabilizar as pretensões, de ordens diversas, que os interessados dirigem ao Poder Público.[1] Nos termos do seu art. 77, item 2, "as conferências procedimentais podem dizer respeito a um único procedimento ou a vários procedimentos conexos, e dirigir-se à tomada de uma única decisão ou de várias decisões conjugadas".

A doutrina portuguesa conceitua a conferência procedimental como um "procedimento endo-procedimental, ou seja, um procedimento inserido em outro ou outros procedimentos a fim de propiciar o exercício comum ou conjugado das competências de diversos órgãos da Administração Pública".[2] Significa dizer que a conferência procedimental é, ela própria, um procedimento administrativo, ou seja, uma "sucessão ordenada de atos e formalidades relativos à formação, manifestação e execução da vontade dos órgãos da Administração".[3] Por meio de tal conferência, realiza-se o exercício conjugado e harmônico das competências necessárias a viabilizar as pretensões, de ordens diversas, que os interessados dirigem ao Poder Público.[4]

---

1 CONFERÊNCIA PROCEDIMENTAL. *In*: DIÁRIO da República (DRE) [site], s. d. Disponível em: https://dre. pt/dre/lexionario/termo/conferencia-procedimental. Acesso em: 23 jun. 2024.

2 CORREIA, José Manuel Sérvulo. A Conferência Procedimental: Fontes e Opções. *In*: SOUSA, Marcelo Rebelo de; PINTO, Eduardo Vera-Cruz (coord.). *Liber Amicorum Fausto de Quadros*. v. II. Coimbra: Almedina, 2016. p. 18-19.

3 CORREIA, *op. cit.*, p. 18-19.

4 CONFERÊNCIA PROCEDIMENTAL.

Trata-se de instituto decorrente do princípio da consensualidade administrativa,[5] que tem por objetivo, num contexto de um Estado pluriclasse, harmonizar os diversos interesses públicos tutelados por órgãos ou entidades administrativas. Sobre o tema, Rafael Wallbach Schwind[6] afirma que "a Conferência de Serviço consiste em um mecanismo destinado à resolução de divergências administrativas, tratando-se de um procedimento em que se busca o consenso no encontro entre os representantes dos vários órgãos ou entes envolvidos". Esse instituto viabiliza a resolução de conflitos entre entidades administrativas, permitindo, por exemplo, que entidades técnicas e entidades políticas cheguem a uma decisão concertada.[7]

A conferência procedimental pode assumir as seguintes modalidades: (i) conferência deliberativa, que se destina ao exercício conjunto das competências "decisórias dos órgãos participantes através de um único ato de conteúdo complexo, que substitui a prática, por

---

5 Nesse sentido, Alessandra Margherini esclarece que "La conferenza di servizi è, dunque, um strumento utile per favorire la contestualità delle decisioni, mediante l'apporto contemporaneo delle singole Amministrazioni, a distinti titoli competenti, senza superare peraltro la distribuzione delle competenze fra le stresse" (MARGHERINI, Alessandra. La conferenza dei servizi dopo la l. 24/11/2000, n. 340. 2002. *In*: DIRITTO.IT [site], 27 fev. 2002. Disponível em: https://www.diritto.it/la-conferenza-dei-servizi-dopo-la-l-24-11-2000-n-340/Acesso em: 3 set. 2025).

6 SCHWIND, Rafael Wallbach. Resolução consensual de controvérsias administrativas: elementos para a instituição da "Conferência de Serviço" no direito brasileiro. *In*: MARQUES NETO, Floriano de Azevedo; ALMEIDA, Fernando Dias Menezes de; NOHARA, Irene Patrícia; MARRARA, Thiago (coord.). *Direito e Administração Pública*: estudos em homenagem a Maria Sylvia Zanella Di Pietro. São Paulo: Atlas. 2013. p. 831-845. Nesse sentido também, PIRES, Maria Coeli Simões; COSTA, Mila Batista Leite Corrêa da; CORDEIRO, Caio Barros; CARDOSO, José Luiz Ferreira. Conferência de serviços: reflexões e perspectivas para a construção de um novo instrumento de governança democrática. *In*: CONGRESSO CONSAD DE GESTÃO PÚBLICA, 5., 2012, Brasília. *Anais* [...]. Brasília: Centro de Convenções Ulysses Guimarães, jun. 2012.

7 Nesse sentido, Isabella Salza afirma que "La conferenza di servizi è uno strumento di semplificazione amministrativa volto a facilitare l'acquisizione, da parte della pubblica amministrazione, di autorizzazioni, atti, licenze, permessi e nulla-osta o di altri elementi comunque denominati, mediante la convocazione di apposite riunioni a cui partecipano le amministrazioni competenti (c.d. conferenza) anche finalizzate all'adozione di un provvedimento amministrativo. Nelle intenzioni del legislatore essa può essere vista sia come un modulo procedimentale di semplificazione che come uno strumento di coordinamento, diretto a soppesare ed aggregare la pluralità degli interessi coinvolti in un determinato procedimento. La funzione è quella di coordinare l'attività delle amministrazioni attraverso una valutazione contestuale degli interessi pubblici in gioco in vista di un risultato finale unitario" (SALZA, Isabella. La Conferência di Servizi dopo la Riforma del 2010. *In*: SEMINARIO SEMPLIFICAZIONE DELL'AZIONE AMMINISTRATIVA, SCIA, CONFERENZA DI SERVIZI E AUTORIZZAZIONE UNICA AMBIENTALE. Bari, 2013. Disponível em: https://eventipa.formez.it/sites/default/files/allegati_eventi/Salza_Conferenza_di_servizi_Bari.pdf. Acesso em: 3 set. 2025).

cada um deles, de atos administrativos autónomos" (art. 77, item 3, "a" do Código de Procedimento Administrativo); ou (ii) conferência de coordenação, que visa ao exercício individualizado, porém simultâneo, "das competências dos órgãos participantes, através da prática, por cada um deles, de atos administrativos autónomos" (art. 77, item 3, "b" do Código de Procedimento Administrativo). Segundo dispõe o art. 78, item 1, do Código de Procedimento Administrativo português, a possibilidade da realização de conferências procedimentais depende de previsão específica em lei ou regulamento, ou em contrato interadministrativo. Nada obstante, a possibilidade de realizar conferências procedimentais pode ser instituída, também, por intermédio de portaria ministerial.

Sobre sua eficácia, de acordo com José Manuel Sérvulo Correia,[8] "o instrumento procedimental delineado nos artigos 77 a 81 do CPA não é imediatamente exequível, a não ser nos casos residuais em que os órgãos envolvidos no exercício de competências autónomas mas convergentes na conformação de situações concretas acordem na realização de conferências de coordenação". É que, ao ver do autor, "nos termos do artigo 78, nº 1, a possibilidade da realização de conferências procedimentais, no âmbito de cada tipo de procedimento, depende de previsão específica em lei ou regulamento, ou em contrato interadministrativo a celebrar entre entidades públicas autónomas".

O art. 73, item 3, do Código de Procedimento Administrativo português, prevê, ainda, que o ato que institui a possibilidade de realização de conferências procedimentais: (i) deve determinar o órgão competente para convocar e presidir às conferências; (ii) vinculará os demais órgãos participantes a observância dos deveres que lhes são impostos; (iii) habilitará os órgãos participantes a delegar os poderes necessários ao funcionamento das conferências procedimentais; e (iv) conferirá aos órgãos participantes a competência conjunta para deliberarem por meio de um único ato de conteúdo complexo, a que corresponderia a prática isolada de múltiplos atos administrativos. Note-se, entretanto, que, como bem pontua Tiago Serrão,[9] a conferência procedimental se consubstancia, em última análise, como uma decisão

---

[8] CORREIA, *op. cit.*, p. 17-18.

[9] SERRÃO, Tiago. A conferência procedimental no novo Código do Procedimento Administrativo: primeira aproximação. *In*: CARVALHO, Ana Celeste (org.). *O novo código do procedimento administrativo*. Lisboa: Centro de Estudos Judiciários, 2016 p. 125-148. p. 134.

dialógica, na medida em que "as competências decisórias permanecem na titularidade dos diversos órgãos participantes. O que se assiste é, tão-somente, a um exercício conjunto de tais competências decisórias, expresso na prática de um ato complexo".

Tal procedimento é convocado para o endereçamento de uma situação concreta, por iniciativa do órgão competente, ou, por requerimento da parte interessada. Em termos processuais, a Conferência Procedimental pode ser sumarizada nos termos seguintes:

(i) quando requerida por um interessado, o órgão competente deve convocar a conferência de procedimento no prazo de quinze dias (art. 79, item 2, do Código de Procedimento Administrativo);

(ii) o prazo para a realização da conferência procedimental é de sessenta dias, prorrogável por mais trinta dias e, no seu decurso, os prazos para a conclusão do procedimento a ser discutido ficam suspensos (art. 81, item 1, do Código de Procedimento Administrativo);

(iii) a reunião da conferência é convocada com antecedência mínima de cinco dias, podendo os órgãos participantes proporem adiamento (art. 79, item 3, do Código de Procedimento Administrativo);

(iv) a conferência pode ser realizada presencialmente ou por videoconferência (art. 79, item 4, do Código de Procedimento Administrativo);

(v) o interessado pode ser convocado para estar presente nas reuniões, sem direito a voto, no caso em que sua presença se revele necessária "a uma boa decisão" (art. 79, item 8, do Código de Procedimento Administrativo);[10]

(vi) no curso da conferência procedimental, o órgão que a presidir deve elaborar ata, na qual serão registrados os sucessivos passos da conferência e o ato decisório praticado (art. 81, item 3, do Código de Procedimento Administrativo);

[10] Tiago Serrão critica o dispositivo nos seguintes termos: "Esta solução é, na nossa perspectiva, criticável, nos casos em que a conferência procedimental tem lugar a requerimento do interessado. Enquanto agente impulsionador da realização da conferência procedimental, ao interessado deveria ser reconhecido o direito a estar presente na mesma, independentemente de a Administração entender (ou não) que a sua assistência se revela fundamental para 'uma boa decisão'. É o que nos parece à luz do princípio da transparência administrativa" (SERRÃO, *op. cit.*, p. 142-143).

(vii) na conferência procedimental, o interessado exercerá o seu direito de audiência de forma oral, podendo apresentar alegações escritas, que devem constar como anexo da ata da sessão (art. 80, item 1 do Código de Procedimento Administrativo); e

(viii) a conferência procedimental findará: (a) com a prática do ato ou dos atos que se visa a preparar; ou (b) no término de seu prazo, sem que o ato ou os atos tenham sido praticados (art. 81, item 2, do Código de Procedimento Administrativo).[11]

Por fim, é de destacar que, de acordo com legislação portuguesa, os órgãos convocados têm o dever de participar da conferência procedimental, delegando aos seus membros os poderes necessários para assumir, de forma definitiva, a posição do órgão sobre a matéria deliberada (art. 79, item 5, do Código de Procedimento Administrativo). Contudo, a ausência de um órgão regularmente convocado não obsta o funcionamento da conferência, considerando-se que sua ausência importa em uma anuência tácita à matéria deliberada.[12]

De outro lado, caso os órgãos participantes não cheguem a um acordo, os participantes devem emitir uma declaração, na qual especifiquem "as razões da sua discordância e, sempre que possível, as alterações que consideram necessárias à viabilização do projeto, atividade, regulação de um bem ou situação que constitua o objeto da conferência", nos lindes do art. 81, item 4 do Código de Procedimento Administrativo.[13] Mais do que isso, na decisão coordenada portuguesa, basta que um dos órgãos se pronuncie, de forma desfavorável, para que a pretensão seja rejeitada. O desacolhimento da conferência

---

[11] A conferência procedimental que se finda sem que o ato ou os atos tenham sido praticados pode ser repetida em casos excepcionais, devidamente justificados, quando todos os órgãos envolvidos acordem em tal sentido. Em caso de repetição da conferência, os atos praticados no decurso da conferência anterior são aproveitados, caso sua atualidade se mantenha.

[12] No que tange à participação dos órgãos com competência consultiva, o art. 79, item 7, do Código de Procedimento Administrativo prevê que o sentido de sua decisão pode ser apresentado de forma oral, juntando-se parecer escrito no prazo de oito dias.

[13] Em complemento, veja-se o teor do art. 81, itens 5 e 6 do referido Código: "5 – A pronúncia desfavorável de qualquer dos participantes na conferência deliberativa determina o indeferimento das pretensões apreciadas na conferência, salvo se os órgãos acordarem nas alterações necessárias ao respectivo deferimento e na possibilidade da repetição da conferência, caso essas alterações sejam concretizadas pelo interessado. 6 – O disposto no número anterior não impede os órgãos participantes na conferência, que não tenham apresentado objeções quanto à matéria da sua competência, de praticarem individualmente o ato administrativo que lhes compete, no prazo de oito dias, a contar do termo da conferência".

procedimental não impede, contudo, que os órgãos participantes pratiquem, posteriormente, atos decisórios favoráveis à matéria deliberada.

Além do exemplo português, cite-se a Lei nº 12.209/2011, do estado da Bahia, que dispõe sobre processo administrativo, estabelece a competência do Chefe do Poder Executivo para convocar a conferência de serviços, quando do exame de matéria que envolva diferentes interesses setoriais. De acordo com art. 28 da Lei nº 12.209/2011, a conferência de serviços deverá reunir os órgãos e entidades competentes, a fim de emitir decisão célere, que: (i) deverá ser realizada em sessão única, sempre que possível; (ii) nos casos urgentes, o Chefe do Executivo pode estabelecer prazo máximo para a providência ou decisão de cada órgão, "sob pena de responsabilização funcional das autoridades que se omitirem"; (iii) ultrapassado o prazo decisório, o Chefe do Executivo poderá avocar a competência, caso a demora possa causar prejuízos graves ao interesse público; e (iv) as providências e as decisões da conferência serão formalizadas em ata.

Disso decorre que, diferente do caso português, a decisão coordenada prevista na Lei de Processo Administrativo Federal é parcialmente ineficaz, do ponto de vista hermenêutico, tendo em vista que não explicita a legitimidade e a competência para convocar o procedimento, quais são os efeitos da decisão tomada e quais são as regras procedimentais mínimas a serem observadas. Desse modo, a Lei nº 14.210/2021 não pode servir para desencorajar aqueles que queiram adotar a coordenação administrativa, pois há outros fundamentos legais para fazê-lo (a exemplo do art. 8º, do Decreto-Lei nº 200/1967), já que a Lei de decisões coordenadas serviu, paradoxalmente, para atravancar a possibilidade de coordenação administrativa.

## Referências

BALDWIN, Robert; BLACK, Julia. Really Responsive Regulation. *The Modern Law Review*, v. 71, n. 1, p. 60, 2008.

BINENBOJM, Gustavo; CYRINO, André Rodrigues. A decisão coordenada: notas e reflexões iniciais. *In*: CABRAL, Antonio do Passo; MENDONÇA, José Vicente Santos de (org.). *Decisão administrativa coordenada*: reflexões sobre o art. 49-A e seguintes da Lei 9.784/99. Salvador: Juspodivm, 2022.

BRAITHWAITE, John. The Essence of Responsive Regulation. *U.B.C. Law Review*, v. 44, n. 3, p. 482, 2011.

CONFERÊNCIA PROCEDIMENTAL. *In*: DIÁRIO da República (DRE) [site], s. d. Disponível em: https://dre. pt/dre/lexionario/termo/conferencia-procedimental. Acesso em: 23 jun. 2024.

CORREIA, José Manuel Sérvulo. A Conferência Procedimental: Fontes e Opções. *In*: SOUSA, Marcelo Rebelo de; PINTO, Eduardo Vera-Cruz (coord.). *Liber Amicorum Fausto de Quadros*. v. II. Coimbra: Almedina, 2016. p. 18-19.

DWORKIN, Ronald. *Levando os direitos a sério*. Trad. Nelson Boeira. São Paulo: Martins Fontes, 2002.

GARCIA, Flávio Amaral. *Licitações e contratos administrativos*: casos e polêmicas. 3. ed. Rio de Janeiro: Lumen Juris, 2010.

LOPES FILHO, Juraci Mourão; BEDÊ, Fayga Silveira. A força vinculante dos precedentes administrativos e o seu contributo hermenêutico para o direito. *Revista de Direito Administrativo & Constitucional*, Belo Horizonte, ano 16, n. 66, p. 239-265, out./dez. 2016.

MARGHERINI, Alessandra. La conferenza dei servizi dopo la l. 24/11/2000, n. 340. 2002. *In*: DIRITTO.IT [site], 27 fev. 2002. Disponível em: https://www.diritto.it/la-conferenza-dei-servizi-dopo-la-l-24-11-2000-n-340/. Acesso em: 3 set. 2025

MARQUES NETO, Floriano de Azevedo; FREITAS, Rafael Véras de. *Comentários à Lei nº 13.655/2018* (Lei da Segurança para a Inovação Pública). Belo Horizonte: Fórum, 2019.

MARQUES NETO, Floriano de Azevedo. Sistema anticorrupção do país gera incerteza jurídica. *In*: CONSULTOR Jurídico [site], 19 ago. 2018. Disponível em: https://www.conjur.com.br/2018-ago-19/floriano-marques- neto-sistema-anticorrupcao-gera-incerteza-juridica/. Acesso em: 24 jun. 2024.

MENDONÇA, José Vicente Santos de. Decisão administrativa coordenada: limites e impossibilidades da lei na coordenação de decisões administrativas. *In*: CABRAL, Antonio do Passo; MENDONÇA, José Vicente Santos de (org.). *Decisão administrativa coordenada*: reflexões sobre o art. 49-A e seguintes da Lei 9.784/99. Salvador: Juspodivm, 2022.

MODESTO, Paulo. Decisão coordenada: experimentação administrativa processual. *In*: CABRAL, Antonio do Passo; MENDONÇA, José Vicente Santos de (org.). *Decisão administrativa coordenada*: reflexões sobre o art. 49-A e seguintes da Lei 9.784/99. Salvador: Juspodivm, 2022.

MOREIRA, Egon Bockmann. *Processo administrativo*: princípios constitucionais e a Lei nº 9.784/1999. 2. ed. São Paulo: Malheiros, 2003.

MOREIRA, Egon Bockmann. A decisão coordenada como técnica de negociações plurilaterais. *In*: CABRAL, Antonio do Passo; MENDONÇA, José Vicente Santos de (org.). *Decisão administrativa coordenada*: reflexões sobre o art. 49-A e seguintes da Lei 9.784/99. Salvador: Juspodivm, 2022. p. 201.

NOHARA, Irene Patrícia; MARRARA, Thiago. *Processo administrativo*: Lei nº 9.784/99 comentada. São Paulo: Atlas, 2009.

PIRES, Maria Coeli Simões; COSTA, Mila Batista Leite Corrêa da; CORDEIRO, Caio Barros; CARDOSO, José Luiz Ferreira. Conferência de serviços: reflexões e perspectivas para a construção de um novo instrumento de governança democrática. *In*: CONGRESSO CONSAD DE GESTÃO PÚBLICA, 5., 2012, Brasília. *Anais* [...]. Brasília: Centro de Convenções Ulysses Guimarães, jun. 2012.

SALZA, Isabella. La Conferência di Servizi dopo la Riforma del 2010. *In*: SEMINARIO SEMPLIFICAZIONE DELL'AZIONE AMMINISTRATIVA, SCIA, CONFERENZA DI SERVIZI E AUTORIZZAZIONE UNICA AMBIENTALE. Bari, 2013. Disponível em: http://eventipa.formez.it/sites/default/files/ allegati_eventi/Salza_Conferenza_di_servizi_Bari.pdf. Acesso em: 3 set. 2025.

SCHWIND, Rafael Wallbach. Resolução consensual de controvérsias administrativas: elementos para a instituição da "Conferência de Serviço" no direito brasileiro. *In*: MARQUES NETO, Floriano de Azevedo; ALMEIDA, Fernando Dias Menezes de; NOHARA, Irene Patrícia; MARRARA, Thiago (coord.). *Direito e Administração Pública*: estudos em homenagem a Maria Sylvia Zanella Di Pietro. São Paulo: Atlas. 2013. p. 831-845.

SERRÃO, Tiago. A conferência procedimental no novo Código do Procedimento Administrativo: primeira aproximação. *In*: CARVALHO, Ana Celeste (org.). *O novo código do procedimento administrativo*. Lisboa: Centro de Estudos Judiciários, 2016 p. 125-148.

SOUTO, Marcos Juruena Villela. *Direito administrativo contratual*. Rio de Janeiro: Lumen Juris, 2004.

SOUTO, Marcos Juruena Villela. *Direito administrativo das parcerias*. Rio de Janeiro: Lumen Juris, 2005.

TEIXEIRA, Cleveland Prates; TUROLLA, Frederico Araújo; OLIVEIRA, Alessandro Vinicius Marques de. As mudanças recentes e as perspectivas para o setor aeroportuário. *In*: PINHEIRO, Armando Castelar; FRISCHTAK, Cláudio. *Gargalos e soluções na infraestrutura dos transportes*. Rio de Janeiro: FGV, 2014.

TRETHEWAY, Michael; KINCAID, Ian. *Competition Between Airports*: Occurrence and Strategy. England: Routledge, 2010.

CAPÍTULO XII
DA MOTIVAÇÃO

Art. 50. Os atos administrativos deverão ser motivados, com indicação dos fatos e dos fundamentos jurídicos, quando:

I – neguem, limitem ou afetem direitos ou interesses;

II – imponham ou agravem deveres, encargos ou sanções;

III – decidam processos administrativos de concurso ou seleção pública;

IV – dispensem ou declarem a inexigibilidade de processo licitatório;

V – decidam recursos administrativos;

VI – decorram de reexame de ofício;

VII – deixem de aplicar jurisprudência firmada sobre a questão ou discrepem de pareceres, laudos, propostas e relatórios oficiais;

VIII – importem anulação, revogação, suspensão ou convalidação de ato administrativo.

§1º A motivação deve ser explícita, clara e congruente, podendo consistir em declaração de concordância com fundamentos de anteriores pareceres, informações, decisões ou propostas, que, neste caso, serão parte integrante do ato.

§2º Na solução de vários assuntos da mesma natureza, pode ser utilizado meio mecânico que reproduza os fundamentos das decisões, desde que não prejudique direito ou garantia dos interessados.

§3º A motivação das decisões de órgãos colegiados e comissões ou de decisões orais constará da respectiva ata ou de termo escrito.

**ANDRÉ CYRINO**

**ANA CAROLINA SCHMIDT GRUMACH**

# 1 Introdução

O art. 50 da Lei nº 9.784/1999 (Lei de Processo Administrativo – LPA) institui a cláusula geral do dever de motivação dos atos administrativos no Brasil. Alçada pelo art. 2º da mesma lei como um dos princípios gerais a serem observados pela Administração Pública, a motivação diz respeito à justificação do ato administrativo mediante a exposição dos pressupostos de fato e de direito que determinam e embasam a sua prática.

Nas últimas décadas, o dever de motivação foi objeto de notável evolução. Suas relevantes transformações, consubstanciadas em exigências objetivas de justificação, foram materializadas em normas específicas. É assim que, atualmente, o conteúdo e a dimensão da motivação são substancialmente diversos daqueles exigidos — e praticados — no passado, numa dinâmica de mudança que caminha ao lado da processualização da ação administrativa.

Num ambiente de superação de uma administração pública autoritária, o ato administrativo deixa de ser o "eixo central"[1] do direito administrativo e o instrumento de manifestação do poder administrativo.[2] Não faz sentido que, num Estado constitucionalizado cultive-se uma teoria de um ato unilateral, autoexecutório, imperativo e exigível *per se*. Demanda-se mais. Daí o surgimento de um dever da Administração Pública de agir racionalmente, o que se desdobra num comando abrangente de justificação de suas ações no bojo de processos que viabilizam a participação do administrado no itinerário decisório.[3] A motivação do ato administrativo passa, nessa dinâmica, a ser compreendida como uma exigência democrática e jurídica. É preciso saber as razões públicas para que exista efetiva participação.[4] É necessário entender os motivos que levaram à decisão administrativa para que seja possível controlá-los e, se for o caso, contestá-los.

Daí, também, a preocupação expressa do constituinte de 1988 com o tema, consolidando-se um dever de motivação de ações administrativas no art. 93, X. Trata-se de um dever que vale não só para o Poder Judiciário, mas para qualquer ação administrativa, como pressuposto do Estado Democrático de Direito (art. 1º, CRFB), do devido processo legal, do contraditório e da ampla defesa (art. 5º, LIV e LV, CRFB).

---

1 BAPTISTA, Patrícia. *Transformações do direito administrativo*. 2. ed. rev., ampl. e atual. Rio de Janeiro: Lumen Juris, 2018. p. 160.

2 MARQUES NETO, Floriano de Azevedo. A superação do ato administrativo autista. *In*: MEDAUAR, Odete; SCHIRATO, Vitor Rhein (coord.). *Os caminhos do ato administrativo*. São Paulo: Revista dos Tribunais, 2011. p. 89-113.

3 DALLARI. Adilson de Abreu; FERRAZ, Sérgio. *Processo administrativo*. 3. ed. São Paulo: Malheiros, 2012. p. 94

4 MOREIRA. Egon Bockmann. *Processo administrativo*: princípios constitucionais e a Lei 9.784/199. 2. ed. Malheiros, 2003. p. 332.

O dever de motivação, além da cláusula geral ora em comento, também está presente em outros estatutos, os quais reforçaram o comando. O Código de Processo Civil de 2015, por exemplo, trouxe importantes considerações, e estabeleceu, no seu art. 489, §1º, elementos para a construção de uma "cultura da fundamentação substancial".[5] Esse regramento se aplica subsidiariamente à atividade administrativa,[6] na forma do art. 15 do CPC.

As alterações da Lei de Introdução às Normas do Direito Brasileiro (LINDB) pela Lei nº 13.655/2018 igualmente deram tintas de reforço ao dever de motivação dos atos administrativos. De fato, com o objetivo de aumentar a segurança jurídica na criação e na aplicação do Direito Público, a LINDB exigiu, nos arts. 20, 21, 22 e 24, parâmetros específicos de fundamentação (inclusive com avaliação de consequências) para cada tipo de ato ou decisão administrativa.

No âmbito da regulação, o dever de motivação foi robustecido com a criação da sistemática da Análise de Impacto Regulatório (AIR), instituída pela Lei das Agências Reguladoras (Lei nº 13.848/19, art. 6º) e pela Lei da Liberdade Econômica (Lei nº 13.874/19, art. 5º). Realmente, a AIR, enquanto processo voltado à coleta de dados, informações e consideração holística das consequências antes da tomada de decisão,[7] acaba por implicar uma considerável sofisticação do dever de motivação. Afinal, a AIR exigirá do regulador um cuidadoso dever de consideração das complexidades (*ex ante* e *ex post*) que a medida em consideração pode demandar. Na prática, a motivação regulatória será, em grande medida, um diálogo com os achados desse processo.

Há, assim, pode-se dizer, um sistema relevante de normas sobre motivação das ações administrativas. Um sistema que tem, certo modo, seu cerne (ou pontapé inicial de sistematização) no art. 50 da LPA.

---

5 CÂMARA, Alexandre Freitas. *Levando os padrões decisórios a sério:* formação e aplicação de precedentes e enunciados de súmula. 1. ed. São Paulo: Atlas, 2022. p. 82.

6 JUSTEN FILHO, Marçal. Art. 20 da LINDB – Dever de transparência, concretude e proporcionalidade nas decisões públicas. *Revista de Direito Administrativo*, Rio de Janeiro, ed. Especial, p. 13-41, nov. 2018.

7 BINENBOJM, Gustavo. *Poder de polícia, ordenação, regulação*: transformações politico-jurídicas, econômicas e institucionais do direito administrativo ordenador. 3. ed. Belo Horizonte: Fórum, 2020. p. 180.

## 2 A motivação como dever de fundamentação

Segundo o *caput* do art. 50, LPA: "[o]s atos administrativos deverão ser motivados, com indicação dos fatos e dos fundamentos jurídicos" nas hipóteses (exemplificativas) que enumera.

A motivação não se confunde com os motivos do ato administrativo. Os motivos são os pressupostos de fato e de direito que determinam a prática do ato. Já a motivação é a exposição pública desses pressupostos, explicitando-se a correlação lógica que se põe entre ambos e que resulta no ato praticado pela autoridade administrativa.[8]

Não nos parece fazer sentido diferenciar *motivação* e *justificação* do ato administrativo. Para fins do art. 50, tal distinção é inócua, uma vez que o dever de motivação pode ser considerado parte integrante do dever de fundamentação que existe para juízes e administradores públicos (art. 93, X, da CF e art. 489, §1º do CPC).[9] Na prática, o que se exige é que a motivação/fundamentação do ato seja explícita, clara e congruente, permitindo que o destinatário da ação pública possa compreender suas razões e, eventualmente, realizar (ou provocar) eventual controle sobre ele, auferindo sua conformação com o ordenamento jurídico vigente.

Como regra, atos imotivados ou carentes de fundamentação são vazios de conteúdos e efeitos jurídicos e passíveis de nulidade.

## 3 O rol exemplificativo do art. 50

Uma leitura literal do art. 50 da LPA poderia dar a ideia de que o dever de motivação pela Administração Pública somente seria obrigatório nas hipóteses elencadas nos seus incisos I a VIII. Essa, aliás, é a interpretação de parte da literatura administrativista tradicional.[10]

Não concordamos com essa tese. O entendimento de que o rol do art. 50 (incisos I a VIII) seria taxativo não se coaduna: (i) com a percepção de que o dever de motivar é inerente ao Estado Democrático

---

[8] MOREIRA, *op. cit.*, p. 333

[9] "Não é fácil, por isso, construir uma diferença de regimes a partir de uma distinção material entre justificação e motivação. (...) Nesta perspectiva de maior alcance, tudo indica, como veremos, que é um conceito abrangente de fundamentação o mais adequado ao tratamento dogmático de um imperativo formal do tipo corporizado na ordem jurídica portuguesa" (ANDRADE. José Carlos Vieira de. *O dever de fundamentação expressa de actos administrativos*. 2. Reimpressão. Coimbra. Almedina. 2007. p. 21).

[10] CARVALHO FILHO. José dos Santos. *Processo administrativo federal*: Comentários à Lei nº 9.784, de 29.1.1999. 5. ed. São Paulo: Atlas, 2013. p. 239.

de Direito, ao devido processo legal e possui previsão expressa no art. 93, X, da Constituição; (ii) com a interpretação sistemática da própria Lei nº 9.784/1999 — que previu a motivação como preceito de observância obrigatória no art. 2º e no inciso VII, parágrafo único do mesmo dispositivo; (iii) nem com o ordenamento jurídico atual, notadamente diante dos novos dispositivos do CPC de 2015 e da LINDB.

Acrescente-se que, em sua imensa maioria, os atos e decisões administrativas — e não apenas aqueles elencados nos incisos I a VIII do art. 50 — serão resultado de necessário processo administrativo, no qual deve ser garantido, aos interessados, a oportunidade de influir no resultado final, mediante o oferecimento de defesa, produção de provas, contraposição de argumentos, etc. Também nesse cenário, exige-se a motivação dos atos administrativos, como desdobramento do devido processo legal e das garantias do contraditório e da ampla defesa (art. 5º, LIV e LV, CRFB).[11]

Seria, portanto, incompatível com a ordem jurídica vigente considerar que a obrigação de motivar atos e decisões administrativas estaria limitada a situações taxativamente fixadas na lei,[12] de modo que a lista do art. 50 deve ser considerada exemplificativa.

Isso não significa, porém, que inexistam atos administrativos que prescindam de motivação. Atos de mero impulsionamento processual, por exemplo, não precisam ser motivados, assim como outras ações que não tenham potencial de interferir em esferas de direitos de particulares. O mesmo se diga para atos administrativos de simples execução como forma de atos materiais (que, para alguns, sequer seriam atos administrativos).[13] Atos executórios são atos materiais que constituem desdobramentos de atos anteriores que — esses sim — pressupõem motivação. Por exemplo: um carro estacionado em local proibido pode ser rebocado; o ato de rebocar é mera execução (que dispensa motivação) de determinação anterior (necessariamente motivada) que ordenou a ação.

---

[11] MEDAUAR, Odete. *A processualidade no direito administrativo.* 3. ed. Belo Horizonte: Fórum, 2021. p. 132.

[12] FORTINI, Cristina; PIRES, Maria Fernanda Veloso; CAMARÃO, Tatiana Martins da Costa; CAVALCANTI. Caio Mario Lana. *Processo administrativo*: comentários à Lei nº 9.784/1999. 4. ed. Belo Horizonte: Fórum, 2023, p. 217.

[13] MELLO, Celso Antônio Bandeira de. *Curso de direito administrativo.* 20. ed. Malheiros: São Paulo, 2006. p. 357.

### 3.1 O reforço do dever de motivação nas hipóteses dos Incisos I a VIII do art. 50

O inciso I do art. 50 prevê que deverão ser necessariamente motivados os atos que "neguem, limitem ou afetem direitos ou interesses". Diante da proposital generalidade da norma (que também indica a ausência de taxatividade) e asseguradas as particularidades de cada caso, a *ratio* do dispositivo está relacionada com a regra do art. 5º, LIV, CRFB, segundo a qual "ninguém será privado da liberdade ou de seus bens sem o devido processo legal". É inafastável o dever de motivação de atos e decisões dessa natureza porque a enunciação das razões de fato e de direito que embasaram a sua prática busca justamente permitir que o destinatário possa compreender os motivos que levaram à Administração Pública a negar, limitar ou afetar determinados direitos e, assim, adotar as providências cabíveis para o seu cumprimento ou mesmo impugnação.

Em sentido similar, o inciso II do art. 50 exige motivação quando os atos administrativos "imponham ou agravem deveres, encargos ou sanções". Em certa medida, o dispositivo relaciona-se ao art. 5º, II, CRFB, segundo o qual "ninguém será obrigado a fazer ou deixar de fazer coisa alguma senão em virtude de lei". Logo, os atos que imponham quaisquer ônus, deveres, encargos ou sanções não apenas reclamam lastro legal (princípio da tipicidade), mas exigem que a Administração Pública explicite motivadamente a proporcionalidade da medida ou da sanção imposta. Relevantíssimo, aliás, reforçar a necessidade de efetiva motivação de decisões proferidas em processo administrativo sancionador, sobretudo porque a Lei nº 9.784/1999 não estabelece regras específicas sobre ele. Nesse ponto, os dispositivos da LINDB, regulamentados pelo Decreto nº 9.830/2019 servem de importante ponto de partida.

O inciso III do art. 50 impõe a obrigação de motivação de todos os atos que "decidam processos administrativos de concurso ou seleção pública". Para além da hipótese descrita, parece clara a intenção do legislador de exigir que a Administração Pública motive adequadamente todas as seleções realizadas, mediante licitação, contratação de servidores públicos e outros, permitindo-se o controle da escolha à luz dos princípios de legalidade, impessoalidade, moralidade, publicidade e eficiência (art. 37, *caput*, CRFB).

O inciso IV do art. 50 prevê a motivação expressa dos atos administrativos que "dispensem ou declarem a inexigibilidade de processo licitatório". De fato, se a regra é a contratação mediante procedimento licitatório, o processo de contratação direta deverá ser objeto de decisão motivada, que comprove o atendimento dos requisitos legais exigidos para eventual dispensa ou inexigibilidade. Atualmente, o dever de motivação previsto pelo inciso IV encontra-se também positivado nos arts. 72, 74 e 75 da Lei nº 14.133/2021, os quais estabelecem, de modo ainda mais detalhado, os requisitos, parâmetros e outros elementos a serem considerados na fundamentação de atos administrativos dessa natureza.

O inciso V do art. 50 trata da exigência de motivação das decisões prolatadas em recursos administrativos. Novamente, a correta interpretação do dispositivo perpassa por compreender que toda e qualquer decisão tomada em processo administrativo norteado pelos princípios do devido processo legal, do contraditório e da ampla defesa — e não as que apenas literalmente decidam recursos administrativos — deve ser motivada (art. 5º, LIV e LV da CRFB). Nesse ponto, merece destaque o art. 38 da Lei º 9.784/1999, o qual exige que "[o]s elementos probatórios deverão ser considerados na motivação do relatório e da decisão".

O inciso VI do art. 50 impõe a obrigatoriedade de motivação mesmo das decisões administrativas que "decorram de reexame de ofício". O dispositivo é corolário da autotutela administrativa, pela qual a "Administração deve anular seus próprios atos, quando eivados de vício de legalidade, e pode revogá-los por motivo de conveniência ou oportunidade, respeitados os direitos adquiridos" (art. 53, LPA). No caso, o dever de motivação decorre da necessidade de explicitação dos motivos de conveniência e oportunidade, sobretudo porque devem ser respeitados os direitos adquiridos e ressalvada a apreciação judicial, a teor, inclusive, da Súmula 473 do STF.

O inciso VII exige motivação dos atos e decisões que "deixem de aplicar jurisprudência firmada sobre a questão ou discrepem de pareceres, laudos, propostas e relatórios oficiais". Embora anterior, o dispositivo positiva a mesma lógica do art. 489, §1º, V e VI do CPC, revelando uma relação direta entre o princípio da motivação e o desenvolvimento de um sistema de precedentes administrativos. A ideia do sistema de precedentes, que pode envolver até a edição de súmulas (art. 30, LINDB), é a de que a Administração possa, sempre que possível e observados os direitos e garantias do devido processo legal, ampliar os efeitos de uma decisão a outros casos semelhantes, de modo a alcançar maior estabilidade, uniformidade e segurança jurídica. Assim, sempre que deixar de adotar fundamentos consolidados, a Administração deverá motivar adequadamente a sua recusa em fazê-lo.

Por último, o inciso VIII do art. 50 impõe a necessidade de motivação dos atos e decisões que "importem anulação, revogação, suspensão ou convalidação de ato administrativo". Considerando que tais hipóteses estão textualmente previstas nos arts. 21 e 24 da LINDB, a motivação deve compreender os parâmetros e elementos elencados naqueles dispositivos e que se alinham à tendência do direito administrativo contemporâneo de prestigiar, com base na segurança jurídica e no princípio da proteção da confiança legítima, a convalidação dos atos viciados e a solução administrativa que melhor preserve seus efeitos.[14]

## 4 Critérios e novas dimensões da motivação

O §1º do art. 50 fixa três critérios para a motivação das decisões, prevendo que esta deve ser "explícita", "clara" e "congruente".

A motivação explícita está relacionada, dentre outros, aos princípios da transparência e da publicidade, inerentes ao processo administrativo (art. 37, *caput* e art. 5, XXXIII, CRFB). Não são admitidas atuações ocultas ou motivações implícitas, pois é direito do administrado — notadamente dos destinatários do ato ou decisão — conhecer as razões fáticas e jurídicas que embasaram a sua prática, sob pena de nulidade.

Em segundo lugar, exige-se que a motivação seja clara. Significa dizer que ela deve ser compreensível; que não gere leituras ambíguas, afastando-se incertezas e promovendo-se a segurança jurídica.[15] Aliás, vai ao encontro dessa lógica o esforço da comunidade jurídica na defesa da simplicidade e da linguagem acessível.[16] É preciso que qualquer cidadão compreenda as razões do Poder Público para exercer sua autoridade.[17] Até porque, esse mesmo cidadão só conseguirá defender-se de eventuais abusos se compreender os motivos do agir administrativo.[18]

A motivação deve ser, também, congruente. Isso implica dizer que ela deve considerar o contexto fático e jurídico em que inserido o ato ou a decisão administrativa. No mínimo, pressupõe-se que a motivação

---

[14] MENDONÇA, José Vicente Santos de. Art. 21 da LINDB – Indicando consequências e regularizando atos e negócios. *Revista de Direito Administrativo*, Rio de Janeiro: ed. Especial, p. 43-61, nov. 2018.

[15] MOREIRA, *op. cit.*, p. 333.

[16] BARROSO, Luís Roberto. A revolução da brevidade. *Consulex*: revista jurídica, v. 12, n. 279, p. 66, ago. 2008.

[17] MOREIRA, *op. cit.*, p. 333.

[18] FORTINI, *op. cit.*, p. 218.

dialogue explicitamente com as questões levantadas no processo, sendo um meio de consideração expressa dos pleitos formulados, dos argumentos trazidos e das provas produzidas. Isto é: a motivação é um mecanismo necessário que precisa deixar evidente ao seu leitor que a decisão administrativa não foi uma invenção do administrador público, mas o resultado de um processo (simples ou complexo) que indicou o resultado de uma exegese jurídica, em face da realidade apresentada (inclusive elementos de prova).

Na segunda parte do §1º do art. 50, o dispositivo também admite a chamada motivação *per relationem*. Trata-se de técnica de justificação que adota como fundamento as razões de fato e de direito expostas em pareceres, informações, precedentes ou outras decisões. Evidentemente, tal técnica de motivação somente será válida se a fundamentação incorporada preencher os requisitos exigidos pelo ordenamento, sob pena de nulidade.

Diante dos parâmetros trazidos pelos arts. 20, 21, 22 e 24 da LINDB, regulamentados pelo Decreto nº 9830/2019, a motivação dos atos administrativos ganhou contornos e dimensões mais concretas, que devem ser observadas no cumprimento da regra prevista no art. 50 da LPA.

Nesse sentido, o art. 2º do Decreto nº 9.830/2019 previu critérios e elementos para a materialização do dever de fundamentação, estabelecendo que a motivação: (i) conterá os seus fundamentos e apresentará a congruência entre as normas e os fatos que a embasaram, de forma argumentativa (§1º); (ii) indicará as normas, a interpretação jurídica, a jurisprudência ou a doutrina que a embasaram (§2º); e (iii) numa lógica de simplificação, poderá ser constituída por declaração de concordância com o conteúdo de notas técnicas, pareceres, informações, decisões ou propostas que precederam a decisão (§3º) — utilizando-se da mencionada técnica de motivação *per relationem*.

Já o art. 3º do Decreto nº 9.830/2019 previu elementos de motivação da decisão baseada em valores jurídicos abstratos, estabelecendo que esta deverá observar as consequências práticas da decisão. Há nisso um comando de diligência; de busca efetiva de consideração das implicações práticas da decisão. Vale dizer: não se trata apenas de um dever de enumerar algumas consequências. Existe um dever de esforço, que será maior ou menor segundo a complexidade do problema apresentado e das próprias circunstâncias concretas do gestor. Daí o texto do §2º do mesmo art. 3º, segundo o qual: "[n]a indicação das consequências práticas da decisão, o decisor apresentará apenas aquelas consequências práticas que, no exercício diligente de sua atuação, consiga vislumbrar diante dos fatos e fundamentos de mérito e jurídicos". Por sua vez, o §3º positivou o dever de proporcionalidade, prevendo que "a motivação demonstrará a necessidade e a adequação da medida imposta, inclusive consideradas as possíveis alternativas e observados os critérios de adequação, proporcionalidade e de razoabilidade".

Por fim, sobre a motivação de decisões que versem sobre a invalidação de atos, contratos, ajustes, processos ou normas administrativos, o art. 4º do Decreto nº 9.830/2019 determinou que esta deverá indicar — e, portanto, avaliar — o "dia seguinte" da decisão de invalidação. Segundo o dispositivo, nesses casos, a motivação deverá apresentar, de modo expresso, as suas consequências jurídicas e administrativas conhecíveis no exercício diligente de atuação do gestor (§1º) e que sejam resultado de um juízo de proporcionalidade e adequação da medida imposta (§2º). O §3º previu, ainda, a possibilidade de regularização do ato, exigindo, na respectiva motivação, a indicação da modulação de seus efeitos e as condições para que a regularização ocorra de forma proporcional e equânime e sem prejuízo aos interesses gerais. Evidentemente, os dispositivos mencionados não exigem que o decisor preveja toda e qualquer consequência. Deve haver esforço, o qual se insere, porém, num ambiente realista.

## 5 A motivação e a celeridade do processo administrativo

O §2º do art. 50 autoriza a reprodução mecânica de fundamentos na solução de assuntos da mesma natureza, desde que não prejudique direito ou garantia dos interessados. Embora editada em 1999, a norma representa clara preocupação com a celeridade, eficiência e duração razoável do processo administrativo, hoje princípio constitucional expresso (art. 5º, LXXXVIII, CRFB).

Nesses mais de 20 anos de vigência, houve expressiva informatização do processo administrativo, além da incorporação de técnicas decisórias de aplicação de precedentes que buscam reduzir o seu tempo de conclusão. O dispositivo precisa ser atualizado para refletir a nova realidade, inclusive para regular a utilização de inteligência artificial pela Administração Pública.

## 6 A motivação como instrumento de publicidade e transparência do agir administrativo

Por último, o §3º do art. 50, LPA, impõe o dever de motivação das decisões proferidas por órgãos colegiados, comissões ou aquelas proferidas oralmente, salientando a importância de que seus termos sejam transcritos em ata ou termos escritos. A ideia é a mesma que circunscreve o dever de motivação em geral: garantir publicidade, transparência e pleno conhecimento das razões que levaram a Administração Pública a praticar determinado ato ou decisão, permitindo o conhecimento e o controle pelo destinatário do ato.

## 7 Conclusão

O dever de motivação dos atos administrativos encontra-se em processo gradual de transformação. Se, no passado, a motivação como enunciação do motivo era pressuposto de validade do ato administrativo, hoje o dever de motivação é exigência do próprio Estado Democrático de Direito. Um Estado em que a razão tem um papel a cumprir. Um Estado em que a decisão precisa ser justificada.

## Referências

ANDRADE. José Carlos Vieira de. *O dever de fundamentação expressa de actos administrativos*. 2. Reimpressão. Coimbra. Almedina. 2007.

BAPTISTA, Patrícia. *Transformações do Direito Administrativo*. 2. ed. rev., ampl. e atual. Rio de Janeiro: Lumen Juris, 2018.

BARROSO, Luís Roberto. A revolução da brevidade. *Consulex*: revista jurídica, v. 12, n. 279, p. 66, ago. 2008.

BINENBOJM, Gustavo. *Poder de polícia, ordenação, regulação*: transformações politico-jurídicas, econômicas e institucionais do direito administrativo ordenador. 3. ed. Belo Horizonte: Fórum, 2020.

CÂMARA, Alexandre Freitas. *Levando os padrões decisórios a sério:* formação e aplicação de precedentes e enunciados de súmula. 1. ed. São Paulo: Atlas, 2022.

CARVALHO FILHO. José dos Santos. *Processo administrativo federal*: Comentários à Lei nº 9.784, de 29.1.1999. 5. ed. São Paulo: Atlas, 2013.

DALLARI. Adilson de Abreu; FERRAZ, Sérgio. *Processo administrativo*. 3. ed. São Paulo: Malheiros, 2012.

FORTINI, Cristina; PIRES, Maria Fernanda Veloso; CAMARÃO, Tatiana Martins da Costa; CAVALCANTI. Caio Mario Lana. *Processo administrativo*: comentários à Lei nº 9.784/1999. 4. ed. Belo Horizonte: Fórum, 2023.

JUSTEN FILHO, Marçal. Art. 20 da LINDB – Dever de transparência, concretude e proporcionalidade nas decisões públicas. *Revista de Direito Administrativo*, Rio de Janeiro, ed. Especial, p. 13-41, nov. 2018.

MARQUES NETO, Floriano de Azevedo. A superação do ato administrativo autista. *In*: MEDAUAR, Odete; SCHIRATO, Vitor Rhein (coord.). *Os caminhos do ato administrativo*. São Paulo: Revista dos Tribunais, 2011. p. 89-113.

MEDAUAR, Odete. *A processualidade no direito administrativo*. 3. ed. Belo Horizonte: Fórum, 2021.

MELLO, Celso Antônio Bandeira de. *Curso de direito administrativo*. 20. ed. Malheiros: São Paulo, 2006.

MENDONÇA, José Vicente Santos de. Art. 21 da LINDB – Indicando consequências e regularizando atos e negócios. *Revista de Direito Administrativo*, Rio de Janeiro: ed. Especial, p. 43-61, nov. 2018.

MOREIRA. Egon Bockmann. *Processo administrativo*: princípios constitucionais e a Lei 9.784/199. 2. ed. Malheiros, 2003.

# CAPÍTULO XIII
# DA DESISTÊNCIA E OUTROS CASOS DE EXTINÇÃO DO PROCESSO

Art. 51. O interessado poderá, mediante manifestação escrita, desistir total ou parcialmente do pedido formulado ou, ainda, renunciar a direitos disponíveis.

§1º Havendo vários interessados, a desistência ou renúncia atinge somente quem a tenha formulado.

§2º A desistência ou renúncia do interessado, conforme o caso, não prejudica o prosseguimento do processo, se a Administração considerar que o interesse público assim o exige.

**JOSÉ SÉRGIO DA SILVA CRISTÓVAM**

**LEONARDO CRISTOVAM DE JESUS**

## 1 A extinção atípica do processo administrativo

O art. 51, *caput*, da Lei nº 9.784/1999 abre o Capítulo XIII, denominado "Da desistência e outros casos de extinção do processo", quando prevê duas causas de extinção do processo por **manifestação de vontade do interessado** (*extinção atípica*),[1] quais sejam: (i) a desistência por parte do interessado; e, (ii) a renúncia a direitos disponíveis.

Ao lecionar sobre a matéria, José dos Santos Carvalho Filho aponta que as questões relativas à desistência e renúncia no processo administrativo são distintas daquelas previstas no âmbito do Direito Civil. Isso porque, enquanto o processo judicial se fundamenta no litígio, o processo administrativo não encontra no litígio uma característica

[1] Diz-se "*extinção atípica* do processo" com base na observação de José dos Santos Carvalho Filho de que a "*extinção natural* do processo" é aquela prevista no art. 52, da Lei nº 9.784/1999, relacionada com as hipóteses de ato de extinção pela Administração Pública, exaurimento de finalidade, fatos supervenientes e arquivamento (CARVALHO FILHO, José dos Santos. *Processo administrativo federal*: comentários à Lei nº 9.784/1999. 5. ed. São Paulo: Atlas, 2013. p. 259-262).

marcante, o que importa na conclusão de que "a finalização do processo nada terá de expressivo diferencial em relação àquele que que estiver ausente qualquer conflito".[2]

Nesse sentido, o objetivo final do processo administrativo é atingir sua finalidade, motivo pelo qual a extinção do processo administrativo pela manifestação de vontade dos interessados representaria paralisar o processo sem que tal objetivo final possa ser consumado pela Administração Púbica.[3]

Ainda, convém ressaltar que a redação do art. 51, *caput*, da Lei nº 9.784/1999 menciona o termo "interessado", de modo que nos processos em que não houver intervenção de particulares é insuscetível a finalização por vontade de terceiro.[4]

## 2 A desistência e a renúncia

A **desistência do pedido formulado** e a **renúncia a direitos disponíveis** são causas de extinção do processo por manifestação de vontade do interessado. Sobre o tema, Irene Patrícia Diom Nohara e Thiago Marrara apontam que essa manifestação de vontade geralmente recai sobre processos administrativos nos quais o interessado esteja buscando um provimento com determinados efeitos e, em razão isso, provoca a Administração a iniciar o procedimento.[5]

Com efeito, tanto no caso de desistência do pedido formulado, quanto na renúncia a direitos disponíveis, a manifestação de desinteresse no resultado da manifestação final da Administração Pública deve ser apresentada de forma escrita, desde logo se afastando a forma oral, por exemplo.

Especificamente com relação à renúncia, ainda que brevemente, importa delimitar o conteúdo normativo da expressão "**direitos disponíveis**". A classificação dos direitos em disponíveis e indisponíveis ocorre em função da aptidão que possuem de serem alienáveis ou não pelo seu titular. Os direitos disponíveis do sujeito podem ser alvo de manifestação de vontade por meio da qual o sujeito deixa de os titularizar, *v.g.*, como no caso dos direitos patrimoniais. Por outro lado,

---

2 CARVALHO FILHO, *op. cit.*, p. 253.

3 *Ibid.*

4 *Ibid.*

5 NOHARA, Irene Patrícia Diom; MARRARA, Thiago. *Processo administrativo:* Lei nº 9.784/1999 comentada. São Paulo: Revista dos Tribunais, 2018.

os direitos indisponíveis são aqueles nos quais nem mesmo o titular do direito pode abdicar ou transferir, como serve de clássico exemplo o direito a alimentos.

Assim, para que a renúncia ao direito seja juridicamente válida e produza seus efeitos, a manifestação de vontade do interessado deve recair sobre direitos disponíveis e cabe à Administração Pública aferir no caso concreto se se está diante de direitos disponíveis e, portanto, suscetíveis de ensejarem extinção do processo administrativo por renúncia total do interessado, ou de direitos indisponíveis a impedir a prematura extinção do processo.

Em ambos os casos, a desistência dos pedidos formulados ou renúncia a direitos disponíveis pode ser total ou parcial. A desistência será total quando atingir todos os pedidos e parcial quando atingir apenas um ou alguns dos pleitos realizados. Igualmente, a renúncia será total quando alcançar todos os direitos reivindicados e parcial quando atingir apenas um ou alguns deles.

Importa ressaltar que, embora a desistência e a renúncia parciais estejam previstas no art. 51, *caput*, de fato apenas as manifestações totais de desinteresse é que ensejarão a extinção do processo. Manifestações parciais não importarão em extinção do processo, mas apenas em extinção de parte dos pedidos (no caso da desistência) ou redução dos direitos sobre os quais se funda a pretensão do interessado. A desistência e renúncia aptas a extinguirem o processo são as totais.

A doutrina corretamente aponta que a desistência dos pedidos tem relação com o procedimento, ao passo que a renúncia a direitos se refere ao direito material.[6] Isso implica reconhecer efeitos distintos sobre novo requerimento para instauração de processo administrativo idêntico.

No caso da desistência dos pedidos, após extinto o processo administrativo, não há óbice para que o interessado instaure outro processo administrativo idêntico. Inclusive, essa é também a previsão no âmbito do Direito Processual Civil, de modo que "quem desiste da ação e obtém a extinção do processo por esse fundamento, em princípio,

[6] Nesse sentido: "[...] a desistência concerne ao procedimento e não ao direito material" (CARVALHO FILHO, *op. cit.*, p. 254). Em sentido semelhante, aponta Francisco Xavier da Silva Guimarães que "convém, desde logo, fixar a ideia de que a desistência refere-se à ação procedimental, ou seja, ao processo, sem atingir o direito material – a renúncia, entretanto, dirige-se ao próprio direito em que se baseia o pedido [...] (GUIMARÃES, Francisco Xavier da Silva. *Direito processual administrativo:* comentários à Lei nº 9.784/99, com as alterações da Lei nº 11.417/06. Belo Horizonte: Fórum, 2008. p. 150).

não está impedido de tornar a propor a ação, formulando a mesma pretensão contra o mesmo réu".[7]

Com relação à renúncia a direitos disponíveis, ainda que atinja o direito material postulado no processo administrativo, não há como se falar em vedação à propositura de uma nova postulação, visto que o direito de petição é garantia fundamental assegurada constitucionalmente (art. 5º, XXXIV, alínea "a", da CF/1988).

Nesse sentido, considerando que a Administração Pública já homologou a renúncia total aos direitos envolvidos e extinguiu o processo anterior, eventual requerimento de instauração de um novo processo administrativo idêntico tornará a decisão final impossível, que é causa de extinção prevista no art. 52, da Lei nº 9.784/1999.

## 3 A pluralidade de interessados e a extensão dos efeitos da desistência ou da renúncia

Como não poderia deixar de ser, o art. 51, §1º prevê que, em havendo pluralidade de interessados,[8] a desistência ou a renúncia atinge a esfera jurídica apenas de quem as tenha manifestado, de modo que "isso demonstra que ambas as figuras têm suporte no princípio da pessoalidade, decorrente do princípio da autonomia da vontade".[9]

Nesse sentido, a desistência dos pedidos e a renúncia a direitos são atos de manifestação e vontade do interessado e ostentam **caráter pessoal** e, portanto, não é possível que a vontade de um interessado seja imposta juridicamente aos demais.

Com efeito, não significa dizer que não haverá possibilidade de extinção do processo administrativo por desistência ou renúncia quando houver pluralidade de interessados. A extinção do processo será possível em um cenário no qual todos os interessados desistam dos pedidos ou renunciem aos direitos de forma total.

Carvalho Filho aponta que haverá situações em que os direitos guardarão relação de conexão entre si, de modo que a desistência ou renúncia de um deles poderá afetar a natureza do outro, hipóteses nas quais eventual desinteresse manifestado pela desistência ou renúncia não afastaria a possibilidade de que determinado direito reconhecido

---

[7] WAMBIER, Luiz Rodrigues; TALAMINI, Eduardo. *Curso avançado de processo civil.* v. 2. São Paulo: Revista dos Tribunais, 2022. p. 455.

[8] Os requerimentos plúrimos são permitidos pelo art. 8º, da Lei nº 9.784/1999.

[9] CARVALHO FILHO, *op. cit.*, p. 256.

a outro interessado que não desistiu seja estendido implicitamente ao desistente ou renunciante, caso tal direito seja subordinado e dependente àquele reconhecido.[10]

## 4 Prosseguimento do processo em razão o interesse público

O art. 52, §2º, da Lei nº 9.784/1999 prevê que a desistência e a renúncia não podem obstaculizar o prosseguimento do processo administrativo se a Administração Pública considerar que o **interesse público assim o exige**.

Nohara e Marrara apontam que a desistência e a renúncia somente são causas extintivas do processo administrativo quando este processo for ampliativo de direitos, porque geralmente o interessado estará negando a sua própria pretensão formulada, sendo pouco usual que a Administração insista em conduzir um procedimento desta natureza, se o particular não possui mais interesse no usufruto do provimento que pleiteou.[11]

Não à toa, as figuras da desistência e da renúncia traduzem a vontade do interessado titular do direito, não podendo se sobrepor ao interesse público, que prepondera sobre o interesse particular, inclusive por expressa previsão legal (art. 52, § 2º).

A expressão "interesse público" traduz conceito jurídico aberto e fluido, cuja delimitação do conteúdo normativo que o preenche ultrapassa os contornos do presente estudo.[12] Contudo, importante apontar que a decisão da Administração Pública que afirma pela existência de interesse público apto a negar a produção de efeitos à desistência ou renúncia manifestado pelo interessado deve ser motivada, com delimitação das razões de demonstração do interesse público envolvido de forma concreta, afastando-se de fórmulas genéricas e abstratas, sob pena de se considerar imotivada e, portanto, insubsistente.

Assim, tão logo à Administração Pública reconheça a existência de

---

[10] *Ibid.*

[11] NOHARA; MARRARA, *op. cit.*

[12] Para uma noção de interesse público, ver: CRISTÓVAM, José Sérgio da Silva. *Administração Pública democrática e supremacia do interesse público:* novo regime jurídico-administrativo e seus princípios constitucionais estruturantes. Curitiba: Juruá, 2015. p. 63-172; JUSTEN FILHO, Marçal. Conceito de interesse público e a "personalização" do direito administrativo. *Revista Trimestral de Direito Público*, São Paulo, n. 26, p. 115-136, 1999.

interesse público a ensejar a continuidade do processo administrativo, o princípio da indisponibilidade do interesse público reclama que não seja extinto o processo administrativo, que segundo Irene Nohara e Thiago Marrara é manifestação da função administrativa submetida ao regime de direito público, em relação ao qual o domínio de seu transcurso não é dado aos particulares.[13]

## Referências

CARVALHO FILHO, José dos Santos. *Processo administrativo federal:* comentários à Lei nº 9.784/1999. 5. ed. São Paulo: Atlas, 2013.

CRISTÓVAM, José Sérgio da Silva. *Administração Pública democrática e supremacia do interesse público:* novo regime jurídico-administrativo e seus princípios constitucionais estruturantes. Curitiba: Juruá, 2015.

GUIMARÃES, Francisco Xavier da Silva. *Direito processual administrativo:* comentários à Lei nº 9.784/99, com as alterações da Lei nº 11.417/06. Belo Horizonte: Fórum, 2008.

JUSTEN FILHO, Marçal. Conceito de interesse público e a "personalização" do direito administrativo. *Revista Trimestral de Direito Público,* São Paulo, n. 26, p. 115-136, 1999.

NOHARA, Irene Patrícia Diom; MARRARA, Thiago. *Processo administrativo:* Lei nº 9.784/1999 comentada. São Paulo: Revista dos Tribunais, 2018.

WAMBIER, Luiz Rodrigues; TALAMINI, Eduardo. *Curso avançado de processo civil.* 2022. São Paulo: Revista dos Tribunais, 2022.

13 NOHARA; MARRARA, *op. cit.*

Art. 52. O órgão competente poderá declarar extinto o processo quando exaurida sua finalidade ou o objeto da decisão se tornar impossível, inútil ou prejudicado por fato superveniente.

JOSÉ SÉRGIO DA SILVA CRISTÓVAM

LEONARDO CRISTOVAM DE JESUS

# 1 A extinção típica do processo administrativo

O art. 52, da Lei nº 9.784/1999 prevê as hipóteses de *"extinção típica"*[1] do processo administrativo, em razão do **exaurimento da sua finalidade** ou da **inviabilidade de conclusão do objetivo que se pretendia alcançar**, tornando **imprestável o objeto da decisão** em razão de **fato superveniente**.

Assim, ao praticar o ato final objeto do processo administrativo, este se extingue naturalmente. As hipóteses de extinção do processo previstas no art. 52 não dependem da manifestação de vontade do interessado, como no caso da desistência e da renúncia.

Sobre a forma pela qual se dará a extinção, a doutrina aponta que ela nem sempre estará acompanhada de um ato administrativo específico, podendo haver um ato de extinção implícito nas ocasiões em que o ato final corresponder à pretensão perseguida com o processo administrativo.[2]

[1] Diz-se *"extinção típica* do processo" com base na observação de José dos Santos Carvalho Filho de que se trata de *"extinção natural* do processo" pelo exaurimento da sua finalidade, em oposição à extinção por manifestação de vontade do interessado mediante desistência dos pedidos formulados ou renúncia a direitos disponíveis (CARVALHO FILHO, José dos Santos. *Processo administrativo federal:* comentários à Lei nº 9.784/1999. 5. ed. São Paulo: Atlas, 2013. p. 259-262).

[2] *Ibid.*

## 1.1 Exaurimento da finalidade

O "exaurimento da finalidade" refere-se a hipótese de encerramento do processo administrativo em razão do atingimento do objetivo previsto. Por exemplo, se um procedimento é instaurado para obtenção de um documento e, ao final, o acesso ao documento é franqueado ao interessado, o ato administrativo que concede o acesso exaure o processo administrativo.

## 1.2 Fatos supervenientes

Os fatos supervenientes são ocorrências que causam a extinção do processo por tornar o objeto da decisão impossível, inútil ou prejudicado. Os fatos supervenientes impossibilitam que o resultado final do processo seja alcançado pela Administração Pública e implicam na extinção do processo a despeito de sua vontade.

O objeto da decisão será **impossível** quando for inviável que se pratique o ato de decisão. A impossibilidade nesse caso se divide em: (i) impossibilidade jurídica; e, (ii) impossibilidade material.[3] Por exemplo, um particular que solicita um Termo de Autorização de Área Pública para desempenhar sua atividade econômica com seu *food truck* na rua coberta do centro da cidade, mas ao longo do processo é editada uma lei que prevê a proibição da referida atividade. Ainda, mesmo que não seja o caso de lei proibitiva, mas sim, em razão de tempestade, referida rua coberta acabe por ser destruída. No primeiro caso, houve uma impossibilidade jurídica do objeto da decisão; no segundo caso, uma impossibilidade material.

Ainda, a **inutilidade** do objeto refere-se a uma decisão viável, mas que não produzirá utilidade para o interessado ou para a Administração Pública. Caso o procedimento administrativo objetive a exibição de um documento sigiloso, que no curso do processo acaba por se tornar público, referida exibição não tem mais utilidade para o interessado, que já dispõe de meios para acessá-lo em razão da publicidade.

Por fim, o processo administrativo pode ser extinto se o objeto da decisão constar **prejudicado** por fato superveniente. O objeto da decisão constará prejudicado sempre que o pedido realizado for atendido por

---

[3] No mesmo sentido: CARVALHO FILHO, *op. cit.*, p. 259-262; NOHARA, Irene Patrícia Diom; MARRARA, Thiago. *Processo administrativo*: Lei nº 9.784/1999 comentada. São Paulo: Revista dos Tribunais, 2018.

outro meio que não a decisão administrativa, nos quais há uma espécie de prejulgamento.

## Referências

CARVALHO FILHO, José dos Santos. *Processo administrativo federal:* comentários à Lei nº 9.784/1999. 5. ed. São Paulo: Atlas, 2013.

NOHARA, Irene Patrícia Diom; MARRARA, Thiago. *Processo administrativo:* Lei 9.784/1999 comentada. São Paulo: Revista dos Tribunais, 2018.

# CAPÍTULO XIV
# DA ANULAÇÃO, REVOGAÇÃO E CONVALIDAÇÃO

Art. 53. A Administração deve anular seus próprios atos, quando eivados de vício de legalidade, e pode revogá-los por motivo de conveniência ou oportunidade, respeitados os direitos adquiridos.

## RODRIGO CRELIER ZAMBÃO DA SILVA

O dispositivo legal consolida versão pura e simples da autotutela administrativa, em sua dupla perspectiva: invalidação de atos praticados em contrariedade ao ordenamento jurídico e o desfazimento da ação administrativa baseada em critérios de conveniência e oportunidade, de avaliação privativa do administrador público, considerado o mérito administrativo (verdadeira reserva de administração).[1]

No que diz respeito à invalidação de atos, é importante destacar que não há dificuldades em afirmar que a vinculação do administrador público à legalidade implica o dever de restabelecer a normalidade sempre que existente contrariedade a normas jurídicas.

O direito administrativo, originário da submissão do poder ao direito, pressupõe que a Administração Pública, por mecanismos próprios, promova o afastamento de ilegalidades, sem necessitar, como regra geral, da interferência ou prévia manifestação de vontade de outros Poderes.

1 Segundo Celso Antônio Bandeira de Mello: "A reserva de administração caracteriza-se pela atribuição de determinadas competências exclusivas à Administração Pública, de modo a evitar a interferência tanto do Legislativo quanto do Judiciário em matérias que exigem conhecimento técnico e discricionariedade administrativa. Assim, a atuação do Judiciário deve limitar-se ao controle de legalidade, sem adentrar no mérito administrativo, respeitando a autonomia confer ida à administração" (MELLO, Celso Bandeira de. Curso de Direito Administrativo. 30. ed. São Paulo: Malheiros, 2013. p. 103). Em doutrina estrangeira, J. J. Gomes Canotilho: "A reserva de administração, enquanto princípio constitucional, implica uma limitação ao poder legislativo, conferindo à administração pública a competência exclusiva para a prática de atos que concretizem a execução das leis, sem a interferência direta do legislador" (CANOTILHO, José Joaquim Gomes. Constituição Dirigente e Vinculação do Legislador. 3. ed. Coimbra: Almedina, 1993, p. 372).

Entretanto, é essencial ressaltar que o exercício ilimitado de qualquer poder, incluindo o de invalidação, é incompatível com a ordem constitucional vigente. Existem, portanto, obstáculos jurídicos e fáticos ao exercício da autotutela administrativa.

Primeiramente, como limite jurídico ao exercício da autotutela, observa-se a incidência do princípio da segurança jurídica, expressamente concretizado no texto legal pela referência à proteção dos direitos adquiridos.

O artigo 5º, inciso XXXVI, da Constituição Federal, ao prever que a lei não prejudicará o direito adquirido, o ato jurídico perfeito e a coisa julgada, consagra uma cláusula geral de proteção — ou princípio — da segurança jurídica, decorrência direta da também cláusula geral — ou princípio — do Estado Democrático de Direito, prevista no artigo 1º da Lei Maior.

Na prática, a proteção tripartite[2] (direito adquirido, ato jurídico perfeito e coisa julgada) do citado dispositivo constitucional reflete a denominada vertente objetiva do princípio da segurança jurídica, que exige a estabilidade do ordenamento jurídico e o respeito às diretrizes geradas no comportamento da coletividade, de indivíduos e de grupos específicos.[3]

A vertente subjetiva, por sua vez, concretiza-se no princípio da confiança legítima, que busca imunizar o cidadão contra atos estatais incoerentes e que violem as expectativas criadas a partir de condutas firmes e estáveis. Cuida-se da noção de que os atos do Poder Público pautam as ações dos administrados, permitindo o controle quanto a mudanças bruscas e inesperadas de comportamentos e a proteção contra atos estatais contraditórios.[4]

---

[2] Sobre o tema, Gilmar Ferreira Mendes reconhece que, embora a "tripartição conceitual" possua vantagens, "o conceito central é de direito adquirido, nele contempladas de alguma forma tanto a ideia de ato jurídico perfeito como a de coisa julgada" (MENDES, Gilmar Ferreira; BRANCO, Paulo Gustavo Gonet. *Curso de direito constitucional*. São Paulo: Saraiva, 2013).

[3] J. J. Gomes Canotilho ensina que: "A ideia de segurança jurídica reconduz-se a dois princípios materiais concretizadores do princípio geral de segurança: princípio da determinabilidade de leis expresso na exigência de leis claras e densas e o princípio da protecção da confiança, traduzido na exigência de leis tendencialmente estáveis, ou, pelo menos, não lesivas da previsibilidade e calculabilidade dos cidadãos relativamente aos seus efeitos jurídicos" (CANOTILHO, José Joaquim Gomes. *Direito constitucional*. Coimbra: Livraria Almedina, 1993. p. 372.)

[4] A Lei nº 13.655/18 trouxe relevantes concretizações do princípio da segurança jurídica, com especial destaque para a expressa previsão de vinculação administrativa aos seus precedentes, na forma do art. 30 da LINDB: Art. 30. As autoridades públicas devem atuar para aumentar a segurança jurídica na aplicação das normas, inclusive por meio

A respeito da dupla vertente do princípio da segurança jurídica, são conhecidas as pioneiras lições de Almiro do Couto e Silva:[5]

> A segurança jurídica é entendida como sendo um conceito ou um princípio jurídico que se ramifica em duas partes: uma de natureza objetiva e outra de natureza subjetiva. A primeira, de natureza objetiva, é aquela que envolve a questão dos limites à retroatividade dos atos do Estado até mesmo quando estes se qualifiquem como atos legislativos. Diz respeito, portanto, à proteção ao direito adquirido, ao ato jurídico perfeito e à coisa julgada. Diferentemente do que acontece em outros países cujos ordenamentos jurídicos frequentemente têm servido de inspiração ao direito brasileiro, tal proteção está há muito incorporada à nossa tradição constitucional e dela expressamente cogita a Constituição de 1988, no art. 5º, inciso XXXVI.
>
> A outra, de natureza subjetiva, concerne à proteção à confiança das pessoas no pertinente aos atos, procedimentos e condutas do Estado, nos mais diferentes aspectos de sua atuação.

---

de regulamentos, súmulas administrativas e respostas a consultas. Parágrafo único. Os instrumentos previstos no *caput* deste artigo terão caráter vinculante em relação ao órgão ou entidade a que se destinam, até ulterior revisão.

5 SILVA, Almiro do Couto. O princípio da segurança jurídica (proteção à confiança) no direito público brasileiro o direito da administração Pública de anular seus próprios atos administrativos: o prazo decadencial do art. 54 da lei do processo administrativo da União (Lei n. 9.784/99). *Revista Brasileira de Direito Público*, Belo Horizonte, v. 2, n. 6, p. 7-58, jul./set. 2004. Ainda sobre a dupla vertente do princípio da segurança jurídica, J. J. Gomes Canotilho: "O homem necessita de *segurança* para conduzir, planificar e conformar autónoma e responsavelmente a sua vida. Por isso, desde cedo se consideravam os princípios da *segurança jurídica* e da *protecção da confiança* como elementos constitutivos do Estado de direito. Estes dois princípios — segurança jurídica e protecção da confiança — andam estreitamente associados a ponto de alguns autores considerarem o princípio da protecção de confiança com um subprincípio ou como uma dimensão específica da segurança jurídica. Em geral, considera-se que a *segurança jurídica* está conexionada com elementos objectivos da ordem jurídica — garantia de estabilidade jurídica, segurança de orientação e realização do direito — enquanto a *protecção da confiança* se prende mais com as componentes subjectivas da segurança, designadamente a calculabilidade e previsibilidade dos indivíduos em relação aos efeitos jurídicos dos actos dos poderes públicos. A segurança e a protecção da confiança exigem, no fundo: (1) fiabilidade, clareza, racionalidade e transparência dos actos do poder; (2) de forma que em relação a eles o cidadão veja garantida a segurança nas suas disposições pessoais e nos efeitos jurídicos dos seus próprios actos. Deduz-se já que os postulados da segurança jurídica e da protecção da confiança são exigíveis perante *qualquer acto* de *qualquer poder* — legislativo, executivo e judicial. (...) (3) em relação a *actos da administração* — tendencial estabilidade dos casos decididos através de actos administrativos constitutivos de direitos" (CANOTILHO, José Joaquim Gomes. *Direito constitucional e teoria da constituição*. 3. ed. Coimbra: Almedina, 1998. p. 252, grifo nosso).

A proteção da segurança jurídica é um elemento estruturante do Estado Administrativo Contemporâneo, que não pode renunciar à proteção, à estabilidade do ordenamento jurídico, à consolidação de situações jurídicas pelo decurso do tempo e ao respeito às legítimas expectativas criadas a partir de comportamentos estatais firmes e estáveis.

Ademais, conforme registrado anteriormente, existem obstáculos fáticos que também limitam o exercício da autotutela administrativa, especialmente quando estão em jogo os efeitos concretos da declaração de invalidade.

Tradicionalmente, reconhece-se que a invalidade, diferentemente da revogação, produziria efeitos retroativos, adotando-se a premissa de que direitos não podem ser originados de atos inválidos, conforme previsto na própria Súmula nº 473 do Supremo Tribunal Federal.

Contudo, a ideia de que a declaração de nulidade poderia retroagir, desconstituindo investimentos públicos e privados, sempre foi uma visão contrafactual e concretamente irrealizável, semelhante à ficção de um "administrador Marty McFly",[6] que, por meio da invalidação, faria uma viagem no tempo para corrigir o passado.

Ao contrário da perspectiva da nulidade com efeitos *ex tunc*, a segurança jurídica exige respeito e consideração às situações consolidadas e faticamente irreversíveis, especialmente quando necessário proteger a confiança depositada em atos estatais pretéritos.

Por essa razão, o legislador, embora tenha positivado o dever de autotutela, não deixou de estabelecer limites temporais ao seu exercício, conforme previsto no artigo 54 da Lei nº 9.784/99. Além disso, foi prevista a possibilidade de regularização de atos por meio de medidas corretivas adotadas pela própria Administração Pública, na forma do artigo 55 da mesma lei.

É o que se passa a desenvolver nas próximas linhas.

[6] Referência ao personagem principal (interpretado por Michael J. Fox) dos três filmes da série *De volta para o futuro*, dirigidos por Robert Zemeckis. O filme popularizou o carro DeLorean DMC-12, utilizado como máquina do tempo, inventada pelo cientista Dr. Emmet Brown (interpretado por Christopher Lloyd).

Art. 54. O direito da Administração de anular os atos administrativos de que decorram efeitos favoráveis para os destinatários decai em cinco anos, contados da data em que foram praticados, salvo comprovada má-fé.

§1º No caso de efeitos patrimoniais contínuos, o prazo de decadência contar-se-á da percepção do primeiro pagamento.

§2º Considera-se exercício do direito de anular qualquer medida de autoridade administrativa que importe impugnação à validade do ato.

**RODRIGO CRELIER ZAMBÃO DA SILVA**

Este artigo concretiza a aplicação do princípio da segurança jurídica no campo da teoria das invalidades na Lei de Processo Administrativo, consagrando o instituto da sanatória não voluntária (indireta) da ação administrativa[1] devido ao decurso do tempo e à consolidação de relações jurídicas estabelecidas com o Poder Público.

Há consenso doutrinário e jurisprudencial no sentido de que o prazo previsto neste dispositivo é decadencial,[2] devido à sua vinculação com um direito potestativo público, derivado do princípio da legalidade e do exercício da autotutela administrativa.

O dispositivo legal, portanto, veicula regra obstativa do exercício da autotutela administrativa, com a manutenção de atos administrativos inválidos em razão do tempo, em prol da estabilização de situações jurídicas e do respeito à confiança depositada em condutas estatais (comissivas ou omissivas).

---

1 MOREIRA NETO, Diogo de Figueiredo. *Curso de direito administrativo*. 16. ed. revista e atualizada. Rio de Janeiro: Forense, 2014. p. 243.

2 Sobre o tema, v. SILVA, *op. cit.*, p. 11-12: "À luz desses pressupostos, é irrecusável que o prazo do art. 54 da Lei nº 9784/99 é de decadência e não de prescrição. O que se extingue, pelo transcurso do prazo, desde que não haja má fé do interessado, é o próprio direito da Administração Pública federal de pleitear a anulação do ato administrativo, na esferajudicial, ou de ela própria proceder a essa anulação, no exercício da autotutela administrativa. Esse prazo não é passível de suspensão ou interrupção, como geralmente sucede, aliás, com os prazos decadenciais. De outro lado, — insista-se — não existe pretensão à invalidação, pois nada há exigir no comportamento da outra parte, como também nenhum dever jurídico corresponde ao direito a invalidar, o que já se ressaltou ser traço característico dos direitos formativos."

A relação do art. 54 da Lei nº 9.784/99 com o princípio da proteção da confiança legítima é direta: o administrado não pode permanecer indefinidamente sujeito à invalidação de atos administrativos, como se o correspondente poder estatal fosse absoluto e imponderável.

Na verdade, pode-se reconhecer que a positivação da decadência administrativa resulta de uma necessária ponderação em abstrato do princípio da segurança jurídica e o princípio da legalidade. Essa ponderação admite, em última instância, a preservação de ações administrativas, mesmo que praticadas em contrariedade ao ordenamento jurídico, sem qualquer medida corretiva, assumindo a feição de estabilização fática do ato administrativo.[3]

O termo inicial do prazo quinquenal, como regra geral, é a data da prática do ato administrativo, considerando o seu efetivo aperfeiçoamento, conforme consolidada jurisprudência do Supremo Tribunal Federal.[4]

A ressalva quanto à não contagem do prazo decadencial em situações de má-fé é excepcional e exige do Poder Público ônus argumentativo robusto, capaz de demonstrar a participação direta do administrado no cometimento da ilegalidade cometida.[5] Caso contrário, deverá ser prestigiada a orientação — também amparada pela jurisprudência do Supremo Tribunal Federal — da prescritibilidade como regra no ordenamento constitucional,[6] conforme a cláusula geral do Estado Democrático de Direito.

---

[3] É relevante pontuar que parte da doutrina realiza distinção entre a convalidação (a ser desenvolvida no próximo tópico) e a estabilização do ato administrativo, hipótese na qual o ato permanece conforme originalmente praticado, inclusive conservando a mácula que contém. Sobre a distinção, v. HEINEN, Juliano. *Curso de direito administrativo*. 3. ed. Salvador: Juspodivm, 2022. p. 1008.

[4] Merece especial destaque a jurisprudência do Supremo Tribunal Federal relativamente aos atos complexos, a exemplo da concessão e registro de aposentadoria, conforme consagrado na Súmula Vinculante nº 3: "Nos processos perante o Tribunal de Contas da União asseguram-se o contraditório e a ampla defesa quando da decisão puder resultar anulação ou revogação de ato administrativo que beneficie o interessado, excetuada a apreciação da legalidade do ato de concessão inicial de aposentadoria, reforma e pensão." Ainda assim, também é conhecida a jurisprudência no sentido de ser obrigatória a observância do contraditório quando ultrapassado o prazo de cinco anos entre a concessão e o efetivo registro (MS nº 25.116/DF, Pleno, j. 08.09.2010, rel. Min. Ayres Britto).

[5] O PL nº 2481/2022, elaborado por comissão de juristas para reforma da Lei nº 9.784/99, traz a previsão de prazo de 10 (dez) anos para os casos de comprovada má-fé, consoante nova redação do artigo 54: "Art. 54. O direito da Administração de anular os atos administrativos de que decorram efeitos favoráveis para os destinatários decai em cinco anos, contados da data em que foram praticados, salvo comprovada má-fé, hipótese em que a invalidação poderá ocorrer no prazo de 10 (dez) anos a contar da sua edição."

[6] A orientação foi determinante para fixação de tese em sede de repercussão geral, quando do julgamento do Tema nº 666: "É prescritível a ação de reparação de danos à Fazenda

A relevância da estabilidade das relações jurídica pelo decurso do tempo levou ao entendimento de que a Lei de Processo Administrativo Federal, embora inicialmente inaplicável aos demais entes federativos, deveria ser aplicada subsidiariamente na ausência de fixação de prazo decadencial pelos entes subnacionais, conforme a Súmula nº 633 do Superior Tribunal de Justiça:

> Súmula 633
>
> A Lei n. 9.784/1999, especialmente no que diz respeito ao prazo decadencial para a revisão de atos administrativos no âmbito da Administração Pública federal, pode ser aplicada, de forma subsidiária, aos estados e municípios, se inexistente norma local e específica que regule a matéria.

Na verdade, em que pese o caráter federal originário da Lei nº 9.784/99, em diversas oportunidades os seus preceitos concretizam princípios gerais de direito administrativo, possibilitando o florescimento de orientações que admitem a sua utilização em relações travadas por estados e municípios,[7] quando inexistente disciplina processual administrativa própria.

Observe-se, ainda, a orientação do Supremo Tribunal Federal no sentido da existência um prazo quinquenal como marco temporal geral das relações jurídicas travadas entre Administração Pública e

---

Pública decorrente de ilícito civil." Não se desconhece, no entanto, que a própria jurisprudência da Corte afasta a prescritibilidade quando em jogo a prática de atos dolosos de improbidade administrativa, consoante tese fixada no Tema nº 897: "São imprescritíveis as ações de ressarcimento ao erário fundadas na prática de ato doloso tipificado na Lei de Improbidade Administrativa." Especificamente no campo da decadência administrativa há precedentes do STF admitindo a possibilidade de exercício da autotutela depois do decurso do prazo do artigo 54 da Lei nº 9.784/99 diante de situações flagrantemente inconstitucionais (Tema 839). Também merece destaque o MS nº 28.279, de relatoria da ministra Ellen Gracie, julgado pelo Plenário em 16.12.10: Mandado de segurança. Atividade notarial e de registro. Ingresso. Concurso público. Exigência. Artigo 236, parágrafo 3º, da Constituição Federal. Norma autoaplicável. Decadência prevista no artigo 54 da Lei 9.784/1999. Inaplicabilidade a situações inconstitucionais. prevalência dos princípios republicanos da igualdade, da moralidade e da impessoalidade. Substituto efetivado como titular de serventia após a promulgação da Constituição Federal. Impossibilidade. Ordem denegada. (...)

[7] O PL nº 2481/2022, elaborado por comissão de juristas para reforma da Lei nº 9.784/99, traz proposta de transformação do atual diploma legislativo em norma geral de processo administrativo, conforme redação do novo art. 1º: "Art. 1º Esta Lei institui normas gerais de processo administrativo e de procedimentos em matéria processual administrativa, sendo aplicável à Administração Pública direta e indireta da União, dos Estados, do Distrito Federal e dos Municípios." §1º As normas gerais previstas nesta lei aplicam-se no âmbito dos Poderes Legislativo e Judiciário, do Ministério Público e dos Tribunais de Contas, em todos os níveis federativos."

particulares, entendimento formado por ocasião do julgamento da ADI nº 6019, ajuizada em razão de lei do município de São Paulo que fixava o prazo decadência de 10 (dez) anos para o exercício da autotutela administrativa.[8]

Ademais, o §1º do dispositivo legal veicula regra específica para a contagem do prazo quinquenal em relações patrimoniais de efeitos

[8] Ementa: Direito constitucional e administrativo. Ação direta de inconstitucionalidade. Prazo decadencial para o exercício do poder de autotutela pela Administração Pública estadual. 1. Ação direta contra o art. 10, I, da Lei nº 10.177/1998, do Estado de São Paulo, que estabelece o prazo decadencial de 10 (dez) anos para anulação de atos administrativos reputados inválidos pela Administração Pública estadual. 2. Lei estadual que disciplina o prazo decadencial para o exercício da autotutela pela administração pública local não ofende a competência da União Federal para legislar sobre direito civil (art. 22, I, CF/1988) ou para editar normas gerais sobre licitações e contratos (art. 22, XXVII, CF/1988). Trata-se, na verdade, de matéria inserida na competência constitucional dos estados-membros para legislar sobre direito administrativo (art. 25, § 1º, CF/1988). 3. O dispositivo impugnado não viola os princípios constitucionais da segurança jurídica e da razoabilidade. O prazo decenal não é arbitrário e não caracteriza, por si só, instabilidade das relações jurídicas ou afronta às legítimas expectativas dos particulares na imutabilidade de situações jurídicas consolidadas com o decurso do tempo. Esse é, inclusive, o prazo prescricional geral do Código Civil (art. 205) e de desapropriação indireta (Tema 1.019, STJ), dentre outros inúmeros exemplos no ordenamento jurídico brasileiro. 4. Sem embargo, o prazo quinquenal consolidou-se como marco temporal geral nas relações entre o Poder Público e particulares (v., *e.g.*, o art. 1º do Decreto nº 20.910/1932 e o art. 173 do Código Tributário Nacional), e esta Corte somente admite exceções ao princípio da isonomia quando houver fundamento razoável baseado na necessidade de remediar um desequilíbrio entre as partes. 5. Os demais estados da Federação aplicam, indistintamente, o prazo quinquenal para anulação de atos administrativos de que decorram efeitos favoráveis aos administrados, seja por previsão em lei própria ou por aplicação analógica do art. 54 da Lei nº 9.784/1999. Não há fundamento constitucional que justifique a situação excepcional do Estado de São Paulo, impondo-se o tratamento igualitário nas relações Estado-cidadão. 6. A presente ADI foi ajuizada somente em 2018 e o art. 10, I, da Lei nº 10.177/1998 vem sendo aplicado há décadas pela Administração Pública paulista, tendo servido de base à anulação de diversos atos administrativos. A declaração de nulidade, com efeitos ex tunc, do dispositivo ora impugnado acarretaria enorme insegurança jurídica no Estado de São Paulo, com potencial de (i) refazimento de milhares de atos administrativos cuja anulação já se consolidou no tempo, (ii) ampla e indesejável litigiosidade nas instâncias ordinárias e (iii) provável impacto econômico em momento de grave crise financeira que assola o país, tendo em vista que os atos anulados haviam produzido efeitos favoráveis aos administrados 7. Desse modo, impõe-se a modulação dos efeitos desta decisão (art. 27 da Lei nº 9.868/1999), para que (i) sejam mantidas as anulações já realizadas pela Administração até a publicação da ata do julgamento de mérito desta ação direta (23.04.2021), desde que tenham observado o prazo de 10 (dez) anos; (ii) seja aplicado o prazo decadencial de 10 (dez) anos aos casos em que, em 23.04.2021, já havia transcorrido mais da metade do tempo fixado na lei declarada inconstitucional (aplicação, por analogia, do art. 2.028 do Código Civil); e (iii) para os demais atos administrativos já praticados, seja o prazo decadencial de 5 (cinco) anos contado a partir da publicação da ata do julgamento de mérito desta ação (23.04.2021). 8. Procedência do pedido, com a declaração de inconstitucionalidade do art. 10, I, da Lei nº 10.177/1998, do Estado de São Paulo, modulando-se os efeitos na forma acima descrita. (ADI 6019/SP, Pleno, rel. Min. Marco Aurélio, rel. para acórdão Roberto Barroso, j. 12.05.2021).

contínuos, fixando como termo inicial a data do primeiro pagamento. Isso significa que o exercício da autotutela não pode ser renovado pelo Poder Público em tais situações, caracterizando-se a decadência sempre que transcorrido o prazo legal, contado do primeiro desembolso realizado.

Por sua vez, o §2º dispõe que qualquer medida administrativa que importe impugnação à validade de uma situação jurídica será considerada como exercício do direito de anular, afastando a inércia administrativa. Exige-se, no entanto, que essa medida tenha conteúdo decisório e seja levada ao conhecimento do administrado beneficiário da relação jurídica estabelecida.[9]

Não há como se afastar da conclusão de que qualquer movimento de questionamento sobre uma situação jurídica favorável ao particular deve observar o devido processo legal, com o respeito aos princípios do contraditório e da ampla defesa, oportunizando-se o questionamento dos fundamentos da impugnação administrativa da validade do ato, inclusive para fins de reconhecimento da própria decadência.

Em suma, o dispositivo legal consagra um relevante mecanismo de estabilização de relações jurídicas, premissa indispensável no contexto de promoção dos vetores substantivos da cláusula constitucional do Estado Democrático de Direito. A segurança jurídica exige que o decurso do tempo não seja um vilão para aqueles que mantêm relações jurídicas com o Poder Público, extraindo delas benefícios ou expectativas legítimas.

---

[9] O PL nº 2481/2022, elaborado por comissão de juristas para reforma da Lei nº 9.784/99, traz prazo a ser observado entre a identificação a invalidade e a sua efetiva declaração, na forma da redação proposta para o §3º do artigo 54 da Lei nº 9.784/99: "Art. 54 – (...) §3º Nas hipóteses do §2º, o direito de anular decairá quando tiverem decorridos mais de cinco anos entre a medida de autoridade administrativa que importe impugnação à validade do ato e a edição do ato de anulação."

Art. 55. Em decisão na qual se evidencie não acarretarem lesão ao interesse público nem prejuízo a terceiros, os atos que apresentarem defeitos sanáveis poderão ser convalidados pela própria Administração

## RODRIGO CRELIER ZAMBÃO DA SILVA

Complementando o art. 54 da Lei nº 9.784/99, o dispositivo trata do instituto da sanatória (ou convalidação)[1] voluntária, definida pelo professor Diogo de Figueiredo Moreira Neto como o "emprego de instrumentos jurídicos destinados a salvar da nulidade atos viciados em que haja interesse público em que produzem ou mantenham eficácia".[2]

É importante destacar que o dispositivo legal, lançado em termos amplos, é plenamente compatível com a atual perspectiva do direito administrativo, que privilegia a preservação de atos e contratos administrativos, em detrimento do seu desfazimento.

A vinculação da Administração Pública ao princípio da juridicidade impõe, antes de qualquer medida de desfazimento, a tentativa de correção da ação administrativa, especialmente quando estão em jogo legítimos interesses dos administrados, reforçando, assim, a vertente subjetiva do princípio da segurança jurídica.

Note-se que o dispositivo legal, mesmo anterior às reformas recentes, dialoga com o que pode ser chamado de "nova teoria das nulidades" no direito administrativo, desenvolvida pela doutrina contemporânea e consagrada nas alterações promovidas na "Nova LINDB"[3] e, mais recentemente, na disciplina extraída do artigo 147 da Lei nº 14.133/21[4] ("Nova Lei de Licitações e Contratos").

---

[1] O tema será tratado em termos gerais, sem especificação das espécies de convalidação, como a ratificação, a reforma e a conversão. Para um estudo do tema, ver HEINEN, *op. cit.*, p. 1002.

[2] *Ibid.*, p. 210.

[3] Denominação extraída a partir das alterações promovidas pela Lei nº 13.655/18 e consagrada em obra de referência: MAFFINI, Rafael; RAMOS, Rafael (coord.). *Nova LINDB*: Proteção da confiança, consensualidade, participação democrática e precedentes administrativos. Rio de Janeiro: Lumen Juris, 2021.

[4] Art. 147. Constatada irregularidade no procedimento licitatório ou na execução contratual, caso não seja possível o saneamento, a decisão sobre a suspensão da execução ou

Especificamente, o artigo 147 da Lei nº 14.133/21 concretiza, no âmbito dos contratos públicos, a premissa consequencialista no campo das invalidades, introduzindo uma saudável aproximação com o princípio da preservação dos negócios jurídicos, oriundo da teoria geral dos contratos.[5]

É essencial enfatizar a vinculação do art. 147 da Lei nº 14.133/21 ao art. 21 da LINDB,[6] que valoriza a preservação de ações administrativas

---

sobre a declaração de nulidade do contrato somente será adotada na hipótese em que se revelar medida de interesse público, com avaliação, entre outros, dos seguintes aspectos:
I – impactos econômicos e financeiros decorrentes do atraso na fruição dos benefícios do objeto do contrato;
II – riscos sociais, ambientais e à segurança da população local decorrentes do atraso na fruição dos benefícios do objeto do contrato;
III – motivação social e ambiental do contrato;
IV – custo da deterioração ou da perda das parcelas executadas;
V – despesa necessária à preservação das instalações e dos serviços já executados;
VI – despesa inerente à desmobilização e ao posterior retorno às atividades;
VII – medidas efetivamente adotadas pelo titular do órgão ou entidade para o saneamento dos indícios de irregularidades apontados;
VIII – custo total e estágio de execução física e financeira dos contratos, dos convênios, das obras ou das parcelas envolvidas;
IX – fechamento de postos de trabalho diretos e indiretos em razão da paralisação;
X – custo para realização de nova licitação ou celebração de novo contrato;
XI – custo de oportunidade do capital durante o período de paralisação.
Parágrafo único. Caso a paralisação ou anulação não se revele medida de interesse público, o poder público deverá optar pela continuidade do contrato e pela solução da irregularidade por meio de indenização por perdas e danos, sem prejuízo da apuração de responsabilidade e da aplicação de penalidades cabíveis.

5 Em obra destinada à disciplina dos contratos públicos, Egon Bockmann Moreira e Flávio Amaral Garcia fazem referência ao dever administrativo de desenvolver melhores esforços para a manutenção do contrato, o que também pode ser transposto para a disciplina do processo administrativo. Os autores destacam que: "Consagrado também no art. 170 do Código Civil e no art. 51, §2º, do Código de Defesa do Consumidor, o princípio da preservação dos contratos assume significado próprio no art. 147 da Lei nº 14.133/2021: o pactuado deve ser prontamente resguardado sempre que a Administração Pública, em colaboração com o contratado privado, consiga transpor os vícios que contaminam o contrato — sejam eles de direito processual, sejam de direito material. Em decorrência, existe a positivação do dever administrativo de desenvolver os melhores esforços para a manutenção do contrato. O contrato poderá ser anulado única e exclusivamente nos casos em que for motivadamente comprovada a impossibilidade fática e/ou jurídica, da eliminação dos vícios (e/ou de seus efeitos), irregularidades ou nulidades. O art. 147 adota condicionante expressa — 'caso não seja possível o saneamento' — que determina o modo de exercício da competência administrativa para anular contratos (exigindo ônus argumentativo extraordinário de avaliação dos nove aspectos positivados nos respectivos incisos da norma)." (MOREIRA, Egon Bockmann; GARCIA, Flávio Amaral. *Contratos administrativos na Lei de Licitações*: comentários aos artigos 89 a 154 da Lei nº 14.133/2021. São Paulo: Revista dos Tribunais, 2024. p. 430).

6 Art. 21. A decisão que, nas esferas administrativa, controladora ou judicial, decretar a invalidação de ato, contrato, ajuste, processo ou norma administrativa deverá indicar de modo expresso suas consequências jurídicas e administrativas.
Parágrafo único. A decisão a que se refere o caput deste artigo deverá, quando for o caso, indicar as condições para que a regularização ocorra de modo proporcional e equânime e

em função das consequências do desfazimento, considerando a impossibilidade de impor ônus desproporcionais (anormais ou excessivos) aos administrados.

Portanto, reconhece-se a existência de um novo regime de invalidades no ordenamento jurídico brasileiro, que adota premissas menos destrutivas, abandonando a visão de que toda e qualquer contrariedade ao direito deveria resultar na pronta declaração de nulidade, sem modulações ou ponderações.

Como já mencionado ao analisar o artigo 53 da Lei nº 9.784/99, a perspectiva tradicional sempre foi irrealista: partia-se do pressuposto de que a declaração de nulidade operaria como um passe de mágica, desconstruindo o passado, uma vez que atos nulos não gerariam direitos e obrigações.

Essa concepção, pautada em interpretação rigorosa (e invertida) do princípio da legalidade, acabou consagrada na Súmula nº 473 do Supremo Tribunal Federal, constantemente citada em aulas, manuais de direito administrativo e em decisões judiciais.

A visão tradicional considerava a declaração de nulidade como potencialmente transformadora, capaz de resolver problemas passados e futuros, modificando uma realidade viciada por condutas de agentes públicos e/ou privados. No entanto, essa perspectiva nunca passou de ficção. A declaração de nulidade jamais teve o poder supremo de, por si só, desfazer o passado e construir um futuro melhor.

Nesse contexto, a Nova LINDB e a Nova Lei de Licitações trazem avanços significativos, partindo da premissa, tradicionalmente defendida pela professora Weida Zancaner,[7] de que a vinculação da Administração Pública à legalidade deve priorizar a regularização de situações, em detrimento do desfazimento de atos e contratos administrativos.

Não há dúvidas de que o artigo 55 da Lei nº 9.784/99 se alinha aos atuais contornos da teoria das nulidades, permitindo que sejam adotadas premissas consequencialistas no processo decisório, atribuindo ao gestor público (e a todos aqueles que lidam com questões de direito público) o dever de considerar os potenciais efeitos adversos do desfazimento de ações administrativas específicas.

---

sem prejuízo aos interesses gerais, não se podendo impor aos sujeitos atingidos ônus ou perdas que, em função das peculiaridades do caso, sejam anormais ou excessivos.

[7] ZANCANER, Weida. Da convalidação e da invalidação dos atos administrativos. 3. ed., São Paulo: Malheiros, 2008.

Deve-se também prestigiar a possibilidade de modulação dos efeitos de decisões que declarem a invalidade,[8] observando a necessária manutenção de situações consolidadas no tempo e no espaço, em respeito aos princípios da segurança jurídica e da vedação ao enriquecimento sem causa.

A relevância vetores substantivos que orientam a preservação de atos e contratos administrativos permite concluir que, à luz do artigo 55 da Lei nº 9.784/99, existe um poder-dever de convalidação,[9] sempre que presente vício sanável e interesses legítimos a serem preservados.

Abandona-se, assim, orientação tradicional de que a convalidação estaria inserida no campo do poder discricionário do administrador público, postura incompatível com um direito administrativo vocacionado para a tutela dos direitos fundamentais dos administrados.[10]

---

[8] A possibilidade de modulação da declaração de invalidade é medida diretamente extraída do princípio da segurança jurídica, de modo que a sua realização não pressupõe previsão expressa em lei. De todo modo, a providência está positivada no art. 148, §2º, da Lei nº 14.133/21: "Art. 148. A declaração de nulidade do contrato administrativo requererá análise prévia do interesse público envolvido, na forma do art. 147 desta Lei, e operará retroativamente, impedindo os efeitos jurídicos que o contrato deveria produzir ordinariamente e desconstituindo os já produzidos. §1º Caso não seja possível o retorno à situação fática anterior, a nulidade será resolvida pela indenização por perdas e danos, sem prejuízo da apuração de responsabilidade e aplicação das penalidades cabíveis. §2º Ao declarar a nulidade do contrato, a autoridade, com vistas à continuidade da atividade administrativa, poderá decidir que ela só tenha eficácia em momento futuro, suficiente para efetuar nova contratação, por prazo de até 6 (seis) meses, prorrogável uma única vez". A prerrogativa da modulação de efeitos também encontra previsão no art. 53, §3º, da Lei de Processo Administrativo do Estado do Rio de Janeiro (Lei nº 5.427/09): "Art. 53. A Administração tem o prazo de cinco anos, a contar da data da publicação da decisão final proferida no processo administrativo, para anular os atos administrativos dos quais decorram efeitos favoráveis para os administrados, ressalvado o caso de comprovada má-fé. §1º No caso de efeitos patrimoniais contínuos, o prazo de decadência contar-se-á da percepção do primeiro pagamento. §2º Sem prejuízo da ponderação de outros fatores, considera-se de má-fé o indivíduo que, analisadas as circunstâncias do caso, tinha ou devia ter consciência da ilegalidade do ato praticado. §3º Os Poderes do Estado e os demais órgãos dotados de autonomia constitucional poderão, no exercício de função administrativa, tendo em vista razões de segurança jurídica ou de excepcional interesse social, restringir os efeitos da declaração de nulidade de ato administrativo ou decidir que ela só tenha eficácia a partir de determinado momento que venha a ser fixado."

[9] O PL nº 2481/2022, elaborado por comissão de juristas para reforma da Lei nº 9.784/99 propõe a positivação de um dever de convalidação, a partir das novas redações conferidas aos artigos 53 e 55: "Art. 53. A Administração deve anular seus próprios atos, quando eivados de vício de legalidade, observado o disposto no art. 55, e pode revogá-los por motivo de conveniência ou oportunidade, respeitados os direitos adquiridos." e "Art. 55. Em decisão na qual se evidencie não acarretarem lesão ao interesse público nem prejuízo a terceiros, os atos que apresentarem defeitos sanáveis devem ser convalidados pela própria Administração."

[10] Conforme destaca Marçal Justen Filho: "A atividade administrativa do Estado Democrático de Direito subordina-se, então, a um critério fundamental, que é anterior à supremacia e

Sobre este tema, Egon Bockmann Moreira destacou:

> Porém, ressalta aqui a peculiaridade da redação final do artigo, que confere alternativa discricionária ao agente público (poderão ser convalidados). Ora, se constatado que o defeito é sanável, que sua regularização não implicará qualquer lesão ao interesse público e prejuízo a terceiros, não se compreende que a convalidação seria opção discricionária. Caso contrário restarão duas opções: ignorar o defeito (essa, sim, absolutamente inviável) ou anular o ato (inconsistente, em razão do preenchimento dos três requisitos). Assim, persiste a dificuldade (se não impossibilidade) de conceber uma alternativa discricionária diante da evidência dos requisitos do art. 55. O que existe é um dever de convalidar o ato viciado.[11]

Em qualquer caso, o dever de medir consequências e a correspondente convalidação ou preservação de atos e contratos traz como contrapartida o dever de motivação racional, demonstrando o impacto da invalidade relativamente ao interesse público, considerados os direitos fundamentais dos administrados envolvidos.

As considerações acima demonstram que o artigo 55 da Lei do Processo Administrativo é compatível com os recentes avanços no tratamento doutrinário e legislativo das nulidades de atos e contratos administrativos. É viável e necessário adotar premissas menos destrutivas, reconhecendo que a declaração de invalidade não se alinha a soluções simplistas, especialmente quando estão em jogo interesses públicos de diferentes espécies e investimentos privados significativos.

Como já defendeu o professor Egon Bockmann Moreira, é necessário dizer adeus à Súmula nº 473[12] e encarar a teoria das nulidades com uma boa dose de realidade.

---

indisponibilidade do interesse público. Trata-se da supremacia e indisponibilidade dos direitos fundamentais" (JUSTEN FILHO, Marçal. *Curso de direito administrativo*. 14. ed. São Paulo: Revista dos Tribunais, 2020)

[11] MOREIRA, Egon Bockmann. *Processo administrativo*. 8. ed. São Paulo: Revista dos Tribunais, 2023. p. 103.

[12] MOREIRA, Egon Bockmann. Súmula 473: é hora de dizer adeus. *In*: JOTA [site], 1º out. 2019. Disponível em: https://www.jota.info/opiniao-e-analise/colunas/publicistas/sumula-473-e-hora-de-dizer-adeus-01102019. Acesso em: 15 maio 2022.

## Referências

CANOTILHO, José Joaquim Gomes. *Direito constitucional e teoria da constituição*. 3. ed. Coimbra: Almedina, 1998.

CANOTILHO, José Joaquim Gomes. *Direito constitucional*. Coimbra: Livraria Almedina, 1993.

HEINEN, Juliano. *Curso de direito administrativo*. 3. ed. Salvador: Juspodivm, 2022.

JUSTEN FILHO, Marçal. *Curso de direito administrativo*. 14. ed. São Paulo: Revista dos Tribunais, 2020.

MAFFINI, Rafael; RAMOS, Rafael (coord.). *Nova LINDB*: Proteção da confiança, consensualidade, participação democrática e precedentes administrativos. Rio de Janeiro: Lumen Juris, 2021.

MELLO, Celso Antônio Bandeira de. *Curso de Direito Administrativo*. 30. ed. São Paulo: Malheiros, 2013.

MENDES, Gilmar Ferreira; BRANCO, Paulo Gustavo Gonet. *Curso de direito constitucional*. São Paulo: Saraiva, 2013.

MOREIRA, Egon Bockmann; GARCIA, Flávio Amaral. *Contratos administrativos na Lei de Licitações*: comentários aos artigos 89 a 154 da Lei nº 14.133/2021. São Paulo: Revista dos Tribunais, 2024.

MOREIRA, Egon Bockmann. Súmula 473: é hora de dizer adeus. *In*: JOTA [site], 1º out. 2019. Disponível em: https://www.jota.info/opiniao-e-analise/colunas/publicistas/sumula-473-e-hora-de-dizer-adeus-01102019. Acesso em: 15 maio 2022.

MOREIRA, Egon Bockmann. *Processo administrativo*. 8. ed. São Paulo: Revista dos Tribunais, 2023.

MOREIRA NETO, Diogo de Figueiredo. *Curso de direito administrativo*. 16. ed. revista e atualizada. Rio de Janeiro: Forense, 2014.

SILVA, Almiro do Couto. O princípio da segurança jurídica (proteção à confiança) no direito público brasileiro o direito da administração Pública de anular seus próprios atos administrativos: o prazo decadencial do art. 54 da lei do processo administrativo da União (Lei n. 9.784/99). *Revista Brasileira de Direito Público*, Belo Horizonte, v. 2, n. 6, p. 7-58, jul./set. 2004.

ZANCANER, Weida. Da convalidação e da invalidação dos atos administrativos. 3. ed., São Paulo: Malheiros, 2008.

## CAPÍTULO XV
## DO RECURSO ADMINISTRATIVO E DA REVISÃO

Art. 56. Das decisões administrativas cabe recurso, em face de razões de legalidade e de mérito.

§1º O recurso será dirigido à autoridade que proferiu a decisão, a qual, se não a reconsiderar no prazo de cinco dias, o encaminhará à autoridade superior.

§2º Salvo exigência legal, a interposição de recurso administrativo independe de caução.

§3º Se o recorrente alegar que a decisão administrativa contraria enunciado da súmula vinculante, caberá à autoridade prolatora da decisão impugnada, se não a reconsiderar, explicitar, antes de encaminhar o recurso à autoridade superior, as razões da aplicabilidade ou inaplicabilidade da súmula, conforme o caso (Incluído pela Lei nº 11.417, de 2006).

**BRUNO BETTI COSTA**

# 1 A recorribilidade das decisões administrativas

O artigo 56, *caput*, da Lei nº 9.784/99 estabelece que, das decisões da Administração Pública, cabe recurso por razões de legalidade e de mérito. Assim, consagra-se o princípio da recorribilidade das decisões administrativas, garantindo um controle mais amplo do que o realizado pelo Judiciário, uma vez que abrange também as razões de conveniência e oportunidade do Poder Público.

Recurso é uma manifestação fundamentada de inconformidade com uma decisão proferida, visando à sua alteração. Nesse sentido, a expressão pode ter diferentes significados, variando em amplitude, como gênero ou espécie, conforme a natureza da decisão recorrida, as circunstâncias de sua interposição e a competência para o reexame postulado. Independentemente de sua acepção ampla ou restrita, os recursos encontram seu fundamento no princípio do duplo grau de jurisdição, aplicável também à esfera administrativa.

O *due process of law*, em sua faceta substantiva, exige o exame da razoabilidade das normas e atos estatais para proteger direitos e liberdades individuais contra decisões tirânicas, arbitrárias ou desprovidas de razoabilidade. Como as decisões da Administração Pública são tomadas por um sujeito parcial no processo administrativo, é imprescindível o reexame das soluções adotadas pelo administrador.[1]

Apesar das decisões do Poder Público estarem condicionadas à concretização do interesse público e da finalidade pública, é possível e natural que os julgadores cometam erros, justificando assim uma nova apreciação.

Embora o duplo grau de jurisdição esteja garantido na esfera administrativa, isso não elimina a garantia fundamental do controle da legalidade dos atos administrativos pelo Poder Judiciário, conforme o artigo 5º, XXXV, da Constituição Federal. Portanto, o direito ao reexame está constitucionalmente assegurado, inclusive na Administração Pública, sendo o artigo 56, *caput*, um reflexo dessa garantia.

Segundo o *caput* do artigo 56, pode-se interpor recurso administrativo por razões de legalidade e de mérito. Para entender esses dois aspectos, é necessário distinguir entre o ato administrativo vinculado e o ato administrativo discricionário. No ato vinculado, o administrador público não tem margem de liberdade para decidir, pois a norma determina previamente a única solução cabível. Já no ato discricionário, o administrador possui certa margem de liberdade para decidir com base em critérios de oportunidade e conveniência, visando atender à finalidade legal.[2]

As decisões administrativas vinculadas dizem respeito apenas ao aspecto da legalidade, examinando se a solução está em conformidade com as normas que regem a Administração Pública. A decisão só não será válida se o Poder Público adotar um resultado diverso do único cabível para a situação. Por outro lado, as decisões discricionárias envolvem tanto a legalidade quanto o mérito administrativo, baseando-se em critérios de oportunidade e conveniência.

De qualquer modo, o artigo 56, *caput*, garante a recorribilidade das decisões administrativas desfavoráveis ao interessado, seja no caso de ato vinculado, em que se reexamina apenas a legalidade, seja no caso

---

1 FERRAZ, Sérgio; DALLARI, Adilson de Abreu. *Processo administrativo*. 3. ed. São Paulo: Malheiros, 2012. p. 306.

2 BETTI, Bruno. *Manual de direito administrativo*. Rio de Janeiro: Editora Método, 2024. p. 144.

de ato discricionário, em que se reexamina tanto a legalidade quanto o mérito. Esse reexame administrativo difere do controle judicial, no qual é vedado ao Judiciário analisar o mérito do ato administrativo discricionário.

O §2º do artigo 56 da Lei nº 9.784/99 estabelece que a interposição de recurso administrativo independe de caução, salvo se a lei expressamente exigir. Isso consagra, como regra, o princípio da gratuidade no processo administrativo.

Em relação à caução, é importante destacar que ela não pode ser considerada um requisito de admissibilidade dos recursos, mesmo quando prevista na legislação, devido à sua flagrante inconstitucionalidade.[3] Diferentemente do preparo exigido no âmbito judicial, que é um requisito de admissibilidade do recurso por envolver o custeio dos gastos relativos ao processamento recursal, o depósito prévio e outras formas de garantia restringem indubitavelmente o direito de interpor recurso e de conseguir a suspensão da exequibilidade da decisão. A Administração Pública não deve exigir que o administrado ofereça garantias para exercer seu direito à ampla defesa, que inclui a possibilidade de interpor recursos.

Nesse sentido, o Supremo Tribunal Federal[4] já consolidou o entendimento de que a exigência de depósito prévio como condição de admissibilidade do recurso administrativo, para a suspensão do ato administrativo exequível, viola o artigo 5º, incisos XXXIV, a, e LV, da Constituição Federal, que garantem, respectivamente, o direito de petição e a ampla defesa.

O §3º do artigo 56 da Lei nº 9.784/99 dispõe que, se nas razões recursais houver alegação do recorrente afirmando que a decisão administrativa contraria enunciado de súmula vinculante, a autoridade que proferiu a decisão impugnada, caso não a reconsidere, deve explicitar os motivos da aplicabilidade ou inaplicabilidade da súmula antes de encaminhar o recurso à autoridade superior.

Conforme dispõe o art. 103-A, da Constituição, o Supremo Tribunal Federal poderá, de ofício ou por provocação, mediante decisão de dois terços dos seus membros, após reiteradas decisões sobre matéria constitucional, aprovar súmula que, a partir de sua publicação

---

3 FIGUEIREDO, Lúcia Valle. *Comentários à Lei Federal de Processo Administrativo*: lei nº 9.784/99. 2. ed. Belo Horizonte: Fórum, 2009. p. 156.

4 Nesse sentido, a Súmula Vinculante nº13 STF – É inconstitucional a exigência de depósito ou arrolamento prévios de dinheiro ou bens para admissibilidade de recurso administrativo.

na imprensa oficial, terá efeito vinculante em relação aos demais órgãos do Poder Judiciário e à Administração Pública direta e indireta, nas esferas federal, estadual e municipal, bem como proceder à sua revisão ou cancelamento, na forma estabelecida em lei.

Nesse sentido, o instituto visa a validade, a interpretação e a eficácia de normas determinadas, sobre as quais exista controvérsia atual entre órgãos judiciários ou entre estes e a Administração Pública, causando grave insegurança jurídica e relevante multiplicação de processos sobre a mesma questão, conforme dispõe o artigo 103-A, §1º, do texto constitucional. Sob esse prisma, as súmulas vinculantes têm o objetivo de uniformizar as decisões das cortes brasileiras sobre determinado assunto jurídico, evidenciando os entendimentos do Judiciário e servindo como orientação tanto para os órgãos jurisdicionais quanto para os administrativos, evitando que a Administração emita decisões contrárias às súmulas do Judiciário.

Nesse contexto, infere-se do §3º do artigo 56 que, se a autoridade administrativa decidir de forma contrária ao que está sumulado vinculativamente, o administrado poderá recorrer da decisão requerendo que a Administração observe o conteúdo da súmula vinculante ou explique por que a súmula não se aplica à situação específica. Portanto, é fundamental que o interessado explicite, em suas razões recursais, quão adequado é o teor da súmula para resolver a hipótese fática em questão e porque ela deve ser aplicada. Assim, deixa-se claro ao Poder Público que está descumprindo uma verdadeira norma, dotada de caráter impositivo.

Art. 57. O recurso administrativo tramitará no máximo por três instâncias administrativas, salvo disposição legal diversa.

**BRUNO BETTI COSTA**

## 1 Limitação de instâncias recursais na Administração Pública: uma análise do mandado de segurança nº 27.102 – DF

O legislador estabeleceu explicitamente que o recurso "será dirigido à autoridade que proferiu a decisão" (art. 56, §1º da Lei nº 9.784/99) e, no artigo seguinte, limitou a tramitação recursal a "no máximo por três instâncias administrativas, salvo disposição legal diversa". Não há garantia legal de interposição de três sucessivas insurgências recursais; ao contrário, há uma regra que limita a tramitação recursal a apenas três instâncias, assegurando, portanto, a interposição de duas impugnações recursais, exceto se houver "disposição legal diversa" para o respectivo rito.

Por exemplo, ao interpor o primeiro recurso na instância administrativa inicial, a autoridade que proferiu a decisão impugnada poderá reconsiderá-la ou não (essa é a 1ª instância administrativa, conforme o art. 56, §1º, da Lei nº 9.784/99). Se a decisão não for reconsiderada, a mesma impugnação será encaminhada à apreciação da autoridade hierárquica imediatamente superior, configurando a 2ª instância administrativa. Se houver nova derrota do recorrente nesse segundo nível, ele poderá interpor um segundo recurso, que será decidido na 3ª instância administrativa. Nesse cenário, mesmo que ocorra uma segunda derrota do administrado, não haverá mais lugar para uma terceira interposição recursal, visto que a legislação de regência, como regra geral, não permite a continuidade da tramitação do recurso em uma 4ª instância administrativa.

Dessa forma, ainda que a lei preveja a tramitação recursal por até três instâncias administrativas, o recorrente não poderá interpor três sucessivos recursos, mas apenas dois (um perante a instância de origem e outro na instância administrativa imediatamente superior), sob pena de se percorrer quatro instâncias administrativas.

A Lei nº 8.112/90 possui previsão similar quanto ao processamento do recurso, embora não defina o número de instâncias por ele percorríveis. Confira-se:

> Art. 107. Caberá recurso:
>
> I – do indeferimento do pedido de reconsideração;
>
> II – das decisões sobre os recursos sucessivamente interpostos.
>
> §1º O recurso será dirigido à autoridade imediatamente superior à que tiver expedido o ato ou proferido a decisão, e, sucessivamente, em escala ascendente, às demais autoridades.
>
> §2º O recurso será encaminhado por intermédio da autoridade a que estiver imediatamente subordinado o requerente.

O §2º do art. 107 contém regra similar à do art. 57 da Lei nº 9.784/99, determinando que o recurso será interposto perante a autoridade que proferiu a decisão recorrida, isto é, a instância *a quo*.

Aplica-se, portanto, a regra geral do art. 57 da Lei nº 9.784/99, que limita a tramitação recursal a até três instâncias, permitindo no máximo duas interposições recursais, à míngua de previsão expressa em sentido contrário na Lei nº 8.112/90.

Este entendimento foi ratificado no julgamento do Mandado de Segurança nº 27.102 – DF pelo Superior Tribunal de Justiça (STJ).

Art. 58. Têm legitimidade para interpor recurso administrativo:

I – os titulares de direitos e interesses que forem parte no processo;

II – aqueles cujos direitos ou interesses forem indiretamente afetados pela decisão recorrida;

III – as organizações e associações representativas, no tocante a direitos e interesses coletivos;

IV – os cidadãos ou associações, quanto a direitos ou interesses difusos.

**BRUNO BETTI COSTA**

# 1 A legitimação para interposição de recursos administrativos na Lei nº 9.784/99: análise dos incisos do art. 58

De acordo com o dispositivo, a legitimidade para atuar em um processo administrativo é primeiramente atribuída ao titular do direito ou interesse em questão. Este titular deve ser parte envolvida diretamente no procedimento administrativo, possuindo um vínculo direto e legítimo com o objeto do processo. Em outras palavras, a legitimidade é conferida àquele que detém um direito subjetivo ou interesse legítimo, o que justifica sua participação ativa e a possibilidade de manifestação durante todo o trâmite processual. Assim, assegura-se que as decisões tomadas no âmbito administrativo reflitam adequadamente os direitos e interesses daqueles que são diretamente afetados, garantindo a devida representatividade e a observância dos princípios da ampla defesa e do contraditório.

Possuem também legitimidade para interpor recurso administrativo aqueles cujos direitos ou interesses forem indiretamente afetados pela decisão recorrida (art. 58, II). Enquadram-se nessa hipótese os interessados que sofreram de forma indireta com o ato decisório, sendo este capaz de afetar-lhes a esfera de direitos e interesses juridicamente protegidos, causando-lhes danos e prejuízos. É necessário que o administrado demonstre que a decisão lhe causou gravame para que seu recurso seja aceito.

Além disso, as organizações e associações representativas têm legitimidade para recorrer em defesa de direitos e interesses coletivos (art. 58, III). Nesse caso, trata-se da substituição processual, onde essas entidades podem atuar no processo e até mesmo interpor recurso administrativo. Esses entes representam grupos de pessoas que possuem direitos e interesses reconhecidos pelo ordenamento jurídico, que ultrapassam o âmbito individual e integram o gênero dos direitos e interesses metaindividuais.

Exemplos desses legitimados incluem associações de servidores de determinada categoria funcional.

Por fim, o rol daqueles que têm legitimidade para interpor recurso inclui os cidadãos ou associações, no que diz respeito a direitos ou interesses difusos (art. 58, IV). Nesta última disposição do art. 58 da Lei nº 9.784/99, também pode ocorrer a substituição processual quando a questão se relaciona aos direitos ou interesses difusos. Estes são direitos que transcendem a esfera individual e caracterizam-se por sua indivisibilidade, referindo-se a uma coletividade indeterminada conectada por uma circunstância fática. A conexão entre os indivíduos é casual, inexistindo a relação jurídica base que marca os direitos coletivos. Pela natureza episódica e casual da vinculação jurídica, os cidadãos têm legitimidade para oferecer recursos administrativos, pois a lei permite que busquem a tutela de direitos do grupo ao qual pertencem. As associações, com maior razão, têm legitimidade, já que representam o grupo de indivíduos e podem buscar a proteção de seus direitos.

Em resumo, ao listar quem tem legitimidade para recorrer nos quatro incisos do art. 58, o legislador da Lei nº 9.784/99 delimitou o tema e o circunscreveu às situações em que: a) o interessado é parte no processo; b) o administrado é atingido indiretamente pela decisão; ou c) ocorre a substituição processual.

Art. 59. Salvo disposição legal específica, é de dez dias o prazo para interposição de recurso administrativo, contado a partir da ciência ou divulgação oficial da decisão recorrida.

§1º Quando a lei não fixar prazo diferente, o recurso administrativo deverá ser decidido no prazo máximo de trinta dias, a partir do recebimento dos autos pelo órgão competente.

§2º O prazo mencionado no parágrafo anterior poderá ser prorrogado por igual período, ante justificativa explícita.

**BRUNO BETTI COSTA**

## 1 Artigo 59 e as implicações para a Administração Pública

O artigo 59 é claro em sua redação, estabelecendo de forma inequívoca as responsabilidades da Administração Pública. No entanto, é importante destacar que, quando a decisão administrativa afetar duas ou mais partes, a Administração deve comunicar sua decisão a todas as partes envolvidas. A falha em cumprir esse requisito viola o princípio da isonomia, pois trata de forma desigual os interessados.

Além disso, o artigo trata dos legitimados a interpor recursos administrativos, incluindo terceiros interessados, associações representativas e cidadãos. Nesse contexto, a regra deve ser interpretada de maneira restritiva, limitando a comunicação individualizada às partes diretamente envolvidas no processo. Não é razoável exigir que a Administração Pública antecipe todos os possíveis interessados em recorrer de suas decisões.

## 2 Prazos, dever de decidir e o silêncio administrativo

O §1º do artigo 59 estabelece um prazo de 30 dias, contados do recebimento dos autos, para que a autoridade competente decida sobre o recurso administrativo. Essa norma está diretamente relacionada aos artigos 48 e 49 da mesma lei, que impõem à Administração Pública o dever de decidir. A norma visa garantir a efetividade do direito ao recurso administrativo, inserindo uma obrigação clara e temporalmente definida para a Administração.

Questão que precisa ser debatida é a não manifestação da Administração dentro do prazo. Nesse caso, tem-se o silêncio da administração.

O silêncio da Administração não é considerado um ato administrativo, pois não envolve uma declaração de vontade. Trata-se, na verdade, de uma omissão, sendo geralmente considerado um fato administrativo. A doutrina de José dos Santos Carvalho Filho esclarece: "o silêncio não revela a prática de ato administrativo, eis que inexiste manifestação formal de vontade; não há, pois, qualquer declaração do agente sobre sua conduta. Ocorre, isto sim, um fato jurídico administrativo".[1]

Contudo, é essencial diferenciar duas situações distintas:

1) Quando a lei já aponta a consequência da omissão.
2) Quando a lei não menciona qualquer efeito derivado da inércia da Administração.

No primeiro caso, onde a lei já estabelece a consequência da omissão, a inércia da Administração resulta na prática de um ato administrativo. Por exemplo, a lei pode determinar que, se o administrador público não se manifestar em 30 dias, considera-se deferido o pedido da parte interessada. Nesse cenário, a omissão é parte integrante do texto legal, resultando em um ato administrativo tácito.

No direito público, o princípio da legalidade determina que os efeitos do silêncio devem ser estabelecidos pela lei, podendo resultar na concessão ou denegação do pedido. Se o efeito for concessivo, o pleito do administrado é atendido. Por exemplo, se a lei estipula que a Administração deve se manifestar em 30 dias e não o faz, o ato é deferido.

Por outro lado, se o efeito for denegatório, o administrado pode recorrer à Justiça com base no direito de petição, buscando uma manifestação motivada da Administração para possibilitar os recursos administrativos cabíveis. Nesse caso, o papel do Judiciário é emitir uma decisão mandamental, obrigando a Administração a se pronunciar no prazo fixado sobre o requerimento do administrado, sem substituir a Administração na concessão do pedido.

Há doutrina que defende que, no caso de atos vinculados, seria possível ao Poder Judiciário, caso o particular cumpra todos os requisitos,

---

1 CARVALHO FILHO, José dos Santos. *Manual de direito administrativo*. 26. ed. rev., ampl. e atual. São Paulo: Atlas, 2013. p. 103.

suprir a manifestação de vontade da Administração e conceder o direito pleiteado. No entanto, em atos discricionários, o Poder Judiciário apenas pode determinar que a Administração se manifeste.

Na ausência de previsão legal, não é possível atribuir qualquer efeito ao silêncio estatal, que se configura como um fato administrativo sem interpretação adicional.

## 3 Dever de manifestação da Administração

Embora a Administração não seja obrigada a atender positivamente às solicitações, ela tem o dever de se manifestar. Os artigos 48 e 49 da Lei nº 9.784/1999 dispõem sobre essa obrigação. O artigo 48 estabelece que a Administração deve emitir decisão explícita nos processos administrativos e sobre solicitações ou reclamações em matéria de sua competência. Já o artigo 49 prevê que, concluída a instrução de um processo administrativo, a Administração tem o prazo de até 30 dias para decidir, salvo prorrogação por igual período expressamente motivada.

## 4 Exemplos legislativos

Outras legislações também tratam do silêncio da Administração:

Lei nº 6.766/1979 – Sobre o parcelamento do solo urbano, o artigo 16 estabelece que a lei municipal definirá os prazos para a aprovação ou rejeição de um projeto de parcelamento e para a aceitação ou recusa das obras executadas. O §1º determina que, se os prazos expirarem sem manifestação do Poder Público, o projeto será considerado rejeitado ou as obras recusadas, assegurando indenização por eventuais danos derivados da omissão.

Lei nº 12.527/2011 – Sobre o acesso à informação, o artigo 39 exige que os órgãos e entidades públicas reavaliem as informações classificadas como ultrassecretas e secretas no prazo máximo de dois anos. O §3º estabelece que, enquanto não transcorrido o prazo de reavaliação, a classificação da informação será mantida conforme a legislação precedente.

Esses exemplos demonstram a importância de um entendimento claro sobre o silêncio da Administração e suas consequências jurídicas, assegurando a transparência e a responsabilidade no trato dos processos administrativos.

## 5 Prorrogação de prazo e dever de decidir

A prorrogação do prazo para decisão, prevista no §2º do artigo 59, reforça a obrigação da Administração Pública de se manifestar sobre o recurso administrativo. Caso a Administração solicite a prorrogação, seu compromisso com o dever de decidir torna-se ainda mais evidente. A omissão da Administração, obrigando o particular a recorrer ao Poder Judiciário apenas para garantir o cumprimento desse dever, é inadmissível.

Além disso, o princípio da inafastabilidade do controle jurisdicional de atos administrativos assegura que o particular não precisa esgotar a via administrativa antes de buscar a tutela judicial. No entanto, uma vez que a Administração foi previamente provocada, não pode se omitir, transferindo ao Judiciário a competência residual de decidir sobre a matéria administrativa controversa.

Dessa forma, a interpretação do artigo 59 deve ser feita de maneira que promova a transparência, a responsabilidade e a efetividade na decisão dos recursos administrativos, garantindo que a Administração Pública cumpra seu dever de decidir de forma tempestiva e justa, respeitando os princípios constitucionais e legais que regem o sistema jurídico brasileiro.

Art. 60. O recurso interpõe-se por meio de requerimento no qual o recorrente deverá expor os fundamentos do pedido de reexame, podendo juntar os documentos que julgar convenientes.

**BRUNO BETTI COSTA**

## 1 Análise do artigo 60 e seus aspectos formais

O artigo 60 aborda uma questão de natureza formal no processo administrativo: a necessidade de apresentação de um requerimento acompanhado dos fundamentos que justificam o pedido de reexame da matéria objeto do recurso. Esta exigência visa assegurar que o recurso seja bem fundamentado e que os motivos para a sua interposição sejam claramente expostos.

## 2 Fundamentos e juntada de documentos

Uma consideração importante a ser feita é sobre a possibilidade de anexação de documentos que suportem os argumentos apresentados no recurso. O recorrente pode, ao interpor o recurso, juntar os documentos que julgar convenientes. Esta possibilidade é essencial, pois permite ao interessado apresentar novos elementos probatórios à instância superior, exercendo plenamente seu direito à ampla defesa. Além disso, privilegia a busca da verdade material, conferindo à Administração a chance de analisar novos fatos e provas, para que profira uma decisão mais condizente com a verdade e a justiça.

Art. 61. Salvo disposição legal em contrário, o recurso não tem efeito suspensivo.

Parágrafo único. Havendo justo receio de prejuízo de difícil ou incerta reparação decorrente da execução, a autoridade recorrida ou a imediatamente superior poderá, de ofício ou a pedido, dar efeito suspensivo ao recurso.

**BRUNO BETTI COSTA**

## 1 Efeitos do recurso administrativo na Lei nº 9.784/99

Conforme disposto no art. 61, *caput*, da Lei nº 9.784/99, o recurso administrativo não possui efeito suspensivo. Esta previsão está intimamente ligada aos atributos da autoexecutoriedade e da presunção de legitimidade e veracidade[1] dos atos administrativos, que confere à Administração a prerrogativa de executar seus atos e decisões sem necessidade de autorização prévia do Poder Judiciário.

A Lei nº 9.784/99 estabelece, como regra, que o recurso administrativo possui apenas efeito devolutivo. Esse efeito implica na transferência do conhecimento da matéria objeto do processo para uma instância superior (ou para a mesma instância, no caso de pedido de reconsideração e revisão). De fato, o efeito devolutivo está presente em recursos administrativos em sentido amplo, como a reconsideração, a revisão, o recurso de ofício (ou remessa oficial) e o recurso voluntário (ou hierárquico). O objetivo é devolver ao órgão administrativo a matéria para que seja reexaminada a solução previamente emitida pelo Poder Público. A devolução será total no caso de recurso de ofício, enquanto no recurso voluntário poderá ser total ou parcial, conforme a delimitação feita pelo interessado no âmbito da impugnação. Se o recurso possui apenas efeito devolutivo, a decisão do órgão inicial é passível de execução imediata.

Todavia, a Lei nº 9.784/99 permite que lei específica atribua efeito suspensivo ao recurso administrativo. Nessa linha, uma lei federal pode

[1] BETTI, *op. cit.*

prever situações em que, uma vez interposto o recurso, a decisão recorrida ficará impedida de ser executada até o julgamento pela instância superior. Na ausência de disposição legal, o recurso não suspende a execução da decisão recorrida. Ainda assim, o efeito suspensivo pode ser atribuído ao recurso em situações previstas no parágrafo único do art. 61 da Lei nº 9.784/99, conforme detalhado a seguir. Fora dessas hipóteses, prevalece a regra do efeito devolutivo.

## 2 A possibilidade de efeito suspensivo ao recurso

O parágrafo único do art. 61 da Lei nº 9.784/99 estabelece que, havendo justo receio de prejuízo de difícil ou incerta reparação decorrente da execução da decisão recorrida, a autoridade recorrida ou a imediatamente superior pode, de ofício ou a pedido, conceder efeito suspensivo ao recurso. Assim, apesar de o recurso administrativo ter, em regra, apenas efeito devolutivo, é possível a concessão de efeito suspensivo nas hipóteses do parágrafo único.

## 3 O requisito do justo receio de prejuízo de difícil ou incerta reparação

Sempre que a autoridade competente identificar justo receio de prejuízo de difícil ou incerta reparação decorrente da execução, pode ser concedido efeito suspensivo ao recurso. O legislador utiliza conceitos jurídicos indeterminados, atribuindo ao intérprete, com base no caso concreto, a tarefa de determinar se a situação configura um prejuízo de difícil ou incerta reparação.

Prejuízo, neste contexto, é o dano, a restrição ou a perda sofrida pelo interessado em razão de um evento que afeta seus direitos e liberdades juridicamente protegidos. Excluem-se desta análise as limitações gerais impostas por lei a todos os administrados. O prejuízo também pode afetar o interesse público e terceiros não envolvidos diretamente no processo. Inclusive, a própria Administração Pública pode ser afetada pela decisão proferida no processo administrativo. Assim, a concessão do efeito suspensivo se justifica quando a execução imediata da decisão administrativa possa causar danos à coletividade, a terceiros ou ao Poder Público. No entanto, não pode ser qualquer prejuízo, mas apenas aquele de difícil ou incerta reparação.

Prejuízo de difícil reparação refere-se a uma situação que, embora reversível, requereria esforços complexos e dispendiosos em termos de tempo e recursos. Já o prejuízo de incerta reparação é aquele em que a possibilidade de reversão é duvidosa, dependendo de uma mera expectativa. Em termos práticos, a distinção entre esses tipos de prejuízo não é rigorosa, sendo comumente utilizada a expressão "prejuízo de difícil ou incerta reparação" de forma intercambiável.

## 4 A possibilidade de concessão de efeito suspensivo pela autoridade recorrida ou imediatamente superior

A concessão do efeito suspensivo pode ser realizada pela autoridade que proferiu a decisão impugnada ou pela autoridade imediatamente superior, que julgará o recurso. Conforme o art. 56, §1º, da Lei nº 9.784/99, o recurso deve ser encaminhado primeiramente à autoridade prolatora da decisão, possibilitando a reconsideração. Se a autoridade não reconsiderar sua decisão, pode atribuir efeito suspensivo ao recurso e, em seguida, encaminhá-lo à instância superior para apreciação. Caso a autoridade prolatora não conceda o efeito suspensivo, a instância superior poderá fazê-lo.

A concessão do efeito suspensivo pode ocorrer *ex officio*, partindo da própria autoridade decisória ou do órgão superior, com base no dever-poder de agir e de zelar pelo interesse público. Alternativamente, pode ser resultado de um pedido do interessado, provocando uma manifestação do órgão público nesse sentido. Agindo de ofício ou mediante provocação, a concessão do efeito suspensivo constitui exercício de competência discricionária pela autoridade.

A regra geral é que o recurso administrativo não suspende a eficácia do ato administrativo decisório. Contudo, o parágrafo único do art. 61 permite à autoridade recorrida ou imediatamente superior conceder efeito suspensivo em casos de receio de prejuízo decorrente da execução da decisão recorrida.

Art. 62. Interposto o recurso, o órgão competente para dele conhecer deverá intimar os demais interessados para que, no prazo de cinco dias úteis, apresentem alegações.

**BRUNO BETTI COSTA**

Trata-se de artigo que não necessita de explicações detalhadas, pois se baseia no princípio do devido processo legal (*due process of law*). Esse princípio garante que a autoridade responsável pelo ato administrativo, que é objeto de recurso, tenha a oportunidade de reconsiderar sua decisão após ouvir previamente todos os interessados.

O artigo assegura que todas as instâncias do processo administrativo tenham acesso a todas as manifestações e argumentos apresentados pelos interessados. Dessa forma, cada instância pode formar uma convicção fundamentada, decidindo pela reconsideração ou manutenção do ato questionado.

Em síntese, o artigo garante que o processo administrativo respeite os direitos de participação e defesa dos interessados, promovendo a transparência e a justiça nas decisões administrativas.

Art. 63. O recurso não será conhecido quando interposto:

I – fora do prazo;

II – perante órgão incompetente;

III – por quem não seja legitimado;

IV – após exaurida a esfera administrativa.

§1º Na hipótese do inciso II, será indicada ao recorrente a autoridade competente, sendo-lhe devolvido o prazo para recurso.

§2º O não conhecimento do recurso não impede a Administração de rever de ofício o ato ilegal, desde que não ocorrida preclusão administrativa.

**BRUNO BETTI COSTA**

O art. 63 da Lei nº 9.784/99 estabelece critérios objetivos para o conhecimento dos recursos administrativos pelas autoridades competentes. Este artigo define de forma clara as condições em que um recurso administrativo pode ou não ser conhecido, proporcionando maior segurança jurídica aos administrados.

## 1 Comentários sobre o inciso I do art. 63 da Lei nº 9.784/99

O inciso I do art. 63 da Lei nº 9.784/99 estabelece que os recursos administrativos interpostos fora do prazo não serão conhecidos. Essa disposição reflete a importância da tempestividade como um dos pressupostos recursais extrínsecos, sendo um requisito fundamental para a admissibilidade do recurso.

A tempestividade, ou seja, a interposição do recurso dentro do prazo legalmente estabelecido, é considerada uma questão de ordem pública. Isso significa que, independentemente do momento em que seja identificado, o órgão julgador pode reconhecer a intempestividade do recurso e, consequentemente, deixar de conhecê-lo. Essa característica assegura que o processo administrativo mantenha sua eficiência e celeridade, evitando atrasos desnecessários e protelações indevidas.

A exigência de que os recursos sejam interpostos dentro do prazo previsto em lei visa garantir a estabilidade das decisões administrativas e a segurança jurídica. O prazo para interposição de recurso é estabelecido para que haja uma previsibilidade no processamento dos recursos, permitindo que tanto a Administração quanto os administrados tenham clareza sobre os prazos e etapas do procedimento administrativo.

Além disso, a tempestividade está diretamente relacionada ao princípio da legalidade, que rege a atuação da Administração Pública. Ao exigir o cumprimento rigoroso dos prazos, a lei busca assegurar que os administrados exerçam seu direito de recurso de maneira ordenada e dentro dos limites estabelecidos, evitando abusos e desorganização no trâmite processual.

## 2 Reconhecimento da intempestividade

Como matéria de ordem pública, a intempestividade pode ser reconhecida *ex officio* pelo órgão julgador a qualquer tempo. Isso significa que mesmo que a parte contrária não levante a questão da intempestividade, o próprio julgador tem o dever de verificar se o recurso foi interposto dentro do prazo legal. Se identificado que o recurso foi apresentado fora do prazo, o órgão deve declará-lo intempestivo e não conhecer do recurso.

Essa regra também protege a Administração Pública de recursos meramente protelatórios, que busquem apenas atrasar a execução de decisões administrativas. Ao estabelecer a possibilidade de reconhecimento da intempestividade a qualquer tempo, a lei contribui para a eficiência e efetividade do processo administrativo.

## 3 Inciso II e §1º: encaminhamento a autoridade incompetente

O inciso II e o §1º do art. 63 demonstram uma escolha acertada do legislador ao permitir que, no caso de encaminhamento de um recurso administrativo a uma autoridade incompetente, o administrado tenha a possibilidade de reapresentar o recurso, com a devolução do prazo para sua interposição. Essa previsão protege o direito de defesa do administrado, garantindo que ele não seja prejudicado por um erro de endereçamento.

## 4 §2º: Dever de Autotutela da Administração

O §2º do art. 63 esclarece que a ocorrência de uma das hipóteses de não conhecimento de um recurso administrativo não impede a Administração Pública de exercer seu dever de autotutela sobre seus atos. Em última análise, isso significa que o prazo para questionar a legalidade de um ato administrativo perante o Poder Público é equivalente ao prazo prescricional judicial, que é de cinco anos, conforme estabelecido pelo Decreto nº 20.910 e outros normativos.

Mesmo após o decurso do prazo prescricional administrativo, o administrado pode denunciar uma ilegalidade cometida no processo. Cabe à autoridade competente apurar a denúncia e, se constatada a ilegalidade, promover a anulação do ato. Isso demonstra o compromisso da Administração Pública com a legalidade e a justiça, mesmo diante de recursos intempestivos.

## 5 Comentários sobre a legitimação recursal na Lei nº 9.784/99

A legitimação recursal está intrinsecamente ligada ao interesse que uma parte possui em recorrer. Esse interesse, por sua vez, está conectado ao prejuízo causado por uma decisão administrativa, devendo ser interpretado de forma ampla. Mesmo que o prejuízo seja parcial, a parte interessada ainda possui legitimidade para recorrer.

Para que a legitimidade recursal seja reconhecida, é necessário que exista uma ofensa ao direito do recorrente no contexto do processo administrativo. Assim, quem sofre os efeitos adversos de uma decisão tem o direito de recorrer para afastar esse efeito injusto. Portanto, não terá legitimidade para recorrer aquele que é favorecido pela decisão impugnada.

A partir dessas premissas, fica claro que a legitimidade recursal possui um caráter subjetivo. Ela não está simplesmente atrelada a um interesse de agir, mas sim à coincidência entre a relação jurídica procedimental e a relação jurídica subjacente ao processo administrativo. A satisfação obtida pelo recurso deve ser direta e pessoal, exceto nos casos de substituição processual.

A Lei nº 9.784/99, no artigo 58, define quem pode ou não recorrer. Esse artigo estabelece o espectro de sujeitos processuais que possuem legitimidade para interpor recursos administrativos. O art. 63, inciso III, complementa essa definição, referindo-se aos sujeitos legitimados descritos no art. 58, *caput* e incisos.

## 6 Exaurimento da esfera administrativa

Outro fator que impede o conhecimento do recurso administrativo é o exaurimento da esfera administrativa. Quando todas as instâncias administrativas competentes já foram esgotadas, não há sentido em interpor um recurso, pois a instância pertinente já foi superada.

Art. 64. O órgão competente para decidir o recurso poderá confirmar, modificar, anular ou revogar, total ou parcialmente, a decisão recorrida, se a matéria for de sua competência.

Parágrafo único. Se da aplicação do disposto neste artigo puder decorrer gravame à situação do recorrente, este deverá ser cientificado para que formule suas alegações antes da decisão.

**BRUNO BETTI COSTA**

## 1 A aplicação do princípio da verdade material no art. 64 da Lei nº 9.784/99

O art. 64 da Lei nº 9.784/99 exemplifica claramente a aplicação do princípio da verdade material no processo administrativo. Segundo Lúcia Valle Figueiredo, em seu artigo "Estado de Direito e devido processo legal", o princípio da verdade material é fundamental porque, ao lidarmos com a função administrativa, estamos diante de uma relação de dever, na qual a Administração Pública deve agir com transparência e fidelidade aos fatos.

## 2 A importância da verdade material no processo administrativo

O princípio da verdade material é crucial no processo administrativo. O administrador público tem não apenas a permissão, mas o dever de buscar a verdade material, independentemente das provas apresentadas pelas partes. Isso implica uma ampla liberdade na decisão sobre a matéria recursal, permitindo ao órgão competente modificar, anular ou revogar, total ou parcialmente, a decisão recorrida, com base em todos os elementos disponíveis e relevantes.

## 3 Exercício da função administrativa e a busca pela verdade

A Administração Pública deve, no exercício de sua função, procurar a verdade material. Isso significa que a decisão administrativa pode considerar provas externas ao processo, desde que licitamente produzidas e relevantes para o julgamento. Por exemplo, em um recurso de natureza ambiental, a autoridade julgadora pode utilizar provas produzidas fora dos autos para formar sua convicção, desde que essas provas ofereçam argumentos técnicos sólidos.

## 4 Decisões administrativas e o interesse público

A Administração Pública possui a prerrogativa de ir além do pleito específico do recurso, caso identifique um interesse público maior. Por exemplo, em um processo licitatório para a aquisição de equipamentos, se a Administração recebe uma doação de parte dos equipamentos licitados, ela pode decidir revogar integralmente o certame ao perceber a antieconomicidade de realizar uma licitação apenas para os equipamentos restantes. Esse tipo de decisão, embora possa frustrar os interessados no certame, demonstra que a extensão do interesse público não pode ser medida apenas pela dimensão do pleito recursal.

## 5 A constitucionalidade da *reformatio in pejus*

A possibilidade de *reformatio in pejus*, prevista no parágrafo único do art. 64, reforça a supremacia do interesse público sobre o privado. O agravamento da situação do recorrente deve ser aceito por quem busca a revisão administrativa, pois o regime jurídico administrativo não pode abrir exceção ao princípio da verdade material, um reflexo do princípio da supremacia do interesse público.

A *reformatio in pejus* também manifesta o princípio da legalidade, uma vez que o suposto "prejuízo" ao administrado representa o cumprimento da lei. Além disso, o legislador acertou ao permitir a manifestação prévia do administrado caso haja risco efetivo de agravamento, garantindo o contraditório e a ampla defesa.

## 6 Considerações finais

O art. 64 da Lei nº 9.784/99 e o princípio da verdade material asseguram que a Administração Pública tome decisões baseadas na realidade dos fatos, promovendo a justiça e a eficiência no processo administrativo. A ampla liberdade decisória conferida aos administradores públicos e a possibilidade de *reformatio in pejus* são essenciais para a realização do interesse público, sempre respeitando os direitos de defesa dos administrados.

## Referências

BETTI, Bruno. *Manual de direito administrativo*. 1. ed. Rio de Janeiro: Editora Método, 2024.

CARVALHO FILHO, José dos Santos. *Manual de direito adminstrativo*. 26. ed. rev., ampl. e atual. São Paulo: Atlas, 2013.

DI PIETRO, Maria Sylvia Zanella. *Direito adminstrativo*. 25. ed. São Paulo: Atlas, 2012.

DIDIER, Fredie Souza; OLIVEIRA, Rafael Alexandria. Dever judicial de considerar as consequências práticas da decisão: interpretando o art. 20 da Lei de Introdução às Normas do Direito Brasileiro. *A&C – Revista de Direito Administrativo & Constitucional*, Belo Horizonte, ano 19, n. 75, p. 143-160, jan./mar.2019.

MEIRELLES, Hely Lopes. *Direito administrativo brasileiro*. São Paulo: Malheiros Editores, 2003.

MELLO, Celso Antônio Bandeira de. *Curso de direito administrativo*. São Paulo: Malheiros Editores, 2008.

Art. 64-A. Se o recorrente alegar violação de enunciado da súmula vinculante, o órgão competente para decidir o recurso explicitará as razões da aplicabilidade ou inaplicabilidade da súmula, conforme o caso. (Incluído pela Lei nº 11.417, de 2006).

Art. 64-B. Acolhida pelo Supremo Tribunal Federal a reclamação fundada em violação de enunciado da súmula vinculante, dar-se-á ciência à autoridade prolatora e ao órgão competente para o julgamento do recurso, que deverão adequar as futuras decisões administrativas em casos semelhantes, sob pena de responsabilização pessoal nas esferas cível, administrativa e penal. (Incluído pela Lei nº 11.417, de 2006).

**ALICE VORONOFF**

**RAFAEL LORENZO-FERNANDEZ KOATZ**

# 1 Introdução

Na divisão dos trabalhos para a elaboração destes comentários à Lei do Processo Administrativo federal (Lei nº 9.784/1999 ou "LPA"), fomos incumbidos de estudar e discorrer sobre os arts. 64-A e 64-B da Lei. Ambos os dispositivos foram introduzidos pela Lei nº 11.417/2006, que regulamentou o art. 103-A da Constituição, no que tange à edição, revisão e cancelamento de Súmulas Vinculantes pelo Supremo Tribunal Federal.[1] De um lado, o art. 64-A estabelece que "se o recorrente alegar violação de enunciado da súmula vinculante, o órgão competente para decidir o recurso explicitará as razões da aplicabilidade ou inaplicabilidade da súmula, conforme o caso." O art. 64-B, de sua vez, dispõe que "acolhida pelo Supremo Tribunal Federal a reclamação fundada em violação de enunciado da súmula vinculante, dar-se-á ciência à autoridade prolatora e ao órgão competente para o julgamento

[1] Regulamenta o art. 103-A da Constituição Federal e altera a Lei nº 9.784, de 29 de janeiro de 1999, disciplinando a edição, a revisão e o cancelamento de enunciado de súmula vinculante pelo Supremo Tribunal Federal, e dá outras providências.

do recurso, que deverão adequar as futuras decisões administrativas em casos semelhantes, sob pena de responsabilização pessoal nas esferas cível, administrativa e penal."

Trata-se de dispositivos quase esquecidos pela doutrina e jurisprudência brasileiras.[2] Em nossas pesquisas, não identificamos estudos sobre sua incidência, nem julgados que tenham tratado de sua aplicação a situações concretas. Isso, no entanto, não significa que os enunciados vinculantes editados pelo STF sejam cumpridos fielmente pela Administração Pública.[3]

Os arts. 64-A e 64-B da LPA, assim, embora editados em 2006, ainda merecem ser desbravados. São previsões que podem funcionar como um importante ferramental para incentivar e exigir dos órgãos e entidades administrativos maior alinhamento a entendimentos vinculantes fixados pelo Poder Judiciário. Mas isso requer um olhar mais atento, notadamente porque sua aplicação pode ensejar algumas dúvidas. Refere-se, por exemplo, às hipóteses de incidência dos dispositivos (se se aplicam apenas em caso de descumprimento de enunciados de súmulas vinculantes — SVs — ou, ao contrário, se têm incidência mais ampla, que abarque outras decisões do STF com efeitos vinculantes); e às consequências sancionatórias que a indevida relutância da autoridade competente pode ensejar nos âmbitos penal, administrativo e cível. Disso tratarão os tópicos a seguir.

## 2 Considerações gerais

Como se disse, o art. 64-A da LPA estabelece que "se o recorrente alegar violação de enunciado da súmula vinculante, o órgão competente para decidir o recurso explicitará as razões da aplicabilidade ou inaplicabilidade da súmula, conforme o caso." O dispositivo tem redação semelhante à do §3º do art. 56 da LPA, a teor do qual "se o recorrente alegar que a decisão administrativa contraria enunciado da súmula

---

2 A página de pesquisa de jurisprudência "legislação aplicada", do STJ, não aponta resultados de julgamentos envolvendo os mencionados artigos. *Cf.* LEGISLAÇÃO Aplicada. *In*: STJ [site], s. d. Disponível em: https://scon.stj.jus.br/SCON/legaplic/toc.jsp?materia=%279.784%2F1999%27.MAT.&b=TEMA&p=true&thesaurus=JURIDICO&l=1&i=71&operador=E&ordenacao=MAT,@NUM&ordem=MAT,@NUM. Acesso em: 20 abr. 2024.

3 Em pesquisa de jurisprudência realizada no sítio eletrônico do STF em 02.06.2024, com os termos "reclamação e ato e administrativo e súmula e vinculante", abrangendo acórdãos e decisões monocráticas, foram encontrados 16.858 resultados. Disponível em https://jurisprudencia.stf.jus.br/pages/search.

vinculante, caberá à autoridade prolatora da decisão impugnada, se não a reconsiderar, explicitar, antes de encaminhar o recurso à autoridade superior, as razões da aplicabilidade ou inaplicabilidade da súmula, conforme o caso."

O propósito do legislador foi estabelecer uma espécie de ônus argumentativo qualificado para a autoridade administrativa competente ao decidir. Sabe-se que o dever de motivação já se impõe à Administração Pública por força de um conjunto de disposições constitucionais e legais, com destaque para o princípio da publicidade previsto no art. 37 da Constituição, do dever de motivação extraído do art. 93, X, da Constituição, e da previsão enfática do art. 50 da LPA. Daí por que, em rigor, pode-se falar que o art. 64-A não inova no ordenamento jurídico. Apesar disso, sua importância é inequívoca, pois reforça o dever do gestor público de apresentar, em cada caso, as razões pelas quais aplicou ou não o entendimento vinculante do STF, mediante o devido *distinguishing* quando a decisão discrepar do entendimento sumulado. Sem dúvida, trata-se de um reforço benfazejo da normatividade constitucional — notadamente, do art. 103-A da CRFB.

Já o art. 64-B traz disposição nova: acolhida uma reclamação pelo STF, não caberá ao órgão prolator da decisão simplesmente cumprir a determinação do Poder Judiciário no caso específico objeto da reclamação. Segundo a LPA, essa decisão produzirá efeitos mais abrangentes. A partir dela, a Administração Pública deverá adequar suas futuras decisões em casos semelhantes, sob pena de responsabilização pessoal da(s) autoridade(s) decisória(s). A previsão, portanto, evidencia que o legislador ordinário foi intolerante com a perpetuação do erro e com o descumprimento flagrante e reiterado das decisões do STF. A um só tempo, ela fortalece deveres de coerência e de respeito à isonomia; prestigia a eficiência e a economicidade (pois a ideia é evitar custos não só para o particular, mas para a própria Administração Pública e para o Poder Judiciário, decorrentes do manejo, pelo administrado, de diversas reclamações perante a Corte Suprema); e promove a segurança jurídica.

Registre-se que, conforme o art. 1º da LPA, os arts. 64-A e 64-B da Lei vinculam todos os órgãos e entidades da Administração Pública *federal* direta e indireta, incluindo os órgãos dos Poderes Legislativo e Judiciário, quando no exercício de funções administrativas. Dúvida pode haver sobre a vinculação das Administrações de estados, do Distrito Federal e dos municípios, que não são destinatárias da LPA segundo o referido art. 1º da lei. E, de fato, a lei é federal. Embora seus preceitos sirvam de exemplo e inspiração para os demais entes federativos, não há, a princípio, como formalmente sustentar sua extensão automática àqueles entes. De todo modo, o que o art. 64-A faz é reforçar o dever de motivação que já se impõe à atividade administrativa, com vista ao maior cumprimento do art. 103-A da Constituição. Por isso, sua previsão pode ser invocada também no âmbito de processos administrativos estaduais, distritais e municipais, quando não haja previsão específica na legislação local.

Já eventual extensão do art. 64-B da LPA à esfera dos entes subnacionais, ainda que por analogia ou reforço argumentativo, requer maior cautela. Como o dispositivo criou um dever funcional aos agentes públicos federais, que poderão ser responsabilizados se o descumprirem, cabe à legislação de cada estado, município e do Distrito Federal adotar ou não previsão nesses termos. É verdade que o dispositivo vai além do campo disciplinar ao estabelecer que a conduta é passível de responsabilização também nas esferas cível e criminal — e, como se sabe, por força do art. 22, inciso I, da Constituição, a competência para legislar sobre direito civil e direito penal é privativa da União. Ou seja, em rigor, ao menos quanto às referidas esferas de responsabilização, o dispositivo pode ser tido como nacional. De toda forma, há nuances na sua aplicação que precisam ser consideradas, tal como se abordará no item 4 deste estudo.

## 3 Hipóteses de incidência

Os dispositivos em comento só fazem menção a enunciados de súmulas vinculantes. Trata-se de uma regulamentação direta do §3º do art. 103-A da Constituição, que remeteu de forma expressa e específica à possibilidade do ajuizamento de reclamações contra atos administrativos que contrariarem ou aplicarem indevidamente um enunciado de SV. O legislador deixou de fora, portanto, as demais decisões proferidas pelo STF com eficácia vinculante, derivadas do julgamento de ações diretas de inconstitucionalidade (ADIs), de ações declaratórias de constitucionalidade (ADCs), de arguições de descumprimento de preceito fundamental (ADPFs) e, ainda, de temas com repercussão geral reconhecida (RG).

Isso não afasta, contudo, a pertinência de se indagar se os arts. 64-A e 64-B seriam ou deveriam ser aplicáveis também a esses casos. Em outras palavras, a questão está em saber se os órgãos e entidades da Administração Pública direta e indireta estariam obrigados a explicitar as razões da aplicabilidade ou inaplicabilidade das decisões proferidas nessas ações e recursos, sempre que o administrado alegar, na esfera administrativa, violação ao entendimento do STF; e se, em caso de procedência da reclamação, a autoridade prolatora da decisão administrativa e o órgão competente para o julgamento do recurso administrativo deveriam adequar suas futuras decisões administrativas, sob pena de responsabilização.

Para responder a tais indagações, veja-se, em primeiro lugar, que, termos do art. 102, §2º, da Constituição da República, "as decisões definitivas de mérito, proferidas pelo Supremo Tribunal Federal, nas ações diretas de inconstitucionalidade e nas ações declaratórias de constitucionalidade produzirão eficácia contra todos e *efeito vinculante*, relativamente aos demais órgãos do Poder Judiciário *e à administração pública direta e indireta*, nas esferas federal, estadual e municipal" (grifo nosso). O mesmo se dá em relação às Súmulas Vinculantes. O art. 103-A da Constituição é categórico no sentido de que o enunciado "(...) terá *efeito vinculante* em relação aos demais órgãos do Poder Judiciário *e à administração pública direta e indireta*, nas esferas federal, estadual e municipal (...)" (grifo nosso). Assim, por expressa determinação constitucional, as decisões proferidas em ADI, ADC e as SV têm efeito vinculante para toda a administração pública direta e indireta de todos os entes federativos.

Isso torna impositiva a observância pela Administração Pública das decisões proferidas em ADIs e ADCs, independentemente de qualquer previsão legal. Afinal, a determinação é direta da Constituição. Por isso, conquanto os arts. 64-A e 64-B a LPA não mencionem esses outros provimentos, não há razões para afastar sua incidência a essas hipóteses.[4] Não há sentido lógico em se exigir do administrador público

[4] A extensão do art. 64-A para abarcar as decisões proferidas pelo STF em sede de ADI e de ADC nos parece impositiva. Não há como afastar o dever qualificado de motivação do administrador público quando confrontado com uma decisão vinculante nessas ações diretas. Já quanto ao art. 64-B, há uma dificuldade prática. É que, na jurisprudência atual do STF, há precedentes no sentido do não cabimento de reclamação cujo objeto seja um ato administrativo e o paradigma seja uma decisão em sede de ADI ou ADC. Assim, à luz desses julgados, a reclamação apenas seria cabível, no caso de atos administrativos, quando a alegação fosse de violação a enunciado de SV, em linha com o §3º do art. 103-A da Constituição. Por conseguinte, tais precedentes criam um obstáculo prático para se estender a previsão do art. 64-B às hipóteses de decisões proferidas em sede de ADI e ADC. Se não há reclamações julgadas procedentes, porque sequer são conhecidas, não há como incidir o dever de adequação previsto do referido dispositivo legal. Veja-se, nesse sentido: "Direito Administrativo. Agravo interno em reclamação. Reclamação contra ato administrativo. Alegação de afronta à autoridade de decisão do Supremo Tribunal Federal em ADI. Cabimento restrito à contrariedade de Súmula Vinculante. 1. Agravo interno em reclamação ajuizada contra atos praticados pelo Tribunal de Justiça

que adéque suas decisões ao entendimento consolidado pelo STF em uma SV, sem dele cobrar o mesmo compromisso quanto aos julgamentos em sede de ADI e de ADC. Seria esvaziar o efeito vinculante desses provimentos, que, inclusive, possuem eficácia *erga omnes*. De modo direto: seria anuir com o descumprimento da Constituição.

No que tange à ADPF, embora a Constituição não preveja os efeitos das decisões proferidas em sede de arguição de descumprimento de preceito fundamental, a Lei nº 9.882/1999 a disciplina no seu art. 10, §3º.[5] Desse modo, por força da lei, também é impositiva a observância das decisões proferidas em ADPF por todos os órgãos do Poder Público.

Já em relação às decisões proferidas no julgamento de Recursos Extraordinários com Repercussão Geral, a situação é relativamente diversa. Na Constituição, o §3º do art. 102 se limita a prever que: "No recurso extraordinário o recorrente deverá demonstrar a repercussão geral das questões constitucionais discutidas no caso, nos termos da lei, a fim de que o Tribunal examine a admissão do recurso, somente podendo recusá-lo pela manifestação de dois terços de seus membros". Foi o legislador ordinário quem, adiante, ao editar o Código de Processo Civil de 2015, previu, em seu art. 927, inciso III, o efeito vinculante dessas decisões para todos "[o]s juízes e os tribunais".[6] Ou seja, não há eficácia

---

do Estado de Minas Gerais no âmbito de sindicância administrativa sob a alegação de afronta à decisão proferida na ADI 4.638-MC. 2. Em se tratando de ato administrativo, o art. 103-A, caput e §3º, da Constituição prevê o cabimento de reclamação quando houver contrariedade à súmula vinculante ou sua aplicação indevida. No caso, não se alega má aplicação ou afronta à súmula vinculante, mas, sim, contrariedade à decisão proferida em ADI, o que torna inviável o cabimento da reclamação. Precedentes. 3. Agravo interno a que se nega provimento." (Rcl 26650 AgR, Rel. Min. Luís Roberto Barroso, 1ª Turma, j. em 13-06-2022, DJe-121 divulg 22-06-2022; public 23-06-2022); e "Agravo regimental em reclamação. Alegação de afronta à autoridade do Supremo Tribunal Federal em sede de ADPF. Cabimento da reclamação constitucional contra ato administrativo. Artigo 103-A, caput e §3º, da CF/88. Hipótese restrita a contrariedade de súmula vinculante. Sucedâneo de meios processuais próprios de impugnação. Impossibilidade. Precedentes. Agravo regimental não provido. 1. De acordo com o art. 103-A, caput e §3º, da Constituição Federal, a reclamação somente é cabível contra ato administrativo que contrariar súmula vinculante ou aplicá-la indevidamente. 2. A reclamação não pode ser utilizada como sucedâneo de recurso ou de ações judiciais em geral. Precedentes. 3. Agravo regimental não provido." (Rcl 60348 AgR, Rel. Min. Dias Toffoli, 2ª Turma, j. em 25-09-2023, DJe-s/n divulg. 08-11-2023; Public. 09-11-2023).

5 "Art. 10. (...) §3º A decisão terá eficácia contra todos e efeito vinculante relativamente aos demais órgãos do Poder Público." A referência a órgãos do Poder Público, ao invés de administração pública, não se mostra equivocada. A intenção do legislador foi criar uma ação subsidiária às demais ações de controle concentrado, capaz de abranger atos tanto judiciais quanto administrativos, que tenham natureza não apenas normativa.

6 "Art. 927. Os juízes e os tribunais observarão: I – as decisões do Supremo Tribunal Federal em controle concentrado de constitucionalidade; II – os enunciados de súmula vinculante; III – os acórdãos em incidente de assunção de competência ou de resolução de demandas

*erga omnes* nem vinculante para todos os órgãos do Poder Público. Por força da lei, essa vinculação se restringe ao Poder Judiciário.

Nesse caso, não há base normativa direta para justificar a extensão das previsões dos art. 64-A e 64-B para as hipóteses de entendimentos fixados pelo STF ao julgar temas com repercussão geral reconhecida. De todo o modo, isso não arrefece o dever de motivação ínsito às atividades administrativas. Por óbvio, se um administrado, em sede de recurso administrativo, alegar o descompasso da decisão administrativa com determinada tese firmada pelo Supremo Tribunal Federal ao julgar um Recurso Extraordinário com Repercussão Geral, não poderá o órgão decisor simplesmente se esquivar de seu dever de motivação ao fundamento de que não está vinculado ao julgado. Inclusive porque isso importaria em desrespeito ao papel constitucional do STF de guardião da Constituição (art. 102, *caput*) e intérprete último de seu significado. Ou seja: há, também aqui, um dever de motivação qualificado, que decorre diretamente da Constituição.

Da mesma forma, deve-se cobrar das autoridades e colegiados com competência decisória a adequação de suas futuras decisões àquilo que foi definido pelo STF, em tema de RG, como entendimento legítimo acerca de uma questão constitucional. Ainda que não se possa cogitar da incidência do art. 64-B nesses casos (mesmo porque a hipótese dependeria de uma reclamação constitucional acolhida que servisse de parâmetro), razões de coerência, isonomia, eficiência e segurança jurídica justificam o esforço de enquadramento da Administração Pública nesse sentido. Assim, inclusive, por força do art. 30 da Lei de Introdução às Normas do Direito Brasileiro (LINDB), inserido pela Lei nº 13.655/2018, que prevê que "[a]s autoridades públicas devem atuar para aumentar a segurança jurídica na aplicação das normas, inclusive por meio de regulamentos, súmulas administrativas e respostas a consultas".

## 4 Cenários de responsabilização

Tal como dito acima, ao introduzir, na Lei nº 9.784/99, o art. 64-B, o legislador ordinário foi intolerante com a perpetuação do erro e com o descumprimento flagrante e reiterado das decisões do STF. Relembre-se

repetitivas e em julgamento de recursos extraordinário e especial repetitivos; IV – os enunciados das súmulas do Supremo Tribunal Federal em matéria constitucional e do Superior Tribunal de Justiça em matéria infraconstitucional; V – a orientação do plenário ou do órgão especial aos quais estiverem vinculados."

da sua dicção: "Acolhida pelo Supremo Tribunal Federal a reclamação fundada em violação de enunciado da súmula vinculante, dar-se-á ciência à autoridade prolatora e ao órgão competente para o julgamento do recurso, que deverão adequar as futuras decisões administrativas em casos semelhantes, sob pena de responsabilização pessoal nas esferas cível, administrativa e penal".

Em âmbito administrativo, o legislador previu um novo dever funcional. É verdade que os incisos I e III do art. 116 da Lei nº 8.112/1990 (que dispõe sobre o regime jurídico dos servidores públicos civis da União, das autarquias e das fundações públicas federais) já estabeleciam como obrigação dos servidores públicos federais "exercer com zelo e dedicação as atribuições do cargo" e "observar as normas leais e regulamentares". Trata-se de tipos abertos dos quais se poderia extrair o dever funcional de observância das decisões vinculantes do STF (conforme o art. 103-A e §3º da Constituição). Mas são conhecidas as discussões em torno do grau necessário de tipicidade para a definição de infrações administrativas.[7] Por isso, pode-se afirmar que o art. 64-B inova (de maneira positiva) para instituir tanto o dever específico dos agentes públicos competentes de adequação de suas decisões, quanto dos órgãos correicionais de fiscalização e apuração de condutas recalcitrantes.

Registre-se, ainda, que, tratando-se de responsabilização pessoal em âmbito administrativo, a caracterização da infração pressupõe a aferição da existência do elemento subjetivo, nos termos do atr. 28 da Lei de Introdução às Normas do Direito Brasileiro (LINDB). Segundo o dispositivo, introduzido pela Lei nº 13.655/2018: "O agente público responderá pessoalmente por suas decisões ou opiniões técnicas em caso de dolo ou erro grosseiro".

Por evidente, a responsabilização pessoal do agente público deverá ser precedida do devido processo administrativo, em que ele tenha a oportunidade de exercer em plenitude seus direitos ao contraditório e à ampla defesa. Será no âmbito desse procedimento que o agente poderá justificar, por exemplo, por que entendeu que os casos decididos em dissonância com o entendimento do STF não eram "semelhantes" àquele objeto da reclamação. Isso é especialmente necessário porque o conceito de "semelhança" é contextual. Em cada caso, será formado

[7] Sobre o tema, v. VORONOFF, Alice. *Direito administrativo sancionador no Brasil*: justificação, interpretação e aplicação. Belo Horizonte: Fórum, 2018, capítulo 5 ("Interpretação e aplicação do direito administrativo sancionador no Brasil: um estudo de caso a partir do princípio da legalidade").

a partir de diferentes elementos de correspondência. É dizer: há um necessário juízo de valor em torno do cometimento ou não da infração, sendo certo que, na dúvida, deverá prevalecer a não responsabilização da autoridade decisória, em linha com o princípio do *in dubio pro reo* — extensível à seara do direito administrativo sancionador.[8]

É de se mencionar, ainda, que a LPA sujeita ao art. 64-B tanto a autoridade decisória de primeira instância, quanto o órgão responsável pela apreciação do recurso administrativo. Significa dizer que, tratando-se de órgão colegiado, a responsabilização incidirá sobre todos os membros da composição julgadora, a não ser que ressalvem expressamente entendimento diverso.

Na esfera cível, a responsabilização — que ganha contornos indenizatórios — pressupõe a verificação de danos gerados à Administração ou a terceiros, em lógica alinhada àquela do art. 122 da Lei nº 8.112/1990 ("A responsabilidade civil decorre de ato omissivo ou comissivo, doloso ou culposo, que resulte em prejuízo ao erário ou a terceiros"). Quanto ao elemento subjetivo, entende-se que o critério mais exigente de dolo ou erro grosseiro previsto no art. 28 da LINDB também se aplica à hipótese.

Da mesma forma, o *modus operandi* dessa responsabilização deve seguir o entendimento já pacificado do STF ao julgar o Tema de

---

[8] Quais as garantias e os princípios constitucionais aplicáveis ao direito administrativo sancionador? A Constituição não enuncia, embora o legislador os reconheça (Art. 1º, §4º, da Lei nº 8.429/1992, com a redação da Lei nº 14.230/2021: "Aplicam-se ao sistema de improbidade disciplinado nesta Lei os princípios constitucionais do direito administrativo sancionador"). Por isso, cabe à doutrina e à jurisprudência delimitar o regime jurídico aplicável às sanções administrativas. O certo é que a aplicação de sanções administrativas, pelo Estado, importa em restrição de direitos fundamentais, como, por exemplo, à propriedade ou à liberdade. Daí a importância de se extrair da Constituição direitos e garantias capazes de proteger as pessoas contra o exercício arbitrário do poder de punir pelo Estado. Embora na esfera penal se justifique um regime mais rigoroso de proteção do particular, não há dúvidas de que na esfera administrativa também se justifica algum grau de proteção semelhante, ainda que de menor intensidade, capaz de assegurar para a preservação das liberdades e da propriedade dos administrados. Nesse sentido, Marçal Justen Filho esclarece que "[a]s sanções administrativas apresentam configuração similar às de natureza penal, sujeitando-se a regime jurídico senão idêntico, ao menos semelhante. Os princípios fundamentais de direito penal vêm aplicados no âmbito do direito administrativo repressivo". (JUSTEN FILHO, Marçal. *Curso de direito administrativo*. 8. ed. Belo Horizonte: Editora Fórum, 2012. p. 571). A propósito, o Superior Tribunal de Justiça já consignou que: "(...) à atividade sancionatória ou disciplinar da Administração Pública se aplicam os princípios, garantias e normas que regem o Processo Penal comum, em respeito aos valores de proteção e defesa das liberdades individuais e da dignidade da pessoa humana, que se plasmaram no campo daquela disciplina". (STJ, RMS 24559/PR, Rel. Min. Napoleão Nunes Maia Filho, Quinta Turma, j. 03.12.2009, DJe 01.02.2010. No mesmo sentido, v., ainda, STJ, AgRg no Ag 901949/SP, Rel. Min. José Delgado, Primeira Turma, j. 20/11/2007, DJ 10.12.2007, p. 318).

Repercussão Geral nº 940.[9] Na oportunidade, ao interpretar o art. 37, §6º, da Constituição, os ministros concluíram que o constituinte buscou instituir uma dupla garantia: de um lado, quis proteger o cidadão lesado (que buscará ser ressarcido em ação por responsabilidade objetiva movida em face do ente público); de outro, o servidor público (que só responderá a título de regresso, e desde que verificado o elemento subjetivo).

Por fim, pode-se afirmar que a responsabilização penal abrangerá, tal qual prevê o art. 123 da Lei nº 8.112/1990, "os crimes e contravenções imputadas aos servidores, nessa qualidade". Por evidente, um crime não poderia ser criado pela previsão genérica do art. 64-B da LPA, sem a observância da tipicidade legal estrita determinada pela Constituição (art. 5º, inciso XXXIX). Nesse sentido, a punição criminal do agente público dependerá de seu enquadramento em um dos tipos previstos no Código Penal, a exemplo do crime de prevaricação ("Art. 319 – Retardar ou deixar de praticar, indevidamente, ato de ofício, ou praticá-lo contra disposição expressa de lei, para satisfazer interesse ou sentimento pessoal"). E ainda assim, por evidente, desde que preenchidos os requisitos específicos do tipo penal, a exemplo da intenção de "satisfazer interesse ou sentimento pessoal", no caso do crime de prevaricação.

## 5 Conclusão

O descumprimento de um precedente gera inúmeras consequências, que devem ser levadas a sério. Em *primeiro lugar*, representa uma injustificável quebra de isonomia, pois coloca pessoas em situações idênticas submetidas a regramentos distintos. Em *segundo lugar*, produz situação de clara ineficiência, pois gera trabalho e despesas de recursos públicos tanto por parte do STF (sobrecarregando-o desnecessariamente), quanto dos particulares obrigados a buscar essa via, quanto da própria Administração Pública (que se sujeita ao incidente instaurado). Em *terceiro lugar*, porque cria uma situação de clara esquizofrenia jurídica, obrigando a parte a ter que recorrer à Corte Suprema para ver observada uma decisão que deveria ser cumprida. *Por fim*, demonstra insubordinação ao entendimento da instância máxima do Poder Judiciário. Nada disso pode ou deve ser desconsiderado.

---

[9] "A teor do disposto no art. 37, §6º, da Constituição Federal, a ação por danos causados por agente público deve ser ajuizada contra o Estado ou a pessoa jurídica de direito privado prestadora de serviço público, sendo parte ilegítima para a ação o autor do ato, assegurado o direito de regresso contra o responsável nos casos de dolo ou culpa".

Os arts. 64-A e 64-B da LPA são importantes ferramentas para combater esse cenário. Ainda que, em boa medida, reforcem deveres já imputáveis à Administração Pública, eles explicitam o necessário respeito à Constituição, com a adoção de uma postura de coerência. Mas precisam ser lembrados para serem aplicados. E nisso a comunidade jurídica em geral, incluindo os representantes das partes nos processos administrativos, têm a contribuir. Fica o lembrete.

## Referências

GARCÍA DE ENTERRÍA, Eduardo; FERNÁNDEZ, Tomás-Ramón. *Curso de derecho administrativo*, 5. Ed., v. II, Madri: Civitas, 1998.

JUSTEN FILHO, Marçal. *Curso de Direito Administrativo*. 8ª Ed. Belo Horizonte: Editora Fórum, 2012.

MEDAUAR, Odete. *A Processualidade no direito administrativo*. 3ª edição revista, ampliada e atualizada. Belo Horizonte: Forum, 2021.

MELLO, Rafael Munhoz de. *Princípios constitucionais de direito administrativo sancionador*: as sanções administrativas à luz da Constituição Federal de 1988, São Paulo: Malheiros, 2007.

MOREIRA, Egon Bockmann. *Processo administrativo*: princípios constitucionais e a Lei 9.784/1999. Belo Horizonte: Fórum, 2022.

OSÓRIO, Fábio Medina. Direito administrativo sancionador. 5 ed. rev., atual. e ampl. – São Paulo: Editora Revista dos Tribunais, 2015.

VORONOFF, Alice. Direito administrativo sancionador no Brasil: justificação, interpretação e aplicação. Belo Horizonte: Fórum, 2018.

Art. 65. Os processos administrativos de que resultem sanções poderão ser revistos, a qualquer tempo, a pedido ou de ofício, quando surgirem fatos novos ou circunstâncias relevantes suscetíveis de justificar a inadequação da sanção aplicada.

Parágrafo único. Da revisão do processo não poderá resultar agravamento da sanção.

**LUCAS ALUÍSIO SCATIMBURGO PEDROSO**

**OTÁVIO VENTURINI**

A possibilidade de revisão administrativa não é uma inovação, mas o equivalente do que ocorre nos processos civil e penal, com suas ações rescisórias. Comum nos processos sancionatórios de servidores públicos, cabe distingui-la de recursos e entender quando é cabível. A aproximação recente entre direito administrativo sancionador e direito penal pode ajudar na sua investigação.

## 1 Histórico e fundamento nos direitos processuais civil e penal

Antes da Lei nº 9.784/99, a Lei nº 8.112/90, com mais detalhes, já era pródiga em prever aos servidores federais o direito de apresentar um pedido de revisão, em que demonstrasse a existência de fatos novos, que não a mera injustiça da decisão. Isso o que consta dos seus artigos 174 e seguintes.

No final da década de 1950, Themístocles Brandão Cavalcanti, também tratava do tema, ajudando a situá-lo:

> A revisão do processo administrativo não é um simples pedido de reconsideração da decisão proferida, nem recurso contra a mesma decisão.
>
> A revisão constitui novo processo, reexame do primeiro, com novos elementos e subsídios para comprovação da inocência do funcionário ou funcionários condenados. A iniciativa do procedimento, entretanto, se inverte, transferindo-se ao funcionário, de acordo com o processo previsto

> nos artigos seguintes... Pode-se aplicar, por analogia, aqui, o instituto da *revisão criminal*, criado pelo Decreto n.º 847, de 11 de novembro de 1980, e mantido pela Lei n.º 221, de 20 de novembro de 1894, e art. 621 do Código de Processo Penal. O pedido de revisão, como reabilitação, pode ser requerido a *qualquer tempo*. Não há na lei nenhum limite, não o exclui a prescrição. Entende Carlos Medeiros Silva (Pareceres do Consultor Geral da República, vol. V, pág. 253) com a adesão de Caio Tácito (Revista Forense, vol. 153, pág. 23) que o prazo é da prescrição comum contra a Fazenda, quinquenal, no silêncio da lei. *Mas, não parece possível atender à ponderação, senão em relação aos efeitos patrimoniais contra a Fazenda que prescrevem, mas não quanto à reabilitação.*[1] (grifos nossos)

Como se nota, a revisão no processo administrativo sancionador é próxima às revisões já antes previstas nos Código de Processo Civil e Penal, com a possibilidade de se rever decisões, descobertos fatos novos. Nada mais natural, portanto, que assim também seja no processo administrativo.

Reconhecendo que a Administração Pública e seus agentes também podem errar, preserva-se a possibilidade de, descobertos novos fatos ou documentos, a decisão ser alterada, para alcançar a verdadeira justiça.

## 2 Revisão não constitui novo recurso

Como já se previa nos anos 50, a revisão não constitui recurso, mas a possibilidade de, mesmo encerrado o processo, ele ser reexaminado. Isso o que consta do art. 65 da Lei nº 9.784/99 e que vem sendo aplicado.

Nesse sentido, o Superior Tribunal de Justiça reconhece que não pode ser utilizado durante o curso do processo, quando ainda pendente recurso.[2]

Assim, é preciso cuidado para que a revisão não seja vista como mais um recurso, ou que lhe seja atribuída efetivo suspensivo como regra, unicamente com o intuito de prolongar ao máximo o recolhimento de multas aplicadas. Esse não é o objetivo nem do art. 65, nem do art. 61 da Lei nº 9.784/99. O Tribunal de Contas da União (TCU), em

---

1 CAVALCANTI, Themístocles Brandão. O Funcionário Público e o seu Regime Jurídico, II, 308, Rio de Janeiro, Borsoi, 1958 *apud* LIMA, Everardo Moreira. Revisão de Processo Administrativo. *Mandado de Segurança nº 696/79*. Rio de Janeiro: Tribunal de Justiça. Câmaras Cíveis Reunidas, 16 de maio de 1979.

2 STJ. AgInt no REsp 1.662.747/RJ, rel. Min. Benedito Gonçalves, Primeira Turma, julgado em 6.12.2021, DJe de 9.12.2021.

auditoria operacional realizada sobre procedimentos para fiscalização das concessões rodoviárias da Agência Nacional de Transportes Terrestres (ANTT), também já constatou que a revisão vinha sendo utilizada como uma possibilidade de as concessionárias rodoviárias apenadas postergarem o pagamento de multas indefinidamente.[3]

No mesmo sentido, o art. 51 da Lei Estadual nº 10.177/98, que trata do processo administrativo no âmbito do estado de São Paulo, prevê a revisão como uma das formas de desconstituir a decisão final, apenas quando esgotados todos os recursos — com os quais não se confunde.

## 2.1 A inafastabilidade da tutela judicial

No caso do processo administrativo, porém, a centralidade da revisão é em parte atenuada pelo exame judicial, uma vez que o art. 5º da Constituição prevê, no inciso XXXV:

> Art. 5º Todos são iguais perante a lei, sem distinção de qualquer natureza, garantindo-se aos brasileiros e aos estrangeiros residentes no País a inviolabilidade do direito à vida, à liberdade, à igualdade, à segurança e à propriedade, nos termos seguintes: (...)
>
> XXXV – a lei não excluirá da apreciação do Poder Judiciário lesão ou ameaça a direito;

Assim, esgotada a via administrativa, ainda resta ao apenado discutir a regularidade do processo junto ao Judiciário. Difere, portanto, de uma revisão criminal, em que o trânsito em julgado supõe um caráter muito mais definitivo e irrecorrível.

No entanto, evidente que a possibilidade de reverter a sanção em âmbito administrativo, com novas provas, pode ser menos custoso que recorrer ao Judiciário para rediscutir todo o processo.

## 3 Ausência de prazo para apresentar o pedido de revisão

Uma questão que se coloca é se haveria um limite de tempo para apresentar esse pedido de revisão. Aqui, o art. 65 mantém o posicionamento de Themístocles Brandão Cavalcanti, no trecho citado, como

[3] TCU. Acórdão 3237/2013 – Plenário, rel. Min. Walton Alencar Rodrigues, data da sessão 27.11.2013.

revela trecho de voto do Superior Tribunal de Justiça, em mandado de segurança:[4]

> Ocorre, contudo, que, cabível o pedido de revisão a qualquer tempo, a pedido do interessado, quando o processo administrativo resultar em sanção, não há falar em exaurimento da esfera administrativa ou em intempestividade do pedido à luz do artigo 63 da referida lei, que não tem aplicação nos pedidos de revisão, mas tão somente nos recursos administrativos.
>
> Tampouco há falar em preclusão administrativa, dirigida, por óbvio, à Administração Pública, no exercício de sua autotutela, sem qualquer repercussão na esfera de direitos do administrado.

Apesar da importância do procedente, curioso que a liminar do caso foi negada num primeiro momento, mantendo-se o entendimento da autoridade administrativa de que era intempestivo, ausentes fatos novos.[5] Ou seja, não há que se falar em intempestividade do pedido, embora ele possa ser negado, caso não verificados os demais requisitos legais.

Isso não significa, tampouco, que o mandado de segurança seja sempre o instrumento adequado para fazer valer seu direito. Em outro caso, conquanto possível a revisão, incabível o MS após 22 anos do ato coator.[6]

Assim, o processo administrativo se diferencia do cível, cuja revisão possui um prazo de 2 (dois) anos (CPC, art. 966, VII e 975), e se aproxima do criminal, em que não há prazo para tanto (CPP, art. 621, III e 622).

## 4 Ofício x a pedido

Diferentemente do que ocorre no processo disciplinar da Lei nº 8.112/90, a revisão pode ocorrer inclusive de ofício, pela Administração Pública. Isso pode ser atribuído à autotutela de que esta dispõe para rever seus próprios atos. Para os efeitos do art. 65 da Lei nº 9.784/99, porém, essa revisão sempre deverá vir acompanhada da descoberta de um fato novo.

---

4 STJ. MS 14.965/DF, rel. Min. Hamilton Carvalhido, Primeira Seção, julgado em 13.12.2010, DJe de 1.12.2011.

5 STJ. MS 14.965/DF, rel. Min. Hamilton Carvalhido, 1ª Seção, julgado em 13.12.2010, DJe de 1.2.2011.

6 STF. RMS 30990, rel. Min. Marco Aurélio, 1ª Turma, julgado em 08.05.2012.

Isso o que consta de decisão do TCU, em relatório de auditoria realizado sobre o processo administrativo sanitário da Anvisa (Agência Nacional de Vigilância Sanitária), segundo a qual, ausente fato novo, não há espaço para revisão da matéria. No caso, esgotados os recursos, a parte teria apresentado novo recursos, sem previsão legal. Mesmo sem fatos novos, suas razões foram aceitas pela agência. O TCU, no entanto, entendeu que isso não seria possível, nem justificaria a atuação de ofício com base no art. 65, e deu ciência à agência para que apenas diante de fatos novos, e após sorteio de novo relator, proferisse nova decisão.[7]

Com isso, a decisão parece reconhecer o equilíbrio legal entre uma coisa julgada administrativa,[8] com a estabilização das relações jurídicas, e um genérico direito constitucional de petição.

## 5 Fatos novos ou circunstâncias relevantes

Como indica o art. 65, devem estar presentes fatos novos, não sendo o caso de o alegado prejudicado periodicamente requerer à Administração Pública uma revisão do seu processo, esperando melhor sorte. Nesse sentido, a mera mudança do tomador de decisão por alguém com quem tenha simpatia certamente não poderá ser invocada para beneficiar o agente.

Ao mesmo tempo, um fato já sabido, mas não alegado por estratégia processual, não é suficiente para justificar seu pedido, segundo acórdão do Superior Tribunal de Justiça (STJ):

> 2- A expressão "novo" significa dizer documento inexistente à época dos fatos, não podendo o autor da rescisória haver se valido quando da ação pretérita. Em não havendo a caracterização da desídia do autor em apresentá-lo quando dos fatos ou a sua inexistência ao tempo do processo anterior, é de ser conferido ao documento o título de "novo".[9]

Para além do fato novo, as circunstâncias relevantes devem ser interpretadas equilibrando todo o desenvolvimento da teoria das nulidades havido nas últimas décadas com as garantias fundamentais do

[7] TCU. Acórdão 732/2020, Plenário, rel. Min. Augusto Nardes, data da sessão 01.04.2020.

[8] Aprofundada por: MOREIRA, *op. cit.*, p. 296.

[9] STJ. RESP 139.379, Quinta Turma, rel. Min. Gilson Dipp. Brasília, 4 out. 1999. Diário da Justiça, Brasília, 25 out. 1999. No mesmo sentido: STF. MS 32124 AgR, rel. Min. Dias Toffoli, Plenário, julgado em 19.11.2014.

cidadão envolvido. Mero erro formal, questão menor, descoberta posteriormente, possa ser suficiente para provocar a invalidação de sanção.

Os requisitos de fatos novos e circunstâncias relevantes também são importantes pelo que não dizem: a *centralidade da motivação*. Somente é possível se tratar da relevância da circunstância, ou do que é de fato novo, caso a decisão apresente um grau razoável de motivação e no que se baseou. Por isso, fundamental que as decisões não sejam baseadas unicamente na convicção e justificadas com argumentos frágeis, provas duvidosas, ou conceitos jurídicos indeterminados. Por exemplo, uma decisão que se baseie apenas no princípio da razoabilidade, disfarçando a dúvida quanto à autoria ou à materialidade, dificilmente poderá ser revista administrativamente.

Embora a legislação mencione fatos novos ou circunstâncias relevantes, é de se pensar o quanto novos entendimentos da legislação também poderiam ser utilizados para uma revisão. Nesse sentido, a nova Lei de Introdução às Normas do Direito Brasileiro (LINDB – Decreto-Lei nº 4.657/1942) parece ter enfim consagrado em seu art. 24 que a revisão não pode se prestar a aplicar novos entendimentos para situações pretéritas:

> *LINDB*
>
> Art. 24. A revisão, nas esferas administrativa, controladora ou judicial, quanto à validade de ato, contrato, ajuste, processo ou norma administrativa cuja produção já se houver completado levará em conta as orientações gerais da época, sendo vedado que, com base em mudança posterior de orientação geral, se declarem inválidas situações plenamente constituídas.
>
> Parágrafo único. Consideram-se orientações gerais as interpretações e especificações contidas em atos públicos de caráter geral ou em jurisprudência judicial ou administrativa majoritária, e ainda as adotadas por prática administrativa reiterada e de amplo conhecimento público.

No entanto, em processo sancionatório, é de se considerar a possibilidade de revisão quando favorável ao apenado, numa aproximação com o direito penal.

## 6 Inadequação da sanção e a aproximação com o direito penal

Por fim, o *caput* do art. 65 menciona a inadequação da sanção. Numa leitura mais intuitiva, isso supõe pensar na inocência do administrado, que foi punido mesmo sem ter cometido qualquer infração, ou numa conduta menos grave do que parecia num primeiro momento. Seu aprofundamento, porém, sugere uma aproximação entre o direito administrativo sancionador e o direito penal, em se tratando da aplicação de sanções.

Se no direito penal, um raciocínio teórico em defesa do cidadão se desenvolveu há mais tempo, no direito administrativo é mais recente que o Estado deixa o campo de superior, de guardião do interesse público supremo e indisponível, e passa a manter relações horizontais com o cidadão, atraindo a necessidade de respeitar determinadas garantias. Vale lembrar que até o início do século XX, a decisão com base na verdade sabida era admitida pela legislação (caso do art. 271 da Lei Estadual paulista nº 10.261/1968 – "Estatuto dos Funcionários Públicos Civis").

Apesar da tradição brasileira, em outros países, verificam-se construções diversas: na Espanha, como resposta ao Franquismo, teria se desenvolvido uma maior proteção ao cidadão, inclusive frente à Administração Pública; já em países como Alemanha e Itália, o direito penal seria mais alargado, caso em que a doutrina defenderia uma diminuição dos crimes e o tratamento de questões menores no direito administrativo.[10]

Esse movimento é reforçado também com a evolução da legislação, caso, por exemplo de Lei Anticorrupção (Lei nº 12.846/2013) e Lei de Improbidade Administrativa (Lei nº 8.429/1992), com a possibilidade de, fora do âmbito criminal, serem aplicadas sanções tão ou mais gravosas. Com isso, noções de que apenas o direito penal cuida de condutas mais graves, aplica sanções relevantes ou é proferido pelo Poder Judiciário, passaram a ser desmentidas pela legislação.

Demolida essa fronteira, passou-se a cogitar da transposição de garantias e direitos fundamentais, antes restritas ao direito penal, para o direito administrativo. Isso o que culminou na previsão expressa do art. 1º, §4º da Lei de Improbidade Administrativa (Lei nº 8.429/1992), pela aplicação dos princípios constitucionais do direito administrativo

---

10 HUERGO LORA, Alejandro. Las sanciones administrativas. Madrid: Iustel, 2007. p. 53-109 *apud* ALARCÓN SOTOMAYOR, Lucía. Los confines de las sanciones: en busca de la frontera entre Derecho Penal y Derecho Administrativo Sancionador. *Revista de Administración Pública*, Madrid, n. 195, p. 144, septiembre/diciembre 2014. E também: OLIVEIRA, Ana Carolina Carlos de. *Direito de intervenção e direito administrativo sancionador*: o pensamento de Hassemer e o direito penal brasileiro. 2011. Dissertação (Mestrado em Direito) — Faculdade de Direito, Universidade de São Paulo, São Paulo, 2011. p. 124.

sancionador ao sistema de improbidade. E mesmo antes, a bibliografia já vinha se desenvolvendo a respeito da aplicação de princípios e garantias constitucionais também aos administrados passíveis de sancionamento, caso de Medina Osório e Voronoff.[11] Esse cenário que deve guiar a interpretação e a aplicação da Lei nº 9.784/99 nos casos de sanções.

Para aqueles que ainda duvidam da aproximação entre os campos, o Projeto de Lei do Senado nº 2.481/2022 busca acrescentar um capítulo à Lei nº 9.784/99, a respeito do processo administrativo sancionador.[12] Nele, constam a aplicação de diversas garantias como a retroatividade da norma mais benéfica, o contraditório, a prévia e ampla defesa, a intranscendência da sanção, a proporcionalidade, a razoabilidade e o *non bis in idem*, vedada ainda a responsabilização objetiva (acaso a verdade sabida contemporânea?) quando não prevista expressamente na legislação. O PL é fruto do trabalho de um grupo de Juristas coordenado pelo seu relator, o juiz federal e Professor Dr. Valter Shuenquener de Araujo e integrada por nomes como Prof. Dr. Gustavo Binenbojm, Profa. Dra. Patrícia Ferreira Baptista, Prof. Dr. Flávio Amaral Garcia e o Prof. Dr. Maurício Zockun.

Diante de tudo isso, em processo de revisão administrativa, e emprestando a teoria do direito penal, seria inadequada aquela sanção em que não estão presentes a tipicidade, a antijuridicidade ou a culpabilidade.[13] Por exemplo, a atribuição de autoria se revela indevida, a conduta não ocorreu, a conduta não tipifica uma infração; ou que, nos casos em que necessária, fica configurado que o agente não teve intenção de cometer a infração, nem agiu com culpa. Sob outro aspecto, também deve ser avaliado se o agente dispunha de um motivo ou uma excludente a justificar sua ação. Fatos novos em qualquer um desses sentidos deve ser considerado apto para subsidiar um pedido de revisão.

Apesar da aproximação com o direito penal, o Supremo Tribunal Federal (STF) foi recentemente chamado a interpretar a Nova Lei de Improbidade e seu art. 1º, §4º, com os princípios do direito administrativo

---

[11] OSÓRIO, Fábio Medina. *Direito administrativo sancionador*. 8. ed., rev. e atual. São Paulo: Revista dos Tribunais, 2022. VORONOFF, *op. cit*.

[12] BRASIL. Senado Federal. *Projeto de Lei nº 2.481/2022*. Brasília: Senado Federal, 2022. Disponível em: https://legis.senado.leg.br/sdleg-getter/documento?dm=9199165&ts=1686866399530&disposition=inline. Acesso em: 3 set. 2025.

[13] Numa aproximação que também parece ser feita por: GONÇALVES, Benedito; GRILO, Renato Cesar Guedes Os princípios constitucionais do direito administrativo sancionador no regime democrático da Constituição de 1988. *Revista de estudos institucionais*, v. 7, n. 2, p. 467-478, 2021.

sancionador.[14] Na ocasião, a tese que prevaleceu foi de que a garantia da retroatividade da lei mais benéfica possui algumas peculiaridades, uma vez que o art. 5º, XXXVI da Constituição de 1988 menciona apenas a "lei penal". Assim, não tem incidência em relação à eficácia da coisa julgada, nem tampouco durante o processo de execução das penas e seus incidentes. Também o novo regime prescricional é irretroativo — embora lembrando que a prescrição também é uma questão de direito material.

## 7 Parágrafo único e a proibição de agravamento

O artigo 65 da Lei ainda traz uma questão envolvendo a possibilidade de, durante a revisão, haver o agravamento da situação — com uma aparente antinomia com o anterior. De um lado, esta não se verifica, na medida em que o art. 65 é específico para processos sancionadores, enquanto o anterior trata da regra geral. De outro lado, por todo o arcabouço penal-garantístico, difícil reconhecer exceções ao não agravamento. Nesse sentido:

> Ademais, a própria Lei nº 9.784/99 estatui que, nos processos de revisão, é expressamente proibida a reforma para pior, nos termos do art. 65, parágrafo único: "Da revisão do processo não poderá resultar agravamento da sanção". O processo revisional é o instrumento por meio do qual o próprio interessado, ou a Administração Pública de ofício, nos processos de que resulte sanção, pode suscitar nova apreciação da matéria em face da superveniência de novos fatos ou circunstância relevantes que apontem para a inadequação da medida sancionatória aplicada. Ora, se nesses processos revisionais, que podem até mesmo ser instaurados de ofício, a Lei veda o agravamento, não há sentido lógico em admitir-se a reforma para pior nas decisões em que a parte recorre voluntariamente, mormente porque o faz, indubitavelmente, para alcançar uma decisão que venha a melhorar a sua situação.[15]

Ao longo do tempo, a jurisprudência também desenvolveu o entendimento de que a revisão encontra limites, não sendo possível aplicação de pena mais gravosa, e que não pode a Administração

---

[14] STF. ARE 843989, rel. Min. Alexandre de Moraes, Tribunal Pleno, julgado em 18.08.2022.

[15] BACELLAR FILHO, Romeu Felipe; PIVETTA, Saulo Lindorfer. O regime jurídico do processo administrativo na Lei nº 9.784/99. *A&C – Revista de Direito Administrativo & Constitucional*, Belo Horizonte, ano 14, n. 58, p. 133, out./dez. 2014.

Pública anular um processo sancionatório e promover novo julgamento, para alcançar o resultado que deseja. Assim, de um cenário em que a anulação do processo anterior contornaria a *reformatio in pejus*:

> Não houve reformatio in pejus. Após ter sido o agravante punido em PAD anulado, não se vislumbra contrariedade ao teor do art. 65 da Lei 9.784/99, visto que a hipótese não é de revisão de sanção disciplinar, mas sim de apreciação dos fatos como se nunca tivesse existido o primeiro procedimento.[16]

Passa-se para uma posição em que existem limites para a autotutela que gera um agravamento da situação do cidadão:

> No entanto, em se tratando de processo administrativo disciplinar, há considerar limites à revisão de atos administrativos, diante da submissão ao devido processo legal e aos princípios da ampla defesa e do contraditório.[17]

Nesse sentido, seria preciso um vício muito grave a justificar a anulação de um processo e viabilizar sua nova apreciação — sem violar a proibição da *reformatio in pejus*[18]:

> ADMINISTRATIVO. MANDADO DE SEGURANÇA. SERVIDOR PÚBLICO. PENAS DE SUSPENSÃO E DEMISSÃO. BIS IN IDEM E REFORMATIO IN PEJUS. OCORRÊNCIA. VEDAÇÃO. SÚMULA 19/STF.
>
> 1. A Terceira Seção do STJ — inspirada na Súmula n. 19 do STF: "É inadmissível segunda punição de servidor público, baseada no mesmo processo em que se fundou a primeira" — firmou compreensão de que, nos termos do disposto na Lei n. 8.112/1990, o Processo Administrativo Disciplinar somente poderá ser anulado quando constatada a ocorrência de vício insanável (art. 169, caput), ou revisto, quando apresentados fatos novos ou circunstâncias suscetíveis de justificar a inocência do servidor punido ou a inadequação da penalidade aplicada (art. 174,

16 STJ. AgRg no MS 15.463/DF, rel. Min. Herman Benjamin, 1ª Seção, julgado em 9.02.2011, DJe de 15.03.2011.

17 STJ. MS 17.370/DF, rel. Min. Arnaldo Esteves Lima, 1ª Seção, julgado em 28.08.2013, DJe de 10.09.2013. No mesmo sentido: STJ. MS 10.950/DF, rel. Min. Og Fernandes, 3ª Seção, julgado em 23.05.2012, DJe de 01.06.2012; STJ. MS 13.523/DF, rel. Min. Arnaldo Esteves Lima, 3ª Seção, julgado em 13.05.2009, DJe de 04.06.2009.

18 STJ. MS 11.554/DF, rel. Min. Og Fernandes, Terceira Seção, julgado em 11.09.2013, DJe de 01.10.2013.

> caput), sendo certo que a nova reprimenda não poderá ser mais gravosa (arts. 182, parágrafo único, da Lei n. 8.112/1990, c/c o art. 65, parágrafo único, da Lei n. 9.784/1999).
>
> 2. Na presente espécie, as informações apresentadas pela autoridade não indicaram vício insanável que fosse apto a anular o PAD (...)
>
> 3. Ademais, não foi trazido fato novo ou circunstância relevante para o abrandamento da pena (art. 174, caput, da Lei n. 8.112/1990), mas, em vez disso, a situação do servidor foi agravada, apesar da proibição da reformatio in pejus, contida nos arts. 182, parágrafo único, da Lei do RJU, e 65, parágrafo único, da Lei n. 9.784/1999, antes referenciados.
>
> 4. Tem-se, pois, patente ofensa ao devido processo legal, que gera a nulidade do rejulgamento do PAD, bem assim da segunda apenação imposta à impetrante.
>
> 5. Segurança concedida para anular o ato de demissão da impetrante.

Esses casos diferem, no entanto, de se retomar um processo parado e se chegar a uma decisão sancionatória,[19] ocasião em que não haveria impedimento para sua conclusão, conforme já decidido pelo STJ.

## 8 Conclusão

Assim, evidente a importância do art. 65 da Lei nº 9.784/99, trazendo contornos para uma revisão administrativa, equivalente àquelas havidas em outras searas e cuja interpretação deve ser feita considerando uma aproximação do direito administrativo sancionador com o direito penal e as garantias ali previstas. Nesse sentido, também deve ser interpretado seu parágrafo único, de forma a impedir o agravamento de sanções já aplicadas, limitando o poder de autotutela da Administração Pública.

## Referências

ALARCÓN SOTOMAYOR, Lucía. Los confines de las sanciones: en busca de la frontera entre Derecho Penal y Derecho Administrativo Sancionador. *Revista de Administración Pública*, Madrid, n. 195, p. 144, septiembre/diciembre 2014.

---

[19] STJ. AgInt no REsp 1.354.269/RJ, rel. Min. Napoleão Nunes Maia Filho, Primeira Turma, julgado em 21/3/2017, DJe de 31/3/2017. E também STJ. MS n. 15.321/DF, rel. Min. Mauro Campbell Marques, Primeira Seção, julgado em 28.09.2016, DJe de 19.12.2016.

BACELLAR FILHO, Romeu Felipe; PIVETTA, Saulo Lindorfer. O regime jurídico do processo administrativo na Lei nº 9.784/99. *A&C – Revista de Direito Administrativo & Constitucional*, Belo Horizonte, ano 14, n. 58, p. 133, out./dez. 2014.

GONÇALVES, Benedito; GRILO, Renato Cesar Guedes Os princípios constitucionais do direito administrativo sancionador no regime democrático da Constituição de 1988. *Revista de estudos institucionais*, v. 7, n. 2, p. 467-478, 2021.

LEGISLAÇÃO Aplicada. *In*: STJ [site], s. d. Disponível em: https://scon.stj.jus.br/SCON/legaplic/toc.jsp?materia=%279.784%2F1999%27.MAT.&b=TEMA&p=true&thesaurus=JURIDICO&l=1&i=71&operador=E&ordenacao=MAT,@NUM&ordem=MAT,@NUM. Acesso em: 20 abr. 2024.

LIMA, Everardo Moreira. Revisão de Processo Administrativo. *Mandado de Segurança nº 696/79*. Rio de Janeiro: Tribunal de Justiça. Câmaras Cíveis Reunidas, 16 de maio de 1979.

MOREIRA, Egon Bockmann. *Processo administrativo*: princípios constitucionais e a Lei 9.784/1999. Belo Horizonte: Fórum, 2022.

OLIVEIRA, Ana Carolina Carlos de. *Direito de intervenção e direito administrativo sancionador*: o pensamento de Hassemer e o direito penal brasileiro. 2011. Dissertação (Mestrado em Direito) — Faculdade de Direito, Universidade de São Paulo, São Paulo, 2011.

OSÓRIO, Fábio Medina. *Direito administrativo sancionador*. 5 ed. rev., atual. e ampl. – São Paulo: Editora Revista dos Tribunais, 2015.

OSÓRIO, Fábio Medina. *Direito administrativo sancionador*. 8. ed., rev. e atual. São Paulo: Revista dos Tribunais, 2022.

STF. ARE 843989, rel. Min. Alexandre de Moraes, Tribunal Pleno, julgado em 18.08.2022.

STF. MS 32124 AgR, rel. Min. Dias Toffoli, Plenário, julgado em 19.11.2014.

STF. RMS 30990, rel. Min. Marco Aurélio, 1ª Turma, julgado em 08.05.2012.

STJ. AgInt no REsp 1.354.269/RJ, rel. Min. Napoleão Nunes Maia Filho, Primeira Turma, julgado em 21.03.2017, DJe de 31/3/2017.

STJ. AgInt no REsp 1.662.747/RJ, rel. Min. Benedito Gonçalves, Primeira Turma, julgado em 06.12.2021, DJe de 09.12.2021.

STJ. AgRg no MS 15.463/DF, rel. Min. Herman Benjamin, 1ª Seção, julgado em 09.02.2011, DJe de 15.03.2011.

STJ. MS 10.950/DF, rel. Min. Og Fernandes, 3ª Seção, julgado em 23.05.2012, DJe de 01.06.2012.

STJ. MS 11.554/DF, rel. Min. Og Fernandes, Terceira Seção, julgado em 11.09.2013, DJe de 01.10.2013.

STJ. MS 13.523/DF, rel. Min. Arnaldo Esteves Lima, 3ª Seção, julgado em 13.05.2009, DJe de 04.06.2009.

STJ. MS 14.965/DF, rel. Min. Hamilton Carvalhido, 1ª Seção, julgado em 13.12.2010, DJe de 01.2.2011.

STJ. MS 14.965/DF, rel. Min. Hamilton Carvalhido, Primeira Seção, julgado em 13.12.2010, DJe de 01.02.2011.

STJ. MS 17.370/DF, rel. Min. Arnaldo Esteves Lima, 1ª Seção, julgado em 28.08.2013, DJe de 10.09.2013.

STJ. MS n. 15.321/DF, rel. Min. Mauro Campbell Marques, Primeira Seção, julgado em 28.09.2016, DJe de 19.12.2016.

STJ. RESP 139.379, Quinta Turma, rel. Min. Gilson Dipp. Brasília, 04 out. 1999. Diário da Justiça, Brasília, 25 out. 1999.

TCU. Acórdão 3237/2013 – Plenário, rel. Min. Walton Alencar Rodrigues, data da sessão 27.11.2013.

TCU. Acórdão 732/2020, Plenário, rel. Min. Augusto Nardes, data da sessão 01.04.2020.

VORONOFF, Alice. *Direito administrativo sancionador no Brasil*: justificação, interpretação e aplicação. Belo Horizonte: Fórum, 2018.

# CAPÍTULO XVI
# DOS PRAZOS

Art. 66. Os prazos começam a correr a partir da data da cientificação oficial, excluindo-se da contagem o dia do começo e incluindo-se o do vencimento.

§1º Considera-se prorrogado o prazo até o primeiro dia útil seguinte se o vencimento cair em dia em que não houver expediente ou este for encerrado antes da hora normal.

§2º Os prazos expressos em dias contam-se de modo contínuo.

§3º Os prazos fixados em meses ou anos contam-se de data a data. Se no mês do vencimento não houver o dia equivalente àquele do início do prazo, tem-se como termo o último dia do mês.

**EDUARDA ONZI**

## 1 Contextualização inicial

A necessidade de cooperação entre as partes mostrou-se significativa no desenvolvimento do processo civil brasileiro, alcançando *status* de princípio na reforma do Código de Processo Civil de 2015. No processo administrativo brasileiro, essa noção não passa despercebida, especialmente na perspectiva da sua concepção atual. Sendo o processo administrativo um instrumento de promoção da efetividade de direitos, a ideia de cooperação processual significa a *colaboração* do órgão julgador e a *participação* do sujeito privado. Isso tudo no sentido de afastar a litigiosidade do processo e promover a sucessão dos atos com base no diálogo equânime de todos os sujeitos envolvidos.[1]

Uma das formas que de oportunizar a participação dos sujeitos privados no processo é a outorga de lapsos temporais para a realização e o cumprimento dos atos. Ou, em outras palavras, a colaboração e a

[1] MOREIRA, Egon Bockmann. *Processo Administrativo*: princípios constitucionais e a Lei n.º 9.784/99 (com especial atenção à LINDB). 6. ed. Belo Horizonte: Fórum, 2022. p. 261.

participação das partes também se manifesta por meio dos prazos processuais, cuja ideia pode ser compreendida como um espaço de tempo para a prática ou não de ato processual pelos sujeitos do processo.[2]

É por isso que se fala que a concessão de um lapso temporal para a prática ou não de um ato do processo é uma das formas de manifestação do contraditório. Mas para que ele possa ser efetivo, é necessário o prazo para a manifestação dos sujeitos privados seja adequado e que suas condições de cumprimento estejam claras e expressamente previstas. Esses são critérios elementares e que possuem vinculação direta com alguns princípios, como a eficiência, a duração razoável do processo e a ampla defesa. Assim, o prazo adequado deve ter a extensão temporal suficiente para possibilitar o cumprimento de uma medida pelo sujeito privado. Da mesma forma, deve ser limitado temporalmente para que não prejudique a efetividade processual.

A partir disso, a Lei nº 9.784/99 disciplinou os prazos processuais administrativos prevendo a limitação temporal para a prática dos atos do processo pelas partes. A previsão da Lei de Processo Administrativo trata de prazos de caráter específico, ao longo do diploma legislativo, e prazos de caráter geral, esses últimos contidos nos artigos 66 e 67.

## 2 Contagem dos prazos no processo administrativo

O *caput* do artigo 66 da Lei nº 9.784/99 segue a estrutura processual estabelecida pelo Código de Processo Civil para a fixação do termo inicial e do termo final de contagem: exclui-se o dia de início e se inclui o último dia. Ou seja, o prazo inicia-se no primeiro dia útil após a cientificação da parte. Essa regra, no entanto, é válida somente para prazos estipulados em dias, tendo em vista que os definidos em meses ou anos possuem previsão específica no §3º.

A "cientificação oficial" de que trata o *caput*, para o início da contagem do prazo, possui contornos diferentes para os sujeitos privados e para a Administração Pública. É que em se tratando de ato processual a ser cumprido pela autoridade, a data de cientificação é aquela em que o processo é recebido pelo órgão julgador competente. Enquanto que, para os sujeitos privados, a cientificação pode ser realizada de diversas formas, por escolha da autoridade administrativa.

---

[2] SANTOS, Nelson dos. *In*: MARCATO, Antonio Carlos (coord.). *Código de Processo Civil interpretado*. 3. ed. São Paulo: Forense, 2008. p. 482.

O art. 26 da Lei nº 9.784/99 dispõe que a intimação dos sujeitos privados pode ser realizada por via postal com aviso de recebimento, por telegrama ou por outro meio que assegure a sua ciência. Também está prevista a possibilidade de intimação pela Diário Oficial da União, hipótese prevista para os interessados desconhecidos ou com domicílio incerto ou indefinido. Há, ainda, a possibilidade de intimação por ciência do interessado, caso em que voluntariamente a parte manifesta ciência do ato antes da intimação. Por fim, a cientificação oficial também pode se dar por meio da intimação via endereço eletrônico da parte ou de seu procurador constituído. Em resumo, para o início da contagem do prazo processual, o que interessa à autoridade administrativa é assegurar a ciência do sujeito privado, que deve ser sempre comprovada nos autos.

O §1º do art. 66 trata da prorrogação automática do prazo processual cujo vencimento ocorrer no dia em que não há expediente administrativo. São os casos em que o último dia do prazo (comumente denominado de "prazo fatal") vence em finais de semana, feriados e na data em que não há expediente no órgão administrativo ou o seu término é antecipado. Nessas hipóteses, o termo final do prazo será prorrogado para o primeiro dia útil subsequente. Convém destacar que a regra de prorrogação automática do prazo processual, nesses casos, deve ser sempre interpretada de forma ampliativa, tendo em vista que qualquer interpretação restritiva que implique em redução de prazo processual da parte é incompatível com a ampla defesa e com o contraditório.

O §2º do art. 66, por sua vez, estabelece a cotagem do prazo de modo contínuo. O que significa dizer que os prazos são contados em dias, sem limitação de horário, e de forma contínua, ou seja, em dias corridos e não úteis, como estabelecido na edição do Código de Processo Civil de 2015. Os prazos processuais administrativos, com exceção de casos previstos expressamente em lei, não se interrompem nos finais de semana e nos feriados. Quanto à limitação de horário para cumprimento do prazo, dependerá do expediente da autoridade administrativa e da forma como o prazo será cumprido: se presencial ou eletronicamente. De qualquer sorte, cabe à autoridade indicar e orientar o sujeito privado acerca da prática do ato, evitando limitar ilegalmente o prazo.

O §3º do art. 66 prevê uma regra específica para a contagem do termo inicial dos prazos fixados em meses ou em anos. Diferentemente da determinação prevista no *caput* do referido artigo, contabiliza-se o dia de início da cientificação da parte. Ou seja, em vez de iniciar a contagem no dia útil seguinte à ciência do sujeito privado, inclui-se o dia em que ele tomou ciência do ato processual para a contagem do respectivo prazo. No caso de não existir uma data equivalente ao dia do início do prazo, durante o mês de vencimento, o termo final do lapso para o cumprimento do ato será o último dia do mês respectivo.

Art. 67. Salvo motivo de força maior devidamente comprovado, os prazos processuais não se suspendem.

EDUARDA ONZI

## 1 Manutenção da contagem contínua, salvo motivo de força maior

O art. 67 mantém a regra de continuidade dos prazos processuais administrativos prevista no §2º do art. 66. Em outras palavras, uma vez iniciado o prazo, sua fluência é contínua e só se suspende caso comprovado motivo de força maior decorrentes de fatos improváveis não causados pelas partes do processo.

A interpretação da força maior também abrange fatos ou atos que possam prejudicar o contraditório ou a ampla defesa do sujeito privado. É o exemplo de suspensão do prazo por impossibilidade de cumpri-lo em razão de um ato da própria da autoridade administrativa ou do órgão competente.

## 2 Importância da diferenciação terminológica sobre as hipóteses de paralisações do prazo

A partir dessa disposição, decorrem duas importantes observações. A primeira é que a suspensão da fluência do prazo deve ocorrer por um acontecimento posterior. Não é possível que se autorize a suspensão do prazo processual antes que o evento ocasionador do pedido suspensivo ocorra. É necessário, assim, que o episódio ocorra para que se requeira a suspensão do lapso temporal.

A segunda observação é relativa à diferença terminológica utilizada pelo legislador. Veja-se que o artigo prevê a hipótese de *suspensão* da continuidade do prazo, não a sua *interrupção*. Isso porque os prazos previstos no âmbito da Administração Pública federal não se interrompem, salvo disposição legal expressa.

Por suspensão do lapso temporal entende-se a paralisação da contagem do prazo, voltando a correr a contabilização a partir do momento em que cessa o motivo que a suspendeu. Assim, caso um prazo de cinco dias seja suspenso quando já se passaram dois dias, haverá três dias de prazo ao cessar o motivo da suspensão.

A interrupção do prazo, por sua vez, significa a descontinuação da sua contagem. Ou seja, interrompido o lapso temporal para a prática do ato, haverá a substituição dos termos inicial e final por uma nova contagem. Diante disso, caso haja previsão expressa na lei para a interrupção do prazo de um ato, por exemplo, de dez dias, caso seja paralisado no sexto dia de contagem, quando cessar a interrupção, ela será zerada e renovada, ou seja, voltará a contar do primeiro dia do prazo de mesma duração.

## Referências

MOREIRA, Egon Bockmann. *Processo Administrativo*: princípios constitucionais e a Lei n.º 9.784/99 (com especial atenção à LINDB). 6.ed. Belo Horizonte: Fórum, 2022.

SANTOS, Nelson dos. *In*: MARCATO, Antonio Carlos (coord.). *Código de Processo Civil interpretado*. 3. ed. São Paulo: Forense, 2008.

## CAPÍTULO XVII
## DAS SANÇÕES

Art. 68. As sanções, a serem aplicadas por autoridade competente, terão natureza pecuniária ou consistirão em obrigação de fazer ou de não fazer, assegurado sempre o direito de defesa.

**LUCAS ALUÍSIO SCATIMBURGO PEDROSO**

**OTÁVIO VENTURINI**

# 1 Autoridade competente

O artigo em questão se inicia com uma previsão aparentemente óbvia: de que apenas a autoridade competente poderá aplicar sanções. Sua interpretação, porém, deve ser feita em conjunto com os art. 11 e seguintes da própria Lei nº 9.784/99, que permitem a delegação de competências. Nesse sentido, tanto o Supremo Tribunal Federal (STF) quanto o Superior Tribunal de Justiça (STJ) possuem precedentes quanto à possibilidade de delegação de competência sancionatória, com base no art. 84, da Constituição de 1988, no caso da sanção de demissão do art. 141 da Lei Federal nº 8.112/90.[1]

Outra questão que vale mencionar brevemente é a possibilidade, ou não, de convalidação de sanção aplicada por autoridade incompetente, conforme art. 55 da Lei nº 9.784/99. Entendemos que a possibilidade não existe, pois acabaria por violar a garantia do juiz natural (art. 5º, XXXVII, da Constituição de 1988). Quando muito, pode-se admitir, como tem feito o STJ, o aproveitamento de parte dos atos processuais,

1 STF. RMS 24079, rel. Min. ELLEN GRACIE, Primeira Turma, julgado em 05.02.2002. STJ. MS n. 17.053/DF, rel. Min. Mauro Campbell Marques, 1ª Seção, julgado em 11.09.2013, DJe de 18.09.2013.

reabrindo-se a instrução,[2] ou que o ato de abertura por autoridade incompetente seja convalidado pela autoridade competente ao longo do processo, por essa conduzido.[3] Em se tratando de competência sancionatória, necessário extremo cuidado com soluções utilitaristas, em prejuízo aos direitos do apenado.

## 2 Natureza pecuniária da sanção ou a imposição de uma obrigação de fazer ou não fazer – breve comparativo

Superada a questão da competência, o artigo 68 também prevê que as sanções terão natureza pecuniária. Essa a hipótese mais comum, intuitiva, da multa que consiste em uma sanção traduzível em dinheiro, em valor que afeta o patrimônio daquele que cometeu a infração, e busca lhe infligir um incômodo.

A aplicação de multas pelo descumprimento de obrigações é criticada por diversos ângulos. O Tribunal de Contas da União (TCU), em fiscalizações sobre as próprias agências, identificou que as multas enfrentam o problema de baixa arrecadação há mais de década, embora suas razões não estejam tão claras.[4] Mesmo lavrado o auto de infração, ainda se enfrentam sucessivos recursos, discussões judiciais ou simplesmente escolhe-se não pagar, com uma dificuldade considerável em cobrá-las, em processos que levam anos até serem concluídos.

Na sequência, mesmo quando pagas, as multas dificilmente se traduzem numa melhoria da prestação do serviço, ou num impacto positivo para a população, o que seria seu objetivo. Isso porque, de um lado, esbarram no fato de que o valor geralmente é arrecadado para o caixa do Tesouro, momento em que se mistura com todas as outras receitas e despesas, para pagamento de servidores e o funcionamento da máquina administrativa, dificilmente revertendo para a melhoria do serviço que originou o apenamento.

De outro lado, mesmo quando a multa possui uma destinação específica, é de se considerar que o emprego desse valor esbarra num regime jurídico administrativo que obriga a realizar uma licitação, tam-

[2] STJ. MS 14.181/DF, rel. Min. Antonio Saldanha Palheiro, 3ª Seção, julgado em 25.05.2016, DJe de 31.05.2016.

[3] STJ. RMS 28.300/PR, relatora Ministra Laurita Vaz, 5ª Turma, julgado em 06.09.2011, DJe de 21.09.2011.

[4] TCU. Acórdão 1817/2010 – Plenário. Rel. Min. Raimundo Carreiro, data da sessão 28.07.2010. TCU. Acórdão 1970/2017 – Plenário. Rel. Min. Aroldo Cedraz, data da sessão 06.09.2017.

bém sujeita a disputas jurídicas entre os concorrentes, e que dificilmente resulta na contratação do melhor serviço, mas também é associada a problemas, demanda fiscalização e medições, até que seja entregue.

Assim, a segunda hipótese do art. 68 é mais alvissareira e ainda não aplicada em todo seu potencial, com a possibilidade de a sanção se traduzir numa obrigação de fazer ou não fazer.

Segundo Freitas *et al.*,[5] suas maiores qualidades são a viabilização de investimentos e a melhoria da prestação dos serviços. Além disso, a aplicação de uma obrigação de fazer num procedimento sancionatório pode abreviar, e muito, esse intervalo entre descumprimento, sanção e benefício à população:

> Ademais, do ponto de vista de execução, sanções do tipo obrigação de fazer permitem ao regulador compartilhar com o ente privado o compromisso de eficiência na execução do projeto e, assim, elevar a expectativa de utilidade relativa àquela obtida pelos fluxos usuais de sanções pecuniárias. Nessas circunstâncias, a obrigação de fazer tem vantagens sobre a multa uma vez que converte a sanção em investimento produtivo, cujos benefícios não se limitam à sua própria iniciativa.[6]

Ao se aplicar a obrigação de fazer como sanção, o regime jurídico administrativo, bem como as demais dificuldades da Administração Pública, deixam de existir, ou são atenuadas, promovendo uma melhoria do próprio serviço.

## 2.1 Algumas previsões infralegais

As sanções de obrigações de fazer são previstas e utilizadas pelas agências reguladoras. Nesse sentido, desde 2012, a Anatel prevê em sua Resolução nº 589/2012, o que são e como deverá ser sua aplicação.

A definição pode ser encontrada no art. 2º, incisos XI e XII:

> Art. 2º. Para fins deste Regulamento aplicam-se as seguintes definições:
> (...)
> XI – sanção de obrigação de fazer: sanção mandamental que resulta de ordem emanada pela autoridade administrativa pela qual o infrator

[5] FREITAS, Luciano Charlita de. *et al.* Obrigação de fazer em sanções regulatórias no Brasil: aplicação ao setor de telecomunicações. *Revista de Direito, Estado e Telecomunicações*, v. 11, n. 2, p. 71-86, outubro 2019. DOI: https://doi.org/10.26512/lstr.v11i2.27019. Acesso em: 3 set. 2025.

[6] *Ibidem*, p. 78.

> é compelido a praticar uma conduta lícita, diversa das obrigações já previstas em lei e regulamento, em benefício do serviço de telecomunicações ou do usuário desse serviço, suficiente para desestimular o cometimento de nova infração; e
>
> XII – sanção de obrigação de não fazer: sanção mandamental que resulta de ordem emanada pela autoridade administrativa pela qual o infrator é compelido a deixar de praticar uma conduta, em benefício do serviço de telecomunicações ou do usuário do serviço, a qual poderia praticar sem embaraço não fosse a sanção imposta pela Administração, suficiente para desestimular o cometimento de nova infração.

A ANEEL também discutiu a inclusão de previsão semelhante, o que resultou na Resolução Normativa nº 846/2019.[7]

Outro exemplo do art. 68 em funcionamento pode ser encontrado na Portaria SENACOM nº 7, de 5 de maio de 2016, que disciplina a aplicação de sanções administrativas, no âmbito da Secretaria Nacional do Consumidor (Senacom). O normativo menciona expressamente o art. 68 da Lei nº 9.784/99 em seu art. 3º, inciso III, bem como traz sanções de obrigação de fazer e não fazer, as quais define em seu art. 4º, e avança na tentativa de indicar quando e como seriam cabíveis, devendo guardar relação com a infração e não constituir apenas uma obrigação que já caberia ao infrator, podendo inclusive ser cumuladas com sanções de multa (art. 10 e 11). Em seu art. 11, §3º, também fica claro que as obrigações sancionadoras não se confundem com medidas cautelares eventualmente impostas.

Mais recentemente, a Autoridade Nacional de Proteção de Dados (ANPD) passou a prever, em seu Regulamento do Processo de Fiscalização e do Processo Administrativo Sancionador, a necessidade de especificação da obrigação de fazer ou não fazer quanto ao (i) prazo de execução e demonstração do cumprimento da medida; e (ii) valor da multa, bem como prazo para pagamento (art. 55, §2º). Em linha com a Lei Geral de Proteção de Dados (Lei nº 13.709/2018), cujas prescrição já possuem um caráter mais estruturante, como adotar padrões de segurança e realizar análises de impacto.[8]

---

[7] AGÊNCIA NACIONAL DE ENERGIA ELÉTRICA (Brasil.) *Resolução normativa nº 84, de 11 de junho de 2019*. Aprova procedimentos parâmetros e critérios para a imposição de penalidades aos agentes dp setor de energia elétrica e dispões sobre diretrizes gerais da fiscalização da Agência. Disponível em: https://www2.aneel.gov.br/cedoc/ren2019846.pdf. Acesso em: 3 set 2025.

[8] GALIL, João Victor Tavares; ALMEIDA, Pedro Luiz Ferreira de Almeida. O regime sancionador da lei geral de proteção de dados. *In*: FERRAZ, Sérgio; VENTURINI, Otavio;

## 2.2 Sanções além de um raciocínio em torno das multas

Embora o artigo 68 da Lei nº 9.784 sugira a aplicação de sanção pecuniária ou a imposição de obrigação de fazer, como duas alternativas, o que se nota é um raciocínio ainda centrado em torno das multas — não por acaso, mas uma demanda que transparece do controle realizado. Segundo Freitas *et al.*, o procedimento administrativo seria dividido em duas fases: na primeira, há a definição do valor da multa, e no segundo, conforme o interesse da Administração Pública, ela é convertida numa obrigação de fazer. Assim, de acordo com o tipo de descumprimento havido, procede-se ao cálculo da multa aplicável e, no mesmo despacho, a autoridade competente pode sinalizar qual a obrigação de fazer compatível com essa multa.

Entende-se que esse não é o melhor caminho. Isto é, deve-se ocupar menos tempo definindo um valor de multa e sua conversão, e mais tempo numa proporcionalidade no que foi descumprido e como isso pode ser reparado. Em ambos os casos, evidente que há um risco de assimetria de informação entre a Administração Pública e os prestadores: quem está todo dia no serviço sabe o que realmente lhe é custoso, pouco conveniente, e representa um fardo.

No entanto, defende-se que essa compatibilização seja entre benefícios: o que realmente pode ser interessante para a população? Se um serviço de telefonia apresenta reclamações recorrentes, falhas de sinal numa região, o mais adequado pode ser obrigar a empresa a consertar a antena, melhorar o cabeamento da região afetada, e ainda obrigá-la investir numa outra região pouco atrativa.

## 2.3 As discricionariedades envolvidas na aplicação de sanções e o cumprimento do mínimo da legislação

Uma questão por vezes tratada é a discricionariedade associada àquele que aplica a sanção, em especial de obrigação de fazer. Ela deve ser analisada sob dois aspectos.

Primeiro, considerando o objetivo de se alcançar um bom serviço prestado, não faz sentido analisar esse sancionamento como uma questão de discricionariedade do gestor, como algo que pode escolher ou não, segundo sua boa-vontade. Em sendo viável, sempre deverá

GASIOLA, Gustavo Gil. *Proteção de dados pessoais e compliance digital*. 2. ed. Cuiabá: Umanos Editora, 2023. p. 198.

optar pela aplicação da obrigação de fazer, muito mais eficiente que o recolhimento da multa, como já apontado. O objetivo sempre deve ser o atingimento do interesse público, servindo a sanção apenas como um meio para tanto. Segundo Alice Voronoff, ao tratar de concessões:

> Ou seja: sanciona-se o concessionário para que o serviço público seja adequado; sanciona-se o motorista para que se assegure a ordem no trânsito. A finalidade da sanção administrativa, portanto, é a de realizar esses objetivos (prestação de um serviço adequado ou segurança no trânsito), porque são eles de interesse público. O objetivo primordial da sanção não é castigar nem arrecadar.[9]

Assim, não deve ser discricionário o juízo de se aplicar uma sanção consistente numa obrigação de fazer.

No entanto, em segundo lugar, deve ser reservada alguma discricionariedade por parte do gestor, na definição da sanção, que pode ser fazer *x* ou *y*. Não cabe aos Tribunais de Contas, ao Poder Judiciário ou a outros órgãos de controle decidir que a sanção foi muito branda, ou que ao invés de fazer *x*, a empresa prestadora deve ser condenada a fazer *z*.

Assim, conclama-se que as sanções de obrigações de fazer sejam interpretadas de forma criativa, indo além dos regulamentos padrão de sanção de advertência, multa, suspensão e impedimento. Expandir o serviço, construir infraestrutura, melhorar o tempo de atendimento, atualizar o sistema do cliente, dentre outras, são alternativas que trazem bem-estar ao consumidor.

Para isso, necessário afastar um entendimento que as empresas sempre são favorecidas, que a punição será na verdade um benefício, uma forma de aumentar ainda mais seu lucro. Ideia não deve ser punir, pela mera vingança, mas trabalhar para ter um serviço melhor, além das sanções tradicionais de advertência, multa, suspensão e cassação da licença.

Numa aproximação entre direito administrativo sancionador e direito penal, trata-se de maneira de escapar da noção de que aquele que cometeu uma infração, violou o direito, deve ser extirpado da sociedade, fique com a pecha de infrator ou mau caráter. O direito administrativo evolui ao permitir que o infrator faça algo em prol da

---

9 VORONOFF, Alice. *Direito administrativo sancionador no Brasil*: justificação, interpretação e aplicação. Belo Horizonte: Fórum, 2018. p. 99.

coletividade, reparando seu malfeito com uma obra ou um investimento cujo resultado possa ser sentido por todos.

## 2.4 Negociação na aplicação de sanções e o TAC da Anatel com a Telefônica

Todas essas questões apareceram, de alguma forma, no acórdão do TCU que analisou a possibilidade de a Anatel firmar Termos de Ajustamento de Conduta com empresa do setor. A unidade técnica responsável citou expressamente a possibilidade de aplicação de obrigações de fazer,[10] bem como o acórdão passou por questões da baixa efetividade na arrecadação de multas, funcionamento da agência reguladora envolvida, a viabilidade jurídica da negociação, o risco de beneficiar a empresa apenada com a aplicação de sanções de obrigações de fazer que já estariam cumpridas ou que simplesmente levariam ao aumento de seus lucros, questionando a discricionariedade envolvida, o interesse público e os valores envolvidos.

Fato é que não se nota uma incompatibilidade entre a aplicação de sanções de obrigações de fazer e a consensualidade, ao contrário, essa se constitui em um outro meio para aumentar ainda mais a eficácia que a mera aplicação de multas não alcança.[11]

# 3 Direito de defesa

Por fim, óbvia a menção ao direito de defesa, decorrente do art. 5º, LV da Constituição de 1988. Nesse sentido, o STJ já julgou que não pode uma resolução dispensar a intimação de uma decisão denegatória:

> ADMINISTRATIVO. CONSTITUCIONAL. MANDADO DE SEGURANÇA. PROCESSO ADMINISTRATIVO. PROJETO. ZONA FRANCA DE MANAUS. CANCELAMENTO DE RECURSOS RECEBIDOS DO FINAM. ATO CANCELATÓRIO DA SUDAM. AUSÊNCIA DE NOTIFICAÇÃO DA DECISÃO QUE REJEITOU A

[10] TCU. Acórdão 2121/2017 – Plenário. Rel. Min. Bruno Dantas, data da sessão 27.09.2017, p. 149.

[11] Nesse sentido: PALMA, Juliana Bonacorsi de. *Sanção e acordo na administração pública*. São Paulo, Malheiros, 2015. SADDY, André; GRECO, Rodrigo Azevedo. Termo de ajustamento de conduta em procedimentos sancionatórios regulatório. *Revista de Informação Legislativa*, ano 52, n. 206, p. 165-203, abr./jun. 2015. SOUSA, Otavio Augusto Venturini de. O paradigma processual da atividade administrativa. *Revista Brasileira de Estudos da Função Pública – RBEFP*, v. 4, n. 11, p. 55-93, 2015.

DEFESA DA IMPETRANTE. INEXISTÊNCIA DE PREVISÃO NA RESOLUÇÃO CONDEL/SUDAM Nº 7.077/91. IRRELEVÂNCIA. CERCEAMENTO DE DEFESA CARACTERIZADO. OFENSA AOS PRINCÍPIOS DO CONTRADITÓRIO E DO DEVIDO PROCESSO LEGAL E À LEI FEDERAL. LIQUIDEZ E CERTEZA DO DIREITO DEMONSTRADAS. (...)

4. É irrelevante a argumentação expendida pela autoridade coatora no sentido de que a Resolução CONDEL/SUDAM nº 7.077/91 não previa, à época da decisão da rejeição da defesa, a apresentação de recurso.

Correta é a interpretação de que a Lei nº 9.784/99 garante ao administrado amplo direito de defesa, com todas as garantias constitucionais inerentes.

5. O contraditório é um dos princípios basilares do Direito Administrativo, decorrendo diretamente do princípio da legalidade. A edição da Lei nº 9.784/99 apenas ratificou a sua importância, incluindo-o dentre os princípios da Administração Pública.

6. Em homenagem aos postulados democráticos, devem ser rigorosamente aplicadas as regras do art. 2º e do art. 68 da Lei nº 9.784/99.

7. Mandado de segurança concedido para suspender a cobrança da dívida e, consequentemente, a sua inscrição em dívida ativa. (MS n. 10.016/DF, relator Ministro José Delgado, Primeira Seção, julgado em 26.10.2005, DJ de 19.12.2005, p. 203).

Assim, a ampla defesa constitui direito fundamental que também é preservado por meio da preservação do art. 68 da Lei nº 9.784/99.

## 4 Conclusão

Enfim, o art. 68 da Lei nº 9.784/99 serve de base legal para a aplicação de sanções de obrigações de fazer, fundamentais num contexto em que sanções pecuniárias, também nele previstas, não são suficientes para enfrentar uma realidade de ineficácia nas políticas públicas. Previstas em normas infralegais, é preciso criatividade para enxergá-las além de uma preocupação com valores, reconhecendo discricionariedade para os agentes públicos poderem determinar ou, preferencialmente, negociar, sua aplicação.

## Referências

AGÊNCIA NACIONAL DE ENERGIA ELÉTRICA (Brasil.) *Resolução normativa nº 84, de 11 de junho de 2019*. Aprova procedimentos parâmetros e critérios para a imposição de penalidades aos agentes dp setor de energia elétrica e dispões sobre diretrizes gerais da fiscalização da Agência. Disponível em: https://www2.aneel.gov.br/cedoc/ren2019846.pdf. Acesso em: 3 set. 2025.

FREITAS, Luciano Charlita de. *et al*. Obrigação de fazer em sanções regulatórias no Brasil: aplicação ao setor de telecomunicações. *Revista de Direito, Estado e Telecomunicações*, v. 11, n. 2, p. 71-86, outubro 2019. DOI: https://doi.org/10.26512/lstr.v11i2.27019. Acesso em: 3 set 2025.

GALIL, João Victor Tavares; ALMEIDA, Pedro Luiz Ferreira de Almeida. O regime sancionador da lei geral de proteção de dados. *In*: FERRAZ, Sérgio; VENTURINI, Otavio; GASIOLA, Gustavo Gil. *Proteção de dados pessoais e compliance digital*. 2. ed. Cuiabá: Umanos Editora, 2023. p. 198.

PALMA, Juliana Bonacorsi de. *Sanção e acordo na administração pública*. São Paulo, Malheiros, 2015.

SADDY, André; GRECO, Rodrigo Azevedo. Termo de ajustamento de conduta em procedimentos sancionatórios regulatório. *Revista de Informação Legislativa*, ano 52, n. 206, p. 165-203, abr./jun. 2015.

SOUSA, Otavio Augusto Venturini de. O paradigma processual da atividade administrativa. *Revista Brasileira de Estudos da Função Pública – RBEFP*, v. 4, n. 11, p. 55-93, 2015.

STF. RMS 24079, rel. Min. ELLEN GRACIE, Primeira Turma, julgado em 05.02.2002.

STJ. MS 14.181/DF, rel. Min. Antonio Saldanha Palheiro, 3ª Seção, julgado em 25.05.2016, DJe de 31.05.2016.

STJ. MS n. 17.053/DF, rel. Min. Mauro Campbell Marques, 1ª Seção, julgado em 11.09.2013, DJe de 18.09.2013.

STJ. RMS 28.300/PR, relatora Ministra Laurita Vaz, 5ª Turma, julgado em 06.09.2011, DJe de 21.09.2011.

TCU. Acórdão 1817/2010 – Plenário. Rel. Min. Raimundo Carreiro, data da sessão 28.07.2010.

TCU. Acórdão 1970/2017 – Plenário. Rel. Min. Aroldo Cedraz, data da sessão 06.09.2017.

TCU. Acórdão 2121/2017 – Plenário. Rel. Min. Bruno Dantas, data da sessão 27.09.2017, p. 149.

VORONOFF, Alice. *Direito administrativo sancionador no Brasil*: justificação, interpretação e aplicação. Belo Horizonte: Fórum, 2018.

CAPÍTULO XVIII
DAS DISPOSIÇÕES FINAIS

Art. 69. Os processos administrativos específicos continuarão a reger-se por lei própria, aplicando-se-lhes apenas subsidiariamente os preceitos desta Lei.

**LUCAS ALUÍSIO SCATIMBURGO PEDROSO**

**OTÁVIO VENTURINI**

## 1 Introdução

Uma leitura apressada do artigo sugeriria a importância da Lei Federal nº 9.784/1999: em caso de dúvidas e omissões, poderia recorrer-se a ela, considerada uma boa lei sobre a atuação da Administração Pública.

A aplicação subsidiária da Lei nº 9.784/99 é reconhecida pela Súmula nº 633 do Superior Tribunal de Justiça (STJ), que prevê sua utilização por estados e municípios:

> A Lei n. 9.784/1999, especialmente no que diz respeito ao prazo decadencial para a revisão de atos administrativos no âmbito da Administração Pública federal, pode ser aplicada, de forma subsidiária, aos estados e municípios, se inexistente norma local e específica que regule a matéria.

Embora o prazo decadencial chame a atenção para sua aplicação, a Lei nº 9.784/99 como um todo poderá ser aplicada de forma subsidiária e muitas vezes é tratada como um ponto focal a que se recorrer, segundo a doutrina,[1] não para invadir as demais leis, mas como "reforço ou socorro a uma lacuna normativa", segundo Egon Bockmann Moreira.[2]

---

[1] Por exemplo: BACELLAR FILHO, Romeu Felipe; PIVETTA, Saulo Lindorfer. O regime jurídico do processo administrativo na Lei nº 9.784/99. *A&C – Revista de Direito Administrativo & Constitucional*, Belo Horizonte, ano 14, n. 58, p. 107-135, out./dez. 2014. p. 109.

[2] MOREIRA, Egon Bockmann. *Processo administrativo*: princípios constitucionais e a lei nº 9.784/1999 (com especial atenção à LINDB). 6. ed. Belo Horizonte: Fórum, 2022. p. 253.

A realidade, porém, apresenta um cenário bem mais complexo, segundo a jurisprudência dos tribunais superiores (Supremo Tribunal Federal – STF – e também STJ), bem como do Tribunal de Contas da União (TCU). A existência de lei específica não significa o afastamento da aplicação subsidiária, o que depende do tema, bem como a ausência de qualquer disposição não é suficiente para garantir a incidência da Lei nº 9.784/99, frente a legislações anteriores e menos cuidadosas com direitos fundamentais do que ela, conforme exposto abaixo.

Assim, a tendência é pela observância de leis anteriores, específicas, menos pródigas em recursos, prazos e sem mecanismos de participação pública, sendo uma exceção a definição de prazos para a Administração Pública decidir, com base na Lei nº 9.784/99.

Inicialmente, também cabe lembrar que a Lei nº 9.784/99 também possui lacunas e o art. 15 do Código de Processo Civil pode ser invocado de forma supletiva e subsidiária para processos administrativos. Inclusive, o STF já analisou o dispositivo e concluiu que a capacidade de os estados e municípios legislarem estaria preservada, sendo que, apenas se não o fizessem, haveria a aplicação do CPC.[3]

## 2 Temas e leis envolvendo a (não-)aplicação subsidiária da Lei nº 9.784/99

A não-aplicação subsidiária da Lei nº 9.784/99 está presente em diversos casos nos tribunais superiores, inclusive em dois recursos repetitivos já decididos pelo STJ. No tema repetitivo 451, decidiu-se que a majoração da taxa de ocupação de terreno de marinha pode ser feita sem participação do cidadão afetado, quando apenas promover a atualização do valor do imóvel, segundo o Decreto nº 2398/87.[4]

Já no tema Repetitivo 79, ficou definido que a exclusão de contribuinte do Programa de Recuperação Fiscal (REFIS) não demanda notificação pessoal, mas pode ocorrer por comunicação via internet ou publicação no Diário Oficial, nos termos do art. 9º, III da Lei nº 9.964/00 combinado com o art. 5º da Resolução nº 20/2001 do Comitê Gestor, dispensada a intimação prevista na Lei nº 9.784/99.[5] Em caso que não

---

3 STF. ADI 5737, rel. Min. Dias Toffoli, Relator p/ Acórdão: Min. Roberto Barroso, Tribunal Pleno, julgado em 25.04.2023.

4 STJ. REsp 1.150.579/SC, rel. Min. Mauro Campbell Marques, 1ª Seção, j. 10.08.2011, DJe 17.08.2011.

5 STJ. REsp 1.046.376/DF, rel. Min. Luiz Fux, 1ª Seção, j. 11.02.2009, DJe de 23.03.2009.

envolve repetitivo, mas próximo quanto ao tema, o STJ também já entendeu que a notificação por aviso postal é suficiente, nos termos de infrações ao Código de Trânsito Brasileiro (art. 280 e seguintes).[6]

No âmbito do STF, o Tema 327 definiu que é desnecessária defesa prévia para inclusão de ente federativo em cadastro de inadimplentes, prevalecendo a lei do TCU, que possui rito próprio. Segundo esta, a defesa da Tomada de Contas Especial ocorre apenas na fase externa, enquanto a inclusão no cadastro pode se dar na fase interna.[7] Assim, princípios e direitos fundamentais previstos na Lei nº 9.784/99, em especial no seu art. 2º, seriam afastados.

Além desses casos de maior repercussão, é possível encontrar uma miríade de decisões pela não aplicação subsidiária da Lei nº 9.784/99, como veremos abaixo.

## 2.1 O TCU e o prazo decadencial

Uma disputa envolve a interpretação do art. 54 da Lei nº 9.784/99. Lido em conjunto com o art. 69, uma corrente interpreta que o controle externo, exercido pelo TCU, teria o prazo de até 5 (cinco) anos para examinar atos da Administração Pública:

> Art. 54. O direito da Administração de anular os atos administrativos de que decorram efeitos favoráveis para os destinatários decai em cinco anos, contados da data em que foram praticados, salvo comprovada má-fé.
>
> §1º No caso de efeitos patrimoniais contínuos, o prazo de decadência contar-se-á da percepção do primeiro pagamento.
>
> §2º Considera-se exercício do direito de anular qualquer medida de autoridade administrativa que importe impugnação à validade do ato.

Após esse prazo, não seria mais possível ao TCU julgar e condenar os envolvidos ou decretar a anulação de atos ilegais. Assim, o artigo seria importante para a estabilização das relações jurídicas, evitando uma situação de constante insegurança, uma vez que a lei específica do TCU (Lei nº 8.443/92) não contém previsão nesse sentido.

---

6 STJ. PUIL 372/SP, rel. Min. Gurgel de Faria, 1ª Seção, julgado em 11.03.2020, DJe de 27.03.2020.

7 STF. RE 1.067.086, rel. Min. Rosa Weber, Tribunal Pleno, julgado em 16.09.2020.

A questão já foi analisada algumas vezes pelo STF. Este, partindo de uma posição inicial que a decadência inviabilizaria o controle externo,[8] chegou ao longo do tempo até a decisões francamente defensoras da segurança jurídica, como a de que não se pode anular a ascensão funcional de servidores após 5 (cinco) anos.[9] Ainda, em casos intermediários, tratou-se menos de aplicar a decadência, mas entender que uma nova orientação não pode ser aplicada a caso já decidido com o posicionamento da época.[10]

Na prática, o TCU resiste em aplicar a decadência para seus casos. Em três casos de tomadas de contas, ele afastou a decadência, não prevista na Lei nº 8.443/1992, de forma a permitir a fiscalização de recursos: (i) do Sistema Único de Saúde, no âmbito do Programa de Atenção Hospitalar e Ambulatorial;[11] (ii) do Fundo Nacional de Assistência Social;[12] e (iii) do Ministério do Turismo empregados por diretor financeiro de uma Organização da Sociedade Civil de Interesse Público (OSCIP) em evento.[13] No último caso, o relator, ministro Vital do Rêgo, ainda mencionou a Súmula 282 do próprio TCU, no sentido de que "As ações de ressarcimento movidas pelo Estado contra os agentes causadores de danos ao erário são imprescritíveis".

Ainda em outro caso,[14] a Advocacia-Geral da União (AGU), com o intuito de editar súmula no sentido de que o controle externo não se sujeita à decadência da Lei nº 9.784/99, apresentou consulta ao TCU, citando a jurisprudência do STF. A consulta, porém, acabou negada, com o Tribunal de Contas reconhecendo que a questão não está pacificada.

Nesse sentido, o TCU já considerou, excepcionalmente, que apesar de se guiar por lei própria, o princípio da segurança jurídica recomendaria que ascensões funcionais irregulares de servidores da Eletronorte, no âmbito de prestação de contas, pudessem ser mantidas,

---

8 STF. MS 24859, rel. Min. Carlos Velloso, Tribunal Pleno, julgado em 04.08.2004, DJ 27.08.2004.
MS 25641, rel. Min. Eros Grau, Tribunal Pleno, julgado em 22.11.2007.

9 STF. MS 31300, rel. Min. Cármen Lúcia, 2ª Turma, julgado em 16.10.2012.
MS 28953, rel. Min. Cármen Lúcia, 1ª Turma, julgado em 28.02.2012.
MS 30329, rel. Min. Cármen Lúcia, 2ªTurma, julgado em 18.12.2012.

10 STF. MS 28223 AgR-segundo, rel. Min. ROSA WEBER, 1ª Turma, julgado em 24.03.2017.
MS 27185, rel. Min. Cármen Lúcia, Tribunal Pleno, julgado em 17.02.2010.

11 TCU. Acórdão 1827/2020 – Plenário, rel. Min. Raimundo Carreiro, data da sessão 15.07.2020.

12 TCU. ACÓRDÃO 6885/2018– 2ª Câmara, rel. Min. Aroldo Cedraz, data da sessão 31.07.2018.

13 TCU. Acórdão 11.845/2019 – 1ª Câmara, rel. Min. Vital do Rêgo, data da sessão 15.10.2019.

14 TCU. Acórdão 2463/2013 – Plenário, rel. Min. Ana Arraes, data 11.09.2013.

eis que decorrido prazo de quase uma década até sua decretação de irregularidade.[15]

Note-se, porém, que o caso difere, por exemplo, da regra de contagem do prazo prescricional. O STJ já entendeu que, em ação disciplinar tendente a demissão ou cassação de aposentadoria do servidor, o prazo prescricional de cinco anos começa a correr da data em que a Administração toma conhecimento do fato àquele imputado, prevalecendo o art. 142, da Lei nº 8.112/90.[16]

Recorre-se ao paralelo para mostrar que no caso do TCU há resistência em aplicar a decadência, mesmo sua lei específica sendo silente sobre o tema, enquanto em outro caso, a lei específica prevalece por contar justamente com uma previsão precisa e expressa sobre o tema, afastando qualquer outra. Como veremos mais abaixo, essa tônica se repete em vários casos: por vezes o silêncio da lei específica é interpretado como eloquente, por vezes, ele atrai a aplicação da lei geral — afastando-se da concepção teórica de que na lacuna normativa a Lei nº 9.784/99 seria aplicada.

## 2.2 Apresentação de alegações finais

A Lei nº 9.784/1999 também prevê, em seu art. 2º, como uma de suas garantias, a apresentação de alegações finais. Apesar disso, TCU e STJ têm sido unânimes em não prever sua aplicação subsidiária para leis que não contêm qualquer previsão a respeito. Isso o que se verifica nos processos do próprio TCU, que já rejeitou a necessidade de conferir prazo para a parte apresentar alegações finais.[17] E, no STJ, em processos de agências reguladoras, em não estando presente na lei específica,[18] bem como no caso de processos de servidores com base na Lei nº 8.112/90,[19] em que também ausente.

---

15 TCU. Acórdão 1419/2017, do Plenário, rel. min. Augusto Nardes, data da sessão 05.07.2017.

16 STF. RMS 24737, rel. Min. Ayres Britto (Presidente), 1ª Turma, julgado em 01.06.2004.

17 TCU. Acórdão 1178/2019 – Plenário, rel. Min. Walton Alencar Rodrigues, data da sessão 22.05.2019.

18 STJ. AgInt no AREsp 2.006.520/PR, rel. Min. Herman Benjamin, 2ª Turma, julgado em 08.08.2022, DJe de 15.08.2022.

19 STJ. MS 8.213/DF, rel. Min. Maria Thereza de Assis Moura, 3ª Seção, julgado em 15.12.2008, DJe de 19.12.2008.

## 2.3 Fase recursal única

Vários dos casos de não-aplicação da Lei nº 9.784/99 referem-se à apresentação de recursos ou a existência de uma fase recursal única no âmbito de diversos órgãos da Administração Pública. Nesse sentido, já se decidiu que:

- Não cabe recurso hierárquico contra decisão do CADE;[20]
- Não cabe recurso em processo de demarcação de terra indígena (Lei nº 6.001/1973 e Decreto nº 1.775/1996),[21] embora razões do município possam ser apresentadas ao Ministério da Justiça, na forma do Decreto nº 1775/96;[22]
- Em processo de extradição, não cabe recurso da decisão negativa de refúgio do Ministro da Justiça, prevalecendo a Lei 9474/97, específica;[23]
- Em processo aduaneiro, prevalece o julgamento em instância única, diante do art. 27, do Decreto-Lei nº 1.455/76;[24]
- Em processo administrativo tributário, manifestação de inconformidade apresentada fora do prazo não constitui recurso, nos termos do arts. 14 e 15 do decreto nº 70.235/1972,[25] nem é cabível a manifestação diante de compensações consideradas não declaradas, segundo a Lei nº 1.474/51 e o art. 74, §§12 e 13, da Lei nº 9.430/96;[26]

Da parte do STF, isso indica que para a esfera administrativa não existe um direito fundamental ao duplo grau de jurisdição, aplicando-se, portanto, uma leitura estrita do art. 5º, LV da Constituição/88, que prevê "aos litigantes, em processo judicial ou administrativo, e aos acusados em geral são assegurados o contraditório e ampla defesa, com os meios e recursos a ela inerentes".

---

[20] STF. RMS 25874, rel. Min. MARCO AURÉLIO, 1ª Turma, julgado em 22.03.2021.

[21] STF. RMS 26212, rel. Min. Ricardo Lewandowski, 1ª Turma, julgado em 03.05.2011. E antes disso, no STJ: MS 10.985/DF, rel. Min. Herman Benjamin, relator para acórdão Min. José Delgado, 1ª Seção, julgado em 26.08.2009, DJe de 04.11.2009.

[22] STJ. MS 10.225/DF, rel. Min. João Otávio de Noronha, 1ª Seção, julgado em 24.10.2007, DJ de 12.11.2007.

[23] STF. Ext 785 ED, rel. Min. Carlos Velloso, Tribunal Pleno, julgado em 27.03.2003.

[24] STJ. AgRg no REsp 1.461.381/PR, rel. Min. Mauro Campbell Marques, 2ª Turma, julgado em 05.05.2016, DJe de 12.05.2016.

[25] STJ. REsp 1.818.433/SP, rel. Min. Francisco Falcão, 2ª Turma, julgado em 03.09.2019, DJe de 09.09.2019.

[26] STJ. AgInt no AREsp 1.226.118/SC, rel. Min. Ricardo Villas Bôas Cueva, 3ª Turma, julgado em 12.06.2018, DJe de 18.06.2018.

Chama mais a atenção, porém, que as decisões sejam no sentido de negar direitos e, sobretudo, estejam amparadas em legislações anteriores à própria Lei nº 9.784/99, algumas até da década de 1950, e outras da década de 1970, quando as noções e práticas de democracia e Administração Pública eram bem diversas. Caso excepcional em termos recursais é o Código de Mineração (Decreto-Lei nº 227/67), cujo art. 19 prevê um prazo de 60 dias para apresentação de pedido de reconsideração, muito mais benéfico que os 10 dias do art. 59 da Lei nº 9.784/99.[27]

## 2.4 Aplicação de efeito suspensivo a recursos

Para além dos recursos em si, também se notam decisões no sentido de se negar a atribuição de efeito suspensivo aos recursos previstos na legislação. Assim:

- não se aplica efeito suspensivo ao recurso contra o cancelamento de certificado de entidade para fins filantrópicos (CEBAS), previsto no Decreto nº 3048/99 (art. 377), e que deriva da regulamentação da Lei nº 8.742/93 (art. 18);[28]
- Desapropriação para fins de reforma agrária segue Lei nº 8.629/93, caso em que eventuais petições não geram efeito suspensivo.[29]

Entende-se que a decisão vale como regra geral, mas não interdita que o decisor administrativo, no caso concreto, atribua o efeito suspensivo quando o caso assim o requerer.

## 2.5 Prazo de intimação

Em alguns casos também se nota a disputa em torno dos prazos de intimação a serem observados. Tem prevalecido, como prevê o art. 69, que prevalece a norma específica:

- Aplica-se o prazo de intimação de três dias úteis para os casos de processos administrativos de fiscalização judiciária dos atos notariais e de registro, nos moldes do art. 37 da

---

27 STJ. MS 10.041/DF, rel. Min. Teori Zavascki, 1ª Seção, julgado em 25.05.2005, DJ de 13.06.2005.

28 STF. RMS 28172, rel. Min. Cármen Lúcia, 2ª Turma, julgado em 24.11.2015.

29 STF. MS 24449, rel. Min. Ellen Gracie, Tribunal Pleno, julgado em 06.03.2008.

Lei Federal nº 8.935/1994, c/c art. 35 da Lei Complementar Estadual nº 234/2002;[30]

- Processo administrativo militar segue os prazos da Lei nº 6.880/1980, específica;[31]

No caso da Lei nº 8.112/90, ausente previsão específica, deve-se seguir os prazos de intimação do art. 41 da Lei nº 9.784/99, *como garantia de defesa do acusado*,[32] sob o entendimento que: "A ausência de previsão de prazo não faculta à Administração fixá-lo conforme bem entender".[33]

Ao mesmo tempo, a lei específica, no art. 161, prevê momento específico para indiciar servidor e viabilizar defesa, o qual não se confunde com a intimação do art. 28 da Lei nº 9.784/99.[34]

## 2.6. Prazo para Administração Pública decidir

Um tema em que os tribunais superiores contam com casos de aplicação subsidiária da Lei nº 9.784/99 são aqueles envolvendo prazos para decisão.

No âmbito do STJ, é possível encontrar casos em processos envolvendo a Previdência Social (Lei nº 8.213/91).[35]

Apesar disso, há casos pela sua não-aplicação, como (i) desapropriação para fins de reforma agrária segue a Lei nº 8.629/93, específica do Incra, não se aplicando prazos de respostas da Lei nº 9.784/99;[36] (ii) princípios se aplicam apenas subsidiariamente, e a demora em decidir não autoriza anulação de processo.[37]

O STF já decidiu, em caso do Conselho Nacional de Assistência Social, órgão vinculado ao Ministério do Desenvolvimento Social e Combate à Fome, envolvendo cassação de Certificado de Entidade

---

30 STJ. RMS 42.193/ES, rel. Min. Benedito Gonçalves, 1ª Turma, julgado em 07.10.2014, DJe de 14.10.2014.

31 STJ. AgInt no REsp 1.775.822/RS, rel. Min. Herman Benjamin, 2ª Turma, julgado em 23.05.2019, DJe de 19.06.2019.

32 STJ. MS 8.817/DF, rel. Min. Paulo Gallotti, relator para acórdão Min. Paulo Medina, 3ª Seção, julgado em 13.12.2004, DJ de 22.5.2006. No mesmo sentido: STJ. MS n. 17.543/DF, rel. Min. Regina Helena Costa, 1ª Seção, julgado em 10.05.2017, DJe de 15.05.2017.

33 STJ. MS 9.511/DF, rel. Min. Arnaldo Esteves Lima, 3ª Seção, julgado em 23.02.2005, DJ de 21.03.2005.

34 STJ. MS 8.249/DF, rel. Min. Vicente Leal, 3ª Seção, julgado em 11.12.2002, DJ de 03.02.2003.

35 REsp 1.542.656/PR, rel. Min. Regina Helena Costa, 1ª Turma, julgado em 14.11.2017, DJe de 21.11.2017.

36 STF. MS 24924, rel. Min. Marco Aurélio, Relator p/ Acórdão: Min. Joaquim Barbosa, Tribunal Pleno, julgado em 24.02.2011.

37 STF. MS 27751 ED-AgR, rel. Min. Rosa Weber, 1ª Turma, julgado em 09.11.2016.

Beneficente de Assistência Social (CEBAS), que apesar de ausente efeito suspensivo em recurso, não previsto na legislação específica, deveria ser aplicada a garantia da duração razoável do processo, decidindo-se em 30 dias.[38]

Ao mesmo tempo, em caso de pedido de anistia política, regido pela Lei nº 10.559/2002, ausente previsão expressa de prazo para decidir, segue-se o limite de 30 dias do art. 49 da Lei nº 9.784/99 — quando, no caso, já havia passado dois anos.[39]

Ainda, em caso de petição junto ao Ministério de Minas e Energia, considerou-se que esse não estaria adstrito ao prazo de 30 dias para decidir, devendo-se sopesar as especificidades de cada caso — no caso, o prazo decorrido até então era de "pouco mais de 40 dias".[40]

Note-se que nesses casos, a ausência de prazos na legislação específica tem sido considerada suficiente para estabelecê-los — contrariando o critério de que se há lei específica, não se aplica a Lei nº 9.784/99. Fortalece esse posicionamento o direito fundamental previsto na Constituição: "a todos, no âmbito judicial e administrativo, são assegurados a razoável duração do processo e os meios que garantam a celeridade de sua tramitação" (art. 5º, LXXVIII).

## 2.7 Instrumentos de participação pública

Adiante, um caso que chama a atenção é a ausência da necessidade de audiências e consultas públicas no caso de processos de tombamentos. Provocado a se manifestar, o STF entendeu que o Decreto-Lei nº 25/1937 havia sido recepcionado pela Constituição de 1988, era silente sobre o tema e deveria prevalecer no caso concreto.[41]

O caso é curioso porque de fato seria surpreendente se um Decreto-Lei, antidemocrático no seu nome e em sua origem, previsse algum procedimento amplo de participação e discussão com a sociedade. Embora se entenda a opção pela não-intervenção do Judiciário, trata-se de mais um caso em que direitos de participação social e manifestação deixaram de ser afirmados, e a Lei nº 9.784/99 se revelou limitada em sua aplicação subsidiária.

---

[38] STF. RMS 28172, rel. Min. Cármen Lúcia, 2ª Turma, julgado em 24.11.2015.

[39] STJ. MS 10.982/DF, rel. Min. Arnaldo Esteves Lima, 3ª Seção, julgado em 22/3/2006, DJ de 10.04.2006.

[40] STJ. AgRg no MS 18.555/DF, rel. Min. Mauro Campbell Marques, 1ª Seção, julgado em 27.02.2013, DJe de 06.03.2013.

[41] STF. ACO 1966 AgR, rel. Min. LUIZ FUX, Tribunal Pleno, julgado em 17.11.2017.

## 2.8 Art. 69 e princípios

Pleitos em torno de princípios da Lei nº 9.784/99 têm sido pouco comuns, acertadamente. Em um deles, o STF assentou que o Regimento Interno do CNJ é norma específica, observadas as garantias de ampla defesa, contraditório e recurso.[42]

Já em outro caso, de forma mais surpreendente, o STJ reconheceu a incidência do princípio da razoabilidade, previsto na Lei nº 9.784/99 como fundamento para se rever penalidade de demissão aplicada à Procuradora Federal, que não possuía antecedentes, e teria sido demitida por não obter êxito em defesa apresentada, concedendo-se a segurança.[43]

# 3 Conclusão

O cotejo desses casos permite notar como a aplicação do art. 69 da Lei nº 9.784/99, nos Tribunais Superiores e no TCU, revela um cenário muito mais complexo e rico do que a mera aplicação subsidiária caso silente a lei específica, passando por um raciocínio que envolve a disposição, ou não, em reconhecer direitos, atualizar legislações, conferir celeridade para a Administração Pública ou evitar disputas institucionais, conforme o tema.

Inevitável lembrar aqui de um pragmatismo e consequencialismo, positivados há alguns anos na Lei de Introdução às Normas do Direito Brasileiro, a partir das alterações promovidas pela Lei nº 13.655/2018. Embora de forma por vezes enviesada e não explicitada, a previsão do art. 69 da Lei nº 9.784/99 parece apontar para um cotejo de temas e casos em que é conveniente ou não a aplicação subsidiária dessa lei, conforme seus efeitos.

# Referências

BACELLAR FILHO, Romeu Felipe; PIVETTA, Saulo Lindorfer. O regime jurídico do processo administrativo na Lei nº 9.784/99. *A&C – Revista de Direito Administrativo & Constitucional*, Belo Horizonte, ano 14, n. 58, p. 107-135, out./dez. 2014. p. 109.

---

42 STF. MS 29265 AgR, rel. Min. Rosa Weber, 1ª Turma, julgado em 30.08.2016.

43 STJ. MS 10.220/DF, rel. Min. Arnaldo Esteves Lima, 3ª Seção, julgado em 27.06.2007, DJ de 13.08.2007.

MOREIRA, Egon Bockmann. *Processo administrativo*: princípios constitucionais e a lei nº 9.784/1999 (com especial atenção à LINDB). 6. ed. Belo Horizonte: Fórum, 2022.

MS 25641, rel. Min. Eros Grau, Tribunal Pleno, julgado em 22.11.2007.

MS 27185/DF, rel. Min. Cármen Lúcia, Tribunal Pleno, julgado em 17.2.2010,

STF. ACO 1966 AgR, rel. Min. LUIZ FUX, julgado em 17.11.2017.

STF. ADI 5737, rel. Min. Dias Toffoli, Relator p/ Acórdão: Min. Roberto Barroso, Tribunal Pleno, julgado em 25.04.2023.

STF. Ext 785 ED, rel. Min. Carlos Velloso, Tribunal Pleno, julgado em 27.03.2003.

STF. MS 24449, rel. Min. Ellen Gracie, Tribunal Pleno, julgado em 06.03.2008.

STF. MS 24859, rel. Min. Carlos Velloso, Tribunal Pleno, julgado em 04.08.2004, DJ 27-08.2004.

STF. MS 24924, rel. Min. Marco Aurélio, Relator p/ Acórdão: Min. Joaquim Barbosa, Tribunal Pleno, julgado em 24.02.2011.

STF. MS 27751 ED-AgR, rel. Min. Rosa Weber, 1ª Turma, julgado em 09.11.2016.

STF. MS 28223 AgR-segundo, rel. Min. ROSA WEBER, 1ª Turma, julgado em 24.03.2017.

STF. MS 29265 AgR, rel. Min. Rosa Weber, 1ª Turma, julgado em 30.08.2016.

STF. MS 31300, rel. Min. Cármen Lúcia, 2ª Turma, julgado em 16.10.2012.

STF. RE 1.067.086, rel. Min. Rosa Weber, Tribunal Pleno, julgado em 16.09.2020.

STF. RMS 24737, rel. Min. Ayres Britto (Presidente), 1ª Turma, julgado em 01.06.2004.

STF. RMS 25874, rel. Min. MARCO AURÉLIO, 1ª Turma, julgado em 22.03.2021.

STF. RMS 26212, rel. Min. Ricardo Lewandowski, 1ª Turma, julgado em 03.05.2011.

STF. RMS 28172, rel. Min. Cármen Lúcia, 2ª Turma, julgado em 24.11.2015.

STF. RMS 28172, rel. Min. Cármen Lúcia, 2ª Turma, julgado em 24.11.2015.

STJ. AgInt no AREsp 1.226.118/SC, rel. Min. Ricardo Villas Bôas Cueva, 3ª Turma, julgado em 12.06.2018, DJe de 18.06.2018.

STJ. AgInt no AREsp 2.006.520/PR, rel. Min. Herman Benjamin, 2ª Turma, julgado em 08.08.2022, DJe de 15.08.2022.

STJ. AgInt no REsp 1.775.822/RS, rel. Min. Herman Benjamin, 2ª Turma, julgado em 23.05.2019, DJe de 19.06.2019.

STJ. AgRg no MS 18.555/DF, rel. Min. Mauro Campbell Marques, 1ª Seção, julgado em 27.02.2013, DJe de 06.03.2013.

STJ. AgRg no REsp 1.464.381/PR, rel. Min. Mauro Campbell Marques, 2ª Turma, julgado em 05.05.2016, DJe de 12.05.2016.

STJ. MS 10.041/DF, rel. Min. Teori Zavascki, 1ª Seção, julgado em 25.05.2005, DJ de 13.06.2005.

STJ. MS 10.220/DF, rel. Min. Arnaldo Esteves Lima, 3ª Seção, julgado em 27.06.2007, DJ de 13.08.2007.

STJ. MS 10.225/DF, rel. Min. João Otávio de Noronha, 1ª Seção, julgado em 24.10.2007, DJ de 12.11.2007.

STJ. MS 10.982/DF, rel. Min. Arnaldo Esteves Lima, 3ª Seção, julgado em 22.03.2006, DJ de 10.04.2006.

STJ. MS 8.213/DF, rel. Min. Maria Thereza de Assis Moura, 3ª Seção, julgado em 15.12.2008, DJe de 19.12.2008.

STJ. MS 8.249/DF, rel. Min. Vicente Leal, 3ª Seção, julgado em 11.12.2002, DJ de 03.02.2003.

STJ. MS 8.817/DF, rel. Min. Paulo Gallotti, relator para acórdão Min. Paulo Medina, 3ª Seção, julgado em 13.12.2004, DJ de 22.05.2006.

STJ. MS 9.511/DF, rel. Min. Arnaldo Esteves Lima, 3ª Seção, julgado em 23.02.2005, DJ de 21.03.2005.

STJ. MS n. 17.543/DF, rel. Min. Regina Helena Costa, 1ª Seção, julgado em 10.05.2017, DJe de 15.05.2017.

STJ. PUIL 372/SP, rel. Min. Gurgel de Faria, 1ª Seção, julgado em 11.03.2020, DJe de 27.03.2020.

STJ. REsp 1.046.376/DF, rel. Min. Luiz Fux, 1ª Seção, j. 11.02.2009, DJe de 23.03.2009.

STJ. REsp 1.150.579/SC, rel. Min. Mauro Campbell Marques, 1ª Seção, j. 10.08.2011, DJe 17.08.2011.

STJ. REsp 1.542.656/PR, rel. Min. Regina Helena Costa, 1ª Turma, julgado em 14.11.2017, DJe de 21.11.2017.

STJ. REsp 1.818.433/SP, rel. Min. Francisco Falcão, 2ª Turma, julgado em 03.09.2019, DJe de 09.09.2019.

STJ. RMS 42.193/ES, rel. Min. Benedito Gonçalves, 1ª Turma, julgado em 07.10.2014, DJe de 14.10.2014.

STJ: MS 10.985/DF, rel. Min. Herman Benjamin, relator para acórdão Min. José Delgado, 1ª Seção, julgado em 26.08.2009, DJe de 04.11.2009.

TCU. Acórdão 11.845/2019 – 1ª Câmara, rel. Min. Vital do Rêgo, data da sessão 15.10.2019.

TCU. Acórdão 1178/2019 – Plenário, rel. Min. Walton Alencar Rodrigues, data da sessão 22.05.2019.

TCU. Acórdão 1419/2017, do Plenário, rel. min. Augusto Nardes, data da sessão 05.07.2017.

TCU. Acórdão 1827/2020 – Plenário, rel. Min. Raimundo Carreiro, data da sessão 15.07.2020.

TCU. Acórdão 2463/2013 – Plenário, rel. Min. Ana Arraes, data 11.09.2013.

TCU. ACÓRDÃO 6885/2018– 2ª Câmara, rel. Min. Aroldo Cedraz, data da sessão 31.07.2018.

Art. 69-A. Terão prioridade na tramitação, em qualquer órgão ou instância, os procedimentos administrativos em que figure como parte ou interessado: (Incluído pela Lei nº 12.008, de 2009).

I – pessoa com idade igual ou superior a 60 (sessenta) anos; (Incluído pela Lei nº 12.008, de 2009).

II – pessoa portadora de deficiência, física ou mental; (Incluído pela Lei nº 12.008, de 2009).

III – (VETADO) (Incluído pela Lei nº 12.008, de 2009).

IV – pessoa portadora de tuberculose ativa, esclerose múltipla, neoplasia maligna, hanseníase, paralisia irreversível e incapacitante, cardiopatia grave, doença de Parkinson, espondiloartrose anquilosante, nefropatia grave, hepatopatia grave, estados avançados da doença de Paget (osteíte deformante), contaminação por radiação, síndrome de imunodeficiência adquirida, ou outra doença grave, com base em conclusão da medicina especializada, mesmo que a doença tenha sido contraída após o início do processo. (Incluído pela Lei nº 12.008, de 2009).

§1º A pessoa interessada na obtenção do benefício, juntando prova de sua condição, deverá requerê-lo à autoridade administrativa competente, que determinará as providências a serem cumpridas. (Incluído pela Lei nº 12.008, de 2009).

§2º Deferida a prioridade, os autos receberão identificação própria que evidencie o regime de tramitação prioritária. (Incluído pela Lei nº 12.008, de 2009).

§3º (VETADO) (Incluído pela Lei nº 12.008, de 2009).

§4º (VETADO) (Incluído pela Lei nº 12.008, de 2009).

**EDUARDA ONZI**

## 1 Contextualização inicial: a proteção constitucional dos vulneráveis e portadores de situação desvantajosa de saúde

A Lei nº 12.008/09 incluiu no art. 69-A na Lei de Processo Administrativo Federal a regra da preferência de tramitação processual àqueles que se encontram em situação vulnerável ou desvantajosa de saúde. É o caso dos idosos, portadores de deficiência e de doença grave.

Certas condições biológicas e situações de vulnerabilidade autorizam um tratamento diferenciado pelo reconhecimento de uma desigualdade fática. É a denominada promoção da igualdade pelo reconhecimento de uma diferença. O que significa reconhecer uma desigualdade para que "(...) possam ser concebidos instrumentos voltados à sua superação, desde que esse tratamento diferenciado tenha por finalidade tornar as pessoas mais iguais, seja do ponto de vista jurídico, seja da perspectiva social e econômica".[1]

Esse tratamento diferenciado, pela atribuição de uma tramitação preferencial do processo, corresponde não só a um aspecto de igualdade fática. É também um alcance do âmbito de proteção da dignidade da pessoa humana, conferindo aos indivíduos considerados vulneráveis uma igualdade *no* processo e *pelo* processo.[2] Além disso, a Constituição de 1988 conferiu aos idosos e portadores de deficiência um tratamento especial. A exemplo disso, o art. 230 estabelece o dever da família, da sociedade e do Estado de proteger e agir em defesa do bem-estar das pessoas idosas, tendo em vista o reconhecimento de uma vulnerabilidade e de uma fragilidade que necessita do amparo coletivo para a promoção de um envelhecimento digno.[3]

## 2 As condições para a preferência na tramitação dos processos administrativos

O reconhecimento da condição de vulnerabilidade dos idosos e portadores de deficiências ou de doenças graves não é decorrente apenas do dever do Estado de proteção e promoção da igualdade. Também se relaciona a um aspecto formal: observar o direito à duração razoável do processo e, assim, minimizar o tempo de espera pelo seu resultado útil aos sujeitos processuais que possuem uma condição de saúde desvantajosa. Em termos mais práticos, também significa impedir que o processo dure mais do que a vida de uma das partes.

---

1 VIEIRA, Oscar Vilhena. *Direitos fundamentais*: uma leitura da jurisprudência do STF. 2. ed. São Paulo: Malheiros, 2017. p. 268-269.

2 SARLET, Ingo Wolfgang; MARINONI, Luiz Guilherme; MITIDIERO, Daniel. *Curso de direito constitucional*. São Paulo: Editora Revista dos Tribunais, 2012. p. 643.

3 MORAES, Maria Celina Bodin de; TEIXEIRA, Ana Carolina Brochado. Comentário ao artigo 230. *In*: CANOTILHO, J. J. Gomes; MENDES, Gilmar Ferreira; SARLET, Ingo Wolfgang; STRECK, Lenio Luiz; LEONCY, Léo Ferreira. (coord.) *Comentários à Constituição do Brasil*. 3. ed. São Paulo: SaraivaJur, 2023. (Série IDP) p. 2249.

Quanto à tramitação preferencial aos idosos, a Lei de Processo Administrativo Federal não inovou na previsão, mantendo os critérios estabelecidos no Estatuto do Idoso para garantir à parte com idade igual ou superior a 60 anos a prioridade.

Já em relação às pessoas portadoras de deficiência, a prioridade será concedida àquelas que possuam deficiência física e/ou mental. A Lei nº 13.146/15 instituiu o Estatuto da Pessoa com Deficiência e estabelece que a pessoa com deficiência é "aquela que tem impedimento de longo prazo de natureza física, mental, intelectual ou sensorial, o qual, em interação com uma ou mais barreiras, pode obstruir sua participação plena e efetiva na sociedade em igualdade de condições com as demais pessoas" (art. 2º).

Veja-se que a definição trazida pela lei é ampliativa e genérica, o que não significa que todos os tipos de deficiências podem justificar a prioridade legal. Para o tratamento legal diferenciado, é necessário que se avalie e se comprove, em cada caso, o nível e a extensão da deficiência, com a utilização de parâmetros razoáveis para a concessão da prioridade. O inciso VII do art. 9º, do mesmo diploma legal, ainda estabelece como direito da pessoa com deficiência a "tramitação processual e procedimentos judiciais e administrativos em que for parte ou interessada, em todos os atos e diligências", o que vem a reiterar a previsão do inciso II do art. 69-A, da Lei de Processo Administrativo Federal, ampliando a prioridade às diligências vinculadas aos procedimentos administrativos e não só aos atos processuais.

Os portadores de doença grave também possuem prioridade na tramitação processual, conforme o inciso IV do art. 69-A. O dispositivo legal elenca um rol exemplificativo de doenças graves que devem ser comprovadas pela parte ou pelo interessado para justificar a prioridade na tramitação processual. Note-se que o rol não é taxativo, pois admite que se justifique a concessão do benefício em caso de "outra doença grave, com base em conclusão da medicina especializada". Por fim, o dispositivo ainda prevê a concessão da prioridade caso a doença grave seja diagnosticada durante a tramitação processual. Será o caso de provocação da parte e demonstração da condição de saúde do requerente, o que também pode ocorrer nas outras hipóteses da previsão legal da prioridade de tramitação.

# Referências

MORAES, Maria Celina Bodin de; TEIXEIRA, Ana Carolina Brochado. Comentário ao artigo 230. *In*: CANOTILHO, J.J. Gomes; MENDES, Gilmar F.; SARLET, Ingo W.; STRECK, Lenio L.; LEONCY, Léo F. (coord.) *Comentários à Constituição do Brasil*. 3. ed. São Paulo: SaraivaJur/Almedina/IDP, 2023.

SARLET, Ingo Wolfgang; MARINONI, Luiz Guilherme; MITIDIERO, Daniel (org.). *Curso de direito constitucional*. São Paulo: Editora Revista dos Tribunais, 2012.

VIEIRA, Oscar Vilhena. *Direitos fundamentais*: uma leitura da jurisprudência do STF. 2. ed. São Paulo: Malheiros, 2017.

Art. 70. Esta Lei entra em vigor na data de sua publicação.

## EDUARDA ONZI

O art. 1º da Lei de Introdução às Normas do Direito Brasileiro (Decreto-Lei nº 4.657/42, com redação dada pela Lei nº 12.376/10) dispõe que, salvo disposição contrária, a vigência de lei iniciará quarenta e cinco dias depois da sua publicação oficial. Essa previsão, no entanto, ocorre somente quando a lei publicada for silente quanto ao seu período de *vacatio legis*.

É, portanto, o caso da Lei nº 9.784/99. O legislador optou por prever expressamente, no art. 70, que a vigência da lei dar-se-ia desde a sua publicação oficial, ocorrida em 1º de fevereiro de 1999, data em que passou a ser aplicada no âmbito federal e subsidiariamente a outros processos administrativos específicos.

## Na literatura:

KAFKA, Franz. *O processo*. São Paulo: Companhia das Letras, 2005.

KAFKA, Franz. *O castelo*. São Paulo: Companhia das Letras, 2008.

## No direito:

MEDAUAR, Odete. *A processualidade no direito administrativo*. 2. ed. São Paulo: Revista dos Tribunais, 2008.

SUNDFELD, Carlos Ari; MUNOZ, Guillermo Andrés (coord). *As leis de processo administrativo*: Lei Federal 9.784/99 e Lei Paulista 10.177/98. São Paulo: Malheiros, 2000.

DALLARI, Adilson Abreu; FERRAZ, Sérgio. *Processo administrativo*. 3. ed. São Paulo: Malheiros, 2012.

MOREIRA, Egon Bockmann. *Processo administrativo*: princípios constitucionais e a Lei nº 9.784/1999 (com especial atenção à LINDB). 6. ed. Belo Horizonte: Fórum, 2022.

BITENCOURT NETO, Eurico; MARRARA (coord). *Processo administrativo brasileiro*: estudos em homenagem aos 20 anos da Lei Federal de Processo Administrativo. Belo Horizonte: Fórum, 2020.

RAMOS, Rafael (coord.). *O novo processo administrativo brasileiro*. São Paulo: Thomson Reuters, 2024.

## Obras de comentários à Lei 9.784/1999:

CARVALHO FILHO, José dos Santos. *Processo administrativo federal*: comentários à Lei nº 9.784, de 29/01/1999. 5. ed. São Paulo: Atlas, 2013.

HEINEN, Juliano; MAFFINI, Rafael; SPARAPANI, Priscila. *Comentários à Lei Federal do Processo Administrativo*: Lei nº 9.784/99. Porto Alegre: Livraria do Advogado, 2015.

NOHARA, Irene Patrícia; MARRARA, Thiago. *Processo Administrativo*: Lei nº 9.784/1999 Comentada. 2. ed. São Paulo: Thomson Reuters, 2018.

FORTINI, Cristiana; PIRES, Maria Fernanda Veloso; CAMARÃO, Tatiana Martins da Costa; CAVALCANTI, Caio Mário Lana. *Processo Administrativo*: Comentários à Lei nº 9.784/1999 (atualizado de acordo com a Lei nº 14.210/2021. 4. ed. Belo Horizonte: Fórum, 2023.

## O processo administrativo fora dos livros:

## Aulas sobre processo administrativo no Youtube do professor Thiago Marrara:

PLAYLIST processo administrativo, 2021. Publicado pelo canal Professor Thiago Marrara. https://www.youtube.com/watch?v=TmOTlm_kKkc&list=PLXTUIG4IjR_X2ahk9_rmeZT0qyFGnsJyh.

MOREIRA, Egon Bockmann. As várias dimensões do processo administrativo. *Podcast Aula de Amanhã.* Disponível em: https://open.spotify.com/episode/1pLC5ZUMi3KIB0LQjeIkTt.

**Alice Voronoff**
Pós-doutoranda pela Universidade de Coimbra. Doutora e mestre em Direito Público pela Universidade do Estado do Rio de Janeiro (UERJ). Sócia de Gustavo Binenbojm & Associados. Advogada no Rio de Janeiro, São Paulo e Brasília. Diretora acadêmica do Instituto de Direito Administrativo Sancionador Brasileiro (IDASAN).

**Ana Carolina Schmidt Grumach**
Mestre em Direito Público pela Universidade do Estado do Rio de Janeiro (UERJ).

**Ana Luiza Calil**
Doutora em Direito Administrativo (USP). Professora da FGV-Direito Rio. Assessora especial da presidência do Supremo Tribunal Federal.

**André Cyrino**
Professor adjunto de Direito Administrativo da Universidade do Estado do Rio de Janeiro (UERJ), doutor e mestre em Direito Público pela UERJ, Master of Laws (LL.M.) pela Yale Law School. Procurador do Estado do Rio de Janeiro e advogado.

**Bernardo Strobel Guimarães**
Doutor e mestre em Direito do Estado pela Universidade de São Paulo (USP). Professor adjunto de Direito Administrativo da Pontifícia Universidade Católica do Paraná (PUCPR). Advogado. E-mail: bernardo@strobelguimaraes.com. Lattes: http://lattes.cnpq.br/0678600050387547. Orcid: https://orcid.org/0000-0003-2826-7607.

**Bruno Betti Costa**
Procurador do município de Belo Horizonte. Ex-PGE SP. Mestre em Direito Público pela FGV-SP. Palestrante. Autor do *Manual de Direito Administrativo* pela editora GEN/Método. Advogado. Procurador-chefe da Secretaria Municipal de Obras e Infraestrutura de Belo Horizonte.

**Daniel de Oliveira Pontes**
Mestre em Direito Processual (UERJ). Assessor especial da presidência do Supremo Tribunal Federal. Procurador do Estado do Rio de Janeiro.

**Dante Tomaz**
Mestre em Direito Público pela UERJ; especialista em Direito do Estado e da Regulação pela FGV-RJ. Professor de cursos de pós-graduação. Procurador da Assembleia Legislativa do Estado do Rio de Janeiro. Advogado.

**Eduarda Onzi**
Mestre em Direito pela Pontifícia Universidade Católica do Rio Grande do Sul (PUCRS). Doutoranda em Direito pela FGV-RJ. Advogada.

**Flávio Garcia Cabral**
Pós-doutor pela PUCPR. Especialista e doutor em Direito Administrativo pela PUC-SP. Professor da Unigran e EDAMP. Procurador da Fazenda Nacional atuante na Divisão de Consultoria e Assessoramento em Direito Administrativo (DICAD).

**Itiberê de Oliveira Castellano Rodrigues**
Doutor em Direito Público pela Universidade de Münster, Alemanha. Professor associado da área de Direito do Estado na Faculdade de Direito da Universidade Federal de Pelotas (UFPEL). Todas as traduções de textos estrangeiros são de exclusiva responsabilidade deste comentador.

**José Egidio Altoé Junior**
Bacharel em Direito pela UFRJ. Advogado associado do Departamento de Infraestrutura e Regulatório do Braz, Coelho, Veras, Lessa e Bueno Advogados.

**José Sérgio da Silva Cristóvam**
Professor adjunto de Direito Administrativo na graduação, mestrado e doutorado da UFSC. Mestre e doutor em Direito pela UFSC, com estágio de Doutoramento Sanduíche junto à Universidade de Lisboa, Portugal. Professor convidado da Universidade de Buenos Aires, Argentina, e da Universidade Autónoma de Nuevo León, México. Membro fundador e diretor acadêmico do Instituto de Direito Administrativo de Santa Catarina (IDASC), membro efetivo da Asociación Internacional de Derecho Administrativo (AIDA) e da Asociación Mexicana de Derecho Administrativo (AMDA). Coordenador do Grupo de Estudos em Direito Público do CCJ/UFSC (GEDIP/CCJ/UFSC). Advogado publicista em Santa Catarina. ORCID: http://orcid.org/0000-0001-8232-9122. E-mail: jscristovam@gmail.com.

**José Vicente Santos de Mendonça**
Professor de Direito Administrativo da UERJ. Coordenador do Laboratório de Regulação Econômica da UERJ. Mestre e doutor em Direito Público pela UERJ. Master of Laws por Harvard. Procurador do Estado do Rio de Janeiro. Advogado.

**Leonardo Cristovam de Jesus**
Mestrando em Direito pela Universidade Federal de Santa Catarina (UFSC). Pós-graduando em Direito Administrativo na Pontifícia Universidade Católica do

Paraná (PUC-PR). Pós-graduando em Direito Público no Complexo de Ensino Superior de Santa Catarina (CESUSC). Graduado em Direito pela Universidade Federal de Santa Catarina (UFSC). Membro do Grupo de Estudos em Direito Público do CCJ/UFSC (GEDIP/CCJ/UFSC). Advogado publicista em Santa Catarina. E-mail: cristovam.ufsc@gmail.com

**Leonardo Silveira Antoun Netto**
Mestre em Direito Público pela Universidade do Estado do Rio de Janeiro (UERJ). Procurador do Estado do Rio de Janeiro.

**Lucas Aluísio Scatimburgo Pedroso**
Advogado com experiência em direito administrativo, licitações e contratos administrativos, elaboração e monitoramento de programas de integridade e proteção de dados pessoais. Autor de livro e artigos jurídicos. Mestre em Direito Administrativo e graduado pela Faculdade de Direito do Largo São Francisco, Universidade de São Paulo (USP).

**Lucas Sipioni Furtado de Medeiros**
Mestrando em Direito pela UFPR. Especialista em Direito Constitucional e em Teoria do Direito pela ABDConst. Advogado.

**Luzardo Faria**
Doutor em Direito pela USP; mestre em Direito pela UFPR; professor de cursos de Pós-Graduação em Direito Administrativo; editor-adjunto da Revista de Investigações Constitucionais; advogado.

**Maria Gabriela Campos**
Doutoranda e mestra em Direito Processual Civil pela UFPE. Professora. Advogada.

**Mateus Camilo Ribeiro da Silveira**
Doutor e mestre em Direito Administrativo pela Pontifícia Universidade Católica de São Paulo. Procurador do Estado de São Paulo. Assessor de ministro do Supremo Tribunal Federal.

**Otávio Venturini**
Doutorando e mestre em Direito e Desenvolvimento pela FGV-Direito SP. Professor na graduação da Escola de Negócios Saint Paul e em programas de MBA e pós-graduação em Direito Público e Compliance em diversas instituições de ensino e escolas de negócios do país. Advogado e consultor jurídico.

**Patrícia Baptista**
Professora associada de Direito Administrativo da Faculdade de Direito da UERJ. Doutora em Direito do Estado pela USP. Mestre em Direito Público pela UERJ. Procuradora do Estado do Rio de Janeiro.

**Paulo Modesto**
Professor da Faculdade de Direito da Universidade Federal da Bahia (UFBA), presidente do Instituto Brasileiro de Direito Público, membro do Ministério Público da Bahia, da Academia de Letras Jurídicas da Bahia e do Observatório da Jurisdição Constitucional da Bahia.

**Pedro Adamy**
Professor adjunto da Faculdade de Direito da Universidade Federal do Rio Grande do Sul (UFRGS). Doutor em Direito pela Universidade de São Paulo (USP). Mestre em Direito pela Universidade Federal do Rio Grande do Sul (UFRGS). Diretor do Instituto de Estudos Tributários (IET). Editor-chefe da Revista de Estudos Tributários (RET). Membro da Associação de Juristas Alemanha-Brasil (DBJV), da Associação Luso-Alemã de Juristas (DLJV), do Instituto Brasileiro de Direito Tributário (IBDT), da Associação Brasileira de Direito Tributário (ABRADT) e da Comissão Especial de Direito Tributário da OAB/RS. Advogado e Consultor.

**Phillip Gil França**
Pós-doutor, doutor e mestre em Direito pela PUC-RS.

**Rafael Lorenzo-Fernandez Koatz**
Doutor e mestre em Direito Público pela Universidade do Estado do Rio de Janeiro (UERJ). Sócio de Gustavo Binenbojm & Associados. Advogado no Rio de Janeiro, São Paulo e Brasília. Membro do Instituto de Direito Administrativo Sancionador Brasileiro (IDASAN) e do Instituto dos Advogados Brasileiros (IAB).

**Rafael Ramos**
Mestre em Direito Público pela PUCRS. Especialista em Direito do Estado pela UFRGS. Presidente da Comissão de Estudos sobre a Lei de Introdução às Normas do Direito Brasileiro (LINDB) do Instituto Brasileiro de Direito Administrativo (IBDA). Procurador do município de Porto Alegre.

**Rafael Véras de Freitas**
Professor responsável do LLM em Infraestrutura da FGV-Direito Rio. Doutor e mestre em Direito da Regulação pela FGV-Direito Rio.

**Ravi Peixoto**
Doutor em direito processual pela UERJ. Mestre em Direito pela UFPE. Professor da Faculdade de Direito do Recife (UFPE). Procurador do município do Recife. Advogado. Membro da ANNEP, do CEAPRO e do IBDP.

**Rodrigo Crelier Zambão da Silva**
Procurador do Estado do Rio de Janeiro. Advogado. Mestre em Direito Público pela Universidade do Estado do Rio de Janeiro.

**Scarlett Walewska dos Santos**
Mestranda em Direito Processual Civil (2024) e bacharel em Direito pela Universidade Federal do Paraná (2021). Membro da Comissão de Direito Processual Civil da OAB/PR. Pós-graduada em Advocacia Cível pela Fundação Escola Superior do Ministério Público – FMP/RS (2023). Advogada.

**Thiago Priess Valiati**
Doutor em Direito do Estado pela Universidade de São Paulo (USP). Mestre e bacharel em Direito do Estado pela Universidade Federal do Paraná (UFPR). Especialista em Direito Administrativo pelo Instituto de Direito Romeu Felipe Bacellar (IDRFB). Especialista em Direito Empresarial pela Faculdade da Indústria do Estado do Paraná (FIEP). Membro da Comissão de Infraestrutura e Desenvolvimento Sustentável da OAB/PR. Membro da Comissão de Estudos sobre Regulação do Instituto Brasileiro de Direito Administrativo (IBDA). Vice-Presidente do Instituto Brasileiro de Direito Regulatório (IBDRE). Professor de Direito Administrativo em cursos de pós-graduação. Advogado sócio do escritório Razuk Barreto Valiati. Contato: thvaliati@msn.com.

**Vladimir da Rocha França**
Advogado. Mestre em Direito Público pela Universidade Federal de Pernambuco. Doutor em Direito do Estado pela Pontifícia Universidade Católica de São Paulo. Professor titular de Direito Administrativo do Departamento de Direito Público do Centro de Ciências Sociais Aplicadas da Universidade Federal do Rio Grande do Norte.

FSC
www.fsc.org
MISTO
Papel | Apoiando uma gestão florestal responsável
FSC® C092828

2023
CARBON NEUTRAL
SAVE

Esta obra foi composta em fonte Palatino Linotype, corpo 10
e impressa em papel Offset 75g (miolo) e Supremo 250g (capa)
pela Artes Gráficas Formato.